YANZHAO XUESHU SIXIANGSHI

燕赵学术思想史

康振海 主编

秦汉卷

武占江 衣抚生 著

河北出版传媒集团
河北人民出版社

图书在版编目（CIP）数据

燕赵学术思想史. 秦汉卷 / 康振海主编；武占江，衣抚生著. -- 石家庄：河北人民出版社，2020.12
ISBN 978-7-202-15128-0

Ⅰ.①燕… Ⅱ.①康… ②武… ③衣… Ⅲ.①学术思想－思想史－中国－秦汉时代 Ⅳ.①B21

中国版本图书馆CIP数据核字(2020)第251014号

书　　名	燕赵学术思想史·秦汉卷
著　　者	武占江　衣抚生
策划编辑	路殿国
责任编辑	欧阳红
美术编辑	李　欣
责任校对	付敬华
出版发行	河北出版传媒集团　河北人民出版社
	（石家庄市友谊北大街330号）
印　　刷	石家庄名伦印刷有限公司
开　　本	787毫米×1092毫米　1/16
印　　张	20.75
字　　数	345 000
版　　次	2020年12月第1版　2020年12月第1次印刷
书　　号	ISBN 978-7-202-15128-0
定　　价	65.00元

版权所有　翻印必究

《燕赵学术思想史》编委会

主　　　编：康振海
副 主 编：刘　月　魏建震
执 行 主 编：魏建震
执行副主编：梁世和
编委会委员：康振海　刘　月　杨思远　孟庆凯　魏建震
　　　　　　梁世和　李洪卫　武占江　郝晏荣　樊孝东
编委会办公室：郭莉娟　王云飞　任　娜

目 录

绪 论 ·· 康振海 魏建震 1
 一、燕赵文化与燕赵学术思想研究简要回顾 ································ 1
 二、燕赵学术思想史研究对象辨析与考察 ································ 5
  （一）学术、学术史与学术思想史 ································ 6
  （二）思想史与学术思想史 ································ 10
  （三）学术史、思想史与学术思想史 ································ 11
 三、研究的路径与方法 ································ 15
  （一）整体研究法 ································ 15
  （二）分析的方法 ································ 18
  （三）比较研究法 ································ 20
  （四）研究方法的解蔽 ································ 20
 四、需要说明的几个具体问题 ································ 22

第一章　秦汉时期的历史特点与中国古代国家的新建 ································ 25
 第一节　分封制的反复与郡县制的奠定 ································ 25
  一、秦汉之际分封制的反复 ································ 25
  二、汉武帝与郡县制的奠定 ································ 27
 第二节　盐铁官营与古代独特的经济体制的形成 ································ 29
  一、汉初的宽松政策与经济大发展 ································ 29
  二、汉武帝的盐铁官营与均输平准政策 ································ 31
 第三节　兼取各派与独尊儒术 ································ 36
  一、独尊儒术与政教相维 ································ 36
  二、汉武帝诸"法度"的延续 ································ 39

第二章 "子学时代"燕赵地区儒学的传播 …… 42

第一节 汉武帝前的燕赵学术风土 …… 42
一、荀子的学脉传承 …… 43
二、河间献王的积极影响 …… 45

第二节 韩婴与今古文经学 …… 47
一、今古文经学的由来 …… 47
二、"传经时代"的韩婴 …… 51
　（一）韩婴的生平 …… 51
　（二）韩婴的著作 …… 55
　（三）韩婴的影响 …… 56
三、《韩诗外传》学术思想特色 …… 58
　（一）《韩诗外传》与《诗经》本意 …… 58
　（二）《韩诗外传》的体例 …… 60
　（三）《韩诗外传》的思想 …… 61

第三节 毛亨、毛苌与古文经学 …… 69
一、毛亨、毛苌的生平事迹 …… 69
二、《毛诗序》及其影响 …… 73
　（一）诗言志——诗歌的起源 …… 73
　（二）"六义"说——诗歌的题材与表现手法 …… 74
　（三）美刺论 …… 75
三、《毛诗故训传》的学术价值 …… 76

第四节 考古材料所见燕赵学术 …… 78
一、八角廊汉简 …… 78
二、考古材料所见燕赵学术 …… 79

第三章 董仲舒的学术思想 …… 82

第一节 董仲舒的学术思想渊源 …… 82
一、荀董之学 …… 82
　（一）燕赵齐鲁文化交汇的生长环境 …… 82

（二）对荀子的继承与发展 …………………………………… 84
　二、董仲舒对儒学的传续与弘扬 ………………………………… 87
　　　（一）董仲舒对儒家价值观体系的传承 …………………… 88
　　　（二）在哲学方法上对儒家的改造 ………………………… 89

第二节　儒学与现实政治结合过程中"春秋学"的显达 …………… 91
　一、既有制度的缺陷 ……………………………………………… 92
　二、法律实施过程中需要伦理价值观的"救济" ………………… 93
　三、《春秋》在赢得统治者认可方面具有优势地位 ……………… 95

第三节　董仲舒"公羊学"的特色 …………………………………… 98
　一、《春秋》的两个解释系统 ……………………………………… 98
　　　（一）两个系统长期并存 …………………………………… 99
　　　（二）《公羊春秋》在汉代形成文本 ……………………… 100
　二、以《春秋》为后王治国的"法则" ………………………… 101
　三、"奉天法古"："上天"与"圣王"两个根本原则的统一
　　　………………………………………………………………… 106
　四、辞指互见探幽阐道 ………………………………………… 109
　五、以《春秋》统六经："义法"举例 ………………………… 114
　　　（一）"六科""十指"的基本原则 ……………………… 114
　　　（二）二十二种"辞法" …………………………………… 117

第四节　天人之际：董仲舒的哲学思想 …………………………… 120
　一、天人感应论 ………………………………………………… 120
　　　（一）自然的天 …………………………………………… 121
　　　（二）神化之天 …………………………………………… 123
　　　（三）伦理化的"天" ……………………………………… 127
　二、以"阴阳五行说"改造儒学：复古还是创造 …………… 131
　　　（一）董仲舒在囊括天人的阴阳五行构架方面并无独创性
　　　　　 ………………………………………………………… 132
　　　（二）对"天人感应"的新论证 ………………………… 133

（三）探究天人与儒学的"再论证" ……………………… 135

第四章 董仲舒政治思想及其历史地位 ……………………… 137

第一节 黄老思想在汉初居于统治地位 ……………………… 137

一、黄老思想的内涵 ……………………… 137

（一）以黄老思想矫正秦之苛法 ……………………… 138

（二）汉初黄老思想的主要内容 ……………………… 139

二、汉文帝、窦太后对黄老之学的推崇及对儒学的黜抑 ……………………… 143

（一）文帝初年的"君臣共治"与统治思想的延续 ……………………… 143

（二）窦太后崇黄老抑儒学的政策 ……………………… 144

第二节 是继承还是转向：董仲舒与黄老之学 ……………………… 147

一、《春秋繁露》与黄老思想的相似性 ……………………… 147

二、董仲舒对黄老思想的改造与价值翻转 ……………………… 152

（一）"天""道"内涵的不同 ……………………… 152

（二）"刑德"关系的再定位 ……………………… 153

（三）董仲舒与汉初诸儒推崇儒学方法的异同 ……………………… 154

第三节 "天人三策"与传统社会意识形态的建构 ……………………… 156

一、"受命之符"与"主权在天" ……………………… 156

二、国家意识形态的基本定型 ……………………… 159

（一）汉之"治道"必须改变 ……………………… 159

（二）如何行道 ……………………… 160

（三）以儒家思想为"治国之道" ……………………… 161

第四节 董仲舒的历史地位 ……………………… 162

一、董仲舒"对策年"及其在"独尊儒术"中的地位 ……………………… 162

（一）关于董仲舒"对策年"的不同看法及理由 ……………………… 162

（二）董仲舒在儒学成为官方统治思想中的地位 ……………………… 165

二、秦汉以来"新型国家建构"的重要参与者 ……………………… 170

三、"独尊儒术"的是与非 ……………………… 171

四、"华夏主体文化面貌"的形成与维系 ……………………… 173

第五章 从王莽到刘秀：两汉之际思想学术的演变 …… 176

第一节 西汉中期以来社会思想环境的变化 …… 176

一、政治力量的结构性变化是王莽成功的外在条件 …… 176

（一）功臣、宗室力量式微与士大夫阶层的崛起 …… 177

（二）元帝以来的政治痼疾 …… 179

二、"更化"思想的衍伸与畸变 …… 181

（一）董仲舒"更化"思想的本意 …… 181

（二）"更化"思想脱离民本内容的"畸变" …… 183

第二节 从经生到皇帝 …… 186

一、王氏家族的发迹 …… 186

二、以儒生崛起为权臣 …… 187

三、借谶语符瑞"受命"称帝 …… 189

第三节 目的与手段：王莽与儒学的关系 …… 191

一、儒学迷信化的推手 …… 192

二、两汉之际经学变化的实践者 …… 194

（一）经典文本日益完善 …… 195

（二）刬除法家影响的儒学"纯化"趋向 …… 199

（三）厘定礼制、褒奖学术 …… 203

三、君圣合一神话的破灭 …… 209

（一）"圣人"的角色塑造 …… 209

（二）限田限奴婢政策的推行及其失败 …… 212

第四节 刘秀与两汉学术思想的变迁 …… 216

一、以河北为基地，成就帝业 …… 216

二、定谶纬为官方思想 …… 219

三、学术趋向的转变与古文经学的繁兴 …… 223

（一）政治上的拨乱反正 …… 223

（二）崇尚儒学 名家辈出 …… 225

（三）两汉经学的异同 …… 230

第六章 "经学时代"的燕赵家学 ································ 234
第一节 "传经时代"与"注经时代" ····················· 234
一、"传经时代" ·· 234
二、"注经时代" ·· 237
三、经学世家的产生 ·· 238
第二节 崔氏家族的学脉传承 ····························· 239
一、崔氏家族源流 ··· 239
二、崔骃与崔瑗 ··· 244
（一）崔骃 ·· 244
（二）崔瑗 ·· 247
三、儒道并重的《座右铭》 ···································· 252
四、书法思想 ·· 254
第三节 崔寔与《四民月令》 ······························ 254
一、崔寔及其作品 ··· 255
（一）生平及其作品 ·· 255
（二）《政论》的政治思想 ································ 256
二、《四民月令》的地位与影响 ······························ 259
（一）农业活动 ·· 260
（二）产品加工 ·· 261
（三）经济活动 ·· 261
（四）自助和宗族互助 ····································· 262
（五）学校教育 ·· 262
（六）宜忌类 ··· 263
第四节 卢植的学术思想与卢氏家族 ······················ 264
一、卢植生平事迹 ··· 264
二、经师与儒臣 ··· 266
（一）经师 ·· 266
（二）儒臣 ·· 269

三、"范阳卢"家族的传衍 ………………………………… 270
　第五节　高诱的注疏学成就 ……………………………………… 271
第七章　秦汉时期的燕赵方术思想与道教、佛教的兴起 ………… 273
　第一节　秦汉间的燕赵方士 ……………………………………… 273
　　一、邹衍与神仙思想传统 ………………………………………… 273
　　二、秦始皇的求仙活动与徐福东渡 ……………………………… 275
　　三、燕赵方士在汉代的活动 ……………………………………… 278
　　四、方士与儒学的结合及其影响 ………………………………… 280
　第二节　道教与佛教在燕赵地区的兴起 ………………………… 283
　　一、道教产生的标准问题 ………………………………………… 283
　　二、太平道与天师道的因缘关系 ………………………………… 286
　　　（一）太平道是道教产生的标志 ……………………………… 286
　　　（二）太平道依托曹操集团曲折发展 ………………………… 287
　　　（三）太平道五斗米道同出一源 ……………………………… 289
　　三、佛教在燕赵地区的流传 ……………………………………… 293
　第三节　《太平经》的基本思想 ………………………………… 296
　　一、《太平经》的由来 …………………………………………… 296
　　二、《太平经》的宇宙论思想 …………………………………… 299
　　　（一）元气化生的宇宙生成论 ………………………………… 299
　　　（二）"尚火"的五行、干支思想 …………………………… 301
　　三、天道自然与神仙主宰 ………………………………………… 305
　　　（一）奠定了道教独特的信仰体系 …………………………… 305
　　　（二）神仙谱系与《太平经》思想的"革命性" …………… 307
　　四、《太平经》的伦理政治思想 ………………………………… 310
　　　（一）顺应自然的和谐思想 …………………………………… 310
　　　（二）解"承负"的修养论 …………………………………… 311
　　　（三）社会政治思想 …………………………………………… 315
后　记 …………………………………………………………………… 318

绪　论

康振海　魏建震

一、燕赵文化与燕赵学术思想研究简要回顾

燕赵地域是中华文明最早的发祥地之一，是中华文化发生与发展的核心区域，早在春秋战国时期就形成了成熟的地域文化形态。[1]自春秋战国时期以降，在这块波澜壮阔的土地上产生了许多英雄人物、思想先驱，他们是中华民族五千年文明史和中华文化的重要组成部分。对历史人物产生的思想源流、社会背景、文化习俗的研究，是河北省文化建设和文化研究的重要组成部分。这些研究就是我们称之为燕赵文化、燕赵文化精神、人文精神及学术传统、学术思想、学术精神等的研究，这些研究对于弘扬中华优秀文化传统，建设河北省文化强省都将起到重要的促进作用。

燕赵作为一个地域文化概念，形成于先秦时期，其地域范围以先秦燕国和赵国国力兴盛时期的政治与文化影响所及最大地域为标准。[2]战国时期强盛一时的中山国地处燕赵之间，被当然地包括在燕赵地域之内。战国以前，燕赵两国文化存在一定的差异。赵文化属于三晋文化的一部分，燕国的文化面貌更接近齐国文化。但由于燕赵两国共同处于华北大平原这样一个相对独立的地理空间，与北方草原民族交错分布，寒冷甘冽的北风使其民风具有慷慨悲壮的色彩。秦统一六国的过程中，遭到赵国、燕国的激烈抵抗，尤其是发生在易水河畔的燕太子丹送别义士荆轲前往秦国刺杀秦王事件，使燕民的慷慨悲壮之气得到了前所未有的抒发。中山被赵灭亡，中山人的抵抗同样充满了慷慨悲壮之气。这种勇往直前、永不回头的精神与燕赵的民俗民风融为一体，成为他们共同的文化符号。司马迁在

---

[1]尽管燕赵文化在先秦时期已经形成，但燕赵文化是否属于全国范围内的一种典型地域文化，在当今学术界有一个认知过程。早在20世纪末，中华炎黄文化研究会筹划出版《中华文化通志》十典一百志，通过《光明日报》进行项目招标，《地域文化典》中没有将《燕赵文化志》列入其中。后经河北学者与相关专家沟通，将《燕赵文化志》列入《地域文化典》。《燕赵文化志》出版后，得到学术界的认可。随着燕赵文化研究相关著作不断问世，燕赵文化的价值越来越受到学术界的重视。

[2]杨泽江在胡克夫、杜荣泉主编的丛书《燕赵文化丛书》的总序中，将燕赵的地域范围界定为"北起阴山南麓，南达黄河，西至太行山，东临大海，包含今河北省、北京市、天津市、辽宁省、内蒙古自治区的中南部以及山西省北部、山东省、河南省的部分地区"。这一界定是以春秋战国时期燕赵两国最大疆域范围以及燕赵文化重要辐射区为标准划定的。这一界定基本涵盖了燕赵文化核心区及重要辐射区，可以作为燕赵文化研究地域空间的重要参照。

《史记·货殖列传》中说燕国民风民俗"大与赵、代俗相类，而民雕捍少虑"。从先秦秦汉时期开始，共同处于华北大平原、有着相同地理风貌的燕赵区域，形成一个文化风格相近的地域文化圈。两汉以后，燕赵开始作为一个地域文化概念使用。韩愈所说"燕赵古称多慷慨悲歌之士"，可以充分说明燕赵作为一个地域文化概念在唐代便已得到士人的认同。

燕赵学人在燕赵传统文化研究方面，业已取得辉煌的成就。《河北通史》《北京通史》《燕赵思想家研究》《河北文学通史》《河北宗教史》《河北经济史》等有着广泛影响的多部多卷本学术巨著均已出版，多卷本《燕赵文化史》已经出版多种。《赵国史稿》《燕史纪事编年会按》《燕国八百年》《中山国史》《中山国社会生活史》等一批有着研究深度的专史著作也已出版多部。关于燕赵一些著名学术思想家，如荀子、董仲舒等，也都有多种研究专著问世。《燕赵文化志》《燕赵文化》《燕赵历史文献研究》等对燕赵文化进行整体性宏观研究的著作也有出版。尽管如此，燕赵文化研究中的一些基本理论问题，仍有进一步探讨的必要，比如燕赵文化的概念界定问题、燕赵学术精神的抽象与概括问题等等。

"燕赵"之名，取战国时期燕国与赵国之名合并而称。"燕赵"地域文化圈有着共同或相似的文化面貌，这一点似乎已经成为学界的共识。如果将"燕赵"作为一个地域文化概念来研究，则首先需要对其概念进行准确的界定。燕赵文化研究的空间地理范围应该如何界定？燕赵文化研究究竟是以燕赵两国边境范围内的文化为研究对象，还是以两国地域内的共同的文化面貌、文化精神、代表人物为研究对象，这一点学术界还没有做出明确的回答。燕赵两国文化的相异之点是否应该包含在研究对象之内？这更是一个至今困扰学者们的重要问题。

司马迁在《史记·货殖列传》中概括了燕赵两国文化的相似点，后人以此作为燕赵文化形成的依据。战国时期的燕赵两国的文化面貌，除了文化的相同点之外，还有重要的不同之处。这便是赵国是一个内陆诸侯国，而燕国则是一个滨海诸侯国，不同的地理环境造成了两国文化面貌的差异。从滨海文化面貌看，燕齐两国属于同一文化圈，阴阳五行思想、神仙思想在这一文化圈有着广泛影响。[1]

---

[1] 燕国与齐国在学术史上也曾被许多学者认定属于一个文化圈。正是燕赵文化之间所存在的差异，使当今学术界有部分学者怀疑燕赵文化作为一种地域文化是否可以成立。燕赵文化间共性突出，特点鲜明，其作为一种地域文化是历史形成的，并非今天人为的界定。燕文化与齐文化的相似之处，可以视为燕赵文化圈与相邻的齐鲁文化圈之间相互影响而产生的结果。现代地域文化圈的划分，常以今日的地理范围作为参照，如山东的齐鲁文化，齐文化与鲁文化原本也有明显的差异，但学者仍旧将其归入一个文化圈来进行研究。从这个角度考虑，燕赵地域文化的命名就更具有合理性。

如此，我们在研究燕赵文化时，便遇到了一个难以解决的难题，如果以燕赵共同的文化面貌作为研究对象，则燕文化中的阴阳五行思想就没有办法纳入研究范畴之内；如果以燕赵两国地域内的文化面貌为研究对象，则阴阳五行思想就势必要纳入燕赵文化的研究范围内。考虑到地域文化研究除了研究历史上的地域文化精神外，还承担着在一定行政区内弘扬传统文化，建设当代新文化的任务，因此我们倾向于将燕赵文化的研究定义为以燕赵地域的文化为对象的研究，这种研究在充分重视燕赵两地文化的共同特征的同时，也对其不同面貌的文化进行关注与研究。当然，燕赵共同的文化精神，在燕赵文化研究中占据着核心地位。

燕赵文化作为一种地域文化，其文化特征是非常鲜明的。杨泽江在胡克夫、杜荣泉主编的《燕赵文化丛书》的总序中，将燕赵文化的特征概括为："其一是平原农耕文化与草原畜牧文化相互会合；其二是汉族文化与北方少数民族文化相互融合；其三是元、明、清以来，处于全国中心地位的京都文化与传统的地域文化相互结合，也是中华文化走向世界和'西学东渐'中西文化的交流中心；其四是近代以来，在中西文化的激烈撞击中，燕赵文化成为中国现代文化的策源地，成为五四新文化运动的发祥地，成为马克思主义在中国传播的中心。"[1]此概括是从历史与地理的角度进行客观性描述，没有对文化精神方面的特征进行概括，可以作为一家之说，为大家的研究提供参考。

目前学术界所使用的文化概念属于一个内涵丰富、外延宽广的概念，燕赵文化几乎可以包含与燕赵地域内一切文化现象相关的所有内容。以往的燕赵文化研究，取得成绩最为突出的属于历史学研究、考古学研究、经济史研究、文学研究、思想家研究等；关于燕赵文化精神、人文精神、学术思想的特质等方面的研究，所出成果相对比较薄弱。

关于燕赵文化的精神特质，张立文先生曾概括为以下几点：革新精神、和乐精神、包容精神、求是精神、忧患精神、创新精神。[2]张先生对燕赵文化的精神特质的概括，是燕赵文化研究向深度发展所取得的重要成果。

2014年出版的多卷本《燕赵思想家研究》一书，其主编将燕赵精神概括为六个方面："宇宙观上的'天人合一'精神、人'最为天下贵'的人本精神、'铁肩担道义'的重道义精神、自强不息的'刚健有为'精神、有容乃大的'贵和尚中'精神和注重实用的'经世致用'精神。这六个方面的燕赵精神与我国其他地

---

[1]杨泽江：《燕赵文化丛书·总序》，载《燕赵文化史》，河北教育出版社2013年版，第1页。
[2]张立文：《燕赵文化的精神特质》，《光明日报》2015年4月6日（8）。

域的思想及文化，共同构成了统一的中华民族精神的基础，并最终积淀和凝结成了我中华民族优秀而伟大的以爱国主义为中心的民族精神。"[1]

燕赵，在学者的研究中常被用为河北的代称。张立文在《燕赵文化的精神特质》一文中说："燕山万状，参差代雄。燕赵往贤，群星璀璨。河北文脉，世代绵延。文化特质，尽显民族风骚。"在张先生的文章中，燕赵与河北几乎成为一个可以互换的概念。

学者们曾热烈讨论的河北人文精神，其实就是燕赵文化精神。原河北省委书记白克明先生在2005年建设文化大省工作会议中指出："在当前，我们应该锻造新的河北人文精神，这是建设文化大省的灵魂所在。"河北省社会科学院组织学者对河北人文精神进行了系列探讨，其成果辑于戴长江、周振国二先生主编的《文化自觉——河北人文精神研究》一书，由河北人民出版社于2006年11月出版。

在对河北人文精神的研究中，方伟在《河北当代人文精神的置换与构建》一文中，将河北人文精神概括为：悲情情结、英雄意识、兼纳包容、变异情势、保守朴实。[2] 魏建震曾将河北人文精神概括为：兼容并蓄、海纳百川的人文气度；大气坦诚、重信守义的人文精神；耐苦受重、勤劳朴实的人文性格；注重实践、求实创新的人文理念；以人为本、重视生命的人文价值观。[3] 经过众多学者的集体讨论，学术界对河北人文精神的经典表述为：以坚韧质朴、重信尚义、宽厚包容、求实创新为主要内容的新时期河北人文精神。白克明在中国共产党河北省第七次代表大会所作报告中即采用了这一表述。他指出："在新的历史条件下，要以民族精神为根，时代精神为魂，着力弘扬以坚韧质朴、重信尚义、宽厚包容、求实创新为主要内容的新时期河北人文精神，使其成为构建和谐河北的重要支撑。要广泛宣传、大力弘扬新时期河北人文精神，让热爱河北、关心河北、建设河北成为全省人民群众的自觉行动。"或许是由于学者们对燕赵人文精神的表述存在一些缺陷（有人认为此表述不够通俗化，不利于在大众中普及宣传），

---

[1] 周振国、王永祥：《燕赵思想家研究·总主编序》，河北人民出版社2014年版。本书《绪论》中描述的燕赵精神为："宇宙观上的'天人合一'精神、高扬人本的人'最为天下贵'的精神、重诚守信的'铁肩担道义'的精神、倡导自强的'刚健有为'的精神、有容乃大的'贵和尚中'的精神和注重实用的'经世致用'的精神"。两处表述基本内容相同，文字稍有不同。

[2] 方伟：《河北当代人文精神的置换与构建》，载戴长江、周振国：《文化自觉——河北人文精神研究》，河北人民出版社2006年版，第1—17页。

[3] 魏建震：《河北人文精神的内涵及其形成》，载戴长江、周振国：《文化自觉——河北人文精神研究》，河北人民出版社2006年版，第79—86页。

这一表述后来受到许多人的不公开批评。还有人提出以"三冀文化"来代替燕赵文化，但这并没有得到学术界的多少回应。加上其他一些非学术的原因，学者们概括的"新时期河北人文精神"并没有在河北文化大省建设中发挥其应该发挥的作用。河北人文精神仍有继续研究的必要。

燕赵人文精神与燕赵学术传统及学术精神紧密相关。燕赵地域儒学，在清代又曾被称为"北学"，孙奇峰弟子魏一鳌编《北学编》，尹会一又作续编，对燕赵儒学的传承进行了比较系统的梳理。值得我们注意的是，带有一些门派特征的《北学编》及其《续编》，由于时代与思想的局限，并不能真正反映燕赵学术传统。燕赵儒学也不能涵盖燕赵学术思想的全部内容。

根据先秦两汉燕赵思想家们所做出的学术贡献，以及燕赵学术思想的发展状况，结合燕赵学术思想的完整发展史，我们曾认为燕赵学术精神及北学学术传统，可以概括为以下六个方面：（1）崇尚天人关系的整体研究，注重通古今之变的终极思考，注重学术思想的整体性建构；（2）崇尚正义与真理，学术思想充满理性色彩；（3）注重理论的实践与应用，注重学术的社会应用；（4）海纳百川，兼容并蓄，构建新的宏观理论体系；（5）注重传统的坚守，在复兴传统中求得时代创新；（6）以经学为纲，重视训诂之学，学风醇厚朴实。[1]

学者们对燕赵文化精神（或简称燕赵精神）、人文精神以及学术精神的概括，或从燕赵历史文化的视角进行，或从燕赵思想文化的视角进行，从燕赵学术思想的角度进行概括的却少有其人。学术思想是学术精神、文化精神凝练的思想文化背景。因此，欲将燕赵文化研究引向更深层次，将燕赵学术精神、文化精神凝练得更有深度、更为准确，对燕赵学术思想的系统研究成为其学理上的必由之路。

二、燕赵学术思想史研究对象辨析与考察

学术思想，是民族传统文化的智慧结晶。许多当代学术大师对学术以及学术思想的重要性都有过精彩论述。梁启超在《中国学术思想变迁史》一书中开宗明义地阐述说："学术思想之在一国，犹人之有精神也；而政事、法律、风俗及历史上种种之现象，则其形质也。故欲觇其国文野强弱之程度如何，必于学术思想焉求之。"[2] 关于学术的重要性，梁氏在《论学术之势力左右世界》

---

[1] 魏建震：《先秦两汉燕赵学术精神与北学学术传统》，《中国社会科学报》2020年8月25日（5）。
[2] 梁启超：《中国学术思想变迁史》，山西人民出版社2014年版，第1页。

一文中说："然则天地间独一无二之大势力，何在乎？曰智慧而已矣，学术而已矣。"[1] 王国维说："国家与学术为存亡，天而未厌中国也，必不亡其学术。天不欲亡中国之学术，则于学术所寄之人，必因而笃之。"[2] 钱穆说：学术明而后文化明，学术复兴而后文化可复兴。[3]"故欲复兴国家，复兴文化，首当复兴学术。而新学术则仍当从旧学术中翻新复兴。"[4] 当代学术思想研究的代表性人物刘梦溪先生认为："学术思想是人类理性认知的系统化，是民族精神的理性之光；学术思想发达与否是一个民族文化是否发达的标志；既顺世而生又异世而立是学术思想的特点。"[5] 诸位前贤阐述的重点集中在学术、学术思想之于民族文化及国家存亡的重要性，而对于学术思想的清晰定义并没有进行界定。

燕赵学术思想史作为燕赵文化研究有待突破的重要研究领域，其研究开展之前首先必须对研究对象进行清晰的界定。什么是学术思想？学术史、思想史、学术思想史三个概念之间的联系与区别究竟是什么？燕赵学术思想史的研究对象究竟是什么？研究应该包括哪些内容？这些都是我们必须首先进行深入讨论的基本理论问题。

（一）学术、学术史与学术思想史

何谓学术？梁启超云："则学也者，观察事物而发明其真理者也；术也者，取所发明之真理而致诸用者也。"[6] 梁氏所言的学的内容，应该属于思想属性的学术。

中国传统学术应该包括哪些内容，学者间目前还存在不同的看法。王国维《宋代之金石学》一文云："宋代学术方面最多，进步亦最著。其在哲学，始则有刘敞、欧阳修等脱汉唐旧注之桎梏，以新意说经；后乃有周敦颐、程颢、程颐、张载、邵雍、朱熹诸大家，蔚为有宋一代之哲学。其在科学，则有沈括、李诫等，于历数、物理、工艺均有发明。在史学，则有司马光、洪迈、袁枢等，各有庞大之著述。绘画则董源以降，始变唐人画工之画，而为士大夫之画。在诗歌，则兼尚技术之美，与唐人尚自然之美者蹊径迥殊。考证之学，亦至宋而

---

[1] 梁启超：《饮冰室合集·文集三·论学术之势力左右世界》，中华书局2015年版，第110页。
[2] 王国维：《观堂集林》下，河北教育出版社2001年版，第721页。
[3] 钱穆：《中国学术通义》（新校本），九州出版社2012年版，"序"第6—7页。
[4] 钱穆：《中国学术通义》（新校本），九州出版社2012年版，"序"第3页。
[5] 刘梦溪：《中国现代学术要略》，生活·读书·新知三联书店2018年版，第1页。
[6] 梁启超：《饮冰室合集·文集十·学与术》，中华书局2015年版，第12页。

大盛。"[1]王国维在这里所界定的中国传统学术，包括人文科学与自然科学。李泽厚先生在《中国现代学术要略》学术恳谈会上也说："学术史，自然科学不说，文史哲，还有小学史、经学史、史学史、文学史，但什么是学术史，概念不清楚。自然科学不包括，理由何在？社会科学也没有包括，理由何在？"[2]李泽厚认为，学术史研究的内容应该包括自然科学的学术思想，也应包括社会科学、人文科学的学术思想。

中国传统学术是中国传统文化的重要组成部分，因此考察中国学术与学术史的研究对象、学术传统等，必须与中国学术与中国文化的独特性联系在一起考察。钱穆先生曾指出："文化不能与学术相分离，欲了解中国文化传统，即不能不了解中国之学术传统。欲研治中国学术，该从中国文化着眼，庶可把握要点。而研究学术，亦即为了解文化之基础。"[3]"中国学术之必有独特性，亦如中国传统文化之有其独特性，两者相关，不可分割。非了解中国学术之独特性，即亦将无以了解中国文化之独特性。惟从另一面言之，亦可谓不明中国文化之独特性，即无以明中国学术之独特性。"[4]

关于中国文化的特点，学者们曾有多种不同的表述。梁漱溟先生在《中国文化要义》中，将中国文化的特殊个性概括为十四个方面，由于他的概括从学理上讲缺乏确实根据，因此他的说法并没有在学术界产生太大的影响。[5]在20世纪80年代的文化热中，张岱年先生将"刚健有为""和与中""崇德利用""天人协调"四个方面概括为中国传统文化的基本精神[6]；此后，楼宇烈先生将重视人文精神、天人合一、重视礼仪道德、观念上的"和而不同"和实践中的整体会通等概括为中国文化精神[7]；李宗桂先生则将"坚韧不拔的从道精神""人文化成的精神""文化中国的包容意识""崇德重义的价值追求""守成创新的发展观念"概括为中国传统哲学的人文精神。[8]各家说法虽有不同，但天人合一、人文精神、极强包容性、和而不同、重视道德礼仪等中华文化的特点，却得到了大多数学者的认同。

---

[1] 王国维：《宋代之金石学》，《王国维全集》第14卷，浙江教育出版社2009年版，第315页。
[2] 刘梦溪：《中国现代学术要略》附录一《〈中国现代学术要略〉学术恳谈会纪要》，生活·读书·新知三联书店2018年版，第233—234页。
[3] 钱穆：《中国学术通义》（新校本），九州出版社2012年版，第1页。
[4] 钱穆：《中国学术通义》（新校本），九州出版社2012年版，"序"第4页。
[5] 梁漱溟：《中国文化要义》，上海人民出版社2011年版，第12—26页。
[6] 张岱年：《论中国文化的基本精神》，载李存山：《张岱年选集》，吉林人民出版社2010年版，第445页。
[7] 楼宇烈：《中国文化的根本精神》，中华书局2016年版，第220—246页。
[8] 李宗桂：《中国传统哲学的人文精神》，载《杰出人物与中国思想史》，江苏教育出版社2000年版，第177页。

中国传统文化的独特特征，使中国传统学术呈现出如下特点：一方面特别重视形而上的天、道、太极等学术问题的探究，同时又不忘关注形而下的生活日用之术。中国学术重视实践的特征，便是出于对术价值的重视。术某种程度上可以看作是学在世间的具体运用。

王国维曾将学术分为形上之学与形下之学。元朝时，罗马教皇曾把西方希腊以来所谓"七术"（文法、修辞、名学、音乐、算数、几何、天文）介绍到中国，介绍之书后来不传。王国维认为："此等学术，皆形下之学，与我国思想上无丝毫之关系也。"[1] 王国维所说西方学术中的"七术"为形下之学，与思想无关，这一说法本身没有问题。只是西方学术中的天文学、算术、医学等，与中国传统学术中的天文学、数学、医学等存在很大的差异，这些在西方学术中比较偏重技术的学术，在中国传统文化中与中国传统思想体系的构建紧密相关，因此我们不能将它们完全视为与思想无关的形下之学。

中国传统天文学与思想史关系密切。在中国传统观念中，天的运行与道密切相关。《尚书·尧典》首言钦天授时，学者认为这是"以历数为传道之表"。[2] 中国思想史上的天命观和天人合一观念，以及德运的观念，也都与天的观念有关。天命观是政治思想中王权观念的形上根据。冯时先生认为，中国思想文化的核心观念皆源于天文，《周易·贲》象辞："刚柔交错，天文也；文明以止，人文也。观乎天文，以察时变；关乎人文，以化成天下。"人文的化成天下，是以天文为根据的。文明以止即是不变的人文传统。中国的中庸观念，与天文观测中的测天地之中有关，中国文化信的观念，也与天文有关。[3]

中国古代的数学，与中国古代的宇宙观念密切相关。《周易》象数理论奠定了中国传统思维模式的基础。

中国传统中医学，以阴阳五行理论为基础，将天地人时融合为一个整体，构建了自己的辩证治疗体系。中医哲学是中国传统哲学的重要组成部分。中医学术与传统思想密切相关。

中国古代的天文学、数学、医学等与古代思想史有着十分密切的关系，没有元气说和阴阳五行学说，就没有中国古代所谓的科学。中国古代思想与学术之关系，由此可见一斑。王渝生先生指出："算法化、程序化和机械化的数学，精密

---

[1] 王国维：《论近年之学术界》，《王国维遗书》第五册之《静安文集》，上海古籍书店1983年版，第94页。
[2] 方孔炤、方以智合编，郑万耕点校：《周易时论合编》上，中华书局2019年版，"凡例"第21页。
[3] 冯时：《中国古代的天文与人文》，中国社会科学出版社2006年版，第244—272页。

的天文仪器、丰富的天象记录和观象授时的历法，自然地理、历史地理和疆域地理相结合的地方志和地图学，农牧并举和精耕细作的农业技术，辩证施治、针灸推拿和使用中草药的中医药学，不仅具有经验性和实用性的鲜明特色，而且闪烁着系统思维、整体观念、人与自然协调发展的科学精神与道理理想相结合的理性光辉。"[1]

在中国传统学术思想的道术关系中，思想被视为道，而以道为基础建立起来的中医、数学、天文学等术的意味较浓的学术，有时会被偏向于形上追求的学者所轻视。钱穆先生作为传统学术的继承者，他说："中国自古亦即有所谓专家畴人之学，如天文、历法、算数、医药之类，此皆近代所谓属于自然学科方面者，此等诸学，每易使人隐于学，而不能以学显人。故中国古人传统，每若对此等诸学较近忽视。实非忽视，乃求矫人之专一于此等诸学，各不相通，而易起其他之流弊。"[2] 对道术中术的轻视或忽略，会使思想之道变得残缺不全。

中国传统学术史研究，应该包括自然科学与社会科学、人文科学在内。张立文先生曾对中国学术史的研究对象作出界定，他认为："各个时期具有学术创新性的学问家、经学家、思想家、哲学家、科学家、宗教家、文学家、史学家等的学术宗旨，治学思路、方法、范围、成就、学术源流、派别，以及各个时期有代表性专门学术、学术事件、活动的记录，汇聚成的各个时期的学术思潮及其演变的总和，构成了学术史研究的对象。"[3] 遗憾的是，张先生对学术史研究对象的概括，并没有被很好地贯彻到他主编的《中国学术通史》中。《中国学术通史》的许多卷，并没有很好地反映自然科学所取得的成就，有些卷甚至缺失了这一领域。

关于学术史与学术思想史之关系，以及学术史与思想史之关系，学术界也存在不同的认识。

李泽厚先生主张，学术史即学术思想史。他说："学术史者，是学术思想史也。思想史，如康有为、鲁迅、毛泽东，应占很大的地位。另外一种写法，通过学术本身来表现一种带有普遍性的学术思想。"[4] 刘梦溪先生认为，学术史即学术思想史，其含义与思想史没有太大区别。他在《中国现代学术要略》中说：

---

[1] 王渝生：《中国传统科学文化的现代价值》，载《杰出人物与中国思想史》，江苏教育出版社2000年版，第116页。
[2] 钱穆：《中国学术通义》（新校本），九州出版社2012年版，"序"第4页。
[3] 张立文：《中国学术通史》，人民出版社2004年版，"总序"第14页。
[4] 刘梦溪：《中国现代学术要略》附录一《〈中国现代学术要略〉学术恳谈会纪要》，生活·读书·新知三联书店2018年版，第233—234页。

"诸子百家之学,与其说是哲学,莫若称为思想学说更加恰当。所以中国历史学科中有思想史一门,而中国学术史实即为学术思想史也。"[1] 在刘先生的思想观念中,不仅学术史即学术思想史,思想史也是学术思想史,学术史与思想史应该没有太大的差别。马 浮先生曾说:"国家生命所系,实系于文化,而文化根本则在思想。从闻见得来的是知识,由自己体究,能将各种知识融会贯通,成立一个体系,名为思想。"[2] 刘梦溪先生认为马一浮所说的思想即指学术思想,他说:"可以视马先生之论是给学术思想下的一个极为精要的定义。主要是建构系统的思想,同时还需要有创辟胜解,具备独创性的品格。既系统又独到,属于思维的精华,并具有形上之学的特点,这才是学术思想。"[3]

将学术史、思想史、学术思想史等同使用,恐怕还是存在一些问题的。在目前出版的学术史、思想史与学术思想史著作中,研究的侧重点还是有很大区别的。

目前以"学术史"命名而出版的学术著作,他们所包含的内容有着较大差别,有关于文明起源研究的,有关于历史文献和出土文献研究的,有的则将所有学术研究的内容都包含在内,也有以思想史为主的学术史,如张立文先生主编的《中国学术通史》。而学界出版的思想史著作,则包括各类专门的思想史,如哲学思想史、政治思想史、经济思想史等。从分类的角度观察,学者们似乎更倾向于将学术思想史作为思想史中的一个门类来看待。

(二)思想史与学术思想史

与传统学术相同,传统思想也是中国传统文化的重要组成部分,思想史则属于中古历史的组成部分。[4] 科林伍德认为:"一切历史都是思想史","思想史是最深层次的历史","思想史研究是历史研究的最后归宿"。[5]

思想史的研究,是文化史研究的延展。汪荣祖先生指出:"直至十九世纪末,史家对人文及文化之兴趣乃增,研究文化史,而逐渐开拓史学之视野,亦因启近代思想史研究之先河。""文化史研究为近代思想史研究之先驱。"[6] "思

---

[1] 刘梦溪:《中国现代学术要略》,生活·读书·新知三联书店2018年版,第312页。
[2] 马一浮:《对毕业诸生讲词》,《马一浮集》第1册,浙江古籍出版社2012年版,第41—42页。
[3] 刘梦溪:《中国现代学术要略》,生活·读书·新知三联书店2018年版,第6页。
[4] 张岂之:《〈中国思想家评传丛书〉的特色与20世纪中国思想史研究回顾》,《杰出人物与中国思想史》,江苏教育出版社2000年版,第5页。
[5] 转引自林德宏:《思想史与思想家》,载《杰出人物与中国思想史》,江苏教育出版社2000年版,51页。
[6] 汪荣祖:《思想与时代——思想史研究之范畴与方法》,载《杰出人物与中国思想史》,江苏教育出版社2000年版,第381页。

想史（Intellectual History）虽不尽同于文化史（Cultural History），然后者有为前者铺路之功。"[1]思想史研究，以文化史为背景。汪荣祖进一步指出，思想史以"整个文化作背景，注重'历史架构'（historical frame work）上之思想与行动之关系，以及思想与思想之关系"。[2]思想史与文化史之密切关系，由诸位前贤的论述可见一斑。

关于思想史的概念，张立文先生定义为："中国思想史是指人对宇宙、社会、人生的事件、生活、行为的所思所想，以描述和解释的方式形式，历史地呈现出来的历程。"[3]关于思想史的研究对象，侯外庐先生主编的《中国思想通史》界定为"综合了哲学思想、逻辑思想和社会思想"[4]，葛兆光先生将思想史的研究范围界定为"一般知识、思想与信仰世界的历史"。[5]

从思想史研究角度切入学术思想史研究的许多学者，将思想史即视为学术思想史。除了前文提到的刘梦溪先生外，匡亚明先生在主持《中国思想家研究》丛书时，将思想史等同于学术思想史使用。匡亚明的弟子蒋广学先生说："人学、天人合一只是中国学术思想之'体'，它在各学科发挥作用时，都有特殊的内容。研究此'体'贯穿于经史子集中所形成的思想体系的演变过程，就是匡亚明所倡导的思想史，我们今天将之称为中国学术思想史。"[6]匡亚明先生所言的思想史即学术思想史，其研究思想注重学术层面的探讨，其学术思想史的研究对象包括哲学、历史等人文社会科学，也包括天文学、医学、数学等自然科学。

由于学术思想史研究的对象主要是思想家的学术和思想，学者所定义的"一般知识、思想与信仰世界的历史"可以被排除在学术思想史的研究范围之外。

（三）学术史、思想史与学术思想史

从以上的论述可以很清晰地看出，尽管从学理上来看学术史、思想史与学术思想史三个概念存在着明显的差别，但学术界目前还存在着三个概念混用的情况。究其原因，应该是由于学术与思想内容的密不可分。匡亚明先生在《求索集》中指出："凡是在各个不同时代不同领域和学科中取得成就者，大多是那些

---

[1]汪荣祖：《思想与时代——思想史研究之范畴与方法》，载《杰出人物与中国思想史》，江苏教育出版社2000年版，第382页。
[2]汪荣祖：《思想与时代——思想史研究之范畴与方法》，载《杰出人物与中国思想史》，江苏教育出版社2000年版，第388页。
[3]张立文：《中国学术通史》，人民出版社2004年版，"总序"第4页。
[4]侯外庐等：《中国思想通史》第一卷，人民出版社1957年版，第1页。
[5]葛兆光：《中国思想史·导论·思想史的写法》，复旦大学出版社2013年版，第8页。
[6]蒋广学：《中国学术思想史·中国学术思想史纲要》，南京大学出版社2014年版，第17页。

在当时历史条件下自觉或不自觉地认识和掌握了该领域事物发展规律的具有敏锐思想的人。他们取得成就的大小,取决于思想上认识和反映这些规律的程度如何。"[1] 学者学术成就的取得,关键在于具有独特的学术思想。匡亚明先生注意到了具体的学术研究者所取得的学术成就与研究者思想之间的关系,因此他的思想家研究的范围包括了人文、社会与科学技术各个门类。其思想史研究,即学术思想史研究。

学术与思想的关系可以说是密不可分的。朱维铮先生指出:"按照逻辑,学问是思想的根底,思想是学问的花果,因而没有相当学问作功底的思想,与没有思想定取向的学问,都似乎是不可思议的。"[2] 蒋广学先生指出:"'思想'是在一定的学术结构中存在的;离开了特定的学术结构,也就不会有清晰和系统的思想。中国传统思想有特殊的学术结构:就人们所说的三教关系来说,儒为本而佛道为末,这一结构在魏晋南北朝隋唐道或佛大发展、大进取时期虽有过'三教论衡'的态势,但到了修《四库全书》时,居然把佛、道排到了子学部的末位;而就经学与儒之外的子学各家如艺术、小说家、农学、医家、天文算法、术数等家的关系而言,均不离易经为体、其他五经为用的格局。"[3] 学者将学术与思想的关系定义为:"没有学术的思想,是空洞的思想;没有思想的学术,是无灵魂的学术。"[4] 可谓确当。

中国传统文化注重直接体悟,这种认识世界的途径更使得学术与思想不可分割。《汉书·艺文志》云:"《乐》以和神,仁之表也;《诗》以正言,义之用也;《礼》以明体,明者著见,故无训也;《书》以广听,知之术也;《春秋》以断事,信之符也。五者,盖五常之道,相须而备,而《易》为之原。故曰'《易》不可见,则乾坤或几乎息矣',言与天地为终始也。至于五学,世有变改,犹五行之更用事焉。"[5]《乐》《诗》《礼》《书》《春秋》《易》等经典,无疑属于学术的范畴,而其中包含的"仁""义"等内容,则属于思想。在中国古代,学术离不开思想,思想离不开学术,二者水乳交融地混合在一起。学术史即思想史、即学术思想史。从中国古代学术思想发展的实际来看,将三个概

---

[1] 转引自蒋广学:《中国学术思想史·中国学术思想史纲要》,南京大学出版社2014年版,第12—13页。
[2] 朱维铮:《清学史:学者与思想家》,载《杰出人物与中国思想史》,江苏教育出版社2000年版,第33页。
[3] 蒋广学:《〈中国思想家评传丛书〉与中国思想史研究》,载《杰出人物与中国思想史》,江苏教育出版社2000年版,第18页。
[4] 赵培杰、莫斌、邵贤曼、崔晋:《2020年哲学研究发展报告》,《中国社会科学报》2021年1月18日(3)。
[5] 班固:《汉书·艺文志》,中华书局1962年版,第1723页。

念混同使用也未尝不可。三个概念的区别，主要存在于现代学术话语体系中。

目前学术界出版的以"学术思想史"命名的学术著作，所使用的学术思想史的概念存在较大差异。邝士元先生所著《中国学术思想史》，其使用概念"学术思想"与"学说思想"通用，在进行思想演变研究的同时，对传统学术中的经学、史学、文献学等有比较深入的研究，但对传统学术中的天文学、中医学和地理学、数学等，都没有涉及。张岂之先生主编《中国思想学说史》，鉴于学术界将不同内容的学术内容都归为学术史，直接采用了《中国思想学说史》为题，以避免学术史概念的泛化。王伯祥、周振甫合著的《中国学术思想演进史》，则将学术思想定义为"文化的精神"，认为学术思想"总离不了环境的影响，同时又总是归结到人类生活的改进"，这一定义强调了学术思想与文化的密切关系，但没能将二者有效区分开来。钱穆先生的《中国学术思想史论丛》，将有关学术史研究的内容与有关思想史研究的内容一并收入，学术思想史被定义为学术史与思想史的综合。

中国社会科学出版社出版的三十五卷《当代中国学术思想史》，对20多个一级学科以及部分二级学科的学术思想进行了论述。其学术思想史的定义应该是"学术的思想史"，学科划分采用的是当代学科划分方法。南京大学出版社正在陆续出版"中国学术思想史"系列丛书，从已经出版的《中国哲学思想史》《中国数学思想史》看，采用的也是现代学术的学科分类方法。而其中的《中国学术思想史纲要》，则采用的是中国传统的学术话语体系。该著作也没有将传统的天文学、中医学等纳入讨论范围。

通过以上对以往相关研究成果的学术史梳理，可以清晰地看出，在进行学术思想史相关专题研究之前，研究者首先应该对学术思想史的定义和研究对象进行比较清晰的界定。

抛开学术史、思想史与学术思想史在研究中的不加分别地使用的现状，仅就"学术思想史"概念本身的诠释而言，似乎既可以解释为"学术史与思想史"的并合，也可以解读为"学术的思想史"。在综合前人学术研究成果的基础上，我们试图对学术思想史的概念进行新的界定：学术思想史应该是学术史与思想史紧密结合、互为一体的学术思想史。在如此界定的学术思想史的研究中，既注重学术发展对思想发展的影响，同时也注重思想史中的学术史论述。

如此界定的学术思想史，既没有简单采用学术史加思想史的概念，也没有采用狭义的"学术的思想史"的概念。我们之所以如此界定，是因为我们认为，在现代学术话语体系中，学术与思想两个概念虽然内涵与外延上有一定的区别，但在中国传统学术体系中，作为共同以文化为背景而形成的学术史与思想史概念，二者之间关系密不可分。在学术史研究中加强思想的关照，可以将学术史的研究提升到一个更高的层面；同时，注重思想史中的学术史研究，也可以为思想史的演变研究奠定坚实的学术史研究的基础。[1] 这样的学术思想史，可以在现代学术研究中将学术思想史的研究与一般意义上的学术史、思想史研究区分开来，也可以将学术思想史与一般意义的哲学思想史、政治思想史、社会思想史等很好地区分开来。我们的学术研究，是用现代学术思想话语体系来诠释古代学术思想。这样可以实现两种学术话语体系有效接合。

如此界定的学术思想史，其研究对象既包括学术史的内容，也包括思想史的内容。关于传统文化中学术思想史的研究对象，梁启超在《中国历史研究法（补编）》第四章《文化专史及其做法》中有一个概括。他界定的文化史包括有语言史、文字史、神话史、宗教史和学术思想史几部分。在学术思想史部分，他说："中国学术不能靠一部书包办，至少要分四部。子，道术史——即哲学史。丑，史学史。寅，自然科学史。卯，社会科学史。四部合起来，未尝不可。然性质既各不同，发展途径又异，盛衰时代又相参差，所以与其合并，不如分开。"[2] 我们对学术思想史的界定，与梁启超在文化史的分类中对学术思想史的界定有些不相同之处，这便是梁氏的界定中宗教史被排除在学术史之外。从中国传统学术思想的发展来看，道教、佛教等宗教文化也属于学术思想的一个组成部分。钱穆先生曾说："佛教虽为一宗教，而其内涵之学术意义亦特丰。佛教之中国化，则胥由中国学术传统中所赋有之独特之功。南北朝、隋、唐高僧，多兼通内外学，遂使中国学术逐渐渗透入于佛教信仰中，而佛教之在中国，乃亦随之而变。"[3] 钱穆先生的说法，是符合中国学术史的实际的。

被梁启超排除于学术思想史研究之外的文学，在我们的定义中，与学术或与思想有关的文学家的文学作品也应被纳入研究范围之内。至于与学术思想距离比较疏远的文学创作或文学艺术作品欣赏等，就应该排除在外。

---

[1] 方光华先生在《中国思想史研究的三个向度》一文中，阐述了思想史研究的三种主要方法：哲学诠释的方法、社会史的方法与学术史的方法。他说："任何思想都离不开一定的学术土壤。许多思想命题都是从当时的学术研究中酝酿出来的。例如，要了解孔子的思想，就需要研究西周鼎盛时期的'六艺'教育传统，……又如，董仲舒的'天人合一'的哲学思想就是在诠释《公羊春秋》过程中，为了使《公羊春秋》得到更完整、更合理的解释才提出的。""学术史的眼光能使我们看到思想背后深沉浑厚的学术土壤，帮助我们纠正许多习以为常的误解。"《学术月刊》2007年第4期。
[2] 梁启超：《饮冰室合集·专辑》第23册，中华书局2015年版，第10737页。
[3] 钱穆：《中国学术通义》（新校本），九州出版社2012年版，"序"第1—2页。

学术思想史与文化思想史也是两个相近易混的概念。强调思想中的学术内容，可以将学术思想与几近被泛化的文化思想区分开来。没有学术内涵的一般社会存在意义上的社会文化思想，不被我们列入研究范围。比如晚清天主教在燕赵地域发展很快，但是我们考虑到它本身更多的是一种思想文化的传播，在天主教中国化等学术领域，燕赵学术界并没有在这一时期做出什么突出贡献，也没有相关学术著作问世。因此没有将这一重要文化现象纳入研究范围。

梁启超主张将学术思想史分为四部分分别研究，是因为他看到了他自己界定的传统学术思想史四部分之间的差异。如果按照我们对学术思想史概念的新的界定，学术思想史便可以作为一个对象来进行整体性研究，如此便有了将四部分内容融合在一起进行研究的可能性。在相关内容的取舍上，没有学术的思想与没有思想的学术，基本上都将被排除在研究范围之外。如此一来，也许可以减少拼盘式的拼装组合色彩。

关于学术与风俗、文化之间的关系，钱穆先生说："欲考较一国家一民族之文化，上层首当注意其'学术'，下层则当注意其'风俗'。学术为文化导先路，苟非有学术领导，则文化将无向往。非停滞不前，则迷惑失途。风俗为文化奠深基。苟非能形成为风俗，则文化理想，仅如空中楼阁，终将烟销而云散。"[1]我们以为，文化底色为学术发展提供文化背景，文化精神的向上提升，便为学术精神。

三、研究的路径与方法

社会科学研究的创新，除了发掘运用新材料外，主要立足于科研路径与科研方法的创新。只有具备了好的路径与方法，才有可能产生创新性的研究结论。社会科学研究的道路是充满荆棘与陷阱的，如果研究者掉入了无法解脱的陷阱，视野便会被蒙蔽，甚至产生自害害人的自蔽现象。因此，我们在研究方法上时刻需要注意解蔽。

（一）整体研究法

整体研究法，是运用整体的方法对研究对象进行整体性研究。进行整体性研究，需要运用整体性思维方式。我们之所以强调整体研究法，一是中国文化本身具有整体性，中国传统的思维方式是整体性思维，对它的研究，必然要运用整体性思维；二是只有运用整体性思维，才能真正解释地域文化中的特色内容；三是

---

[1]钱穆：《中国学术通义》（新校本），九州出版社2012年版，"序"第1页。

只有使用整体研究法,才能彰显中华文化中和而不同的文化品格,才能真正继承燕赵学术思想综合创新的优良传统,真正实现学术研究中的综合创新;四是燕赵学术思想史作为广义历史学的一部分,其研究目标具有整体性。

中国传统学术思想体系中,最高的范畴可以说是道。道的显者特征之一,便是整体性。《庄子·天下》篇称"道术将为天下裂",《荀子·解蔽》所说"天下无二道,圣人无两心",都是强调道的整体性。在中国传统观念中,天地人为一个整体,人与物也是一体。整体观念,是中国传统文化的鲜明特色。张岱年先生指出:"中国传统哲学,无论儒家或道家,都强调整体观点。整体是一个现代的名词,在古代称之为'一体'或'统体'。所谓整体观点,就是认为世界(天体)是一个整体,人和物也都是一个整体;整体包含许多部分,各部分之间有密切的联系,因而构成一个整体;想了解各部分,必须了解整体。"[1]对中国传统文化的研究,必须运用整体性研究法。楼宇烈先生指出:"对于中国传统文化的研究,不管是研究哪一家、哪一科、哪一学,我认为,首先是要把握住中国传统文化的整体精神之所在,否则将难入其堂奥,难得其精义。"[2]对燕赵学术思想史的研究也是如此。

中国传统文化的整体性特征,突出表现在中国传统思维方式上。中国文化属于整体关联思维方式,楼宇烈先生称之为"整体关联,动态平衡"。[3]整体关联,强调了关联的普遍性。对普遍关联的整体文化进行研究,需要整体性研究法。

中国思维方式的另外一个特征,便是中国的逻辑是语境逻辑。[4]这种逻辑思维方式,使语言本义与思想之间发生疏离,语言离开语境,表达思想的功能将大打折扣,如此一来,从语言诠释思想便产生了障碍与困难。从文本记载本身去解读思想,便不能解释作者的言外之意,这样或许会偏离作品作者的本意。有鉴于此,研究中国古代思想家的学术思想,只有从文本记载的整体中去尽可能恢复当时作者写作的语境,用直观体悟的方法去理解文字作者整体的学术背景和思想框架,唯有如此,才能避免只依靠文字训诂解释学术思想产生的各种弊端。用直观体悟的方法把握文本的整体思想,古人又称之为"得意忘象""得理忘言"。竺道生说:"夫象以尽意,得意则象忘。言以诠理,入理则言息。自经典东流,

---

[1] 张岱年:《试论中国传统哲学的思维方式》,载李存山:《张岱年选集》,吉林人民出版社2010年版,第382页。
[2] 楼宇烈:《中国文化的根本精神》,中华书局2016年版,第221页。
[3] 楼宇烈:《中国的品格》,四川人民出版社2015年版,第3页。
[4] 楼宇烈:《中国文化的根本精神》,中华书局2016年版,第35页。

译人重阻，多守滞文，鲜见圆义。若忘荃取鱼，始可与言道矣！"（《高僧传》卷七）佛教文本的汉译，需要得意忘象，今人理解古典文献，也有一个文本转换问题，也同样需要"得理忘言"。得理忘言，应该是文本诠释的最终目的。而这种诠释文本的方法，即是一种整体性思维法。

和而不同是中华文化的重要品格，它揭示了事物发生发展过程中多种因素共同发挥作用，而不是单一因素发挥作用或相同因子的简单叠加。中华文化多元一体格局的形成，以及儒释道文化的共存互融，便是这种文化品格的彰显。在学术研究中，将中华文化和而不同的文化品格落在实处，才有可能继承中外思想家一切可以继承的优秀文化遗产，运用一切可以运用的科研方法与路径，吸收一切可以吸收的各家各派的有价值的学说，构建具有创新性的学术体系，将燕赵学术思想史上综合创新的优良传统发扬光大。[1]

燕赵学术思想史作为一种广义的历史，其本身也具有整体性的目标。雅斯贝尔斯从历史的整体性出发，提出"把握历史的统一，也就是说将普世史作为整体来思考，是寻求历史最终意义的对历史知识的一种渴望"。[2]"普世史观对我们来说意味着什么？我们愿意将历史作为一个整体来理解，是为了理解我们自身。对于我们来讲历史是记忆，我们不仅要懂得记忆，并且要借助记忆而生活。如果我们不想化为虚无，而想获得'人之存在'的话，历史是奠定了基础，我们与这一基础紧密相连。"[3]"如果我们认识到整体，那么每个人的存在在整体之中都有其位置。"[4]只有在对整个中华文化的整体关照下，燕赵文化作为一种地域文化，才能深刻透视其地域性特征，才能在历史中找到其存在的对的位置。

离开了中华文化的整体去研究地域文化，所得结论必然是对道的割裂。从各种地域文化与中华文化的根本关系来讲，尽管各地域文化都有其特色，但都属于中国文化的有机组成部分，都符合中华文化之道。钱钟书在《谈艺录·序》中说："东海西海，心理悠同；南学北学，道术未裂。"[5]道术未裂，中华文化的整体性也未能割裂。

总而言之，只有运用整体性研究方法，才能有效避免研究中的偏见，才能

---

[1] 综合创新的概念是张岱年先生提出的一种创新方法。在燕赵学术思想史上，一些标志性人物如荀子、董仲舒、孔颖达、孙奇逢、张之洞等，其研究方法均运用综合创新法。综合创新可以说是燕赵学术思想的重要特征。参见梁世和：《北学与燕赵文化》，《河北学刊》2004年第4期。
[2] [德]雅斯贝尔斯著，李雪涛译：《论历史的起源与目标》，华东师范大学出版社2018年版，第300页。
[3] [德]雅斯贝尔斯著，李雪涛译：《论历史的起源与目标》，华东师范大学出版社2018年版，第267页。
[4] [德]雅斯贝尔斯著，李雪涛译：《论历史的起源与目标》，华东师范大学出版社2018年版，第301页。
[5] 钱钟书：《谈艺录》，中华书局1984年版，第1页。

使研究所得出的结论更具有普遍性；只有在中华文化的整体中认识燕赵学术思想史，才能突出燕赵学术思想史的鲜明特征。

（二）分析的方法

对文本的理解、分析与诠释，是学术研究的基础性工作。中国传统学术的发展，在文本阐释上曾有汉学宋学之争、训诂与义理之争等。"义理之学为宋儒所提倡，清儒的强项则是考据之学。当然就中国历代学术所追寻的方向而言，其运行的大势是把两者合起来，而不是要它们分离。"[1]现代学术研究对文本的解读与诠释，应该在继承训诂与义理阐释文本的基础上，采用分析的方法。

分析的方法与整体研究法是相对而言的，分析方法从根本上来说来源于分析思维，在西方世界曾一度盛行的分析哲学，其研究方法便是分析的方法。当代著名分析哲学家冯·赖特指出："分析在哲学中所设定的任务就是阐明语句（陈述）的意义。"[2]分析是将整体分解后，通过认识分解的部分而认识整体，冯·赖特说："'分析'意味着分解，把一个总体或整体拆分为互相孤立的部分。有一种观点经常被称为部分论（meristic），……根据这种观点，整体的特性不得不根据它的部分的特性来解释。"[3]分析哲学家魏斯曼说："分析意味着分解和拆卸。'逻辑分析'由此看来意味着：把一个思想拆分成它的终极逻辑构成要素。……人们大致也可以这样去设想哲学家的事情，他的任务就是揭示思想的结构，显示它的逻辑构造。"[4]研究过程中的分析包括概念分析、语言分析、逻辑分析、"关联的"分析等等。

概念是文本表达的基础，概念游移或模糊，便无法进行有效的论证。张岱年先生说中国传统分析方法具有模糊性，其表现之一便是"用辞多歧义，没有明确的界说"。[5]有鉴于此，我们在研究先贤作品时，特别注意对他们所使用概念的分析，以避免受概念不明或概念歧义的误导。

世界的逻辑形式，便是由语言和事物构成。分析哲学家冯·赖特说："事物是这个世界的实体。事物在事态中的可能关系和名称在有意义语句中的可能关

---

[1] 刘梦溪：《中国现代学术要略》，生活·读书·新知三联书店2018年版，第49页。
[2] [芬]冯·赖特：《分析哲学：一个批判的历史概述》，载陈波、江怡：《分析哲学——回顾与反省》（第二版）上卷，中国人民大学出版社2018年版，第8页。
[3] [芬]冯·赖特：《分析哲学：一个批判的历史概述》，载陈波、江怡：《分析哲学——回顾与反省》（第二版）上卷，中国人民大学出版社2018年版，第21页。
[4] [德]魏斯曼：《什么是逻辑分析》，转引自冯·赖特：《分析哲学：一个批判的历史概述》，载陈波、江怡：《分析哲学——回顾与反省》（第二版）上卷，中国人民大学出版社2018年版，第8—9页。
[5] 张岱年：《试论中国传统哲学的思维方式》，载李存山：《张岱年选集》，吉林人民出版社2010年版，第385页。

系构成世界的逻辑形式，即本质。于是语言的本质和世界的本质是同样的。"[1]认识世界的本质，就是认识语言的本质。对语言进行逻辑的分析，是认识语言本质的根本方法。英国当代分析哲学家达米特认为，分析思想的唯一专门办法就在于分析语言。[2]传统训诂学中的词语与义理的训释也具有语言分析的内容。在现代学术研究中进行语言分析时，还应该与概念分析、逻辑分析、"关联"分析等综合运用。

中国古代思维方式比较缺乏形式逻辑思维，但这并不妨碍我们对古人学术与思想用现代形式逻辑分析的方法来加以审视。

事物的普遍联系是事物存在的根本状态，中国传统文化中的"天人合一""民胞物与"等，都是对关联普遍性的表达。对事物相关关联的分析，是认识事物存在状态、变化规律的重要途径。对相关关联的分析，无论是研究学术史还是思想史，都是非常重要的方法。

在中国古代传统学术思想中，分析方法很少使用。张岱年先生指出："在中国传统哲学中，分析方法不甚发达，但亦非完全没有。""由于中国传统哲学中分析方法不发达，于是表现了一定程度的模糊性。"[3]分析思维与分析方法是中国传统学术的短板，我们在这里强调使用这一行之有效的方法，一方面意在补足我们文化中的短板，另一方面也想使我们的研究工作与现代学术研究接轨，从而使我们的研究从方法上具有现代学术气息。

分析方法的运用需要研究者创造性地诠释文本。傅伟勋提出"创造的诠释学"，对诠释的步骤、环节、要旨等进行了说明："作为一般方法论的创造的诠释学共分五个辩证的层次，不得随意越等跳级。这五个层次是：（1）'实谓'层次——'原思想家（或原典）实际上说了什么？'；（2）'意谓'层次——'原思想家要表达什么'或'他所说的意思到底是什么？'；（3）'蕴谓'层次——'原思想家可能要说什么'或'原思想家所说的可能蕴涵是什么？'；（4）'当谓'层次——'原思想家（未来）应当说什么'或'创造的诠释学者应当为原思想家说出什么？'（5）'必谓'层次——'原思想家现在必须说出什么？'或'为了解决原思想家未能完成的思想课题，创造的诠释学者现在必

---

[1][芬]冯·赖特：《分析哲学：一个批判的历史概述》，载陈波、江怡：《分析哲学——回顾与反省》（第二版）上卷，中国人民大学出版社2018年版，第10页。
[2]转引自[英]P. M. S.哈克：《分析哲学：内容、历史与走向》，载陈波、江怡：《分析哲学——回顾与反省》（第二版）上卷，中国人民大学出版社2018年版，第35页。
[3]张岱年：《试论中国传统哲学的思维方式》，载李存山：《张岱年选集》，吉林人民出版社2010年版，第385页。

须践行什么'。"[1]我们的研究中对文本的创造性诠释,也将按照傅伟勋先生"创造的诠释学"的步骤与方法进行。

(三)比较研究法

燕赵学术思想史研究作为广义的燕赵地域文化研究的重要组成部分,其研究除了要揭示燕赵学术思想史在中华学术思想史研究上的重要学术价值外,无疑还需要特别地突出燕赵地域的学术思想特色。为此,我们在研究中一方面要将燕赵学术思想史放在中华学术思想史的大框架下进行研究,同时也要进行燕赵学术思想史与其他地域文化的学术思想史的对比研究,如与齐鲁学术思想史、岭南学术思想史、闽学、关学以及中原学术思想史等的对比研究,在对比研究中彰显燕赵地域特色。当然,这种比较研究并非为比较而比较,也不是每一历史时段都要与其他地域的学术思想史进行比较,而是在不同的历史时期,与当时最具特点的其他地域文化的学术思想史发展状况进行比较,这样的比较,更容易从整体上把握燕赵地域的学术思想史的地域特色。

(四)研究方法的解蔽

中国传统学术在其发展的历史长河中,因研究者视域或研究方法问题而产生一些弊病。《荀子·解蔽》篇说:"私其所积,唯恐闻其恶也;倚其所私,以观异术,唯恐闻其美也。"以私心私见观察事物,便会产生遮蔽。《汉书·艺文志》云:"后世经传既已乖离,博学者又不思多闻阙疑之义,而务碎义逃难,便辞巧说,破坏形体;说五字之文,至于二三万言。后进弥以驰逐,故幼童而守一艺,白首而后能言;安其所习,毁所不见,终以自蔽。此学者之大患也。"[2]不思多闻阙疑,安其所习,是学术研究之蔽产生的重要原因。《荀子·解蔽》篇提出,从认识道的整体性出发以解学者认识之弊。现代学术史的研究中,学者也在试图克服研究中所生之蔽。刘梦溪先生曾提出破除现代学术研究中的四种蔽障:"但中国现代学术的发展仍然困难重重。就学者的主要认知而言,有四重障蔽应予以破除。第一,学术是手段还是目的;第二,'有用之学'与'无用之学';第三,中学和西学之争;第四,新旧古今之争。"[3]除了刘先生所列举的四种蔽障,我们在研究中还试图避免以下蔽障:

---

[1] 傅伟勋:《创造的诠释学及其应用》,《时代与思潮》1990年第二辑,转引自陈波等:《分析哲学——批评与建构》下卷,中国人民大学出版社2018年版,第752页。
[2] 班固:《汉书·艺文志》,中华书局1962年版,第1723页。
[3] 刘梦溪:《中国现代学术要略》附录二《文化托命和中国现代学术传统》,生活·读书·新知三联书店2018年版,第243页。

1.所知障。所知障意即是所认知的事物与理论成为新的认识的障碍,从已知推未知中产生错误的结论。博学如章太炎者,蔽于自己对文献的熟知,而认出土的甲骨文为伪物,是为所知障之一例。《荀子·解蔽》篇曾提出"不以所已臧害所将受""不以夫一害此一",是为解所知障之良方。《荀子》所言的方法虽然很好,但在人的认识过程中却存在着实际上的困难。人的认知,包括研究工作,是运用自己所储存的知识去判断解析新的问题,雅斯贝尔斯说:"'个人看到的是他内心中具有的东西。'理解的根源是我们的当下性,亦即此时此地我们唯一的现实。"[1]可以说,所知是认知的基础。研究者所储备的知识越丰富,其解决新问题的能力越强,其认知所得结论越接近真理。但是,如果研究者不能正确运用所知,将所知固化机械地运用,就会形成所知障。杜维明先生曾指出:"人文学与一般所谓社会科学(被具体量化了的)、自然科学等,在方法和所处理的问题上有很多不同,可以说更困难。比如旁观者与参与者的复杂互动。我们读文本,不管是中国的诗词、小说还是哲学经典,都有一个我们与文本之间进行互动的问题。我们总是要把自己的一些偏见调动起来,进入文本阅读和研究中,没有办法避免,但我们又尽量想减少自己的偏见,尽量使我们的私我(ego)的坏的影响力减少,使我们的自我及其所展现的视野得以扩展。这就是私我和自我之间的复杂互动。"[2]我们在研究中一方面要运用我们的所知,发挥我们的能动性,另一方面又要按照孔子所言,"勿意、勿必、勿固、勿我",尽可能减少研究中因所知障而造成的结论错误。

2.情感之蔽。作为中华文化的研究者与传承弘扬者,作为燕赵儿女研究燕赵学术思想史,必会将我们热爱祖国传统文化、热爱家乡文化的深厚情感融入研究过程之中,以期自己的研究能够继承先人的文化精神,并传至后代,留存后世;希望自己的研究成果能够对美丽家乡的现代化建设贡献力量。唯其如此,我们的研究工作才会产生无比强大的内在动力,促使我们不计名利,不计得失,全身心投入研究工作中。研究者在研究中强烈情感的投入,固可以使研究的深度得到深化,但同时也会带来《荀子·解蔽》篇所说"私其所积""倚其所私"的情感之蔽。情感会遮蔽我们理性的双眼,使研究结论失去客观性、公正性,或沦为迎合时世的"政论作品"。如此的作品能否达到作者们预期的效果,实在是不可预知的。

---

[1] [德]雅斯贝尔斯著、李雪涛译:《论历史的起源与目标》,华东师范大学出版社2018年版,第17页。
[2] 杜维明:《关于儒家人文精神的再认识》,载《杰出人物与中国思想史》,江苏教育出版社2000年版,第66页。

在进行燕赵学术思想史的研究中，我们将对弘扬优秀传统文化的情感与学术理性进行适度调适，力争从文化自觉的角度，对研究对象进行深入的研究，继承燕赵学术精神中实事求是的品格，不虚美，不掩恶，在深入研究的基础上弘扬优秀传统文化。通过理性而深入的研究，对传统燕赵文化精神作出关照与反思，以便实现优秀传统文化在当代社会的创造性转化。

忧患意识是中国传统文化的优秀精神品质，有了忧患意识，才能进行文化反思与自觉。张世英先生曾说："我们不要老是片面地自满于中华传统文化的优点，而应该多一点忧患意识，多想想自己的缺点。"[1] 燕赵地域现实社会与文化的发展状况，正是我们对传统学术开展反思的基础。只有认识了传统燕赵学术思想中存在的不足，才能为当今文化发展提供更好的方向和助力；只有以宽广的学术视野，面对当代世界各种思想观念对燕赵传统学术思想的冲击，才能使燕赵学术精神走出区域性臼窠，才能使燕赵未来的学术走向全国、走向世界！

四、需要说明的几个具体问题

（一）燕赵学术思想史的研究对象是燕赵传统学术思想，因此其话语体系构建采用的是传统学术话语体系的构建方法，其论述话语也基本上采用传统学术话语论述方法。至于现代学术话语，只有在进行传统学术思想的现代解读时才会按需使用。

（二）燕赵学术思想史课题研究，为了能够在前贤研究的基础上有所创新，我们设计的研究重点不拟对著名思想家的思想本身进行独立静态考察，而是主要将每一时代学术思想演变的社会背景、学术思想演变历程及内在逻辑、学术流派的发展源流、思想家们思想的来源、学术思想创新和重要贡献、以及其对后世学术思想的影响等，作为重点考察对象。我们认为，这些处理可以突出学术思想史之"史"的特征，可以避免一些较为静态的描述，将学术思想史写得更全面，也更灵动一些。

（三）在燕赵学术思想史研究中，我们克服重重困难，将天文历算、中医学、数学等与中国古代宇宙观、人生观密切相关的科学技术类的学术思想纳入我们的论述范围。对这些专门之学进行研究，实现突破非常困难。在我们的研究设计中，不拟将这些学科本身的研究作为突破方向，而是想在充分吸收前人研究成果的基础上，将这些学科的研究发展对燕赵学术思想发展的整体影响作为考察的

---

[1] 张世英：《觉醒的历程——中华精神现象学大纲》自序，中华书局2013年版，第2页。

目标。把天文历算、中医学、数学等纳入学术思想史研究的范畴，既可以更好地从整体上对燕赵学术思想史的发展进行研究，又可以完整地展现燕赵地域的学术思想史发展的全貌。为了避免我们的燕赵学术思想史研究出现支离破碎、残缺不全之憾，我们将对与思想有关的学术研究领域进行较为全面的论述。

（四）元明清时期，北京成为京都所在地，燕赵作为京畿重地，其学术思想的发展也因此具有了京畿文化特色。全国士人任职京城，这些士人若与燕赵本籍士人交际密切，或对燕赵学术思想发展产生影响，或有与燕赵学术思想相关著作流传，那么他的相关学术思想便纳入我们的研究范围。若仅为京城官员学者，则不纳入燕赵学术思想史的研究范围。

在燕赵学术思想家的选取对象上，我们基本上遵循了如下原则：

第一，生于燕赵地域之内的学术思想家，列入研究范围。

第二，生于其他地域文化圈，但其主要学术活动在燕赵地域开展的学术思想家，列入研究范围；其主要学术活动虽不在燕赵地域，但曾活动于燕赵地域，而且在此期间有相关作品流传的，其与燕赵学术思想有关的活动、作品等列入研究范围，此类作者的其他学术活动、作品与学术思想等则不在研究范围之内。

第三，祖籍燕赵的思想家，其作品与思想具有燕赵文化传统，且其外迁在三世之内的，列入研究范围；其外迁超过三世的，则不列入研究范围。

（五）本研究的创新之处。燕赵学术思想史的研究，是对燕赵地域文化研究的进一步深入，在学术史研究的意义上说具有初创性。与以往燕赵思想家研究的成果相较，该研究具有以下创新之处：（1）填补系统研究燕赵学术思想史的学术空白。（2）对一些学术界较少关注的燕赵思想家的学术思想进行了比较深入的发掘研究。（3）对燕赵学术思想史的发展脉络进行梳理，对燕赵学术传统与思想特点进行总结与概括。（4）在充分总结、吸收、继承前人研究成果的基础上，提出了一些新的观点，以期实现相关研究领域的突破。

梁启超在其所著《清代学术概论》结尾处，写了一段足以自勉的文字。他说："将现在学风与前辈学风相比照，令吾曹可以发现自己种种缺点。知现代学问上笼统、影响、凌乱、肤浅等等恶现象，实吾辈所造成。此等现象，非彻底改造，则学问永无独立之望，且生心害政，其流且及于学问社会以外。吾辈欲为将来之学术界造福耶？抑造罪耶？不可不取鉴前代得失以自策励。"[1] 我们的《燕赵学术思想史》的著述，对将来之学术界，也不知是福是祸。聊借梁氏语以

---

[1] 梁启超：《清代学术概论》，载刘梦溪：《中国现代学术经典·梁启超卷》，河北教育出版社1996年版，第212页。

为吾辈自勉。

在课题申请与研究过程中,中国社会科学院历史所的王震中先生、张海晏先生,中国人民大学曹峰先生,大连大学葛志毅先生,南开大学张荣明先生,河北师范大学沈长云先生、秦进才先生,河北大学李振纲先生、程志华先生,燕山大学惠吉星先生等,都给予了很大的帮助与支持,我们对他们的无私帮助表示衷心的感谢!

第一章　秦汉时期的历史特点与中国古代国家的新建

秦汉是继春秋战国五百余年大动荡之后而产生的新型王朝，它终结了长期纷争割据的局面，继承了春秋战国时期制度变革的成果，在国家形态方面呈现出崭新的面貌。秦朝时间虽短，但在制度方面却奠定了此后古代社会的基本特点；汉朝非常注重汲取亡秦教训，吸收其长处而避免其缺点，完成了秦始皇未尽的历史任务，在中华民族的历史上，迎来了一个新的强盛时代。

第一节　分封制的反复与郡县制的奠定

汉朝很大程度上是秦朝的"遗嘱执行人"，秦朝未及完备巩固的制度在汉朝得以巩固，以郡县制彻底取代分封制就是其中重要的方面。

一、秦汉之际分封制的反复

平王东迁之后，周王朝基本上失去对诸侯的有效控制，西周以来的分封制受到严重削弱。公元前707年，郑国公然与周天子交战，击败了周王室与陈、蔡、卫三诸侯的军队，周桓王中箭，郑国一度分享了周天子号令诸侯的权力。此后，齐桓公、晋文公、楚庄王先后崛起，主持诸侯之间的会盟事务，凭借实力成为天下秩序的实际维护者，形成了诸侯争霸的局面。在这种新的政治格局下，霸主虽然在一定地域、一定时期内起主导作用，但他们的身份毕竟是天子之下的诸侯，并没有充分的政治实力取代周天子；只能打着"尊王攘夷""兴灭国""继绝世"的旗号在某些方面代周天子行使权力，形成了一种动态的平衡，类似于西欧中世纪的政治体制。这种体制以周天子的政治号召力为前提，无论诸侯还是霸主，尚不能公开取代周天子。公元前403年，韩赵魏三家卿大夫瓜分晋国，自称诸侯，天子也不得不予以承认，分封制及与其互为表里的宗法制再一次受到沉重打击，之前的政治规则被破坏殆尽。公元前344年，作为中原诸侯的魏罃放弃"侯"的爵位，公然称王（魏惠王，也称梁惠王），这标志着周天子名义上的共主地位也被诸侯否定了，有实力的诸侯意欲取代周天子成为天下共主，春秋时期列国并存的动态平衡被打破，小的诸侯国多被吞并，大国之间展开了激烈的兼并战争，历史由列国并列、大国主导的春秋时期进入战国时期。齐、楚、燕、韩、赵、魏、秦等实力比较强的诸侯国时刻面临着土地被蚕食鲸吞的威胁，被灭国的危险也不是没有，强大的齐国一度被燕国逼到亡国的边缘，至于鲁国、宋国、中山等二流诸侯国处境更为艰难，时有朝不保夕之虞。

在这种严酷的政治环境下，需要最大程度动员、集中全国力量才能求得生存、削弱对手。传统的分封制显然是倾向分权而不是集权，诸侯对天子已经实现了彻底的背叛，卿大夫在列国专政屡见不鲜，那些职务世袭、封地世袭，在封地内有征收赋税、管理人民权力的贵族们对诸侯王有相对的独立性，利益归趋也并非完全一致，有利于卿大夫封地的未必有利于国家，如所谓"战胜则大臣尊，益地则私封立"[1]。实际上春秋战国时期的历史，就是一部中央与分封贵族不断斗争的历史，也是分封制不断消解的历史，最高权力不断与最基层百姓直接连接的历史。先是周天子的权力被诸侯瓜分，之后是诸侯权力被分封贵族掠夺，如田陈代齐、三家分晋，诸侯国的卿大夫直接统治其境内的民众，中间的分封层级逐渐被消除，从天子——诸侯——卿大夫——百姓，过渡到诸侯——百姓。诸侯灭掉小国或者夺取土地，有两种处置方式：或者分封给贵族作采邑，这是分封制惯性的延续；或者直接由诸侯直辖，称为郡县。显然，后一种方式有利于维护中央集权，所以郡县制受到诸侯的欢迎而不断得到加强。法家敏锐地看到这一点，他们坚决反对世袭贵族，主张实行中央集权，魏国、秦国、楚国纷纷任用法家人物进行改革，其总体趋势就是推行郡县，削弱分封制。秦国把这一制度推行到极致，广泛设立郡县，推行军功爵，把底层农民充分动员起来，迫使他们执行最基本的职能——战争，直接投入战争的可以免除赋税劳役，还有立功上升的空间；不直接从事战争的做战争的辅助工作，进行农业生产，为军队生产战争用品。这种高度组织性、军事化的国家形态使秦在列国中赢得了优势，最终灭掉列国而一统天下。

秦灭六国，郡县制全面取代分封制，建立了一种完全不同于周朝的国家体制。秦始皇充分认识到分封制不但不利于他集中权力，也是造成长期战争的重要原因，"天下共苦战斗不休，以有侯王"[2]，周天子分封同姓子弟依然不能避免

---

[1] 王先慎撰、钟哲点校：《韩非子集解·定法》，中华书局1998年版，第305页。
[2] 司马迁：《史记·秦始皇本纪》，中华书局1959年版，第239页。

这些诸侯反抗中央,所以他否定了丞相王绾分封嬴秦子弟为诸侯的建议,彻底堵塞了复活分封制的道路。此外,他还建立了一系列消除地方独立性、巩固中央集权的制度,统一了度量衡,统一货币,统一了车轴的长度,由此也就形成了规格一致、延伸到四面八方的道路系统。收取地方兵器集中销毁,把各地豪强势力迁徙到关中,置于中央直接控制之下。在制定这些硬性制度的同时,还统一了文字。在长期的分裂状态下,各国文字差别很大,甚至彼此不能相认,而且在秦国广袤的地域之内,口头语言的差别之大不亚于欧洲各语言,有了统一的文字,就能保证从辽东到南海的顺畅沟通,具有极其深远的意义。

　　但秦朝很快被推翻,六国旧贵族趁势而起,天下又处于割据状态。项羽取得军事优势之后,又推行了分封制,他实际成为类似东周时期的霸主,项羽本人也自号西楚霸王[1]。项羽本身的地位并不稳固,加之政治上处置失当,被封的诸侯很快又起兵反叛,战争烽烟又起。项羽虽然一时平定了东部叛乱,但刘邦出汉中,占关中,据有西部大片土地,在荥阳、成皋一带与项羽展开激烈的拉锯战。为了取得项羽反对势力的支持,刘邦接受张良建议,许诺把东部地区占领的土地都拿出来分封诸侯王,韩信、英布、彭越相继被封为齐王、淮南王、梁王,此外尚有魏王、赵王、燕王等大量的异姓王。所以刘邦战胜项羽之后,施行的是郡国并行制,从四川到关中的西部地区是其根据地,推行的是郡县制。东部地区推行的是分封制,施行分封是为了安抚战略盟友,刘邦尚没有当年秦始皇统一六国、在全国推行郡县的实力,分封制是当时形势下不得不然的举措。东方诸侯可以自置署官,有治土治民权,这种形势使刘邦与地方诸侯都不能自安,双方冲突不断,终刘邦一生都在和这些异姓王斗争。剪灭异姓王之后,刘邦又封同姓子弟为王,汉朝政局在郡县与同姓诸侯国并存的局面下暂时稳定下来。

二、汉武帝与郡县制的奠定

　　与分封异姓王不同,分封同姓王是出于汉王朝主动的顶层设计。刘邦认为秦始皇没有分封子弟为王,天下群雄并起之时,地方无宗室起来保卫王室。刘邦这一目的一定程度得以实现。惠帝、吕后去世,外戚吕氏控制了中央政权,宗室齐哀王刘襄率先起兵,使吕氏不敢贸然称帝,刘襄的弟弟朱虚侯刘章、东牟侯刘兴居联络朝廷中功臣周勃、陈平杀掉吕产,尽诛吕氏势力,使刘氏政权转危为安。经此一役,地方刘氏王侯的力量日益强大,他们不仅可以自置署官,自制法

---

[1] 司马迁:《史记·项羽本纪》,中华书局1959年版,第317页。

律，还有铸币权、开矿权，积蓄了强大的经济力量。同时，招纳豪杰，与中央王朝争夺人才，淮南王、河间王治下俨然成为与中央并列的思想中心。汉文帝对诸侯王采取优容政策，允许吴王刘濞长期不入朝，在淮南王刘长谋反已形成事实的情况下，又对其进行赦免，复封其后人为王。汉景帝对其同母弟梁王刘武也甚为溺爱，甚至放出话要让刘武继承皇位。地方诸侯离心力日大，政治暗潮汹涌，甚至公然击杀高官（如淮南王击杀辟阳侯审食其），容纳朝廷罪犯，蓄积武装力量，对中央政权造成威胁，中央与地方离心势力到了要摊牌的程度。于是晁错建议汉景帝实施"削藩"政策，吴楚等七国联合起来，以"清君侧"的名义展开了武装叛乱。"七国之乱"中，东南地区诸侯多数卷入，齐地有四个诸侯国响应，其他三个也与吴楚暗通款曲。武装叛乱虽然被平定，但宗室可以通过合法方式入继大统的诱惑也使有实力的诸侯王蠢蠢欲动，景帝后期，梁王刘武、淮南王刘安先后联络朝臣，谋求继立，使朝局动荡不安。种种事实证明，秦始皇对分封制威胁中央集权的判断是正确的，这促使朝廷下决心彻底解决诸侯王的威胁问题。平定"七国之乱"后，景帝对诸侯王职官系统进行了改革，诸侯国原来依照中央设置的职官御史大夫、廷尉、少府、宗正、博士官、大夫、谒者、各种郎官等都予以裁撤，把丞相改为"相"，主要官员由朝廷配备。[1] 汉武帝继续景帝的方针，他采取法律手段严厉镇压了意欲谋反的第二代淮南王刘安势力，上万人因此事而被治罪。收回诸侯的各项政治权力，诸侯王相等主要官员由中央任命，制定"左官律"，把诸侯王相的地位置于郡守之下，其他官员的级别也相应降低。严格禁止诸侯王结党营私，禁止其结交、拉拢朝廷官员，否则以"附益法"论处。汉武帝又严格执行文帝时期的"酎金律"，以列侯等所献祭祀高祖刘邦"酎金"成色不足为理由，先后废除了上百位列侯的爵位。西汉时期分封对象不仅包括诸侯王，还有侯爵，侯爵也有封地以及相应的特权。在严刑重法打击的同时，又采取相对柔性的"推恩令"，允许诸侯王把自己的采邑进一步"推恩"分封给非嫡长子。这实际上是分而治之的办法，诸侯封地越来越小，失去了公然对抗中央的凭依。诸侯、列侯等世袭贵族只能享受封地内的租税，没有行政管理权。通过这一系列的政策、制度举措，经历景帝、武帝两代人，秦始皇首先在全国推行的郡县制才最终巩固下来，此后虽然有西晋时期的短暂恢复，但随之引起"八王之乱"，具有治土治民权的分封制最终成为历史回响，无法借尸还魂了。

---

[1] 班固：《汉书·百官公卿表上》，中华书局1962年版，第741页。

第二节　盐铁官营与古代独特的经济体制的形成

在进行政治改革的同时,汉武帝在经济方面也进行了一系列的制度性创建,这些措施本来是为了解决当时的实际问题,但多为后世沿用,塑造了不同于欧洲的独特经济体制。

一、汉初的宽松政策与经济大发展

春秋战国时期,战争给人民生命财产带来严重破坏,但客观上也促进了各地的政治、经济、文化交流。周天子虽然权威失坠,中原地区仍然是政治中心,周边地区势力都期望进入中原来实现、扩展自己的政治影响力,如南方的楚国、东南的吴、越等都需要到中原地区组织会盟,其霸主地位才得以实现。西部、北部各戎狄部族也大量涌入中原,关中一度为西戎所占据,北方的山戎在春秋时期也曾深入黄河流域,灭掉邢国,侵入卫国,威胁其国都。原居西北属于赤狄、白狄部族的鲜虞经过长途迁徙进入燕赵地区,建立中山国,成为堪与七雄对峙的势力。战争需要大量的粮食、金属、竹木等器材,这也促使各国重视生产,如秦国、魏国的重农政策,齐国、越国大力发展渔业、盐业,以国家力量推动商业等,都史有明文。军事行动必然伴随物资的流动,军队的通道也是物资的通道,在人员大流动、民族融合的时期,商业也在动荡时期得以发展,甚至出现了特殊的繁荣。当时的中国幅员辽阔,山地、平原、江河、湖泊、海洋俱全,中原的农产品、北方的畜牧产品、东方的海产品、南方山林沼泽中的各种特产,得以相互交流。马克思说:"资本的祖国不是草木繁茂的热带,而是温带。不是土壤的绝对肥力,而是它的差异性和它的自然产品的多样性,形成社会分工的自然基础,并且通过人所处的自然环境的变化,促使他们自己的需要、能力、劳动资料和劳动方式趋于多样化。"[1] 产品的多样性、人员的大流动为商业活动提供了良好条件,春秋战国时期出现了许多集政治、经济优势为一体的大都会,宛(今河南南阳)成了专门的商业中心。白圭、计然、范蠡、子贡等都是富可敌国的大商人。沿边、沿海地区靠特产交易发达,猗顿以海盐致富,乌氏倮用中原纺织品与"戎王"交易牲畜而获取暴利,所拥有的牛马牲畜以山谷为单位计量,巴蜀寡妇清靠丹砂矿而累世富厚。

---

[1] 马克思:《资本论》,《马克思恩格斯文集》第5卷,人民出版社2009年版,第587页。

逐利是人的自然本能，加之优越的自然条件，秦汉之前，中国经济就比较发达，商业尤其显示出活力，各种人为的力量也难以阻遏。秦国从商鞅变法以来就执行重农抑商政策，但乌氏倮、女商人清正是秦朝的大商人，他们以雄厚的财力自保，赢得地位和尊严，秦始皇以封君对待乌氏倮，以贵宾之礼尊崇清，为其筑"女怀清台"。

西汉实现了国家统一，形成了广袤的统一市场，货物可以在全国范围内流动。文景时期施行黄老无为而治的政策，最大限度地尊重自然秩序，减轻人民赋税负担，释放奴婢，鼓励农业生产；除必要的军事设施外，废除各地关卡，山林川泽允许百姓开发利用；百姓可以开采金银铜铁等贵金属矿产，民间甚至可以自由铸造钱币，经济活动中的各种束缚和壁垒很大程度上被打破，财富像施了魔咒一样被大量呼唤出来；中国历史上迎来了一个经济空前活跃的时代。食邑两千户的封君，以每户缴纳二百钱计算，则每年收入二十万钱，除了朝觐、聘享等政治活动费用外，也可以过上非常富裕的生活。没有封地的农工商贾各业人士，如果每年也能有二十万钱的收入，除了缴纳国家的租税以及徭役等相关费用外，衣食用度可以极尽华美，凭借这样的财力，可以保护自身安全，享有很高的社会地位，无封君之名而有封君之实，称为"素封"。在司马迁的笔下，"素封"是比较容易达到的，从事农业生产的，安邑一带有千株枣树，燕秦地区有千株栗树，黄河济水之间有千棵楸木，四川汉中地带有上千橘树，或者有千亩漆园、千亩桑麻、千畦姜韭，年收入都可以达到二十万钱。牧业、渔业经营者有50匹马、167头牛、250只羊、相等数量的猪，以及年产千石的鱼塘，手工业者一年酿造醋酱上千缸、屠宰牛羊猪上千头也可获致同样的收入。商贾致富途径更多，"贩谷粜千钟，薪藁千车，船长千丈，木千章，竹竿万个，其轺车百乘，牛车千两，木器髹者千枚，铜器千钧，素木铁器若卮茜千石，马蹄躈千（笔者按：合二百匹马），牛千足，羊彘千只，僮手指千，筋角丹沙千斤，其帛絮细布千钧，文彩千匹，榻布皮革千石，漆千斗，蘖麹盐豉千荅，鲐鮆千斤，鲰千石，鲍千钧，枣栗千石者三之，狐鼦裘千皮，羔羊裘千石，旃席千具，佗果菜千钟，子贷金钱千贯"，皆可以与千户侯比富。这不仅仅是账面上的"可能"，而是活生生的现实。在《货殖列传》中，司马迁列举了许多富豪，如蜀地靠炼铁致富的卓氏、临邛郑氏、鲁地曹氏、南阳巨贾孔氏、齐地大商人刁氏都家资上千万。塞外苦寒，土地贫瘠，桥姚经营畜牧业，富可敌国，"马千匹，牛倍之，羊万头，粟以万钟计。"关中土地有限，而且得到充分开垦，汉又沿袭秦之政策，将山东豪族迁徙到关中，以便就近控制，这些人往往经营商业而积累了巨额财富，田氏、栗氏、杜氏是其中尤为卓著者。就是那些为人们所忽略的小道、末技也有人凭此而致富，如雍伯贩卖动物油脂、张氏卖浆、浊氏卖羊肚、郅氏经营磨刀业、张里靠为马治病也都积累了上千万的家财。

经过汉初七十多年相对宽松的休养生息，人们追求财富的创造性被充分调动起来，各种致富的门道层出不穷，有合法的也有不合法的，如游戏赌博、施放高利贷，甚至挖坟盗墓、抢夺劫掠、倚门卖笑目挑心招，都成了聚集财富的手段。素封之家不仅有王侯之乐，也有王侯之势，他们役使成千上万的人力，所求无所不得，与贵族官宦分庭抗礼，"大者倾郡，中者倾县，下者倾乡里者，不可胜数。"[1] 有的富商直接从事到政治活动中，对朝局也产生着重要的影响。吴楚七国起兵之时，关中列侯、封君等贵族子弟参军平叛，需要马匹军资，自身财力不够，则向富人借贷。因为这些贵族的封地大多在关中以东叛军盘踞的地区，富商对中央是否能够获胜没有把握，不予借贷。贵族子弟不得不出高价，利息甚至超过平时的十倍，富商无盐氏进行政治投机，大量贷出资金，因此而成为关中首富。可见，商人的行为直接影响了朝廷的军事动员。财富在寻求与之相应的政治权力，食邑贵族没有相应的富力也要向"素封"低头。工商业利润丰厚，又通过商业借贷对农民进行盘剥，许多自耕农失去土地；同时，土地经营者被商业利润吸引，"释其耒耨""农事弃捐"而从事于商业以及铸钱等投机行业；国家法律抑制商人，重视农夫，而商人致富，自耕农走向贫困；自然经济在逐渐被解体。由此我们看到，汹涌澎湃的资本正在影响着国家政治，它似乎要重构社会体制，时代仿佛进入了资本主义发展的前夜，而这一切在汉武帝时期转了弯。

二、汉武帝的盐铁官营与均输平准政策

汉武帝时期，国家和民间都集聚了大量财富，"太仓之粟陈陈相因，充溢露积于外，腐败不可食。众庶街巷有马，阡陌之间成群。"[2] 有了雄厚的经济基础，汉武帝改变了之前对匈奴的防守政策，元光二年（公元前133年），汉军在马邑设伏诱击匈奴，匈奴察觉遁去，此后表面的和平局面破裂，汉匈之间进入长期、大规模的战争状态。元朔二年（公元前127年），匈奴再次入侵，汉武帝组织反击，卫青从云中北进，连战克捷，进至高阙，向西迂回直至陇西，夺回了秦

---

[1] 司马迁：《史记·货殖列传》，中华书局1959年版，第3274、3280、3282页。
[2] 班固：《汉书·食货志》，中华书局1962年版，第1155页。

末以来被匈奴占领的河套地区。武帝迁徙内地民众十万余人到河套屯垦，设朔方郡，修缮秦朝建立的军事设施，解除匈奴对长安的直接威胁。元狩二年（公元前121年）霍去病两次出击匈奴，占焉支山（今甘肃山丹县境），过居延海，南下祁连山。匈奴浑邪王杀休屠王，率部四万余人归汉，成为西汉属国。此役巩固了西北地区，打通了向西域的通道，新设酒泉、武威、张掖、敦煌四郡，征发东部贫民七十二万余口充实陇西、北地、西河、上郡之地。元狩四年（公元前119年），卫青从定襄、霍去病从代郡出兵，卫青击败漠北匈奴主力。霍去病也取得胜利，封狼居胥山，临瀚海而还。经此打击，匈奴大部向西迁徙，汉武帝继续巩固新设立的边疆郡县，经营西域，与匈奴的战争仍不时发生，但规模已经小得多了。

长期大规模的军事行动需要海量的财富支持。动辄转战上千里，后勤保障需要大量人力，战争死亡士兵、战马以十万计；此外阵亡的战士需要抚恤，立功的将领要赏赐，而且汉武帝从不吝啬于此，大批军功贵族由此产生，卫青的儿子在襁褓中即被封侯。浑邪王率众来降，为了体现天朝的实力和气度，汉武帝派车骑三万辆迎接，重赏单于首领及各级人士，国家积蓄被消耗一空。但汉武帝大规模的兴作并未停止，通西南，修道路，千里馈饷，征战不断，巴蜀地区租税收入尽用于此尚有不足。东方置沧海郡，人员迁徙、物资转运，山东地区疲于奔命。南通百越，经营西域，黄河决口，还有皇帝大规模的巡视、封禅，天灾人事，处处需费，国库无钱，正常渠道征收的赋税远不足供开销，武帝及其大臣就把目光集中到民间聚集的大量财富上面。

武帝号召民众捐资以助国用，他本人带头，减少膳食开支，把宫内积蓄用于军费，将御马充作军马，但响应寥寥，只有河南卜式捐出二十万，武帝赐其为郎，任为县令以荣宠之，卜式之外，富商大贾都隐匿财物，并无人应捐。官员建议允许百姓以粮食、金钱买爵位、减罪，为此朝廷专门设立"武功爵"，每晋爵一级须钱十七万。买爵者可以凭此领取俸禄，有为吏的优先权，免除徭役。卖爵位所得有限，而且买得爵位的人不当兵，不服徭役，使兵员、力役征发更为困难，也使官员素质明显下降。汉武帝于是又重申秦国以来的重农抑商政策，向商人强制征税。从事农业以外的工商及高利贷"末业"者，不管是否列入"市籍"，有财产两千缗（每缗一千钱）征收一算（一百二十文，或云二百文）；从事放贷及冶炼事业的，每四千缗征收一算；商贾有轺车征收两算，船五丈以上征收一算；除三老、北边骑士及吏员之类的人物以外，有轺车一辆征收一算。户籍被列入商人的不得买田。符合征收条件的要自行向当地官府报告财产并如实交税,隐匿不报、报告不实者,"戍边一岁,没入缗钱",商人买田者充公。鼓励民间告密,一旦查实,所没收财物一半归告密者。汉武帝令出法随,令有司严格执行,任用杜周等酷吏专治告缗之事,派遣御史、廷尉正监到郡国执行算缗之事。那些豪商大贾一开始并不如实呈报,多被告密,严刑峻法之下,被举报者少有全身还家者。"告缗遍天下,中家以上大氐皆遇告。……得民财物以亿计,奴婢以千万数,田大县数百顷,小县百余顷,宅亦如之。于是商贾中家以上大氐破。"[1]

算缗告缗之外,又实施盐铁官营、均输平准政策。"盐铁官营"就是把食盐、铁器的经营权收归中央,在产盐、有铁矿的地方设盐铁官,经营盐铁的生产和发卖;不出铁的地方设小铁官,经营废铁的熔铸、买卖。原来那些从事盐铁事业的富豪也给予一定的出路,除其子弟为郎。汉武帝任用东郭咸阳、孔仅为大农丞,专门负责落实盐铁官营事务。东郭咸阳是齐地大盐商,孔仅是南阳大铁商,他们对盐铁经营事业深有了解,商人不能上下其手,盐铁经营从此彻底收归中央。用业内通人管专业之事,这体现了汉武帝高超的政治智慧。

"均输平准"是改善赋税运行方式、通过货物买卖平抑物价的政策,其事由中央政府主持,商贾家庭出身的大司农丞桑弘羊专管此事。西汉时期以实物交税、纳贡的形式比较盛行,各地所产物品不一,也未必都符合国家需要,还要进行二次处理,运输及到中央后的处理都需要花费成本。"均输"政策就是大农令派出人员到各地处理贡赋,中央不需要的,在当地随行就市就地发卖,并有针对性地购买需要的物品,运回京城,支持各种开销。"平准"就是平抑物价,把市场供应少的货物以略低于市场价出卖;市场供应充足的货物以略高于市场的价格买进,保持物价的稳定。

此外,汉武帝对币制进行了改革,由中央发行五铢钱,成功地收回铸币权。秦朝使用黄金与铜钱两种货币,铜钱面值"半两",实际重量与面值相等。汉初,以秦钱重不便通行,改铸"荚钱",而面值不变,实际上是以少量的铜换取超值的物品,这就使铸钱成为暴利行业,朝廷并不禁止私人铸钱,各地诸侯及大商人趁机渔利,并不断磨损铜钱,进一步减低货币含铜量,造成严重的通货膨胀。汉文帝把铜钱的分量增加到"四铢",与面值仍然不相等,并不能解决根本问题。随着中央财政的极度紧张,汉武帝以鹿皮为原料制作"皮币",一尺见方,缘以纹饰,让诸侯封君宗室在朝聘的时候使用,一方"皮币"值四十万钱,

---

[1] 班固:《汉书·食货志》,中华书局1962年版,第1170页。

这是利用国家权力对贵族进行赤裸裸的掠夺，自然不能持久。后来又造银锡白金等币。白金币有三种，上有龙、马、龟等图样，最重者八两，以下递减，分别相当于铜钱三千、五百、三百。又令有司销毁原来的铜钱，改铸三铢钱，重量与面值相等。白金币与铜钱的比值也是人为规定的，并不能杜绝商人投机，尽管严惩禁止民间铸钱，重法以治之，盗铸并不能制止，"吏民之坐盗铸金钱死者数十万人"，"赦自出者百余万人"。元狩五年，令水衡都尉下辖钟官、辨铜、技巧三官专司铸钱，面值和重量都是五铢，废除三官五铢钱之外的郡国货币。五铢钱重如其文，使一般的盗铸无利可图，中央法定货币终于得以成功流通，"至平帝元始中，成钱二百八十亿万余云"[1]。

汉武帝的一系列改革措施，在当时产生了立竿见影的效果，对此后的经济体制及社会运行方式也具有深远影响。

首先解决了财政困局，满足了汉武帝"四面出击"的公共事业的需求。通过算缗、告缗、集中经营盐铁，聚集了大量财富和土地，在水衡、少府、太仆、大农等衙门都设置农官，经营这些土地，以罚没的奴婢来耕种，国库略有盈余。财政状况好转之后，不再执行大规模告缗政策，接纳桑弘羊的建议，鼓励民众用粮食换取官职，献纳粮食多者免除终身赋役。百姓对此积极响应，史载"而诸农各致粟，山东漕益岁六百万石。一岁之中，太仓、甘泉仓满。边余谷。"均输政策尤其取得良好效果，收入布帛五百万匹，"民不益赋而天下用饶"[2]。

其次，形成了对重要工商业的官府控制和垄断的经济制度，工商业被牢牢地束缚在专制集权的中央体制之下。在汉初相对宽松的经济政策之下，官民之间的界限相对清楚：官负责制定规则，并用行政、法律的手段维护规则；民则在规则之下从事农工商各业。惠帝、吕后时期，对商人的限制政策有所放松，商人在政治地位、收入方面都有所提升，商人也有购买土地的可能，所谓"以末致富，以本守之"，只是商人子弟依然不能为吏。农业、商业、矿业、手工业、畜牧业以及各种服务行业都有凭借勤劳、才智致富的可能性，"素封"之家大量存在，甚至有"比屋可封"的说法。财富拥有者向政治领域渗透，与封君、官府"分庭抗礼"的现象是存在的。工商业的发展势必导致土地集中，也会侵蚀权力系统，解体自然经济的力量开始发挥作用，贾谊、晁错都看到这一现象，主张强化重农抑商政策。汉武帝为了解决财政困难，采用了激进的方式，除了用经济手段之外

---

[1] 班固：《汉书·食货志》，中华书局1962年版，第1177页。
[2] 班固：《汉书·食货志》，中华书局1962年版，第1175页。

（均输平准），还用法律、军事手段强制向包括商人在内的富豪征收重税。盐铁官营、均输平准政策是国家由规则制定者向经营者转变，"裁判员"兼为"运动员"。凭借国家权力从事经济活动，任何经济主体都不能与它竞争，国家就成了最大的土地所有者、最大的工商业者。它把盐、铁两宗最大的商品经营权垄断到自己手里，通过经营粮食等大宗货物，掌握了商业定价权，工商业者已经不是独立的、受法律保护的相对平等的市场主体了，而是处于国家权力的牢牢控制之下。汉武帝之后，盐铁官营的形式有所变化，官员可以不直接经营，但是商人必须获得政府的许可证方可经营，如何经营、在什么程度上发展，都脱离不了政府的管制。比如政府在产盐地方发放许可证（盐引），指派商人把粮食运到边疆地区，商人只能遵从，否则即无法经营。在这种体制下，商人规模越大，国家权力越巩固；今天可以汇通天下，富可敌国，明天吊销许可证，可能就会一贫如洗。解体自然经济、侵蚀政权的商业变成了加强国家权力的力量，这与欧洲中世纪依托行会、独立城市而形成的相对独立的商业体制有了根本的区别。不仅是汉朝，汉以后直至晚清的整个中国古代社会都是如此，有的王朝把特许经营的范围又扩大到茶、酒等新兴的大宗商品方面。所以汉武帝的这项政策塑造了其后整个古代社会的经济体制。

再次，汉武帝完成了自战国以来开始转型的"新型国家建构"。以战国以来兴起的各国变法运动为标志，分封制虽然在体量上仍然是一个庞大的存在，但被郡县制代替已经是一个不可避免的趋势，此消彼长的方向非常明显。从秦末到汉景帝时期，政治上是中央权力与地方食邑贵族博弈的时代，随着食邑贵族治土治民权被成功收回，社会结构发生了根本变化。食邑贵族转化为身份性地主，侯外庐先生称之为"豪族地主"或"品级性地主"，身份性地主有着皇帝赐予的特权，这些特权以爵位、官职为载体，具有一定的超经济特权，而这些特权皇帝可以随时赐予或收回。即使皇帝不能有效控制政权，实际掌握最高权力的太后、宦官、权臣也都可以行使这一权力，基本格局不变。靠自身经营而崛起的地主称为非身份性地主，或非品级性地主、庶族地主，他们没有超经济特权，但两类地主可以彼此转换。这是史学家侯外庐先生对中国古代社会结构本质的解释。工商业者则成为皇权有效控制下的力量，由于皇权对上述阶层的有效控制，自耕农始终能够保持相当的数量，这是国家赋税、兵员、徭役的主要来源。两类地主、工商业者都处在皇权控制之下（魏晋时期有所例外），这就没有结构性的、可以长期与皇权抗衡的阶层，形成了中国古代稳定性非常强的社会结构形态。频繁的改朝换代只是皇权的转移，并不影响皇权的基本性质。我们把古代的这种社会形态称为"封建社会"，借用了西欧Feudalism一词，在社会阶层结构及彼此关系方面却与西欧这一社会形态有很大差别。西欧的封建社会是从日耳曼人摧毁罗马帝国开始的，在长期的发展过程中，形成了国王、封建主、宗教上层人士（贵族）、城市中产阶级等阶层。国王、封建主、宗教贵族彼此不能消灭对方，形成了长期存在的动态平衡。后来城市资产阶级也成为有力的一方，它凭借工业革命的成果逐渐取得优势，最后取得统治地位。汉武帝最后解决了食邑贵族问题，塑造了新的经济体制和社会结构，就形成了与西欧形态有明显不同的中国"封建社会"。在硬性的政治体制与经济制度重新建构的同时，汉武帝又成功地建立了以儒家为主导的"软性"思想价值体系，至此，新型国家形态建构基本完成。侯外庐先生把中国"封建社会"的确立定在这一时期，以汉武帝诸"法度"为标志，确实是一种卓越的思想。[1]

第三节　兼取各派与独尊儒术

政治体系的建构是在既定矛盾推动下，在应对中央政权的政治威胁的过程中，从汉高祖到汉武帝较长一个时间段内完成的；对经济体制的重构则是在具有较大偶然性的情形下，为应对一时财政危机而完成的；对主体统治思想的建构则很大程度上是主动选择的结果。

一、独尊儒术与政教相维

秦始皇极端的文化专制政策随着政权的崩溃已经无形中解除，深受秦苛政压迫的儒学及先秦各派再度公开活动，孔子后人孔甲为陈胜博士，郦食其以着儒服而行纵横家之事，张良、陈平传习黄老之术。但秦代压制摧残政策还有很大惯性，在汉朝建立十五年后的惠帝四年才正式废除秦之"挟书律"。这种政治环境对学术发展具有双重效应，一方面文化典籍毁损严重，学术传承出现断裂，学者之间往往口耳相传才能维系学术于不绝；另一方面，政治正面干预很小，学者可以在一个相对自由的环境中进行研究，从学术规律出发，少有禁忌，学术本身成为真正的权威，学者的积极性、创造性得以较好发挥，百家争鸣时期的研究氛围

---

[1] 侯外庐：《论中国封建制度的形成及其法典化》，《侯外庐史学论文选集》，人民出版社1987年版，第202页。

一定程度上得到恢复。既有坚守自身信仰、不为名利所动的素心之人，更多的则是结合当时形势，将学术运用于现实的济世之才，由于先秦诸子大多讨论的是治国之术，后一种人更多，表现也更为活跃。

国家统一，社会相对安定，西汉统治者实际上拥有了丰富的历史文化遗产，一是经过秦孝公变法以来，经过近二百年实践的法家制度体系，加之秦朝兴衰，其利弊也比较充分地体现出来，便于扬弃；二是百家争鸣以来五百多年的思想学术积淀，成为取之不尽的思想武库。为平复战争疮痍、稳定统治，刘邦施行休养生息政策，黄老思想为这种政策提供了哲学论证和方法指导。黄老思想是道家哲学与法家方法的结合体，在锱铢必较的法律体系中注入无为而治的精神，使社会秩序得以维持，又有效地纠正了秦之弊政，可谓两得其益而兼去其害。同时，道家克己清净、全性葆真的思想对于声色犬马、饫甘餍肥贵族们修身延命具有现实的指导意义，因此黄老思想受到长期的尊奉。

道家尚自然、贵因循，法家是一种冰冷的现实主义者，把权力的来源赤裸地解释为强力，在执行法律方面坚持无差别原则，不别贵贱、不论亲疏，一断于法。毕竟国家除了具有阶级性之外还有公共性，随着和平岁月的延续，统治者期望把自己打扮成天下共主，寻求着新的"合法性证明"。人与人之间除了利害关系之外，还有更为复杂的亲情、合作关系，而且文明总是在不断上升，除了统治与被统治关系之外，人们追求更为丰富多彩的社会生活，不能一味"因循"下去。血缘宗法制的延续使朝廷在处理贵族内部事务方面感到法家的局限，关于王朝"德运"（以"五德终始说"为依据）的争论也一直在进行，这些都是黄老与法家所不能解决的。经过汉初叔孙通等历代儒家的努力，汉武帝进一步抬升儒家地位，使统治思想更加丰富。在选官方面"罢黜百家"，文化方面"表章六经"，这又是国家建构方面的一次重大变革。

需要指出的是，汉武帝尊崇儒术只是增加了一种官方统治思想，并没有禁绝包括黄老、法家在内的各派思想。此时与政权相结合的儒家是经过董仲舒阐释的价值、观念系统，这个系统最突出的有三个方面的内容，一是以仁义为中心的价值观，这是儒家的基本精神，先王先圣被认为是践履儒家精神的典范（法古）；二是把人格化、具有突出实体性的"天"定为最高权威（奉天）；三是以《公羊春秋》为载体的是非案例系统，儒家价值观寓于其中。后者是操作体系，前二者开掘了价值源头。之所以说"天"在很大程度上"实体化""人格化"，是与孔孟荀先秦儒家对比而言。孔孟荀都言天，但"天"很大程度上被虚化，是个价值性的符号象征，用以寄托儒家以仁义为代表的人文价值观，基本上是一元价值源头。董仲舒利用五德终始说、天人感应等思想，进一步突出天的意志性和积极性（对人事的主动干预），其本心也是为了加强仁义的权威，但出于威慑、说服帝王的动机，再次夸大了天的作用。这也为后人留下了两歧解释的余地：侧重仁义，则是人文的；侧重天意，则是神秘的、迷信的。

汉武帝这种统治思想的改变，对汉代国家形态和社会的影响表现在以下方面：

第一，确立了核心价值观，为国家制度、法律体系补充伦理、价值基础。秦法源自法家，其伦理基础是人与人之间的利害关系，这无论对巩固皇权还是提升社会文明都是不完备的。既然天下是有势力者打下来的，那么张三李四都有此权利，刘氏万世一系除了对利益相关小集团有号召力之外，对广大百姓就没有说服力。家族、邻里乃至陌生人之间所具有的也不仅仅是利害关系，还有合作、亲睦的一面。儒家成为统治思想之后，以"亲亲尊尊""三纲"的观念重新规定、解释了社会关系，也通过"引经决狱"对法家的法律系统进行改造，使之儒家化。这实际上是为硬性的制度、法律建构补充了"宪法性"的价值基础。此后的封建社会也就是在这种"宪法性"的观念框架下运行。

第二，国家在统治、管理之外增加了"教化"职能，开始向"政教相维"形态发展。在维护中央集权、打击分权势力、分裂势力方面，董仲舒所阐释的儒学与法家没有什么区别，董仲舒最不能满意于黄老与法家的，是它们没有或不注意"教化"职能。在人性论方面，董仲舒持一种不均衡的人性二元论，人有为善的本能，但往往不能主动为善，需要圣王的"教化"，通过"教化"能够激发人性中"潜藏"的善。所以，人除了被"管制"之外，还有"自治"的能力。人有"自治"能力，又可以形成具有自治性质的"社会"，如宗族、乡里都可以成为"社会"单位。法家则把国家机器延伸到最小的乡村单位，施行乡里制度，泯灭了社会组织的相对独立性。更为重要的是政治权威与精神权威被巧妙地统一在国家政权之内。说国家政权是"精神权威"，并不是说皇帝无条件地就可以履行这个权威，皇帝只有符合了道、获得了天命才是精神权威；反之他就无此权威，甚至要被"更化"掉。"政统"与"道统"统一而又对立。"道"的终极判断标准在民心，符号化、意志化的表现在天，而道的现实判断者、承担者在"士大夫"。儒学基本倾向是理性的，仁义礼智信等"五常"为全民提供了信仰内容；凝聚了全体国民；行政寓教化，国民信仰得以持续有效地维系和加强。这种"教"是理性的"文化",而不是宗教,儒学从形而上到形而下完备庞大的体系和独特的政治地位,也使其他宗教难以取而代之。所以"政教相维"不是"政教合一",既与欧洲中世纪全民信教、宗教律法成为国家法律的国家形态不同,也与伊斯兰世界宗教领袖同时为国家领袖的体制有别,古代中国始终是一个有信仰、有高度文化认同的世俗国家。

第三,形成了具有政治职责和文化担当的士大夫阶层。汉武帝推崇儒学之后,选官方式发生了变化,以儒家观念为标准,注重对儒家经典的掌握和儒家伦理规范的践履,当然与皇室有关的血缘姻戚关系、军功、恩荫等方式依然存在,不过前者的重要性越来越突出。之前官吏的主体是通晓法律的职业文法事吏,随着新选官标准的推行,这部分人的比重不断降低,这一群体本身也在不断儒家化。儒士与官员一身二任,形成了"士大夫"阶层。他们肩负着治民与教民的责任,具有治理能力,怀抱儒家理想,是"政统""道统"的实际担当者;受诗书陶冶,富有艺术才情和品格,也是传承文化的主要群体。"士大夫"成为一个具有相对独立性的阶层,主要侧重于他们的道义性和文化性,与豪族地主、庶族地主、自耕农三个阶层是交叉关系,士大夫往往游走于这三种阶层之间。如公孙弘、匡衡都出生于社会底层,公孙弘四十岁的时候还在菑川国薛县牧猪,后通过对策入仕,位居丞相,封平津侯;匡衡本是贫苦自耕农,靠经术而致丞相,这都是由平民到豪族地主转化的例子。王莽虽出身豪门,但年轻时以士人领袖面目出现,颇有威望,也是士大夫的一员。一些门第高贵的豪族地主随着形势的变化地位也不断下滑,但保持士大夫的文化面貌,比如刘秀为景帝后裔,其父亲也只是一个县令,除了皇室血统之外,没有什么身份性特权,刘秀本人更是亲执耒耜,后又入太学学习,这也属于士大夫阶层。冀州崔氏家族的崔发为王莽时期的权臣,是豪族地主,及至东汉崔瑗之后,家道衰落,崔瑗之子崔寔身自耕稼,并从事手工业、商业,中年入仕,家道复振,经历了从豪族到庶族、平民再到豪族的一个完整循环。

士大夫具有了政治、经济、文化方面的多重优势,在和平时期是当时无愧的精英阶层,在中原王朝崩解、少数民族入主中原的时候,凭借他们的实力,又成为一个个文化堡垒,保持文化传统于不绝,并逐渐影响、改造了征服者的文化面貌。

二、汉武帝诸"法度"的延续

汉武帝在政治、经济、文化方面的制度建设互为表里,随着郡县制的巩固、中央集权的加强，以国家主权一定程度上侵夺豪族地主的土地所有权，使新的经济制度得以落地，这中间有着激烈的斗争。豪族地主自然不甘心俯首就擒，他们对这些政策恨之入骨，有人借着旱情，提出把桑弘羊煮了的建议。楚及燕赵地区抓起大规模的武装反抗，汉武帝最后调动军队才得以平息，这充分说明国家通过军事暴力实现了新的利益、权属分配。这种政治、经济制度一旦建立起来，国家就具有了强大的经济、职役能力，汉武帝凭借这种能力，向东南西北各方拓展。要继续、巩固这样的形势，就得坚持汉武帝的各种制度，国家进入新的运行轨道，难以再走回头路了。国家权力强力介入经济领域有各种弊端，经济的自然运行方式遭到扭曲，生产质量下降，盐铁质低价高，为百姓所不满。汉武帝去世后，昭帝时期贤良、文学竭力反对盐铁官营政策，但为了维护大规模的公共事务，只是罢免了对酒的国家垄断，其他照旧。汉元帝曾经废除盐铁官营，也只维持了三年，汉武帝的经济制度最终被固定化。

　　在统治思想方面，儒家居于意识形态主流，交替运用法家、黄老思想。儒家占据意识形态主流地位的过程就是一个儒法结合的过程，法家的法律体系整体上保持，但逐渐被灌注儒家的价值因素。法家思想非常类似后世的"政治学"。治理国家不能没有价值遵循，但治理本身有其规律，国家、社会规则的运行往往需要摒弃道德因素，服从权力的运行法则，正如经济活动不能排除道德因素，但经济规律则以自利的"经济人"为前提。法家在国家层面、社会层面都设计了比较严密、精细的规则，具有"科学性"，这是社会运行所必要的。儒家更侧重价值关怀、伦理性行为规范，更富理想性和超越性，这种超越性和理想性主要是指示方向，不能完全付诸实施。比如具有平均主义的井田制，对于抑制兼并有其价值，要在社会付诸实施则尚不具现实性。汉武帝对此非常清楚，他是儒法两种手段兼用，外儒内法，他在推行算缗告缗等政策方面就是用法家的方法。这种政策具有掠夺性和破坏性，也受到儒家的激烈批评，无限度实施下去，就会重蹈秦始皇覆辙。汉武帝晚年看到了这一点，发布轮台罪己诏，进行战略收缩，一定程度上又采用了黄老与民休息的指导思想。当然这与汉初已经有了明显差别，是在巩固既定成果的基础上，放缓步调、蓄积民力。汉昭帝延续这一政策，把国家从溃败的边缘拉了回来。从主观方面讲，西汉的成功有从高祖到宣帝历代皇帝雄才大略、善于应时变化的原因，客观上也是百家争鸣的文化成果所赐，使各代君臣有所选择。

　　汉元帝不满于武帝、宣帝儒法并用的政策，进一步加强儒学的地位，对各方面非儒家的成分进行"纯化",如在礼乐制度方面摒弃不符合儒家经典的内容,对宗庙制度进行改革,经济方面主张限田,贡禹甚至主张废除货币;文化方面加强儒家典籍的研究,经学研究不断走向繁荣。崇儒抑法经成、哀二帝到王莽时期达到高潮。大肆造作图谶,极大地刺激了迷信思潮;胶柱鼓瑟地要把先儒虚构的、理想化的《周礼》等经典中的制度在现实中推行,要做当代周公、当代尧舜。王莽在"奉天""法古"两个方面都趋向极端,并割裂其内在联系,也终究使儒家的人文主义走向偏枯,直接导致国家的崩溃。

东汉建立后,刘秀进行了拨乱反正,在国家治理方面纠正了王莽时期的片面性,进一步采用法家的方法,同时提倡儒学、繁荣学术,儒法两派基本达到平衡,[1] 只是由于其自身经历的原因,仍然支持谶纬之术。两汉扰攘之际,刘秀靠南阳、河北地区士人取得天下,在长期的战争过程中又形成了以"云台二十八将"为代表的功臣集团和食封贵族。刘秀对他们采取经济上优容、政治上限制的政策,不仅没有恢复西汉初期的治土治民权,也限制他们参与国家管理,不提倡功臣做官,更多的是任用没有政治功勋的儒生,这就是所谓的"退功臣用文吏"政策。同时,宽以待民,多次下令释放奴婢,积极恢复生产,这又是对黄老思想的吸纳。

由于对豪族地主的优容,东汉豪强地主的经济势力有了较大发展,这与魏晋士族的兴起有一定关系。

---

[1] 阎步克先生对此有比较通达的论述,参见《士大夫政治演生史稿》,北京大学出版社1998年版,第412—439页。

第二章 "子学时代"燕赵地区儒学的传播

冯友兰先生曾对子学时代和经学时代有所区分。他在《中国哲学史》中说："自孔子至淮南王为子学时代；自董仲舒至康有为为经学时代。"[1] 子学时代以孔子开始，而非老子，是因为冯先生受疑古思潮影响，认为《老子》是战国人所著，而非春秋时的老聃，其成书时间在孔子之后。随着马王堆帛书《老子》、郭店楚简《老子》、北大简《老子》等出土文献的陆续公布，绝大多数学者都认为《老子》是老聃所著，因此子学时代应从《老子》开始。其余内容，我们均遵从冯先生的划分。

第一节 汉武帝前的燕赵学术风土

"经学"与"子学"的区分是相对的，春秋战国时期百家争鸣各派称"诸子"，皆为"子学"。各派认为自己的学说或著述为精粹高深，也自称为"经"、或被后学遵奉为"经"，如李悝的《法经》、墨家的《墨经》，马王堆帛书出土有《十六经》（或云《十大经》），除此外还有《黄帝内经》等。汉武帝表彰"六经"之后，《诗》《书》《礼》《乐》《易》《春秋》被确定为官方学术，"经"即有确指，此为狭义的"经学"，"经学"之外的学术被称为"子学"，后世沿用成习。在官方意识形态中，二者地位也有了高下之分，学者也逐渐认可了这一观念。"子学时代"有两重含义：一是指儒家与各派地位平等；二是学术处于相对自由状态，互相争鸣，判定学术高下的权力在学术自身，政治的力量尚不具有主宰性。西汉前期之所以被称为"子学时代"，很大程度上就是指思想界仍然处于生气勃发、极富创造力的时代，侧重于对时代精神的概括。燕赵地区与全国各地一样，于秦灭学之后，也呈现出各派复兴的良好势头。战国时期的荀子以及汉代早期的河间献王对该地区学术影响较大。

---

[1] 冯友兰：《中国哲学史》，载《三松堂全集》第三卷，河南人民出版社2001年版，第7页。

一、荀子的学脉传承

荀子是承上启下的一代大儒,他既是先秦诸子的集大成者和总结者,也是两汉经学的开启者之一。荀子在汉初具有很大的影响,和孟子齐名,表现之一就是《史记》将荀子和孟子合传。董仲舒、刘向等著名学者也对荀子称赞不已。荀子一派的儒家学者,甚至将其与孔子并称:"今之学者,得孙卿之遗言余教,足以为天下法式表仪。所存者神,所过者化,观其善行,孔子弗过。"[1]荀子在汉初的影响主要表现在:

第一,荀子是儒家经典的重要传承者。皮锡瑞《经学历史》对此有非常好的总结:

> 惟荀卿传经之功甚巨。《释文序录》:《毛诗》,一云:"孙卿子传鲁人大毛公",则《毛诗》为荀子所传。《汉书·楚元王交传》"少时尝与鲁穆生、白生、申公同受《诗》于浮丘伯。伯者,孙卿之门人。"《鲁诗》出于申公,则《鲁诗》亦荀子所传。《韩诗》今存《外传》,引《荀子》以说《诗》者,四十有四,则《韩诗》亦与《荀子》合。《序录》"左丘明作传以授曾申。申传卫人吴起。起传其子期。期传楚人铎椒。椒传赵人虞卿。卿传同郡荀卿。"则《左氏春秋》,荀子所传。《儒林传》云:"瑕丘江公受《穀梁春秋》及《诗》于鲁申公。"申公为荀卿再传弟子,则《穀梁春秋》亦荀子所传。《大戴·曾子立事篇》载《荀子·修身》《大略》二篇文,《小戴·乐记》《三年问》《乡饮酒义篇》载《荀子·礼论》《乐论》篇文,则二戴之《礼》亦荀子所传。刘向称荀卿善为《易》,其义略见《非相》《大略》二篇。是荀子能传《易》《诗》《礼》《乐》《春秋》,汉初传其学者极盛。[2]

我们可以说,荀子及其后学对汉代经学的传承和发展具有非常重要的影响。梁启超先生则说:"启超谓孔门之学,后衍为孟子、荀卿两派……汉代经师,不问为今文家古文家,皆出荀卿。"[3]梁先生对荀子在汉代经学史上的地位给出

---

[1] 王先谦撰,沈啸寰、王星贤整理:《荀子集解·尧问篇》,中华书局2012年版,第536页。有学者认为《尧问篇》并非荀子所著,而是成于荀子后学之手。
[2] 皮锡瑞著、周予同注释:《经学历史》,中华书局1959年版,第55页。
[3] 梁启超撰、朱维铮导读:《清代学术概论》,上海古籍出版社1998年版,第84页。

了极高的评价。

第二，《荀子》一书对汉初思想的影响。荀子所处的时代，经过长期的动荡、礼崩乐坏之后，全国统一的局面即将形成，新生的封建制度也日趋成熟：中央集权制和郡县制取代了分封制，职业官僚制取代了世卿世禄制，土地国有制和私有制取代了井田制[1]等等。思想文化方面也需要从诸子百家争鸣转向统一融合。荀子的思想适应了时代的需求，因而对汉初社会有着很大的影响，主要有两个方面：

一是王霸并用、礼法结合。礼治是荀子政治伦理思想的核心。荀子认为，礼的起源是"人生而有欲，欲而不得，则不能无求。求而无度量分界，则不能不争；争则乱，乱则穷。"（《荀子·礼论》）礼的作用就是为了节制人们的欲望，使之得到适当的满足，而不至于无限膨胀。礼还有别贵贱的作用，使得"贵贱有等，长幼有差，贫富轻重皆有称者也。"[2]不同身份的人都能在找到自己的位置，从而保障社会的和谐。荀子的法治思想则是对传统儒学的重大突破。荀子主张性恶论，他很清醒地知道会有"奸言、奸说、奸事、奸能、遁逃反侧之民"，对于这种人，如果不能通过道德手段感化，就需要"惩之以刑罚"，这自然会导致荀子对法的重视。[3]当然，荀子的重点在于隆礼，而不是重法。荀子的这种思想被董仲舒所继承，形成在汉代影响很大的德刑并用、以德为主以刑为辅的政治和法律原则。需要指出的是，《史记·礼书》大段抄录了《荀子·礼论》，可见荀子的礼法思想在当时的影响。汉宣帝所称的"汉家自有制度，本以霸王道杂之，奈何纯任德教，用周政乎"[4]，指的也是荀子的这种政治思想。

二是统一思想、加强集权。荀子对当时思想界的12位学者进行批评，认为他们"假今之世，饰邪说，文奸言，以枭乱天下，矞宇嵬琐，使天下混然不知是非治乱之所在"，而主张"总方略，齐言行，壹统类，而群天下之英杰，而告之以大古，教之以至顺"，用孔子、仲弓之道对其进行打击，使之"立息""迁

---

[1] 传统说法认为，井田制被破坏之后，土地所有制形式就以土地私有制为主。张金光先生的《试论秦自商鞅变法后的土地制度》一文指出："我国于原始社会土地公有制破坏之后，并未立即出现土地私有制或土地国有制……土地所有权在各诸侯国开始强有力的土地国有制升华。他们把土地所有权集中起来之后，不再裂土分君，制造中间层次，而是由国家政府直接'制土分民'，完成了土地普遍国有制与其下的私人占有制的二重结构。"张先生尤其指出，商鞅变法的"废井田，开阡陌"并非土地私有制，而是全面的土地国有制。参见张金光：《试论秦自商鞅变法后的土地制度》，《中国史研究》1983年第2期。
[2] 王先谦撰，沈啸寰、王星贤整理：《荀子集解·礼论篇》，中华书局2012年版，第337—338页。
[3] 王先谦撰，沈啸寰、王星贤整理：《荀子集解·王制篇》，中华书局2012年版，第148页。
[4] 班固：《汉书·元帝纪》，中华书局1962年版，第277页。

化"[1]。这种思想被董仲舒继承,发展成汉武帝时期著名的"罢黜百家,表章六经"的政策。

以上所言,均为荀子在汉初全国范围内的影响,自然也包括燕赵地区。当然,荀子在燕赵之地还有一些独特而重要的影响。现在可考的主要包括:汉初传《诗经》的三家均来自荀子,其中包括燕人韩婴的《韩诗》。韩婴在汉文帝时为博士,可见当时的燕赵之地为《诗经》的研究重镇。广川(今河北景县)人董仲舒受到荀子思想的强烈影响,其德刑并用、独尊儒术的思想均来自荀子。金春峰先生曾对此有很好的总结:"陆贾、贾谊、韩婴三人的所处的历史阶段和个人身份、特点不同,决定了三人思想理论的不同面貌。但是他们的思想又有着共同的特点,即在三人著作中,孟荀思想虽尚未分野,但荀子的影响占据了主导的地位。"[2]

二、河间献王的积极影响

刘德,汉景帝之子,景帝前元二年(公元前155年)受封为河间王(都今河北献县河城街镇河城街村南),即为河间献王。河间献王是汉初推动儒学复兴的关键人物之一。钱穆先生称:"汉初学术,中朝与诸侯王国自异……战国以来后起百家之学,稍得势于中央者,厥惟黄老与申商……汉廷虽有博士之官,儒术固掩抑不扬,而河间一国,独先尊崇之。此固献王之贤"。[3]

儒学在汉初朝廷的地位不高。司马迁总结说:"(高祖)尚有干戈,平定四海,亦未暇遑庠序之事也。孝惠、吕后时,公卿皆武力有功之臣。孝文时颇征用,然孝文帝本好刑名之言。及至孝景,不任儒者,而窦太后又好黄老之术,故诸博士具官待问,未有进者。"[4]在汉初,儒学主要是在民间的部分地区流行。在统治阶层,先是河间献王等人尊儒,后有汉武帝"罢黜百家、表章六经",尊儒经历了漫长的过程。在推动儒学复兴、将儒学变为庙堂之学方面,河间献王发挥了很重要的作用。他的贡献主要表现在三个方面:

第一,大规模搜集古籍,尤其是儒家经典。经过秦始皇的焚书坑儒、项羽火烧咸阳对古籍的破坏以及长达22年之久的禁止私藏、学习儒家经典的挟书律,儒家经典受到极大的破坏。在这种情况下,搜集、整理儒家经典,就成为刻不容缓

---

[1] 王先谦撰,沈啸寰、王星贤整理:《荀子集解·非十二子篇》,中华书局2012年版,第89、95、96页。
[2] 金春峰:《汉代思想史》,中国社会科学出版社1987年版,第112页。
[3] 钱穆:《秦汉史》,生活·读书·新知三联书店2004年版,第84—85页。
[4] 司马迁:《史记·儒林列传》,中华书局1959年版,第3117页。

的大事。河间献王在这方面做出了特别的贡献。他通过重金购求的方式，向民间大规模搜集古籍，"从民得善书，必为好写与之，留其真，加金帛赐以招之。由是四方道术之人不远千里，或有先祖旧书，多奉以奏献王者，故得书多，与汉朝等。"河间献王搜集的书和汉朝朝廷的藏书数量相同，而以儒家经典为主，"献王所得书皆古文先秦旧书，《周官》《尚书》《礼》《礼记》《孟子》《老子》之属，皆经传说记，七十子之徒所论。"[1]清儒戴震对此有非常详细的考证，认为《左传》《毛诗》也是河间献王所传。[2]《隋书·经籍志》则记载《司马穰苴兵法》《明堂阴阳记》也是河间献王所传。[3]我们认为，倘若没有河间献王的大力搜集，儒家经典的保存情况是难以想象的。

第二，提倡儒学，尊崇儒家学者。表现在以下方面：

首先，河间献王给儒家学者以良好的物质待遇，"河间王德筑日华宫。置客馆二十余区以待学士。自奉养不踰宾客。"[4]河间献王还率先将《毛诗》《左传》等立为博士，"其学举六艺，立《毛氏诗》《左氏春秋》博士"[5]，首开重视古文经学的先河。

其次，河间献王身体力行，"好儒学，被服造次必于儒者"，亲自践行儒学之道，从而使得东部中国儒风大盛，"山东诸儒多从之游。"西汉名臣杜业则称："河间献王经术通明，积德累行，天下雄俊众儒皆归之。"[6]《史记》《汉书》称河间献王的影响范围为"山东诸儒"，杜业认为是"天下雄俊众儒"，地域范围有所不同，但都是相当广大的地域，可见当时的河北实为天下儒学的中心。

再次，河间献王将其整理搜集的儒家经典及其儒学实践带入朝廷，给汉武帝造成了很大的震动，这对汉武帝时期的尊儒产生了一定的刺激作用。杜业称："孝武帝时，献王朝，被服造次必于仁义。问以五策，献王辄对无穷。孝武帝艴然难之，谓献王曰：'汤以七十里，文王百里，王其勉之。'"[7]"汤以七十里，文王百里"出自《孟子》，原文为："以德行仁者王，王不待大。汤以七十里，文王以百里。"[8]意思是说：河间献王的地盘虽小，但是有德行，足以成

---

[1]班固：《汉书·景十三王传》，中华书局1962年版，第2410页。
[2]赵玉新点校：《戴震文集》，中华书局1980年版，第1—2页。
[3]魏徵：《隋书·经籍志》，中华书局1973年版，第925页。
[4]葛洪：《西京杂记》卷四，中华书局1985年版，第29页。
[5]班固：《汉书·景十三王传》，中华书局1962年版，第2410页。
[6]司马迁：《史记·五宗世家》，中华书局1959年版，第2093—2094页。
[7]司马迁：《史记·五宗世家》，中华书局1959年版，第2093—2094页。
[8]杨伯峻：《孟子译注·公孙丑上》，中华书局2005年版，第67页。

为天子。河间献王自然听出汉武帝语气中的猜忌，回到河间，就纵情于饮酒作乐，很快就去世了。

总之，河间献王对燕赵之地儒学的复兴，产生了非常重大而直接的影响，使得燕赵地区成为当时儒学的中心。河间献王所传经典以古文经学为主，《毛诗》《左传》《周礼》等都是古文经学的代表，这些经典虽然在汉代未能成为庙堂之学，却后来居上，逐渐位于今文经学之上，并且在历史上影响深远。

第二节　韩婴与今古文经学

"今古文经学"问题是汉代产生的，是两汉时期聚讼纷纭的一大公案，其政治、思想影响极其巨大，其余波在晚清时期都掀起风潮。燕赵地区学者对古文经学的传承卓有建树，也产生了今文经学的巨擘，韩婴就是其中的代表性人物。

一、今古文经学的由来

秦汉之际，经学多次受到严重打击。秦始皇三十四年（公元前213年），李斯等大臣和齐人淳于越等博士之间争辩国家政策应该"师今"还是"师古"，应该实行分封制还是郡县制，为此产生了激烈冲突。李斯趁机提出了著名的"焚书"建议："史官非秦记皆烧之。非博士官所职，天下敢有藏《诗》、《书》、百家语者，悉诣守、尉杂烧之。有敢偶语诗书者弃市。以古非今者族。"[1] 秦始皇的回复只有一个字："可"，却给经学的发展带来了一场大灾难。"焚书"表面上是偶然事件，实际上是秦始皇控制思想、禁止言论自由的必然之举。

"焚书"令的正式名称是"挟书律"。"焚书"所禁止的，乃"非博士官所职"的民间所藏"《诗》、《书》、百家语"，秦宫博士官尚有这些典籍。然而项羽入关后，"引兵西屠咸阳，杀秦降王子婴，烧秦宫室，火三月不灭"[2]，一把大火将秦宫中的典籍焚烧殆尽。秦朝的统治时间较短，秦始皇、项羽造成的损失本来可能随着汉朝的建立而得以弥补。问题在于，清代学者赵翼曾经提出过一个很著名的论题："汉初布衣将相之局"。赵翼指出，在刘邦集团里，只有张良、张苍、叔孙通出身较高，其余的都是布衣或低级官吏，"其臣亦自多亡命无

---
[1] 司马迁：《史记·秦始皇本纪》，中华书局1959年版，第254—255页。
[2] 司马迁：《史记·项羽本纪》，中华书局1959年版，第315页。

赖之徒，立功以取将相"。[1] 也就是说，刘邦君臣没有能力完全推翻秦朝的法律，重新制定一套新的法律体系。他们只能继续沿用秦朝的法律，只是稍微去掉其中最严苛的小部分内容而已。因此，挟书律也被汉朝延续下来。直到汉惠帝四年（公元前191年）"三月甲子……省法令妨吏民者，除挟书律"[2]，这才把挟书律给废除了。

从公元前213年到公元前191年，禁止私藏、学习儒家经典的挟书律被严格执行了22年之久。这无疑给儒学的传承造成了很大的困难。近几十年来大量的秦汉文献得以出土，人们惊讶地发现，这些材料中没有一件跟《诗》《书》有关[3]，可见焚书政策执行得多么彻底。

挟书律被废止以后，民间很少有用秦汉之前的六国文字（即所谓的"古文"）书写的儒家经典，主要是靠一些年老的儒者通过记忆，将经典的原文和注释背诵出来，传给弟子们。弟子们用汉代流行的隶书（即所谓的"今文"），将这些内容记录下来，整理成书，这就是所谓的"今文经"，相关的研究则被称为"今文经学"。

今文经学在汉代初期就受到一定的重视。汉文帝以研究《诗经》的申公（《鲁诗》）、韩婴（《韩诗》）为博士，这是汉代统治者设置经学博士的开始。汉景帝时，又以研究《诗经》的辕固生（《齐诗》）为博士。至此，今文经学《诗经》的三家——《鲁诗》《韩诗》《齐诗》，都被立为官学。至汉武帝"表章六经"之后，今文经学受到全面的重视。"（汉武帝建元）五年春……置《五经》博士。"[4] 至此，今文经学的五经都被设置了博士，立为官学。

汉文帝、汉景帝虽然设置《诗经》博士，但是对儒学不是很重视，"孝文时颇登用，然孝文本好刑名之言。及至孝景，不任儒，窦太后又好黄、老术，故诸博士具官待问，未有进者。"[5] 汉代统治者真正重视儒学，始于汉武帝："及窦太后崩，武安君田蚡为丞相，黜黄老、刑名百家之言，延文学儒者以百数，而公孙弘以治《春秋》为丞相，封侯，天下学士靡然乡风矣。"[6] 独尊儒术、诱之以功名利禄的结果，就是经学的解释越来越复杂，"传业者浸盛，支叶蕃滋，

---

[1] 王树民：《廿二史劄记校证》，中华书局1984年版，第36—37页。
[2] 班固：《汉书·惠帝纪》，中华书局1962年版，第90页。
[3] 严丽纯：《从新出简牍看"焚书坑儒"》，《中山大学研究生学刊》（社会科学版）2003年第4期。
[4] 班固：《汉书·武帝纪》，中华书局1962年版，第159页。
[5] 班固：《汉书·儒林传》，中华书局1962年版，第3620—3621页。
[6] 班固：《汉书·儒林传》，中华书局1962年版，第3621页。

一经说至百余万言,大师众至千余人,盖禄利之路然也。"今文经学的不同派别的出现,就与此密切相关。

在今文经学受到官方重视的同时,一些用六国文字书写的"古文"儒家经典也陆续被发现,其中最重要的事件是河间献王搜集先秦古书和孔壁藏书的被发现。河间献王刘德是汉代第一位大规模搜集民间先秦古书的贵族,对于保存古籍、推动儒学在汉代自下而上的复兴,具有重要的推动作用。前文已经有所论述,这里不再赘述。汉武帝末期,封地在曲阜的鲁恭王拆除了孔子家的部分房屋,以扩建王府宫室,因此在孔家墙壁的夹层内发现了"《古文尚书》及《礼记》《论语》《孝经》凡数十篇,皆古字也。"[1] 这就是著名的孔壁藏书。这批古文经典全部被孔子的后代孔安国得到,其中最重要的是《尚书》,比伏生所传的今文《尚书》多了16篇。孔安国将这批书献给朝廷,正好赶上了巫蛊之乱,朝廷无暇顾及,也就没有关注。

一般认为,今古文经学的区别首先在于书写形式的不同。比如,皮锡瑞在《经学历史》中有言:

> 两汉经学有今古文之分。今古文所以分,其先由于文字之异。今文者,今所谓隶书,世所传熹平《石经》及孔庙等处汉碑是也。古文者,今所谓籀书,世所传岐阳石鼓及《说文》所载古文是也。隶书,汉世通行,故当时谓之今文;犹今人立于楷书,人人尽识者也。籀书,汉世已不通行,故当时谓之古文;犹今人之于篆、隶,不能人人尽识者也。凡文字必人人尽识,方可以教初学。许慎谓孔子写定六经,皆用古文;然则,孔氏与伏生所藏书,亦必是古文。汉初发藏以授生徒,必改为通行之今文,乃便学者诵习。[2]

当然,也有学者对此有不同意见。比如,龚自珍说:

> 伏生壁中书,实古文也,欧阳、夏侯之徒,以今文读之,传诸博士,后世因曰伏生今文家之祖,此失其名也。孔壁,固古文也,孔安国以今文读之,则与博士何以异?而曰孔安国古文家之祖,此又失其名

---

[1] 班固:《汉书·艺文志》,中华书局1962年版,第1706页。
[2] 皮锡瑞著、周予同注释:《经学历史》,中华书局1959年版,第87—88页。

也。今文、古文同出孔子之手,一为伏生之徒读之,一为孔安国读之。未读之先,皆古文矣,既读之后,皆今文矣。惟读者人不同,故其说不同。源一流二,渐至源一流百,此如后世翻译,一语言也,而两译之,三译之,或至几译之。译主不同,则有一本工几本之异。未译之先,皆彼方语矣,既译之后,皆此方语矣。其所以不得不译者,不能使此方之人晓殊方语故;经师之不得不读者,不能使汉博士及弟子员悉通周古文故。然而译语者未曾取所译之本而毁弃之也,殊方语自在也。[1]

龚自珍认为,文字书写方面的今文、古文的区别并不重要,不足以成为今文经学和古文经学的区别所在。我们认为,皮锡瑞和龚自珍的说法并不矛盾,可以合二为一:今古文经学的区别,最初是文字书写上的区别(皮锡瑞),后来才逐渐发展为思想内容上的区别(龚自珍)。一般认为,今古文经学的主要区别是:

> 今文经学以为六经皆孔子手订,孔子之前无"经";古文经学认为六经皆古代文献,并非始于孔子。
> 今文经学以孔子为政治家、哲学家、教育家,故尊其为"素王",六经乃致治之道,是政治教科书;古文经学以孔子为史学家,是"述而不作,信而好古"的古文化保存者,故尊其为"先师",六经乃古代史料。
> 今文经学按六经深浅,排列为《诗》《书》《礼》《易》《乐》《春秋》;古文经学按六经发生先后,排列为《易》《书》《诗》《礼》《乐》《春秋》。
> 今文经学以《春秋公羊传》为主要经典,着力发挥"微言大义";古文经学以《周礼》为主要经典,用功于先秦典章制度的考订。[2]

古文经学一开始并未被立为官学,而是或在民间流传,或藏于秘府。直到汉成帝河平年间,刘向进入秘府,点校皇室藏书,才重新发现了这批书籍。经过刘向之子刘歆的大力提倡,古文经学日益受到重视。到了汉平帝时期,由于刘歆和掌权的王莽关系密切,古文经学的"《左氏春秋》、《毛诗》、逸《礼》、古

---

[1] 龚自珍撰、刘麒子整理:《龚自珍全集·大誓答问第二十四》,浙江古籍出版社2014年版,第47页。
[2] 冯天瑜:《中华元典精神》,上海人民出版社2014年版,第342页。

文《尚书》"[1]才得以立为官学，但东汉建立以后，很快就被废除了，从此再也没有被汉代统治者列入官学。然而，在民间，古文经学却得到了很大的发展，最终的结果是东汉经学大师郑玄一统经学，终结了长达两百多年的今古文之争。在这个过程中，古文经学地位上升，成为经学的主流。今文经学或者受到重视较少，比如《春秋穀梁传》，或者甚至失传，比如《齐诗》《鲁诗》《韩诗》。

二、"传经时代"的韩婴

韩婴无疑是"子学时代"的人。在"子学时代"，经学为各种学问中的一种，无特殊地位。就从经学内部而言，又可分为"传经时代"与"注经时代"两个阶段。"传经时代"特指从秦火以来到经学处于独尊地位这一段时间，实际上与"子学时代"大致重合。因为这一阶段的经学侧重于经文本身的传续，注释之学尚未发达，故名。经学取得独尊地位之后，注释之学大发展，可称之为"注经时代"，这一点在后文还有论列。

（一）韩婴的生平

韩婴，西汉初期燕人（今河北），今文经学三家诗之一的《韩诗》的创始人，最早成为汉朝博士的儒家学者之一，在经学史上占据重要地位。韩婴的生平事迹在《史记》《汉书》中有简略记载：

> 韩生者，燕人也。孝文帝时为博士，景帝时为常山王太傅。韩生推《诗》之意而为《内外传》数万言，其语颇与齐鲁间殊，然其归一也。淮南贲生受之。自是之后，而燕赵间言《诗》者由韩生。韩生孙商为今上（汉武帝）博士。[2]

> 韩婴，燕人也。孝文时为博士，景帝时至常山太傅。婴推诗人之意，而作《内外传》数万言，其语颇与齐、鲁间殊，然归一也。淮南贲生受之。燕赵间言《诗》者由韩生。韩生亦以《易》授人，推《易》意而为之传。燕赵间好《诗》，故其《易》微，唯韩氏自传之。武帝时，婴尝与董仲舒论于上前，其人精悍，处事分明，仲舒不能难也。后其孙商为博士。孝宣时，涿郡韩生其后也，以《易》征，待诏殿中，曰：

---

[1] 班固：《汉书·儒林传》，中华书局1960年版，第3621页。
[2] 司马迁：《史记·儒林列传》，中华书局1959年版，第3124页。

"所受《易》即先太傅所传也。尝受《韩诗》，不如韩氏《易》深，太傅故专传之。"[1]

我们先来看韩婴的籍贯。《史记》《汉书》均记载韩婴是燕人。燕国地域广大，而且从战国到秦汉，燕国所辖地域多有变动，因此这里的记载非常笼统。嘉靖、万历、康熙《河间府志》均以韩婴墓在河北沧州市任丘为据，认为韩婴是任丘人。万历、光绪《顺天府志》以燕国治所在顺天府（今北京一带），认为韩婴是顺天府人，也有记载细化为顺天府下辖的涿州（今河北保定市涿州）、宛平、大兴的地方志则认为韩婴是本县人，但缺乏论证。综合这些论述，我们可以认定韩婴是今河北人，但由于时间久远、史书记载过于简略，恐怕难以将韩婴故里细化，"还是以韩婴籍贯燕人说为好，范围大而不具体，但可信度高。"[2]

我们再来看韩婴大致的生卒年。这个问题无法得到确切结论，只能有一个大致范围。从《史记》《汉书》的上述引文来看，韩婴至少经历了汉文帝、汉景帝、汉武帝三个时代。韩婴在"孝文帝时为博士"，也就是说，韩婴在汉文帝时期是研究《诗经》最好的学者之一，而且被官方立为博士。这需要有相当高的水平和一定的年龄。"文帝召（贾谊）以为博士。是时贾生年二十余，最为少。"[3]贾谊是少年天才，而且二十多岁的贾谊是汉文帝朝博士中年龄最小的，可见韩婴当时的年龄至少也是"二十余"，考虑到汉文帝总共在位23年，我们可以认为韩婴的生年在汉文帝之前。韩婴卒于汉武帝时期，这在史书中有明文记载。《汉书·夏侯始昌传》记载："夏侯始昌，鲁人也。通《五经》，以《齐诗》《尚书》教授。自董仲舒、韩婴死后，武帝得始昌，甚重之。"[4]《史记》所言"韩生孙商为今上（汉武帝）博士"，也能说明这一点。有学者推断韩婴的生卒年为公元前200—前130年，可供参考。

韩婴在汉文帝时期，被立为《诗经》博士，在汉景帝时期，当过常山（都今河北元氏县殷村镇故城村常山郡故城）王太傅，他也因此被称为韩太傅。这里的常山王是汉景帝少子、常山宪王刘舜。由于学者对此关注不多，没有深论，《史记》称："常山宪王舜，以孝景中五年用皇子为常山王。舜最亲，景帝少子，骄

---

[1] 班固：《汉书·儒林传》，中华书局1962年版，第3613—3614页。
[2] 秦进才：《常山太傅韩婴籍贯初探》，《石家庄学院学报》2016年第1期。
[3] 司马迁：《史记·屈原贾生列传》，中华书局1959年版，第2492页。
[4] 班固：《汉书·眭两夏侯京翼李传》，中华书局1962年版，第3154页。

急多淫，数犯禁，上常宽释之。立三十二年卒，太子勃代立为王。"[1]刘舜受封于汉景帝中五年（公元前145年），卒于汉武帝元鼎三年（公元前114年），由此可知韩婴是刘舜的太傅。韩婴的这一职务地位尊贵，但也充满挑战。刘舜是汉景帝少子，"骄怠多淫，数犯禁"，虽然能得到皇帝的宽释，但是其下属未必能免受朝廷惩罚，刘舜对下属也未必仁慈。刘舜家族有一个重要问题是父子、夫妇、兄弟之间不和：

> 初，宪王有不爱姬生长男棁，棁以母无宠故，亦不得幸于王。王后脩生太子勃。王内多，所幸姬生子平、子商，王后稀得幸。及宪王疾甚，诸幸姬侍病，王后以妒媢不常在，辄归舍。医进药，太子勃不自尝药，又不宿留侍疾。及王薨，王后、太子乃至。宪王雅不以棁为子数，不分与财物。郎或说太子、王后，令分棁财，皆不听。太子代立，又不收恤棁。棁怨王后及太子。汉使者视宪王丧，棁自言宪王病时，王后、太子不侍，及薨，六日出舍，太子勃私奸、饮酒、博戏、击筑，与女子载驰，环城过市，入狱视囚。天子遣大行骞验问，逮诸证者，王又匿之。吏求捕，勃使人致击笞掠，擅出汉所疑囚。有司请诛勃及宪王后脩。上曰："脩素无行，使棁陷之罪。勃无良师傅，不忍致诛。"有司请废勿王，徙王勃以家属处房陵，上许之。[2]

刘舜长子刘棁生母地位卑微，刘棁受到牵连，也受到刘舜的轻视，父子不和；刘舜多内宠，长期疏远王后，与王后之间夫妇不和；王后之子、太子刘勃因此与刘舜之间感情淡薄，父子不睦；太子刘勃与长子刘棁之间兄弟有隙。这不只是王室的家事，对王室政治也有一定的影响。王室长期内斗的结果是：太子刘勃在刘舜丧礼期间，犯下了居丧不哀、纵情酒色等罪行，被刘棁告发为不孝，刘棁的行为则是手足相残。汉廷调查后，有关部门上奏，要求诛杀王后和太子。汉武帝则认为王后"素无行"，长子刘棁"陷之罪"，太子"无良师傅，不忍诛"，最后将太子和王后流放房陵（今湖北省十堰市房县）。值得注意的是，王室内斗的结果是，除了要追求相关当事人的责任之外，还要追求"师傅"的责任。所谓的"师傅"就是太师、太傅，是辅佐国君或者太子的官员。汉武帝既然认定"无

---

[1] 司马迁：《史记·五宗世家》，中华书局1959年版，第2102页。
[2] 班固：《汉书·景十三王传》，中华书局1962年版，第2102页。

良师傅",那么太傅、太师显然是失职的,需要遭到严厉惩罚。

韩婴是汉景帝时期常山宪王刘舜的太傅,应该没有受到汉武帝时期刘舜家庭内斗的牵连,是很幸运的。但是这些内斗久已有之,刘舜的品性也一直不好,韩婴对此应该是有所经历的。韩婴能在昏聩无行的常山国当太傅而安然无恙,是需要智慧的。韩婴除了学问高超之外,"其人精悍,处事分明",为人精明能干,做事情很公正,很有分寸,在和董仲舒的论辩中都不落下风,显然不是迂腐的书呆子。我们还需要注意的是,《韩诗外传》非常注重孝道,这表现在两个方面:第一,《韩诗外传》全书以孝道开始。第二,《韩诗外传》有43次论孝。这或许和刘舜家族的父不慈、子不孝、兄不友、弟不恭的环境有关,是韩婴用来含蓄地劝谏刘舜、当朝廷追究时用来避祸的手段。我们可以参考龚遂、王式用《诗经》来劝谏海昏侯的事例。

> (龚)遂叩头曰:"臣不敢隐忠,数言危亡之戒,大王不说。夫国之存亡,岂在臣言哉?愿王内自揆度。大王诵《诗》三百五篇,人事浃,王道备,王之所行中《诗》一篇何等也?大王位为诸侯王,行污于庶人,以存难,以亡易,宜深察之。"……居无何,征。既即位,后王梦青蝇之矢积西阶东,可五六石,以屋版瓦覆,发视之,青蝇矢也。以问遂,遂曰:"陛下之《诗》不云乎?'营营青蝇,至于樊;恺悌君子,毋信谗言。'陛下左侧谗人众多,如是青蝇恶矣。宜进先帝大臣子孙亲近以为左右。如不忍昌邑故人,信用谗谀,必有凶咎。愿诡祸为福,皆放逐之。臣当先逐矣。"[1]

龚遂的事例表明,儒家学者跟统治者谈论《诗经》时,往往注重解决统治者所面临的实际情况,为其提供解决思路。《韩诗外传》重孝,是否也有类似考虑呢?

> 昭帝崩,昌邑王嗣立,以行淫乱废,昌邑群臣皆下狱诛,唯中尉王吉、郎中令龚遂以数谏减死论。(王)式系狱当死,治事使者责问曰:"师何以无谏书?"式对曰:"臣以《诗》三百五篇朝夕授王,至于忠臣孝子之篇,未尝不为王反复诵之也;至于危亡失道之君,未尝不流涕

---

[1] 班固:《汉书·武五子传》,中华书局1962年版,第2766页。

为王深陈之也。臣以三百五篇谏,是以亡谏书。"使者以闻,亦得减死论,归家不教授。[1]

王式的事例表明,在诸侯王犯罪的时候,负有教导之责的师傅应受到连带责任,除非是师傅有劝谏的证据,而吟诵《诗经》中的忠臣孝子之篇,可以作为减刑的证据。韩婴面临着同样的危险,他难道能不进行类似的准备吗?因此,我们认为,韩婴在《韩诗外传》中反反复复强调孝,是有原因的。

(二)韩婴的著作

韩婴的主要学术贡献在于传《诗》,是《韩诗》的创始人。汉初传《诗》的主要有四家:"汉兴,鲁申公为《诗》训故,而齐辕固、燕韩生皆为之传。或取《春秋》,采杂说,咸非其本义。与不得已,鲁最为近之。三家皆列于学官。又有毛公之学,自谓子夏所传,而河间献王好之,未得立。"[2] 古文经学《毛诗》未被立为官学,立为官学仅有《鲁诗》(申公)、《齐诗》(辕固)、《韩诗》(韩婴)等今文经学三家。然而《七略》认为三家诗都有问题,它们"或取《春秋》,采杂说",来源不纯,而且"咸非其本义",脱离了《诗经》的本来意思。这也说明三家诗除了关注《诗经》的本意,还对《诗经》进行了引申发挥,兼具"我注六经"和"六经注我"的特点。据学者研究,三家诗的特点是:"《鲁诗》尚谨守,明礼制,至刘向而言灾异。《鲁诗》学术集团在汉初便已形成,以后又通过与武帝、昭帝、元帝、哀帝等几代天子的双向影响,从而极盛于西汉一代……《齐诗》重致用,尚事功,经过董仲舒、夏侯始昌、后仓、翼奉等几代学者的不断改造,逐步形成了比较完备的阴阳五行化体系……《韩诗》在西汉的发展势头相对较弱,至蔡义、王吉而趋盛……三家在东汉形成了《鲁诗》不衰、《齐诗》不昌、《韩诗》极盛的局面……东汉三家《诗》中,《韩诗》学者言符命谶纬者最众,《韩诗》在东汉的极盛应该与其适应了新的时代要求有关。"[3]

《韩诗》的成就很高,引起汉朝的重视,韩婴也因此和传《鲁诗》的申公一起,成为汉文帝朝的博士。这是儒家经典成为汉朝官学的开始,虽然当时未必受到很大的重视,但有其开创意义,为东汉时期的极盛奠定了基础。当然,《韩

---

[1] 班固:《汉书·儒林传》,中华书局1962年版,第3610页。
[2] 班固:《汉书·艺文志》,中华书局1962年版,第1708页。
[3] 俞艳庭:《两汉三家〈诗〉学史纲》,齐鲁书社2009年版,第4页。

诗》在韩婴生前，影响力主要还是在民间，尤其是燕赵地区，即史称的"燕、赵间言《诗》者由韩生"，"燕、赵间好《诗》"。

韩婴对《周易》也有很深的研究，曾经"推《易》意而为之传"，但韩婴所作的《易传》流传不广，主要是以家学的方式传承，原因有两个：燕赵地区更喜欢《诗》，对《易》的兴趣不大；韩婴《易传》较为高深，普通人学不会。

根据《汉书·艺文志》的记载，韩婴的著作有：《韩氏》二篇（全称应为《易传·韩氏》）、《诗经》二十八卷（韩婴）、《韩故》三十六卷、《韩内传》（即《韩诗内传》）四卷、《韩外传》（即《韩诗外传》）六卷、《韩说》四十一卷。除了《韩诗外传》之外，其余著作均已失传。这其中的一个关键事件是：东汉经学大师郑玄注《诗经》时，以《毛诗》为基础，综合三家诗，就导致了今文三家诗只有《韩诗外传》保留下来，另有部分保存在《毛诗郑笺》中，其余部分都失传了。早在唐代初期，《隋书·经籍志》就说："《齐诗》，魏代已亡；《鲁诗》亡于西晋；《韩诗》虽存，无传之者。唯《毛诗郑笺》，至今独立。"[1]《四库全书总目提要·三家诗拾遗提要》根据历代学者引述《韩诗》的情况，称《韩诗》"亡于政和、建炎间"，即1111—1130年，可能跟1127年发生的靖康之变有关。三家诗的辑佚工作从宋代学者王应麟开始，清代学者卢文弨、范家相、胡文英、赵怀玉、陈寿祺、陈乔枞、阮元、吴棠、俞樾等人都有较为重要的贡献，王先谦所撰《诗三家义集疏》则是其中的集大成者。吕冠南先生在前人辑佚的基础上，指出《韩诗内传》和《韩诗外传》的区别是："《内传》的'依经推演'，所用材料大抵围绕儒家学派；《外传》的'依经推演'，则突破了儒家的范围，还包含道家、阴阳家、名家、法家等内容"。[2]

（三）韩婴的影响

韩婴的一生经历了汉代统治思想从黄老道家的无为而治到罢黜百家、独尊儒术的变化过程。这在《韩诗外传》中也有所体现。

汉朝建立之初，由于长期战争和秦朝的残暴统治，社会遭到了极大的破坏。司马迁称当时："汉兴，接秦之弊，丈夫从军旅，老弱转粮饟，作业剧而财匮，自天子不能具钧驷，而将相或乘牛车，齐民无藏盖……不轨逐利之民，蓄积余业以稽市物，物踊腾粜，米至石万钱，马一匹则百金。"[3]在这种情况下，刘邦

---

[1] 魏徵：《隋书·经籍志》，中华书局1973年版，第918页。
[2] 吕冠南：《〈韩诗内传〉性质问题新论》，《北京社会科学》2020年第4期。
[3] 司马迁：《史记·平准书》，中华书局1959年版，第1417页。

采纳了陆贾"居马上得之，宁可以马上治之乎"的主张，采取"反秦之敝，与民休息，凡事简易"[1]的政治策略，实行无为而治。无为而治背后的理论依据是黄老学说。

先秦道家分为很多学派，我们最熟悉的是老庄学派。其实，在先秦时期，影响最大的道家学派是杨朱学派，被孟子称为"杨朱、墨翟之言盈天下。天下之言不归杨，则归墨。"[2]汉初影响最大的道家学派则是黄老学派。老庄学派的影响力在当时反而并不大。

司马谈在其名文《论六家要旨》中说道家是："道家使人精神专一，动合无形，赡足万物。其为术也，因阴阳之大顺，采儒墨之善，撮名法之要，与时迁移，应物变化，立俗施事，无所不宜，指约而易操，事少而功多。"[3]这段评价曾经长期让学界困扰：道家不是自然无为吗？道家何曾"采儒墨之善，撮名法之要"？近几十年来，随着《黄帝四经》等黄老道家著作的出土，我们才明白，司马谈说的道家是黄老道家，而不是老庄道家，这是因为黄老道家是当时道家学派的主流。任继愈先生曾对黄老学说有很好的概括：

> 黄老思想的两大基本原则是既要维护中央集权的有效统治，又要照顾到广大农民的利益，使他们安居乐业，吃饱肚子。汉朝初期黄老思想的主旋律，在于轻徭薄赋与民休息……黄老学派的"老"是老子，"黄"指的是炎黄民族信奉的始祖黄帝。在春秋战国时期，诸子百家争鸣，未发现"黄老学派"，它想在思想界争得一席之地，才抬出黄帝以壮声势。"黄老学派"自称继承黄帝、老子的思想，实质上是老子加秦朝的法家。汉初人对秦朝的暴政记忆犹新，对法家反感。但是，为了全国统一的有效管理，又必须树立一种强制型的治国理论。汉朝有意回避它与秦朝的继承关系，于是出现了"黄老学派"。[4]

这就是韩婴青壮年时期的生活背景和官方统治思想。这就决定了儒学在汉初的朝廷不受重视，更多的是作为一种民间思想在流传，这也对韩婴的思想造成了

---

[1] 班固：《汉书·循吏传》，中华书局1962年版，第3623页。
[2] 杨伯峻：《孟子译注·滕文公下》，中华书局2005年版，第141页。
[3] 司马迁：《史记·太史公自序》，中华书局1959年版，第3289页。
[4] 任继愈：《老子绎读》附录五《寿命最短的黄老学派，效应长久的黄老思想》，北京图书馆出版社2006年版，第257页。

一定的影响。

黄老思想实行了七十年，起到了非常好的效果。司马迁在《史记·平准书》中有一段非常经典的记载："汉兴七十余年之间，国家无事，非遇水旱之灾，民则人给家足，都鄙廪庾皆满，而府库余货财。京师之钱累巨万，贯朽而不可校。太仓之粟陈陈相因，充溢露积于外，至腐败不可食。众庶街巷有马，阡陌之间成群，而乘字牝者傧而不得聚会。守闾阎者食粱肉，为吏者长子孙，居官者以为姓号。故人人自爱而重犯法，先行义而后绌耻辱焉。"与此同时，无为而治的弊端也暴露出来，那就是贵族和地方豪强的权势过大："当此之时，网疏而民富，役财骄溢，或至兼并豪党之徒，以武断于乡曲。宗室有土公卿大夫以下，争于奢侈，室庐舆服僭于上，无限度。物盛而衰，固其变也。"[1] 在这种情况下，更有利于维护社会等级秩序、积极进取的儒家就经由汉武帝的"罢黜百家、表章六经"而成为官方统治思想。

韩婴的经历是复杂的。他早年经历了黄老学派占据统治地位的时期，当然，当时无为而治，汉廷的思想控制不强，思想界较为自由宽松，韩婴也因为擅长《韩诗》而成为博士、诸侯王太傅。韩婴的晚年则见证了儒学的兴起，汉廷对思想控制的加强，儒家逐渐统治全社会的思想。这些在韩婴的著作中都有所体现。这也决定了韩婴的思想是复杂的，以儒家为主，而综合了各家各派的观点。

三、《韩诗外传》学术思想特色

《韩诗外传》是研究《韩诗》和韩婴思想的主要材料。我们从以下几个方面，对《韩诗外传》进行介绍。

（一）《韩诗外传》与《诗经》本意

如前所述，《韩诗外传》的特点之一，是它名为解释《诗经》的作品，却注重引申发挥，不是完全遵照《诗经》本意。《韩诗内传》和《韩诗外传》的区别是：前者以儒家学派的材料为推演的基础，后者的取材则更为广泛。《汉书·艺文志》所引《七略》认为三家诗"或取《春秋》，采杂说，咸非其本义。"脱离了《诗经》的本意。这个问题可以从两个方面来看：

第一，《诗经》三百篇，其作者和创作背景绝大多数都没有保留下来，在这种情况下，就只能根据诗歌本身的内容来进行揣测。按照后现代主义的观点，这种揣测很难有标准答案。因此，《七略》所说的"咸非其本义"，恐怕是因

---
[1]司马迁：《史记·平准书》，中华书局1959年版，第1420页。

为三家诗的解释和《七略》心目中的解释不一致，未必是三家诗真的错了。比如，《关雎》的创作主旨就有多种说法。上博简《孔子诗论》载孔子的评价是："《关雎》以色喻于礼"[1]，重点是讲礼的。李山先生据此认为："《关雎》是一首歌唱婚配的诗篇。"[2] 郑玄则认为"《关雎》，后妃之德也，《风》之始也，所以风天下而正夫妇也，故用之乡人焉，用之邦国焉。"[3] 我们现在则普遍认为这是一首爱情诗。那么到底哪一个是"其本义"呢？恐怕很难断言。

第二，古人对《诗经》的使用，有注重原意和注重引申应用两种用法。前者以《孟子》一书为代表。《孟子》引用的《诗经》都是贴近其本意，孟子甚至还指出别人对《诗经》本意的误解：

> 咸丘蒙曰："舜之不臣尧，则吾既得闻命矣。《诗》云，'普天之下，莫非王土。率土之滨，莫非王臣。'而舜既为天子矣，敢问瞽瞍之非臣，如何？"
>
> 曰："是诗也，非是之谓也。劳于王事而不得养父母也。曰：'此莫非王事，我独贤劳也。'故说诗者不以文害辞，不以辞害志。以意逆志，是为得之，如以辞而已矣，《云汉》之诗曰：'周余黎民，靡有孑遗。'信斯言也，是周无遗民也……"[4]

但孟子这种注重《诗经》本意的解读方式，并非古人引述《诗经》的主流。孔子曾经说："诵《诗》三百，授之以政，不达；使于四方，不能专对；虽多，亦奚以为？"[5] 孔子主张要灵活地化用《诗经》，以应用于政治和外交场合。孔子所说的"不学《诗》，无以言"[6]，也显然不是指《诗经》的本意能包含所有的情况。《论语》里引用《诗经》，也往往是注重其引申义，比如：

> 子贡曰："贫而无谄，富而无骄，何如？"子曰："可也。未若贫而乐，富而好礼者也。"子贡曰："《诗》云'如切如磋，如琢如

---

[1] 马承源：《上海博物馆藏战国楚竹书》（一），上海古籍出版社2001年版，第163页。
[2] 李山：《诗经析读》，南海出版公司2003年版，第4页。
[3] 阮元校刻：《十三经注疏·毛诗正义》，中华书局2009年版，第562页。
[4] 杨伯峻：《孟子译注·万章上》，中华书局2005年版，第198—199页。
[5] 朱熹：《四书章句集注》，《论语·子张篇》，中华书局2012年版，第144页。
[6] 朱熹：《四书章句集注》，《论语·季氏篇》，中华书局2012年版，第175页。

磨',其斯之谓与?"子曰:"赐也,始可与言《诗》已矣!告诸往而知来者。"[1]

子夏问曰:"'巧笑倩兮,美目盼兮,素以为绚兮。'何谓也?"子曰:"绘事后素。"曰:"礼后乎?"子曰:"起予者商也!始可与言《诗》已矣。"[2]

"如切如磋,如琢如磨"的本意并不是"贫而乐,富而好礼","巧笑倩兮,美目盼兮,素以为绚兮"的本意也并不是"礼后"。这里用的都是其引申义,而非本意。孔子不仅不以为非,反而称赞为"始可与言《诗》已矣。告诸往而知来者","起予者商也,始可与言《诗》已矣"。因此,注重引申义本来就是古人引述《诗经》的常用做法。三家诗都来自荀子,也是来自孔子,根据《论语》中孔子的论诗记载,我们认为,孔子在传授《诗经》的时候,本来就有很多引申,这是通经致用的表现,未必没有其价值。

(二)《韩诗外传》的体例

《汉书·艺文志》记载,《韩诗外传》为六卷,今本为十卷,显然并非原貌。最典型的证据是文中引用了《古诗十九首》。韩婴是西汉初年人,《古诗十九首》一般认为成书于东汉末年,可见《韩诗外传》经过后人的修改。从体例来说,《韩诗外传》的每一卷都由若干彼此独立的章节组成,章节的典型情况是先举一个例子(通常是讲一个故事或讲一番道理),最后用《诗经》中的诗句来总结和结尾。比如,第一卷第一章是:

> 曾子仕于莒,得粟三秉,方是之时,曾子重其禄而轻其身;亲没之后,齐迎以相,楚迎以令尹,晋迎以上卿,方是之时,曾子重其身而轻其禄。怀其宝而迷其国者,不可与语仁;窘其身而约其亲者,不可与语孝;任重道远者,不择地而息;家贫亲老者,不择官而仕。故君子桥褐趋时,当务为急。传云:不逢时而仕,任事而敦其虑,为之使而不入其谋,贫焉故也。《诗》云:"夙夜在公,实命不同。"[3]

---

[1] 朱熹:《四书章句集注》,《论语·学而篇》,中华书局2012年版,第52—53页。
[2] 朱熹:《四书章句集注》,《论语·八佾篇》,中华书局2012年版,第63页。
[3] 许维遹:《韩诗外传集释》,中华书局1980年版,第1页。

《韩诗外传》先讲了曾子出仕养亲和不仕保身的故事，由于这个故事不是很容易懂，又对这个故事进行一番解释，最后用《诗经》结尾。一般认为，这一句诗的本意是一名下层官员感叹自己终日为公家当差，疲惫不堪。这一章显然没有使用《诗经》的本意，而是进行了一定程度的引申。我们认为，这种注释经典的方式和《韩非子·喻老》很像。举例如下：

> 翟人有献丰狐、玄豹之皮于晋文公。文公受客皮而叹曰："此以皮之美自为罪。"夫治国者以名号为罪，徐偃王是也；以城与地为罪，虞、虢是也。故曰："罪莫大于可欲。"[1]

《韩诗外传》和《韩非子·喻老》的体例显然是非常像的。那么，《韩诗外传》《韩诗内传》的区别，是否与《韩非子·喻老》《韩非子·解老》的区别一样，前者为通过故事来说明，后者为直接讲道理？由于《韩诗内传》的材料太少，难以断言。我们认为，存在这种可能性。

（三）《韩诗外传》的思想

在讨论《韩诗外传》的思想之前，我们需要先说明一个问题：《韩诗外传》是以短篇章节集合的方式成书的。这些短篇章节未必都是《韩诗外传》所独创的，很多也见于《荀子》《说苑》等其他著作。当代学者在研究出土简牍的基础上，得出结论：

> 随着大量简帛古书的面世，我们发现短章是战国秦汉文献的主流样式之一。因出土文献的佐证，我们确知传世文献互见短章多为同源而非转抄关系，这些短章则可视为"公共素材"。战国秦汉时期存在三种"公共素材"：故事、说理和短语，是诸子取材的重要资源之一。它们的时限从西周至汉初，多数在战国初年形成并流传开来……刘向校书之前，战国秦汉时期的这些"公共素材"应有三种存在样态：一是被采择收录于古书，如《荀子》《韩非子》《吕氏春秋》等；二是以短章的形式流传，如郭店楚简之《太一生水》《鲁穆公问子思》《尊德义》等；三是结成"素材集"，如刘向整理后的《韩非子·储说》《说林》《说苑》等。刘向校书之后，被采择入古书和原本结集者得以保存，但短章

---

[1] 王先慎撰、钟哲点校：《韩非子集解·喻老》，中华书局2013年版，第156页。

的形式传播者消失了。短章的消失,意味着战国秦汉古书的互见段落失去了参照。这使得互见极易被理解为古书之间有转抄关系。诸子之间因这种"转抄",又很容易被认定存在学术传承关系……这种误读直接影响到我们对古代学术史的认识。[1]

既然这些短篇章节很可能是"公共素材",或者是来自不知出处的"传",韩婴不一定是其作者,那么我们能不能依据它们来讨论《韩诗外传》的思想?我们认为是可以的。它们既然被《韩诗外传》引用了,就是和《韩诗外传》的思想主张相一致的,也就可以被作为分析《韩诗外传》的材料。

第一,重视仁、义、礼、信、忠、孝等儒家思想的核心概念。这些概念在《韩诗外传》中分别出现了93、114、158、47、50、43次,可见其重视程度。尤其是仁、义、礼,也是《韩诗外传》的核心概念。

> 传曰:爱由情出谓之仁,节爱理宜谓之义,致爱恭谨谓之礼,文礼谓之容。礼容之义生,以治为法。故其言可以为民道,民从是言也。行可以为民法,民从是行也。书之于策,传之于志。万世子子孙孙道而不舍。由之则治,失之则乱。由之则生,失之则死。今夫肢体之序与禽兽同节,言语之暴与蛮夷不殊,混然无道,此明王圣主之所罪。《诗》曰:"如蛮如髦,我是用忧。"[2]

《韩诗外传》指出,得到了仁、义、礼,国家就能治理好,民众就能生存下去,失去了国家就会乱,民众就会死,或者是"与禽兽同节","与蛮夷不殊",可见《韩诗外传》对仁、义、礼是非常重视的。

孔子推崇周礼,曾说过"为国以礼"[3],"上好礼,则民易使也。"[4]将礼当成治国之本。"不学《礼》,无以立"[5],将礼看作是个人的立身之本。《韩诗外传》说:"国之命在礼。君人者降礼尊贤而王,重法爱民而霸,好利多诈

---

[1] 徐建委:《战国秦汉间〈论语〉的流变与文献考古问题》,载中国社会科学院考古研究所、新疆文物考古研究所:《汉代西域考古与汉文化》,科学出版社2014年版,第381页。
[2] 许维遹:《韩诗外传集释》,中华书局1980年版,第153页。
[3] 朱熹:《四书章句集注》,《论语·先进篇》,中华书局2012年版,第132页。
[4] 朱熹:《四书章句集注》,《论语·宪问篇》,中华书局2012年版,第160页。
[5] 朱熹:《四书章句集注》,《论语·季氏篇》,中华书局2012年版,第132页。

而危，权谋倾覆而亡。《诗》曰：人而无礼，胡不遄死。"[1]《韩诗外传》认为"国之命在礼"，又说个人无礼，"胡不遄死"。这和孔子重礼的主张是完全一致的。《韩诗外传》还认为，礼不是形式，也不是无条件的：

> 荆伐陈，陈西门坏，因其降民使修之，孔子过而不式，子贡执辔而问曰：礼过三人则下，二人则式。今陈之修门者众矣，夫子不为式，何也？孔子曰："国亡而弗知，不智也，知而不争，非忠也，争而不死，非勇也。修门者虽众，不能行一于此，吾故弗式也。《诗》曰："忧必悄悄，愠于群小"，小人成群，何足礼哉？[2]

按照礼法规定，见到三个人就要下车致礼，见到两个人则是在车上扶轼致礼。孔子见到陈国的民众，非但不下车致礼，甚至连在车上扶轼致礼都没有。子贡把礼当成一种形式，一种无条件执行的行为规范，因此对孔子提出质疑。孔子指出，礼的执行要看对象。像陈国民众这样国家即将灭亡都不管不问、麻木不仁的人，都是些小人，不配得到孔子的礼遇。

孔子说君子应该"主忠信"（《论语·学而篇》）、"臣事君以忠"（《论语·八佾篇》），曾子三省其身的内容之一是"为人谋而不忠乎"（《论语·学而篇》），又曾经将孔子之道概括为："夫子之道，忠恕而已矣！"（《论语·里仁篇》）这些都说明了忠的重要性。《韩诗外传》通过王子比干、尾生、伯夷、叔齐的例子来论证忠、信、廉的重要性：他们宁愿贫贱甚至身死，也不愿意违背这些道德观念。

> 王子比干杀身以成其忠，尾生杀身以成其信，伯夷叔齐杀身以成其廉。此四子者，皆天下之通士也。岂不爱其身哉？为夫义之不立，名之不显，则士耻之，故杀身以遂其行。[3]

重孝是儒家的传统，《论语》中"孝"字出现19次，儒家还有一部专门论孝的经典《孝经》。前文所引曾子出仕养亲和不仕保身的故事，主题其实也是孝。

---

[1] 许维遹：《韩诗外传集释》，中华书局1980年版，第6页。
[2] 许维遹：《韩诗外传集释》，中华书局1980年版，第14页。
[3] 许维遹：《韩诗外传集释》，中华书局1980年版，第9—10页。

出仕养亲固然是孝，不仕保身也是孝：身体发肤受之父母，不敢毁伤，所以曾子以保全自己的身体作为孝的体现，并在临终前"曾子有疾，召门弟子曰：'启予足！启予手！《诗》云：战战兢兢，如临深渊，如履薄冰。而今而后，吾知免夫！小子！'"[1]

当然，孝有的时候会和义（尤其是君臣之义）相冲突。《韩诗外传》通过几个例子来说明应如何处理二者之间的冲突。在曾子出仕的故事中，《韩诗外传》认为"家贫亲老者，不择官而仕"，曾子家贫，为了孝而出任小官，"为之使而不入其谋"，这种情况是可以的。这和孟子的说法有相通之处："仕非为贫也，而有时乎为贫……为贫者，辞尊居卑，辞富居贫。辞尊居卑，辞富居贫，恶乎宜乎？抱关击柝。"[2]"其下，朝不食，夕不食，饥饿不能出门户，君闻之，曰：'吾大者不能行其道，又不能从其言也。使饥饿于我土地，吾耻之。'周之，亦可受也，免死而已矣。"[3] 君子在贫穷和饥饿的情况下，可以接受国君的馈赠，可以担任小官，这时不需要考虑君臣之义。如果是得到君上的礼遇，情况就会有所不同：

> 楚白公之难，有庄之善者，辞其母，将死君。其母曰："弃母而死君可乎？"曰："吾闻事君者，内其禄而外其身，今之所以养母者，君之禄也，请往死之。"比至朝，三废车中。其仆曰："子惧，何不反也？"曰："惧，吾私也，死君，吾公也。吾闻君子不以私害公。"遂往死之。君子闻之曰："好义哉，必济矣夫。"《诗》云："深则厉，浅则揭。"此之谓也。[4]

庄之善的母亲显然是想要保住儿子的一条命，就劝他：如果为君上而死，就无法孝顺父母，也就违背了孝，希望他能为了尽孝而不去送死。庄之善则认为，得到君上的礼遇，就应该"内其禄而外其身"，在君上遇到危险的时候，将自身安危置之度外；至于孝，由于赡养母亲的财物都来自国君的俸禄，如果没有这些俸禄，也就没有孝。因此，君臣之义是孝的基础，哪怕是孝也要服从于义。这和子思的选择是一致的："子思居于卫，有齐寇。或曰：'寇至，盍去诸？'子思

---

[1] 朱熹：《四书章句集注》，《论语·泰伯篇》，中华书局2012年版，第103页。
[2] 杨伯峻：《孟子译注·万章下》，中华书局2005年版，第224页。
[3] 杨伯峻：《孟子译注·告子下》，中华书局2005年版，第275页。
[4] 许维遹：《韩诗外传集释》，中华书局1980年版，第22—23页。

曰：'如伋去，君谁与守？'"孟子解释说："子思，臣也，微也。"[1] 拿了国君的俸禄，成为国君的臣子，就应该为国君出生入死，此时的子思虽然是"微也"，年纪轻轻，却没有考虑到赡养母亲的事情。

第二，重视法律。孔子最重视仁义道德，把刑法的地位放在伦理价值之下，曾说过"道之以政，齐之以刑，民免而无耻。道之以德，齐之以礼，有耻且格。"[2] 如果通过政策去引导民众，用刑法来规范民众的行为，虽然能让民众免于刑戮，但是会让民众没有羞耻心，因而这只是一种比较低级的治民方法。最好的方法是用道德去引导，去礼来规范，这样的话，民众才会有羞耻心，守规矩。《左传》昭公二十九年还记载了孔子反对晋国铸刑鼎的著名事件。

《韩诗外传》的观点与孔子有所不同，认为刑法也很重要。在治民效果方面，刑法不如仁义道德，但在维护社会稳定时，法律要高于仁义道德。《韩诗外传》对仁义和法的关系的论述，最值得关注的是：

子为亲隐，义不得正。君诛不义，仁不得爱。虽违仁害义，法在其中矣。《诗》曰："优哉柔哉，亦是戾止。"[3]

这一段涉及著名的父子相隐。《论语》中记载了孔子和楚国叶公的一段对话：

叶公语孔子曰："吾党有直躬者，其父攘羊，而子证之。"孔子曰："吾党之直者异于是，父为子隐，子为父隐。直在其中矣。"[4]

叶公所在的地方有一个正直的人，其父偷羊，他亲自去告发。孔子说，鲁国的正直人不是这样的，如果发生了这类事情，父亲替儿子隐瞒，儿子替父亲隐瞒。这隐瞒之中自然有正直。直至今日，孔子所言都充满争议。孔子大概是认为亲情是人类最重要的情感，也是人类社会得以维持的基础。一旦亲情被破坏了，人类就会缺少安全感、信任感，社会秩序也难以得到维持。因此，相比法律，孔子更加重视仁义道德。《孟子》的如下记载，说的也是同一个道理：

---

[1] 杨伯峻：《孟子译注·离娄下》，中华书局2005年版，第186页。
[2] 朱熹：《四书章句集注》，《论语·为政篇》，中华书局2012年版，第54页。
[3] 许维遹：《韩诗外传集释》，中华书局1980年版，第148页。
[4] 朱熹：《四书章句集注》，《论语·子路篇》，中华书局2012年版，第147页。

> 桃应问曰:"舜为天子,皋陶为士,瞽瞍杀人,则如之何?"
> 孟子曰:"执之而已矣。"
> "然则舜不禁与?"
> 曰:"夫舜恶得而禁之!夫有所受之也。"
> "然则舜如之何?"
> 曰:"舜视弃天下犹弃敝蹝也。窃负而逃,遵海滨而处,终身欣然,乐而忘天下。"[1]

桃应问孟子:最孝顺的天子舜,最公正无私的法官皋陶,如果舜的父亲杀了人,舜应该怎么办?皋陶又应该怎么办?孟子想了一个两全其美的解决方案:皋陶严格执法,抓捕舜的父亲;舜遵守孝道,放弃权力地位,带着父亲逃亡。仔细分析的话,可以发现:在孟子看来,孝比天子的权势重要,舜作为天子,也不能枉法,只好携父去位。这种观点无疑和孔子是一致的。

让人惊讶的是,作为儒家经典著作,《韩诗外传》居然明确反对孔子的观点。它认为子为父隐,违背了义,让不义之人逍遥法外。国君的职责是要诛杀不义之人,因此,就算是仁者也不能有私爱。这种做法虽然违背了仁义,但是保证了法律的公正。法律是统治国家的最公平的准则,应得到优先保障。很显然,《韩诗外传》在这里有法律高于私孝的思想。

当然,在治国理民的效果方面,刑法不如仁义道德。"君人者降礼尊贤而王,重法爱民而霸,好利多诈而危,权谋倾覆而亡。"《韩诗外传》将国君分为四个等级:王、霸、危、亡。最高等级的是"降礼尊贤"的王,霸是次一等的,也是正面形象,在这里看不到传统儒家很在意的激烈冲突对立的王霸之争。霸的特点是"重法爱民",《韩诗外传》对法的评价也是正面的,跟孔子有一定的区别。这是时代背景造成的,也是受到荀子思想影响的结果。韩婴生活的时代,已经无法像孔子那样忽略和否定法的作用,只能承认其必要性。更重要的是,《韩诗外传》的思想受到荀子的深刻影响,这表现在三个方面。一是《韩诗外传》重法、刑德并用的思想来自荀子,前文已有所说明,这里不赘述。二是《韩诗外传》肯定霸道的思想来自荀子。荀子说霸道是:

> 德虽未至也,义虽未济也,然而天下之理略奏矣,刑赏已诺信乎

---
[1] 杨伯峻:《孟子译注·尽心上》,中华书局2005年版,第293页。

天下矣，臣下晓然皆知其可要也。政令已陈，虽睹利败，不欺其民；约结已定，虽睹利败，不欺其与。如是，则兵劲城固，敌国畏之；国一綦明，与国信之；虽在僻陋之国，威动天下，五伯是也……乡方略，审劳佚，谨畜积，修战备，龊然上下相信，而天下莫之敢当……是所谓信立而霸也。[1]

荀子认为霸虽然不如王，但是也有其可取之处：具备一定的德、义和理，刑罚、奖赏、诺言、政令皆可取信天下，节俭爱民，上下齐心，故能称霸天下。《韩诗外传》对霸的肯定，对霸道"重法爱民"的总结，显然是来自《荀子·王霸篇》的上述论述。三是《韩诗外传》将君主分为王、霸、危、亡四种，是在荀子将君主分为王、霸、亡三种的基础上的拓展。

第三，天人感应思想在韩婴的时代影响甚大，《韩诗外传》中也有不少相关记载，比如：

> 传曰：国无道则飘风厉疾，暴雨折木，阴阳错气，夏寒冬温，春热秋荣，日月无光，星辰错行，民多疾病，国多不祥，群生不寿，而五谷不登。当成周之时，阴阳调，寒暑平，群生遂，万物宁。故曰：其风治，其乐连，其驱马舒，其民依依，其行迟迟，其意好好。[2]

第四，天下兴亡，匹夫有责。在当时，普通民众对政治的看法往往是"肉食者谋之"，跟自己没什么关系。《韩诗外传》却有不同意见：

> 鲁监门之女婴相从绩，中夜而泣涕。其偶曰："何谓而泣也？"婴曰："吾闻卫世子不肖，所以泣也。"其偶曰："卫世子不肖，诸侯之忧也。子曷为泣也？"婴曰："吾闻之，异乎子之言也。昔者宋之桓司马得罪于宋君，出奔于鲁，其马佚而辚吾园，而食吾园之葵。是岁，吾闻园人亡利之半。越王勾践起兵而攻吴，诸侯畏其威。鲁往献女，吾姊与焉。兄往视之，道畏而死。越兵威者吴也，兄死者，我也。由是观之，祸与福相及也。今卫世子甚不肖，好兵，吾男弟三人，能无忧

---

[1] 王先谦撰，沈啸寰、王星贤整理：《荀子集解·王霸篇》，中华书局2012年版，第204—205页。
[2] 许维遹：《韩诗外传集释》，中华书局1980年版，第74页。

乎？"《诗》曰："大夫跋涉，我心则忧。"是非类与乎？[1]

这里记载的是蝴蝶效应的典型案例。宋国的桓司马权势显赫，跟小小的鲁国监门本来是风马牛不相及，但桓司马得罪于宋君而逃亡到鲁国，途中马匹进入鲁国监门的菜园，导致其蒙受重大损失。吴越争霸不涉及鲁国，更与鲁国监门一家无关。但鲁君为了讨好越国而献女，监门的大女儿作为陪嫁，也去了越国，监门的儿子去看望姐妹的时候，死于途中。因此，看似无关的两个人，却有可能辗转发生联系，小人物的命运有可能被大人物的某个无意之举而改变。因此，监门之女婴虽然与卫太子之间关系极为疏远——首先，婴是鲁国人，跟卫太子不是同国之人。其次，监门的地位极低，跟太子不会产生交集。最后，婴是个女人，就算打起仗来，也不会被牵连——但是，她还是因此而感到忧愁。我们可以称这种思想为蝴蝶效应，也可以看出其中蕴含的天下兴亡匹夫有责的思想。

第五，养生思想。传统儒家主张死生有命（《论语·颜渊篇》），不是很重视养生，只有《荀子》中有一些养生思想。道家尤其是道教则主张养生。"道教的基本宗旨……概括起来有八个字：延年益寿、羽化登仙。"[2]《韩诗外传》中也有较为丰富的养生思想，而且与《荀子》和道家的养生思想相近。《韩诗外传》主张人通过修身养性，可以享有次于彭祖的高寿："君子有辩善之度，以治气养性，则身后彭祖……凡用心之术，由礼则理达，不由礼则悖乱。饮食衣服，动静居处，由礼则和节，不由礼则垫陷生疾。"[3]方法是养气、养性，尤其是要实行礼。没有礼，人心就会悖乱，人体就会生病。这种思想受到荀子的直接影响，取自《荀子·修身篇》："扁善之度以治气养生，则后彭祖……凡用血气、志意、知虑，由礼则治通，不由礼则勃乱提僈；食饮，衣服，居处，动静，由礼则和节，不由礼则触陷生疾。"[4]两者意思一致，仅有文字表达上的少量区别。这可以看作是荀子、韩婴受到汉初养生思潮影响的产物。

《韩诗外传》认为，不自取灭亡是追求长寿的重要前提：

> 哀公问孔子曰："有智者寿乎？"孔子曰："然。人有三死而非命也者，自取之也。居处不理，饮食不节，佚劳过度者，病共人杀之。

---

[1] 许维遹：《韩诗外传集释》，中华书局1980年版，第33页。
[2] 詹石窗：《道教文化十五讲》，北京大学出版社2012年版，第10页。
[3] 许维遹：《韩诗外传集释》，中华书局1980年版，第7页。
[4] 王先谦撰，沈啸寰、王星贤整理：《荀子集解·修身篇》，中华书局2012年版，第22—23页。

居下而好干上，嗜欲无厌，求索不止者，刑共杀之。少以敌众，弱以侮强，忿不量力者，兵共杀之。故有三死而非命者，自取之也。"《诗》曰："人而无仪，不死何为。"[1]

人有三种自取灭亡的途径：生活习惯不好导致疾病，为非作歹触犯法律，穷兵黩武发动战争。避免这三种情况是智者能够长寿的原因。这种说法可以很好地解释《道德经》第五十章所说的"人之生，动之于死地，亦十有三。"

第三节　毛亨、毛苌与古文经学

汉代传授《诗经》的有四家，包括属于今文经学的《韩诗》《齐诗》《鲁诗》以及属于古文经学的《毛诗》。今文经学以其与政治的密切联系被立为官学，《毛诗》虽然没有被立为官学，但是它更加注重《诗经》本身，而且训诂简明平实，因而受到学者们的重视。东汉末年，遍注群经的大儒郑玄终结了今古文之争，使儒学进入一统的局面。郑玄注释《诗经》时，采用的底本就是《毛诗》，这最终导致了今文三家诗的失传和《毛诗》在《诗经》版本方面的主导地位。毛亨、毛苌作为《毛诗》的开创者，在儒学史上占据重要地位。

一、毛亨、毛苌的生平事迹

毛亨、毛苌在早期文献上的记载很少。我们以时间为序，将这些记载排列如下。毛亨、毛苌生活的西汉时期，没有记载。东汉初期，《汉书·儒林传》有如下记载：

> 毛公，赵人也。治《诗》，为河间献王博士，授同国贯长卿。长卿授解延年。延年为阿武令，授徐敖。敖授九江陈侠，为王莽讲学大夫。由是言《毛诗》者，本之徐敖。[2]

《汉书》只是说"毛公"，没有说是毛亨还是毛苌。而且《汉书》对"毛

---

[1] 许维遹：《韩诗外传集释》，中华书局2012年版，第5—6页。
[2] 班固：《汉书·儒林传》，中华书局1962年版，第3614页。

公"的介绍也只是一笔带过,仔细分析的话,会发现这一段所强调的是徐敖,认为徐敖是让《毛诗》昌盛的关键人物:"由是言《毛诗》者,本之徐敖。"

东汉末期,郑玄的《诗谱》记载:

> 鲁人大毛公为《诂训传》于其家,河间献王得古文《诗》而献之,以小毛公为博士。[1]

郑玄说:大毛公是鲁国人(都今山东曲阜鲁国故城),也是《毛诗》的作者,小毛公得之于大毛公,并在河间献王处当《诗经》博士。郑玄没有明确说大毛公和小毛公的姓名、两人之间的关系以及小毛公的籍贯。"河间献王得古文《诗》而献之"是一个重要信息,河间献王向汉武帝献《毛诗》,虽然当时并未起到作用,但是为刘向、刘歆父子整理大内藏书时发现《毛诗》埋下伏笔。

三国时,陆玑对《毛诗》有非常详尽的介绍:

> 孔子删《诗》,授卜商。商为之《序》,以授鲁人鲁申,授魏人李克。克授鲁人孟仲子,仲子授根牟子,根牟子授赵人荀卿,荀卿授鲁国毛亨,亨作《诂训传》,以授赵国毛苌。时人谓亨为大毛公,苌为小毛公,以其所传,故名其诗曰《毛诗》。苌为河间献王博士,授同国贯长卿,长卿授阿武令解延年,延年授徐敖,敖授九江陈侠,为新莽讲学大夫。由是言《毛诗》者,本之徐敖。时九江谢曼卿亦善《毛诗》,乃为其《训》。东海卫宏从曼卿受学,因作《毛诗序》,得《风》《雅》之旨,世祖以为议郎。济南徐巡师事宏,亦以儒显。其后郑众、贾逵传《毛诗》,马融作《毛诗传》,郑玄作《毛诗笺》。然鲁、齐、韩《诗》三氏皆立博士,惟《毛诗》不立博士耳。[2]

这段记载完整描述了从孔子一直到郑玄的《毛诗》的传承顺序。文中第一次指出:大毛公是鲁国人毛亨,小毛公是赵国人毛苌,也给出了《毛诗序》是卫宏所作的重要材料。因此,这段记载非常重要。

徐整也描述了《毛诗》的传承顺序:

---
[1] 阮元校刻:《十三经注疏·毛诗正义·周南·关雎诂训传第一》,中华书局2009年版,第561页。
[2] 陆玑:《毛诗草木鸟兽虫鱼疏》卷下《毛诗》条,《景印文渊阁四库全书》本。

子夏授高行子，高行子授薛仓子，薛仓子授帛妙子，帛妙子授河间大毛公，为《故训传》，授赵人小毛公。[1]

徐整说大毛公是河间人，与郑玄、陆玑的说法不同，但两种说法可以弥合。大毛公是鲁国人，后来到河间传经（有学者认为，大毛公为了躲避焚书坑儒而来到河间），其影响力也以河间及其附近地区为主，就被徐整说成是"河间大毛公"。根据陆德明引用徐整的言论可以看出，徐整还写到了小毛公以后的情况，比如小毛公的传人一般认为是贯长卿，徐整写为贯长公。但徐整的著作只有只言片语流传下来，只能略记如此。

南朝宋范晔《后汉书·儒林传》只有一句话涉及《毛诗》：

赵人毛苌传《诗》，是为《毛诗》，未得立。[2]

唐陆德明《经典释文》在这一问题上，综合了诸家所言，最为完整：

孔子最先删录，既取《周诗》，上兼《商颂》，凡三百一十一篇，以授子夏，子夏遂作《序》焉（或曰毛公作《序》），口以相传，未有章句。战国之世专任武力，《雅》《颂》之声为郑卫所乱，其废绝亦可知矣。遭秦焚书而得全者，以其人所讽咏，不专在竹帛故也。汉兴，传者有四家……《毛诗》者，出自毛公，河间献王好之。

徐整云：子夏授高行子，高行子授薛仓子，薛仓子授帛妙子，帛妙子授河间人大毛公，毛公为《诗故训传》于家，以授赵人小毛公（一云名长）。小毛公为河间献王博士，以不在汉朝，故不列于学。

一云：子夏传曾申（字子西，鲁人曾参之子），申传魏人李克，克传鲁人孟仲子，孟仲子传根牟子，根牟子传赵人孙卿子，孙卿子传鲁人大毛公。

《汉书·儒林传》云：毛公，赵人，治《诗》，为河间献王博士，授同国贯长卿（徐整作长公）。长卿授解延年。延年为阿武令，授虢徐敖。敖授九江陈侠（王莽讲学大夫）。或云：陈侠传谢曼卿。元始五

---

[1] 徐整的著作已经失传。这里引自清代学者马国翰《玉函山房辑佚书》卷十五所辑《毛诗谱畅》。
[2] 范晔：《后汉书·儒林传下》，中华书局1965年版，第2569页。

年,公车征说《诗》。

后汉郑众、贾逵传《毛诗》,马融作《毛诗注》,郑玄作《毛诗笺》,申明毛义,难三家,于是三遂家废矣。魏太常王肃更述毛,非郑。荆州刺史王基驳王肃,申郑义。晋豫州刺史孙毓为《诗评》,评毛、郑、王肃三家同异,朋于王。徐州从事陈统难孙申郑、宋征士雁门周续之、豫章雷次宗、齐沛国刘瓛并为《诗序义》。[1]

另外,西晋张华《博物志》记载,毛公曾经当过北海郡守。以上就是有关毛亨、毛苌的全部可信材料,其数量无疑是少得可怜。毛亨、毛苌虽然在经学史上占据重要地位,但他们开创的《毛诗》最初是在民间流行,未受到汉朝朝廷和主流思想界的重视。等到《毛诗》成为显学的时候,他们已经去世一二百年,其事迹自然也就模糊不清了。后世学者经过诸多努力,也不能有太多发现。当然,一些明清时期的家谱、地方志有较为详细的说法,考虑到这些说法晚出,是毛亨、毛苌去世两千年才突然冒出来的说法,而且谱牒之学是魏晋门阀制度兴起以后的产物,我们暂不采纳这些说法。

《四库全书总目提要》对《毛诗》有很好的总结,这里仅引述跟毛亨、毛苌有关的部分:

> 汉毛亨传,郑玄笺,唐孔颖达疏。案《汉书·艺文志》:"《毛诗》二十九卷,《毛诗故训传》三十卷。"然但称毛公,不著其名。《后汉书·儒林传》始云:"赵人毛长传《诗》,是为《毛诗》。"其"长"字不从"艹"。《隋书·经籍志》载:"《毛诗》二十卷,汉河间太守毛苌《传》,郑氏《笺》"。于是《诗传》始称毛苌。然郑玄《诗谱》曰:"鲁人大毛公为《训诂传》于其家,河间献王得而献之,以小毛公为博士。"陆玑《毛诗草木虫鱼疏》亦云:"孔子删《诗》授卜商,商为之序,以授鲁人曾申,申授魏人李克,克授鲁人孟仲子,仲子授根牟子,根牟子授赵人荀卿,荀卿授鲁国毛亨,毛亨作《训诂传》,以授赵国毛苌。时人谓亨为大毛公,苌为小毛公。"据是二书,则作《传》者乃毛亨,非毛苌,故孔氏《正义》亦云大毛公为其

---

[1] 陆德明:《经典释文》,上海古籍出版社1985年版,第34—39页。"于是三遂家废矣"似应改为"于是三家遂废矣"。

《传》，由小毛公而题毛也。《隋志》所云，殊为舛误。而流俗沿袭，莫之能更。朱彝尊《经义考》乃以《毛诗》二十九卷题毛亨撰，注曰"佚"。《毛诗训故传》三十卷题毛苌撰，注曰"存"。意主调停，尤为于古无据。今参稽众说，定作《传》者为毛亨。以郑氏后汉人，陆氏三国吴人，并传授《毛诗》，渊源有自，所言必不诬也。郑氏发明毛义，自命曰《笺》。《博物志》曰："毛公尝为北海郡守，康成是此郡人，故以为敬。"推张华所言，盖以为公府用记，郡将用笺之意。然康成生于汉末，乃修敬于四百年前之太守，殊无所取……自郑《笺》既行，齐、鲁、韩三家遂废（案此陆德明《经典释文》之说）。然《笺》与《传》义亦时有异同。

根据四库馆臣的考证，毛亨是《毛诗》的开创者，也是《毛诗故训传》的作者，从《毛诗》学派的思想学术的角度来说，贡献最大。毛苌是《毛诗》的传播者，又曾担任河间献王的博士，使得《毛诗》从民间之学变为地方王国之学，从《毛诗》学派的传播的角度来说，贡献很大。

二、《毛诗序》及其影响

《毛诗》的每一首诗的前面都有一段文字，用于说明该诗的主旨，被称为"序"。《关雎》的"序"很长，论述的不只是《关雎》的主旨，更是对诗歌的产生、性质、特点、表现手法、社会作用等进行了总结，提出"诗言志""六义"说等重要观点，因而被称为"大序"。其余的"序"被称为"小序"。《毛诗序》是我国第一篇诗歌理论专著，是儒家礼乐思想的重要体现，并对后世的诗歌理论产生了重大影响。《毛诗序》的作者是一个众说纷纭、悬而未决的问题，有孔子、子夏、毛公、卫宏、成于众儒之手等多种不同说法。本文将其视为《毛诗》的一部分，进行介绍。《毛诗序》的主要内容可以概括为：

（一）诗言志——诗歌的起源

《毛诗序》认为诗歌的起源是：

> 诗者，志之所之也，在心为志，发言为诗，情动于中而形于言，言之不足，故嗟叹之，嗟叹之不足，故咏歌之，咏歌之不足，不知手之舞

之，足之蹈之也。[1]

诗歌是为了阐发志，志就是人内心的想法。也就是说，人的内心有想法、强烈的感情触动，打发出来，就是诗歌。这就是著名的"诗言志"的观点。与之相对应的，就是不顾内在感情和思想的形式主义诗歌。民国著名学者罗根泽先生已经指出，这种说法渊源有自："这自然是《虞书》说诗的演绎。不过此种演绎，不始于《毛诗序》，而始于《礼记》中的《乐记》。"[2]

  诗言其志也，歌咏其声也，舞动其容也。三者本于心，然后乐气从之。
  故歌之为言也，长言之也。说之，故言之；言之不足，故长言之；长言之不足，故嗟叹之；嗟叹之不足，故不知手之舞之，足之蹈之也。[3]

确如罗先生所说，二者极为近似。"不过《乐记》的侧重点在乐，《毛诗序》的侧重点在诗，所以略有不同。"《诗经》也是配乐的，两者差异并不大。

"诗言志"说，诗歌（文章）是要表达思想、表达感情的，而不是为了形式而形式。这种思想对后世有较大的影响。比如三国曹植认为形式主义的辞赋是"小道"（《与杨德祖书》）、西晋陆机所说的"诗缘情而绮靡"（《文赋》）、宋儒周敦颐所说的"文以载道"（《通书》）等等，都是受此影响。

（二）"六义"说——诗歌的题材与表现手法

  故诗有六义焉：一曰风，二曰赋，三曰比，四曰兴，五曰雅，六曰颂。上以风化下，下以风刺上，主文而谲谏，言之者无罪，闻之者足以戒，故曰风。至于王道衰，礼义废，政教失，国异政，家殊俗，而变风变雅作矣。国史明乎得失之迹，伤人伦之废，哀刑政之苛，吟咏情性，以风其上，达于事变而怀其旧俗也。故变风发乎情，止乎礼义。发乎情，民之性也；止乎礼义，先王之泽也。是以一国之事，系一人之本，

---

[1] 阮元校刻：《十三经注疏·毛诗正义》，中华书局2009年版，第563—569页。本节后文所引《毛诗正义》与此相同，不再出注。
[2] 罗根泽：《中国文学批评史》，商务印书馆2017年版，第89—90页。
[3] 阮元校刻：《十三经注疏·礼记正义》，中华书局2009年版，第3330、3350页。

谓之风；言天下之事，形四方之风，谓之雅。雅者，正也，言王政之所由废兴也。政有大小，故有小雅焉，有大雅焉。颂者，美盛德之形容，以其成功告于神明者也。是谓四始，诗之至也。

"六义"说可以细分为两个部分：风雅颂和赋比兴。风雅颂是《诗经》的三个组成部分，以题材不同而划分。风是诸侯国的地方诗歌，雅是周王畿的贵族诗歌，颂是宗庙祭祀的诗歌。赋比兴是对《诗经》的表现手法的概括，《毛诗序》没有详细介绍，一般多采纳朱熹《诗集传》中的定义："赋者，敷陈其事而直言者也。""比者，以彼物比此物也。""兴者，先言他物以引起所咏之辞也。"[1] 赋是直接描写，比类似于现在所说的比喻，兴是由他物触发联想而引入要描写之物。比和兴两种表现手法对我国传统诗歌创作产生了很大的影响，并形成了著名的"比兴说"。从南北朝时期的刘勰、钟嵘开始，一直到民国的章太炎，历代学者都对"比兴说"有所阐发。

当然，"六义"说并非《毛诗序》首创，而是来自《周礼》："大师……教六诗：曰风、曰赋、曰比、曰兴、曰雅、曰颂。"[2] 但其产生巨大影响力，则主要是通过《毛诗序》。

（三）美刺论

孔子曾说过，《诗经》有社会政治功能。"子曰：'小子何莫学夫《诗》？《诗》，可以兴，可以观，可以群，可以怨。迩之事父，远之事君。多识于鸟兽草木之名。'"根据朱熹的解释，观就是考见政治得失，"人伦之道，《诗》无所不备"[3]，可见《诗经》兼有政治和社会两种功能。

《毛诗序》继承了这种观念，认为《诗经》记载了"得失之迹""人伦之废""刑政之苛"，可以体现政治和社会治理的好坏：

> 情发于声，声成文谓之音，治世之音安以乐，其政和；乱世之音怨以怒，其政乖；亡国之音哀以思，其民困。故正得失，动天地，感鬼神，莫近于诗。先王以是经夫妇，成孝敬，厚人伦，美教化，移风俗。

---

[1] 朱熹：《诗集传》，中华书局1958年版，第1、3页。
[2] 阮元校刻：《十三经注疏·周礼正义·春官宗伯·大司乐》，中华书局2009年版，第1719页。
[3] 朱熹：《四书章句集注》，《论语·阳货篇》，中华书局2012年版，第179页。

因此，《诗经》具有社会政治功能，"上以风化下，下以风刺上"，上级通过《诗经》来治理下级，下级通过诗经讽刺上级，将实际情况传达到上级。当这些诗歌"吟咏情性，以风其上"的时候，先王可以进行政治和社会治理，"达于事变而怀其旧俗也"，改善政治和社会，最终达到"经夫妇，成孝敬，厚人伦，美教化，移风俗"的效果。

也正因如此，我们今天通常认为是诸侯国地方诗歌、反映了普通民众生活的风，在《毛诗》中几乎全都被解释为政治诗歌。比如《关雎》，今天一般被认为是爱情诗，和帝王、后妃等无关，《毛诗序》却说："《关雎》，后妃之德也，《风》之始也，所以风天下而正夫妇也。故用之乡人焉，用之邦国焉。风，风也，教也，风以动之，教以化之。"

三、《毛诗故训传》的学术价值

《毛诗故训传》是用故、训、传三种方式注释《诗经》的著作，一般认为是毛亨所作，王国维先生考证出毛苌曾对传做过部分补充[1]。

《毛诗正义》将故、训、传解释为：

>"诂训传"者，注解之别名。毛以《尔雅》之作多为释《诗》，而篇有《释诂》《释训》，故依《尔雅》训而为《诗》立传。传者，传通其义也。《尔雅》所释十有九篇，独云诂、训者，诂者古也，古今异言，通之使人知也；训者道也，道物之貌，以告人也。《释言》则《释诂》之别，故《尔雅序篇》云：《释诂》《释言》，通古今之字，古与今异言也。《释训》言形貌也。然则"诂训"者，通古今之异辞，辨物之形貌，则解释之义尽归于此。《释亲》已下，皆指体而释其别，亦是诂训之义，故唯言诂训，足总众篇之目。[2]

当然，学者对《毛诗正义》的上述定义尚有争议[3]。我们认为《毛诗正义》大致准确，这里不展开讨论。我们以"关关雎鸠，在河之洲"为例，进行解释：

---

[1] 王国维：《观堂集林·外二种》卷一《书〈毛诗故训传〉后》，河北教育出版社2003年版，第609—611页。
[2] 阮元校刻：《十三经注疏·毛诗正义·周南·关雎诂训传第一》，中华书局2009年版，第561页。
[3] 王振华：《〈毛诗故训传〉名义新考》，选自曲景毅、李佳：《多元视角与文学文化——古典文学论集》，安徽大学出版社2014年版，第23页。

兴也。关关，和声也。雎鸠，王雎也，鸟挚而有别。水中可居者曰洲。后妃说乐君子之德，无不和谐，又不淫其色，慎固幽深，若关雎之有别焉，然后可以风化天下。夫妇有别则父子亲，父子亲则君臣敬，君臣敬则朝廷正，朝廷正则王化成。[1]

"兴也"，是说这一句话用的是兴的表现形式。按照《毛诗正义》的解释，"关关，和声也"是故，"雎鸠，王雎也，鸟挚而有别。水中可居者曰洲"是训。学者对故、训两个字的确切含义有争议，但观点大同小异，都认为它们是对字词的解释。"后妃说乐君子之德，无不和谐，又不淫其色，慎固幽深，若关雎之有别焉，然后可以风化天下。夫妇有别则父子亲，父子亲则君臣敬，君臣敬则朝廷正，朝廷正则王化成"是传，用来阐释某一句、某一段甚至整首诗的大体意思或者是其背后的微言大义。

《毛诗故训传》在学术史上的价值主要有以下几点：

第一，《毛诗故训传》是《毛诗》的主体，是研究《诗经》《毛诗》和毛亨思想的现存最重要的材料。

第二，《毛诗故训传》将故、训、传三种注释方式有机地结合在一起，既解释字词的意思，又逐句逐段乃至从整体上解释诗的大体意思及其背后的微言大义，从而产生了非常好的阐释效果。这就为古人阐释经典提供了一种成功的范式，对后世产生了深远的影响——后世的经典注释工作基本上都是采用这种方式。而且，《毛诗故训传》的注释，取材广泛，多以先秦典籍为依据，内容平实公允，保留了很多古意，因而准确度很高，是研究《诗经》乃是先秦训诂学的重要材料。这也是《毛诗》区别于今文三家诗的重要特征，也是《毛诗》起点不高、未被立为官学，却能后来居上，取代今文三家诗的根本原因。《汉书·艺文志》云：

汉兴，鲁申公为《诗》训故，而齐辕固、燕韩生皆为之传。或取《春秋》，采杂说，咸非其本义。与不得已，鲁最为近之。三家皆列于学官。又有毛公之学，自谓子夏所传，而河间献王好之，未得立。"[2]

---

[1] 阮元校刻：《十三经注疏·毛诗正义·周南·关雎诂训传第一》，中华书局2009年版，第570页。
[2] 班固：《汉书·艺文志》，中华书局1962年版，第1708页。

《毛诗》注重文字训诂，并以此为基础来探求《诗经》本意，今文三家诗在文字训诂方面做得不到位，相比于探求《诗经》本意，今文三家诗更加注重在《诗经》原文的基础上，进行引申发挥，以迎合统治者的需要。这种区别在一开始导致了今文三家诗在统治者的扶持下，走向兴盛，但是犹如根基不稳的房子，时间久了，就暴露出其站不住脚的缺点。《毛诗》却经住了时间的考验，从民间开始，根基越来越深，并最终取代了今文三家诗，成为《诗经》的主流。

第三，《毛诗故训传》侧重于从政治、社会伦理的角度来解读《诗经》，未必符合《诗经》的本意，但这是时人对《诗经》的主流意见，可以用于研究当时的社会思想。更重要的是，这种思想对古代中国"文以载道"的文学观产生了积极影响。

第四节　考古材料所见燕赵学术

出土文献是目前先秦秦汉史研究的热点，在很大程度上改变了我们对先秦秦汉史的认识。本节从河北的出土文献和考古材料所见燕赵学术等两个方面，进行总结。

一、八角廊汉简

目前所见的出土文献以湖南、湖北和西北地区为主，河北的出土文献只有八角廊汉简。

1973年，河北省保定市定州八角廊中山怀王刘修墓出土了大批简牍，目前已公布的有《论语》《儒家者言》《文子》《六韬》等四种重要文献。另有《哀公问五义》《保傅传》《日书》等尚未公布。

今本《论语》是由西汉时期汉成帝的老师张禹定稿的，《汉书》对《论语》的成书过程有详细记载：

> 始鲁扶卿及夏侯胜、王阳、萧望之、韦玄成皆说《论语》，篇第或异。禹先事王阳，后从庸生，采获所安，最后出而尊贵。诸儒为之语曰："欲为《论》，念张文。"由是学者多从张氏，余家寖微。[1]

---

[1] 班固：《汉书·张禹传》，中华书局1962年版，第3352页。

八角廊汉简《论语》是目前所公布的唯一一部成书于今本之前的《论语》[1]，对我们理解汉代《论语》版本、《论语》成书过程，均有重要的学术价值。可惜的是，整理者"各篇章节参照今本顺序排列"[2]，而非按照其本来的顺序排列，这就导致其价值要打一定的折扣。

《儒家者言》共27章，其中有22章是记录孔子及其弟子的言行的，是研究早期儒家思想史的重要材料，而且为我们了解和研究《孔子家语》提供了可靠的材料和新的视角，证明《孔子家语》并非王肃伪造，从而推翻了《孔子家语》是伪作的说法。八角廊汉简《文子》的出土，推翻了今本《文子》是伪作的说法。两相比较，可以发现今本《文子》经过严重修改：原文是平王问，文子回答，名为《文子》，是很恰当的。今本《文子》改为文子问，老子回答，名为《文子》，就显得很突兀了。八角廊汉简《六韬》推翻了今本《六韬》是伪作的说法，而且内容比今本《六韬》丰富，是研究太公思想的重要材料。

总之，八角廊汉简已公布的四种材料均具有改写学术史的重大学术价值，引起学术界的广泛重视。从内容来说，除了儒家著作，还有道家著作《文子》、兵权谋家著作《六韬》，这表明在汉武帝罢黜百家、独尊儒术之后，燕赵地区还有多家学说在流行。

二、考古材料所见燕赵学术

考古材料极大地促进了我们对《荀子》的理解，也为《毛诗序》的成书年代提供了线索。

1972年，湖南长沙马王堆汉墓出土了西汉初期的大量简牍和帛书，其中之一是《春秋事语》。这是一部以《左传》为基础而重点在记言的著作。李学勤先生考证出，《春秋事语》的作者是荀子一派的学者："《春秋事语》一书实为早期《左传》学的正宗作品。其本于《左传》而兼及《穀梁传》，颇似荀子学风。荀子又久居楚地，与帛书出于长沙相合，其为荀子一系学者所作是不无可能的。"[3]《春秋事语》在学术史上有重大意义：证实了《左传》不是刘向、刘歆父子伪造的，而是古已有之；证实了荀子一派确实熟悉《左传》，对《左传》的传承具有重要贡献。

---

[1] 海昏侯墓也出土了今本之前的《论语》，尚未公布。
[2] 定州汉墓竹简整理小组：《论语》，文物出版社1997年版，第7页。
[3] 李学勤：《帛书〈春秋事语〉与〈左传〉的传流》，《古籍整理研究学刊》1989年第4期。

1975年出土的湖北云梦睡虎地《为吏之道》，对于理解《荀子·成相篇》，具有很大的价值。《成相篇》是一篇韵文，从字数来看，基本上是3-3-7-4-7的结构。我们截取选段如下：

> 请成相，道圣王，尧舜尚贤身辞让，许由善卷，重义轻利行显明。尧让贤，以为民，泛利兼爱德施均，辨治上下，贵贱有等明君臣。尧授能，舜遇时，尚贤推德天下治。虽有圣贤，适不遇世孰知之？尧不德，舜不辞，妻以二女任以事。大人哉舜，南面而立万物备。舜授禹，以天下，尚得推贤不失序。外不避仇，内不阿亲贤者予。禹劳心力，尧有德，干戈不用三苗服。举舜畎亩，任之天下身休息。得后稷，五谷殖；夔为乐正鸟兽服；契为司徒，民知孝弟尊有德。禹有功，抑下鸿，辟除民害逐共工。北决九河，通十二渚疏三江。[1]

《汉书·艺文志》"杂赋十二家"中有"《成相杂辞》十一篇"[2]，所以很多学者都怀疑《荀子·成相篇》模仿了民间杂赋"成相"，但由于成相赋已经全部失传，无法证实。《为吏之道》以成相赋结尾，这就为学者们的猜测提供了准确的证据。相关内容为：

> 凡治事，敢为固，谒私图，画局陈棋以为精。肖人聂心，不敢徒语恐见恶。
> 凡戾人，表以身，民将望表以戾真。表若不正，民心将移乃难亲。
> 操邦柄，慎度量，来者有稽莫敢忘。贤鄙溉乂，禄位有续孰乱上？
> 邦之急，在体级，掇民之欲政乃立。上毋间陕，下虽善欲独何急？
> 审民能，以任吏，非以官禄夬助治。不任其人，及官之乱岂可悔。
> 申之义，以击畸，欲令之具下勿议。彼邦之倾，下恒行巧而威故移。
> 将发令，索其政，毋发可异使烦请。令数究环，百姓摇贰乃难请。
> 听有方，辩短长，囷造之士久不阳。[3]

---

[1] 王先谦撰，沈啸寰、王星贤整理：《荀子集解·尧问篇》，中华书局2012年版，第462—463页。
[2] 班固：《汉书·艺文志》，中华书局1962年版，第1730页。
[3] 睡虎地秦墓竹简整理小组：《睡虎地秦墓竹简》，文物出版社1990年版，第173页。

成相赋句式错落有致，读来朗朗上口，很利于传唱。荀子不仅总结吸收了诸子的专长，对民间思想和文学也给予关注，不愧为先秦时代的集大成者。

1977年，安徽阜阳双古堆一号汉墓出土了6000多枚简牍，内容包括《诗经》《日书》《仓颉篇》《周易》等十几种。墓主人是公元前165年去世的汝阴侯夏侯灶，那么这批简牍的成书时间一定早于这一年。《诗经》简有170多枚，其中有"风（讽）君"等内容，被整理者认为是《毛诗序》的残存部分。《毛诗序》的作者众说纷纭，有孔子、子夏、毛公、卫宏、成于众儒之手等多种不同说法。如果这种整理者的说法属实，那么东汉人卫宏就不可能是《毛诗序》的作者。这对于缩小《毛诗序》作者的范围，有一定价值。

双古堆汉墓的三号简牍，一般认为是荀子学派所著，这表明荀子在汉初的影响力深入到安徽阜阳一带。

1993年，湖北荆门郭店一号楚墓出土了800多枚竹简，其内容主要是儒家和道家作品。郭店楚简的时间早于荀子，学者们在这一批简牍中找到了荀子部分思想的渊源，主要包括：荀子的性恶论和郭店楚简《性自命出》有关；《荀子·非十二子》中批评子思、孟子"案往旧造说，谓之五行"，"五行"的确切含义长期争论不休，学者在郭店楚简《五行》中找到准确答案；荀子的天人相分可以追溯到郭店楚简《穷达以时》。荀子的思想不是凭空产生的，而是借鉴了很多前辈学者的思想。郭店楚简的出土，给我们提供了部分线索。

第三章 董仲舒的学术思想

董仲舒是西汉儒学大师,他对儒学进行了创造性转化,在汉代国家主流意识形态形成过程中起到重要作用,通过意识形态的构建,开始了"法律儒家化的进程",中华民族的基本文化面貌由此奠定,当时被称为"一代儒宗",对后世的影响极其深远。

第一节 董仲舒的学术思想渊源

董仲舒以《公羊春秋》名世,毫无疑问是一位经学专家,他以儒学宗师的身份为当时及后世所敬仰,细究其思想体系,则是以儒学为核心,融汇了先秦诸子百家。他与法家、黄老之学形式上是对立的,实际上却汲取了法家思想的许多精髓,对阴阳家的接纳、改造也是有目共睹,可以说董仲舒吸收了他那个时代各家各派的学术思想,是一位综合性的学者。

一、荀董之学

西汉初期,官方对儒学不甚重视,学术传承主要靠民间学者艰苦卓绝的自觉行为,燕赵地区有战国大儒荀子的学脉,而齐鲁地区则是儒学发源地,名儒代兴,董仲舒出生于燕赵齐鲁交界之地,受到两地学术文化的直接滋养,其思想有着明显的地域色彩。

(一)燕赵齐鲁文化交汇的生长环境

董仲舒的盛年在景帝、武帝时期,生卒年已不可确考。其出生年份,有的说生于高祖初年(公元前200—前196年),有的说生于文帝元年(公元前179年);卒年有太初元年(公元前104年)、元狩末元鼎初(公元前117年或前116年)诸说。王永祥先生推定,董仲舒大概生于汉惠帝三四年(公元前192年或前191年),卒于元封四年至太初元年(公元前107—前104年),享年在84—87

岁之间。[1] 此说综合前人研究成果，对照《史记》《汉书》相关记载，比较合理，但仍然只是"推定"。董仲舒的出生地，《史记·儒林传》《汉书》本传皆谓："广川人"，也就是汉代的广川县，由于后来"广川"县辖区的变化以及周边地名的更易，董仲舒故里有今河北景县、枣强、故城以及山东德州四种说法。《景县地名资料汇编》[2]对西汉以来广川县、广川国、广川郡、广川镇、广川村的沿革进行了细致的梳理和考证，得出董仲舒的出生地为河北省景县境内的大董故庄，正处于枣强、景县、故城三县交界处，离山东德州也不远。历史上在河北三县以及山东德州都曾有多处董子祠堂、董子书院等纪念设施，这是董仲舒当年求学、讲学所留印记的反映。

董仲舒出生于燕赵与齐鲁两个文化区域交汇之处，这种地域环境对他思想的形成有着直接的影响。鲁国曲阜是孔子家乡，也是儒学的诞生地和中心，洙泗一带有着深厚的儒学文化积淀。不管外在环境如何变化，总有大批的信徒守护着孔子庐墓，传承着先师衣钵。秦始皇焚书坑儒、禁绝民间修习《诗》《书》，除了官府法令及卜筮、种树之书外，百家之学也在禁止之列。但是齐鲁地区仍有不少学者不顾严苛法律，传习儒家经典。史载，刘邦诛杀项羽后，举兵围鲁，"鲁中诸儒生尚讲诵习礼乐，弦歌之音不绝"[3]。秦律禁止书籍传播，齐鲁地区不少儒生把典籍藏匿起来，以口耳相传的方式私下传播。汉惠帝废除"挟书律"后，儒家经典多以口头背诵的方式重新写定，齐地伏生、辕固生、申培公就传播、保存了《尚书》《诗经》《春秋》等文献。齐鲁与燕赵地区山水相连，文化交流不断，毛亨就是在始皇焚书时期辗转到武垣（今河北河间），与他的侄儿毛苌一起在讲授《诗经》，今本《诗经》就以毛氏叔侄所传为祖本。董仲舒与齐鲁地区有着较深的渊源关系，他与齐人公孙弘都是春秋学名家，二人在汉武帝时期为儒学复兴做出很大贡献。董仲舒与齐鲁地区的胡毋生学术学脉关系更为密切，《史记》《汉书》等记载公羊学传承的资料中总是二者并举，《史记·儒林传》："言《春秋》于齐鲁自胡毋生，于赵自董仲舒。"司马迁将董仲舒与胡毋生并列，认为他们在学术上都是开宗立派的一流人物，而公孙弘虽然仕途显达，学术水平却不如此二人，胡毋生并曾经传授公孙弘学业（公孙弘亦颇受焉[4]）。《汉书·儒林列传》："胡毋生，字子都，齐人也。治《公羊春秋》，为景帝博士，

---

[1] 王永祥：《董仲舒评传》，南京大学出版社1995年版，第58页。
[2] 河北省景县地名办公室：《景县地名资料汇编》，1983年版。
[3] 司马迁：《史记·儒林传》，中华书局1959年版，第3117页。
[4] 司马迁：《史记·儒林传》，中华书局1959年版，第3128页。

与董仲舒同业,仲舒著书称其德。"[1] "同业"可以理解为都研究"公羊学",也有人理解为同门修业,就是共同师承于公羊学传人公羊寿。徐彦说"胡毋生本虽以公羊经传授董氏,犹自别作《条例》"[2],则董仲舒为胡毋生弟子。到底是同门还是师徒,据现有资料难以断定,但是董仲舒对胡毋生的学术甚为敬重则是事实。

燕赵与齐鲁地区的学术影响是双向的。春秋战国时期,燕赵地区学术也非常发达,为当时文化高地,尤其是战国末期,出现了荀子这样的集成性学者。荀子曾在齐稷下学宫"三为祭酒","最为老师"[3],齐人浮邱伯、鲁人毛亨都是荀子的学生,申培公又是浮邱伯的弟子。作为战国末期儒家代表人物,荀子对齐鲁地区思想学术的影响是明显而直接的。秦末汉初,齐鲁地区的学者又向燕赵地区流动,并在学术传承方面作出贡献。

(二)对荀子的继承与发展

董仲舒出生、成长在两个文化区的交融地区,既受齐鲁文化沾溉,又直接承袭了燕赵地区学术文化的传统,在学术风格、学术观点上尤其对荀子多有继承和发挥。荀子学生浮邱伯曾为刘邦弟弟刘交的老师,刘交又派其子刘郢客再次从学于浮邱伯。浮邱伯传《诗经》《春秋》等儒家经典,《汉书·艺文志》云,刘交四世孙刘向通《鲁诗》《穀梁春秋》,刘向子刘歆治《毛诗》《左氏春秋》,汉代重家学,刘向父子传《春秋》的学术传统很可能直接来自浮邱伯。清代学者汪中言:"楚元王本学于浮邱伯,故刘向传《鲁诗》《穀梁春秋》,刘歆治《毛诗》《左氏春秋》,董仲舒治《公羊春秋》。故作书美荀卿。其学皆有所本。"[4] 浮邱伯所传《春秋》特色如何、董仲舒对于浮邱伯以及荀子在《春秋》学方面有何继承与发展,今俱不可考,但是通过《春秋繁露》我们可以看到董仲舒与荀子的学术渊源关系。

在学术风格上,董仲舒与荀子都强调外在规范,侧重于制度建设。荀子"隆礼重法",他激烈批评孟子过分强调内在自觉而缺乏可行性,没有"符验":

> 故善言古者,必有节于今;善言天者,必有征于人。凡论者,贵其有辨合、有符验。故坐而言之,起而可设,张而可施行。今孟子曰:"人之

---

[1] 班固:《汉书·儒林传》,中华书局1962年版,第3615页。
[2] 浦卫忠整理:《春秋公羊注疏》,北京大学出版社2000年版,第8页。
[3] 司马迁:《史记·孟子荀卿列传》,中华书局1959年版,第2348页。
[4] 王清信、叶纯芳点校:《汪中集》,台湾"中央研究院"中国文哲研究所筹备处2000年版,第119页。

性善。"无辨合符验,坐而言之,起而不可设,张而不可施行,岂不过甚矣哉! 故性善则去圣王,息礼义矣;性恶则与圣王,贵礼义矣。[1]

要使国家得到有效治理,社会秩序化,就不能完全相信人可以自觉遵守社会规范,还要肯定人的本性是与社会规范相矛盾的,在这种人性设定的基础上,荀子提倡通过外在"礼义"来规范人们的行为,以达到与社会规范一致的目的。软性的"礼义"属于伦理道德范畴,硬性的"礼仪"就是制度、法律设施。因此荀子主张"法后王,一制度"[2],由此,作为工具性的法律制度就是合理的,应该得到提倡。荀子与法家的区别在于:在法律制度中要灌注儒家的伦理价值观,除此之外,二者没有区别。

在这一点上,董仲舒整个思想体系的精神与荀子有着高度的一致性,而与孟子明显区别开来。董仲舒与公孙弘等儒生一道协助汉武帝为汉代建立了一套教育与选士体系,从而奠定了整个中国古代社会的主流思想意识形态,其思想的着眼点与落脚点在制度建设。而且董仲舒也非常重视法律的作用,他并不是仅仅提倡"教化",董仲舒的有些言论看起来与法家如出一辙:

> 故圣人之制民,使之有欲,不得过节;使之敦朴,不得无欲。无欲有欲,各得以足,而君道得矣。国之所以为国者德也,君之所以为君者威也,故德不可共,威不可分。德共则失恩,威分则失权。失权则君贱,失恩则民散。民散则国乱,君贱则臣叛。是故为人君者,固守其德,以附其民,固执其权,以正其臣。[3]

而且从哲学的高度提出"刑德并用"的观点:"天地之常,一阴一阳。阳者天之德也,阴者天之刑也。"[4] 有学者提出董仲舒继承了黄老法家的思想。[5] 黄老法家对董仲舒思想的影响不容否认,在黄老思想占据国家统治地位的时代,董仲

---

[1] 王天海:《荀子校释》,上海古籍出版社2005年版,第947页。
[2] 王天海:《荀子校释》,上海古籍出版社2005年版,第314页。
[3] 苏舆撰、钟哲点校:《春秋繁露义证·保位权》,中华书局1992年版,第174—175页。
[4] 苏舆撰、钟哲点校:《春秋繁露义证·阴阳义》,中华书局1992年版,第341页。
[5] 花琦:《董仲舒体系建构对黄老学的吸收借鉴》,《重庆师范大学学报》(哲学社会科学版)2006年第1期;周宁:《董仲舒对黄老道家学说的吸收》,《商丘师范学院学报》2007年第4期;梁宗华:《董仲舒新儒学体系与道家黄老学》,《齐鲁学刊》1999年第6期;李定生:《董仲舒与黄老之学——儒学之创新》,《复旦学报》1995年第1期;张国华:《从〈天人三策〉到〈春秋繁露〉——兼论董仲舒与"黄老之学"》,《中国社会科学院研究生院学报》1995年第3期。

舒作为一个大思想家是不可能漠视其存在的，要么赞成，要么反对，无论赞成与反对，都要研究它、应对它，在这个过程中，受它的影响是自然而然的事情。董仲舒毕竟不是法家，他在国家核心价值观方面扭转了黄老、法家的统治地位，而代之以儒家精神。

  董仲舒与荀子思想继承关系最为明显的地方在人性论方面。结合传世文献与20世纪90年代以来出土的包括郭店楚简在内的资料，我们发现，先秦时期比较流行的是善恶俱存的二元人性论，而孟子以一元性善论取代了善恶二元的人性论，在当时具有独创性，甚至连他的弟子也表示怀疑。[1] 孟子之后，荀子提出了性恶论，全面否定性善论，这也属于一元人性论，因而与孟子针锋相对。孟子、荀子对人性论的研究是为其社会治理方案提供哲学基础的，因而在这两种不同的人性论基础上延伸出两种不同的治理原则：一种强调人的内在自觉，一种强调外在规范。在社会治理原则上，董仲舒基本站在荀子的立场上，在人性论方面他反对孟子的一元性善论："诘性之质于善之名，能中之与？既不能中矣，而尚谓之质善，何哉？"董仲舒把人性定义为"生之自然之资"，"自然之资"即是与生俱来的禀赋，也可以称为"自然之质"，所谓"性者质也"，不能离开"资"与"质"来谈性，"性之名不得离质。离质如毛，则非性已"[2]。从董仲舒上面的论述中我们起码可以断定，人性离不开人的肉体本能，这与荀子思想一脉相承。荀子在批驳孟子的人性论时说，不能离开"朴"与"资"来谈人性之善，犹如不能离开耳目而谈聪明，"今之人性，生而离其朴，离其资，必失而丧之。"[3] 历代学者也都注意到他们的相似性，因而将其合称为"董荀"。[4]

  但是董仲舒与荀子的人性论又有明显的区别。荀子坚持一元性恶论，并且说"不可学、不可事而在人者，谓之性；可学而能、可事而成之在人者，谓之伪；是性、伪之分也。"[5] 既然认为人性与生俱来，不可改变，那么"化性起伪"如何可能？荀子提出遵守先王法度就可以做到"化性起伪"，这样就包含着否定彻底贯彻人性一元论的因素，圣人的人性如果与他人相同，圣人又凭什么能够制定法度让人"化性起伪"呢？这样的矛盾连近代在华传教士也看出来了，德国传教士花之安就提出驳难。"细究之，则耳得学而愈听。如习乐然，当其始也，未

---

[1] 武占江：《人性论的三脉合流与儒家社会治理思想的实现》，《齐鲁学刊》2015年第3期。
[2] 苏舆撰、钟哲点校：《春秋繁露义证·深察名号》，中华书局1992年版，第292页。
[3] 王天海：《荀子校释》，上海古籍出版社2005年版，第939页。
[4] 苏舆撰、钟哲点校：《春秋繁露义证·深察名号》，中华书局1992年版，第294页。
[5] 王天海：《荀子校释》，上海古籍出版社2005年版，第938页。

谙宫商，学之久而渐识节奏，此其徵也。推诸目亦然。"而且学习、作为需要与人的本性相统一，学习也要有人的本性为基础。"人欲为善，各种原故，由本性而来，但性之自然要与人之作为相合。譬如口之能言，是自然也，虽方音不同，习之可晓。"[1] 荀子自己也回答了人如何能"化性起伪"的问题，他引入了人的认识能力"虑""知"，通过这种认识能力，可以改变恶性。"性之好恶，喜怒哀乐谓之情。情然而心为之择，谓之虑。心虑而能为之动，谓之伪。""凡以知人之性也，可以知物之理也。以可以知人之性，求可以知物之理……'止诸至足'。曷谓至足？曰：'圣也'。"[2] "知"与"虑"也属于人之"性"，这种"性"能改变人的先天不良倾向，那么可不可以名之为"善"呢？在此，荀子就没有完满的回答了，他的一元性恶论留下了逻辑瑕疵。

董仲舒基本肯定人性不能自觉为善，但并没有否定人性中有为善的可能，也就是说董仲舒一方面肯定了建立在人的肉体本能基础上的"人性"，又没有否定精神上的"义理之性"，他用"禾"与"米"一系列譬喻来说明人性。

> 故性比于禾，善比于米。米出禾中，而禾未可全为米也。善出性中，而性未可全为善也。善与米，人之所继天而成于外，非在天所为之内也。
>
> 名性，不以上，不以下，以其中名之。性如茧如卵。卵待覆而成雏，茧待缫而为丝，性待教而为善。此之谓真天。[3]

这样，董仲舒就巧妙地避免了荀子的矛盾，对人需要外在规范的必要与可能都做了回答。董仲舒的人性论实际上是性恶为主导的善恶二元论，这是对荀子思想的创造性转化。从哲学深度上来讲，这种人性论不如孟子与荀子的一元人性论，但联系西汉时期以改变法家伦理价值体系、建立新社会规范为目标和任务的历史实际，这种思想又是比较契合那个时代的。

二、董仲舒对儒学的传续与弘扬

董仲舒是继孔子、孟子、荀子之后儒学的又一位划时代的主要人物，所谓

---

[1] 花之安：《荀子原篇》，《万国公报》（月刊）第66册，台湾华文书局股份有限公司1968年版，第14528页。
[2] 王天海校释：《荀子校释·解蔽》，上海古籍出版社1992年版，第872页。
[3] 苏舆撰、钟哲点校：《春秋繁露义证·深察名号》，中华书局1992年版，第297—300页。

"划时代",应该是在坚持儒学基本价值观的基础上做了重大创新而将其推进到一个新阶段。儒学是一套庞大的思想系统,它包括基本价值体系、哲学方法、行为规范,以"六经"为载体,董仲舒在这些方面都对儒学做了继承和发展。

(一)董仲舒对儒家价值观体系的传承

孔子提出了以"仁"为内在根据,以"礼"为外在规范的价值体系。经过孟子、荀子等后学的重新阐释,作为道德德目之一的"仁"已经成为包含一切德目的总括性范畴,并且在很大程度上要通过与"礼"的相互关系才能得到充分阐明,作为外在规范的"礼"要以"仁"作为价值范导才具有合理性与合法性。从个体的角度来看,"仁"是要坚持的底线和终生追求的最高目标,突破了这个底线人就不是一个合格的社会意义上的人,孟子的"人禽之辨"说的就是这个道理。孔子也说"朝闻道,夕死可矣!"[1] 曾子秉承孔子的思想,把"仁"看作是终极目标:"士不可以不弘毅,任重而道远。仁以为己任,不亦重乎?死而后已,不亦远乎?"[2] 从国家的角度来看,国家要突破仁义,就失去了存在的合法性:"八佾舞于庭,是可忍也,孰不可忍也!"[3],作为诸侯的卿大夫,鲁国季氏不仅无视国君,而且僭用天子的乐舞,这是绝对不可容忍的。孟子说得更彻底,国君须行仁政,如果蔑弃仁义,就是独夫民贼,人人可得而诛之。但是法家突破了这一底线,把儒家最为看重的父子天伦也看作简单的利害关系:"严家无悍虏,而慈母有败子"[4] "今有不才之子,父母怒之弗为改,乡人谯之弗为动,师长教之弗为变。夫以父母之爱,乡人之行,师长之智,三美加焉而终不动,其胫毛不改;州部之吏,操官兵,推公法而求索奸人,然后恐惧,变其节、易其行矣。"[5] 法家认为国家也不能把仁义看作第一价值,应该以利益为首务,国家的职能被简单地描述为组织"耕战",仁义是没有什么价值的空谈:"道先王仁义而不能正国者,此亦可以戏而不可以为治也。夫慕仁义而弱乱者,三晋也;不慕而治强者,秦也。然而未帝者,治未毕也。"[6] 秦自商鞅以来就推行这一思想,秦始皇将其扩展到全国范围。秦朝短命而亡,历代儒生都把秦朝灭亡的原因归结为不实施仁义,称之为"暴秦"。汉初虽有叔孙通制礼乐,但政治思想并没

---

[1] 朱熹:《四书章句集注》,《论语·里仁》,中华书局2012年版,第71页。
[2] 朱熹:《四书章句集注》,《论语·泰伯》,中华书局2012年版,第104页。
[3] 朱熹:《四书章句集注》,《论语·八佾》,中华书局2012年版,第61页。
[4] 王先慎撰、钟哲点校:《韩非子集解·显学》,中华书局2013年版,第504页。
[5] 王先慎撰、钟哲点校:《韩非子集解·五蠹》,中华书局2013年版,第489页。
[6] 王先慎撰、钟哲点校:《韩非子集解·外储说左上》,中华书局2013年版,第295页。

有变化：一是表现在西汉全盘继承了秦法；二是汉初所推行的黄老"无为而治"思想也因循了法家的价值体系。

在强大的秦制面前，董仲舒并没有否定传统的法律、制度体系，而是为现行的法律、制度体系重新建立价值标准，此价值标准当然是儒家价值体系。第一步，通过以宣扬《春秋》为代表的儒家经典中的意义，挺立出高于秦法系统的价值观，这种价值观表现在司法领域就是"春秋决狱"，以这种方式对现行法律进行"价值过滤"，开启了对秦法渐进的修订过程，也就是"法律儒家化"的过程。第二步把"六经"作为意识形态的指导思想，"罢黜百家，表章六经"，最终实现了国家核心指导价值的根本转型。董仲舒的思想为汉武帝所采纳，通过学校、教育体系、选官体系，使儒家经典第一次与国家政权相结合，这一点在后文详论。

（二）在哲学方法上对儒家的改造

一个成熟的思想文化体系，必然有其哲学方法为支撑。儒家"六经"是一部庞大的百科全书，其囊括范围之广，是诸子百家中任何一派所不能比拟的，因为"六经"是对夏商周以来文化典籍的集成，通过孔子的删定，形成了有灵魂、体系化的典籍系统。孔子虽然对"六经"采取"述而不作"的态度，但是笔削、删定就是在诠释、创造，孔子的诠释又为后代提供了一个既有统一性、又有敞开性的意义系统，一代又一代的儒门后学在保持儒家核心价值的同时，不断对儒学内容进行丰富和发展，也一定程度上使其具有了与时俱进的品格，董仲舒就是这个诠释链环中的重要一环。从哲学的角度来看，儒家的哲学有"天人合一""中庸"等主要观点。"天人合一"就是通过把"天道"价值化而为"人道"寻求本体的根据。"中庸"是"物极而返"的辩证思维，与西方线性地追求"第一因"的思维方式有别，体现了一种"圆形"的思维方式。董仲舒继承了儒家的这种基本哲学思维，并借用战国以来有了长足发展的阴阳五行说，建构了自己的哲学体系，这与传统儒家有区别又有发展。

1.先秦儒家基本形成自己的本体论思想，但比较简洁，董仲舒将其进一步扩大、细化。借助于《周易》卦爻辞系统，《易传》描述了宇宙存在、演变的基本方式，并勾画出了天人关系。《系辞》云："天尊地卑，乾坤定矣。卑高以陈，贵贱位矣。动静有常，刚柔断矣。方以类聚，物以群分，吉凶生矣。在天成象，在地成形，变化见矣。"[1] 这段话有对天地变化方式的表述，但更倾向于

---

[1]卢光明、李申整理：《周易正义》，北京大学出版社2000年版，第302—303页。

存在论，而不是宇宙生成论。《中庸》："天命之谓性，率性之谓道，修道之谓教"，侧重于本体论，主要回答人性根本依据的问题；孟子"尽心知性以知天"与此类似。而从宇宙生成论的角度进行研究的主要是道家，道家借助《道德经》"道生一，一生二，二生三，三生万物"哲学思想，对宇宙演化问题进行了深入研究，及至秦汉，气化宇宙论就得到了长足的发展。董仲舒吸纳了道家宇宙生成论的成果，尤其是借用了阴阳家的思想，构筑了前所未有的庞大的宇宙论、本体论体系。

2.董仲舒不仅继承了有价值性的"天"的思想，而且大力阐扬感应性的"天"，这与先秦儒家的基本倾向有着明显的区别。孔子发扬春秋以来的理性精神，"不语怪力乱神"，基本否定了传统的巫术感应思想，把"天"解释为一种自然现象，很接近现在"大自然"一词的含义："天何言哉？四时行焉，百物生焉"[1]。孔子晚年喜欢《周易》，但是对弟子剖白，他研究《周易》并不承认其占筮性的迷信思想，而是"观其德义"[2]，也就是研究其哲学道理，这就奠定了儒家基本的无神论倾向。孟子沿袭这一传统，到了荀子，更是对"天"做了清晰的解释，彻底否定了"天人感应"思想。在董仲舒庞大的以阴阳五行为骨架的宇宙论体系中，"天"被再度赋予了"感应性"，有意志，能够干预人间祸福吉凶。这是董仲舒与孔、孟、荀等先秦儒学大家的显著区别，可以说董仲舒一度改变了儒家无神倾向的思想路径。

对此应该如何评价？我们认为，一方面，在认识论的角度上是一个"曲折"，也可以看作是退步；另一方面，这也是时代特点使然，是董仲舒为了实现儒家"政治理想"而对儒学所作的改造。就第一个方面而言，董仲舒虽然不必也不可能为当时"天人感应"这种明显带有迷信色彩的思潮逆向回流负全责，但也需负重要责任。一些儒学大家固然在扫荡这种感应性思想，但是并不能在儒学体系中将其完全剔除，如《礼记·月令》中就有错行时政而导致灾异发生的思想："孟春行夏令，则雨水不时，草木蚤落，国时有恐。行秋令，则其民大疫，猋风暴雨总至，藜莠蓬蒿并兴。行冬令，则水潦为败，雪霜大挚，首种不入。"这是典型的"天人感应"思想。同时，在阴阳家以及燕齐海上方士乃至《周易》的"象数派"中，都有这种思想传统在延续，并且民间各种巫术、迷信也有其存在的土壤。但是董仲舒作为被皇帝所任用的大思想家，作为群儒领袖，他的思想直

---

[1] 朱熹：《四书章句集注》，《论语·阳货》，中华书局2012年版，第181页。
[2] 池田知久著、牛建科译：《马王堆汉墓帛书〈周易〉之〈要〉篇释文》（下），《周易研究》1997年第3期。

接促进了"天人感应"因素的回潮,这都有着明确的历史线索。

就第二个方面而言,董仲舒为了论证儒家价值观的权威性,顺应当时思想、政治现实,而对"天"做了新的解释。得到王者的信从是自诞生之日起儒学的一贯理想,当然与王权的结合不是无条件的,以不损害儒家"道统"为前提,所谓"达则兼济天下,穷则独善其身","独善其身"与"兼济天下"的追求始终是并行的。为此,儒学也一直与各派进行着激烈的竞争。汉武帝时期,儒家再次迎来了机会,皇帝为了解决政治、法律中的各种疑难,尤其是为了寻求皇权永恒的合法性依据,把目光再次投到儒家身上。汉武帝向董仲舒提出皇位如何"传之亡穷,而施之罔极","欲闻大道之要,至论之极"。[1] 董仲舒给出的答案是要施行"仁义礼乐"这样的儒家思想主张。施行"仁义礼乐"就是得民心,得民心就是得"天心",董仲舒甚至提出天子"受命于天",而"非继前王而王",这与孟子"天子不能以天下与人","天子能荐人于天,不能使天与之天下"[2] 的思想非常接近:任何一代天子,得到这个位置不是因为其作为前王儿子的地位,而是他本人的"德"。与孟子不同的是,董仲舒提出,"天"认定某一个天子有德,要通过降下祥瑞来作为"受命之符",此"受命之符""必有非人力所能致而自至者"。[3] 这就再次为皇权的神圣性作了论证,同时也激发了最高统治者对各种祥瑞进行追求的热情,至于通过"天"对皇权进行约束,则是另一回事。皇帝认可了这种"感应性"的"天",也就认可了附丽于其中的儒家价值观。同时我们也可以设想,如果董仲舒把"天"解释为自然的"天",则"天"就落入了道家"无为而治"的轨辙,"无为而治"就是对当时流行的黄老、法家制度、治国方略的承认,儒家替代黄老法家的战略就会落空。董仲舒对儒家思想的大幅改造,在这里也得到了明显的体现。

第二节 儒学与现实政治结合过程中"春秋学"的显达

在汉初儒学复兴的过程中,《诗》《书》《礼》《易》《春秋》从不同的角度发挥着作用,但他们的地位并不是平列的,相比而言《礼》与《春秋》的作用

---

[1] 班固:《汉书·董仲舒传》,中华书局1962年版,第2495页。
[2] 朱熹:《四书章句集注》,《孟子·万章上》,中华书局2012年版,第312页。
[3] 班固:《汉书·董仲舒传》,中华书局1962年版,第3500页。

更为明显。刘邦立国之初,儒生叔孙通以"制礼作乐"而使其一度改变了轻视儒学的态度,但在儒家取得独尊地位的问题上,《春秋》的作用更为明显,这与当时的政治形势有着密切的联系。

一、既有制度的缺陷

汉承秦制,但是面临着构建新的意识形态的任务,尤其是政权合法性问题更为尖锐。法家也曾对国家权力的来源做过论证,他们的理论很直接,大致来说就是:我之所以当皇帝是因为我的权势,我之所以能够维持自己的权力,是因为我有一套强制性的法律系统和统驭方术,凭此,我可以对臣民施行统治,可以运用包括"阴谋"在内的各种手段,这就是韩非子所概括的法、术、势。韩非子很明确地说:"贤人而诎于不肖者,则权轻位卑也;不肖而能服于贤者,则权重位尊也。尧为匹夫不能治三人,而桀为天子能乱天下。吾以此知势位之足恃,而贤智之不足慕也。"[1]但这种思想有着深刻的内在矛盾:既然如此,具备这一条件的任何人就可以来攫夺这种权力,这也没有什么不对。法家说出的只是一个事实判断,而不是价值判断,特定形势下的"事实判断"并不能作为王朝合法性的依据。看到秦始皇声势煊赫,项羽欲"取而代之"[2],刘邦也说"大丈夫当如此"[3]。面临窘境,陈胜也会想"王侯将相本无种",而欲放手一搏[4]。刘邦非常清楚自己的天下是"得之马上",建立汉朝之后,又平定彭越、英布、韩信的叛乱和"谋反",封刘氏子弟到各地做诸侯王,逐渐取代这些"异姓王",以达到拱卫刘氏天下的目的。为了得到大臣的支持,刘邦晚年杀白马与众臣盟曰:"非刘氏王者,天下共击之"[5],得到了权贵阶层这一小圈子的支持,这也没有脱离利益博弈的窠臼。与刘邦一起打天下的旧臣确实也做到了"白马盟约"约定的事情,把政权从吕氏手中重新夺还给刘邦的儿子。大封同姓王之后,中央政权依然不能安定,就是刘氏族人内部觊觎政权者大有人在,认为凭借势力可以治理天下者有之(吴王刘濞),认为凭借兄弟情义应该继承大统者有之(淮南王刘长),认为凭借太后的宠爱可以取得皇位者有之(梁孝王),认为集天下智力取得学术优势者宜为天下之主者有之(淮南王刘安),太后、外戚、权臣与诸侯

---

[1] 王先慎撰、钟哲点校:《韩非子集解·难势》,中华书局2013年版,第423页。
[2] 司马迁:《史记·项羽本纪》,中华书局1959年版,第296页。
[3] 司马迁:《史记·高祖本纪》,中华书局1959年版,第344页。
[4] 司马迁:《史记·陈涉世家》,中华书局1959年版,第1592页。
[5] 司马迁:《史记·吕太后本纪》,中华书局1959年版,第406页。

藩王暗通款曲，政潮汹涌，骨肉相猜。实际上从刘邦到汉武帝即位，皇位争夺从来就没有停止过，最终演变成空前规模的"七国之乱"。汉武帝对此"夙夜不皇康宁"[1]，欲彻底根除这一祸患。黄老、法家可以提供消除反侧势力的方法，但是让人从内心中自觉地认可皇权的传承统绪而无非分之想，黄老、法家是做不到的，儒家学说正好满足了这一需要。儒家认为皇权不是来自暴力攘夺，而是因为统治者的"德"，此德的最重要含义就是代表、维护百姓利益；做到了这一点，就会得到上天的认可，别人就没有理由、也没有力量窥视"神器"。汉武帝见及履及，他在向董仲舒的策问中提到的核心问题是如何奠定"万年之基"。

同时，法家把包括父子关系在内的人与人之间的关系功利化，实际上是把人物化，他们研究的只是政治、法律角度的人与人之间的关系，而家庭关系则不能完全以功利的原则去处理。从个人角度来看，人还有情感需要、艺术需求、信仰问题等非常复杂、精细的方面，越是国家安定时期，这样的需求越是突出，这也不是"以吏为师"就能够解决的。贾谊曾经对秦法所带来的负面影响作过概括：

> 商君遗礼义，弃仁恩，并心于进取，行之二岁，秦俗日败。故秦人家富子壮则出分，家贫子壮则出赘。借父耰锄，虑有德色；母取箕帚，立而谇语。抱哺其子，与公并倨；妇姑不相说，则反唇而相稽。其慈子耆利，不同禽兽者亡几耳。[2]

凡此种种都说明，在黄老、法家之外引入一种新的价值体系，对意识形态进行重新构建，不仅成为迫切的客观需要，也开始提上了最高统治者的日程。

二、法律实施过程中需要伦理价值观的"救济"

需要明确的一个基本事实是，汉武帝"罢黜百家、表章六经"绝不是禁绝儒家以外的各派学术，更不是否定法家的治国思想以及制度体系，只是在原有制度基础上增加了儒学这一新选择而已。学校制度、选官制度、贡士制度的建立，也是儒家价值观向社会各方面渗透的开始，庞大的官员群体和基层各种办事人员依然是受法家熏陶的职业官僚以及勋戚、功臣的后代，或者本身就是"文法事吏"。同时也须看到，法家从现实出发，制定了一套细致严密的制度体系，具体

---

[1] 班固：《汉书·董仲舒传》，中华书局1962年版，第2495页。
[2] 班固：《汉书·贾谊传》，中华书局1962年版，第2244页。

内容深入到社会管理的方方面面，规定了社会运行的基本方式，继起王朝不可能完全推倒重来。如在田地管理方面，水旱情况、降雨多少、虫霜雨雪等各种灾害都要及时如实上报；春天不能砍伐树木、不得壅塞河流，不得修建大型工程，夏天不得打猎捕鱼，不得烧草为灰以粪田。对日常事务管理也有详细的规定，如为官家饲养牛马方面有严密的标准，牛的腰围要达到一定的尺寸，达不到要求会受到相应的惩罚；一条狗闯入禁苑，什么情况下应该驱赶，什么情况下应该打死，打死之后肉归谁、皮归谁，都有具体详细的规定，可谓"牛毛茧丝、辨析毫芒"，这是中国古代制度文明的体现，值得肯定。[1]但是法律条文的规定毕竟是有限的，现实问题是无穷的，仅仅依靠法律条文，并不能找到处理所有事务的答案。这就需要寻求制定法律条文的原则，从原则出发，才能对繁复变化的现实问题有一个妥善的处理方针，才能充分体现社会治理的灵活性。秦法基本上遵循着"非差别性原则"，也就是必须机械地依照法律条文规定处理，信赏必罚、厚赏重罚，事件背后的具体情由以及当事人的动机往往不被看重，如陈胜、吴广因为大雨不能按期到达戍守地点，便会被不问情由地处斩。对于处理复杂的上层人士的问题，法家的法律体系也显出了不足。法家的初衷是维系皇权的绝对独尊地位，法家是撬动中国古代社会从具有分权性质的"等级君主制"向"绝对君主制"转换的重要杠杆。但是这种"不别亲疏，不殊贵贱，一断于法"[2]的方法有时难以产生既维护皇权又保持皇室特权的效果，有时对特权的否定也会威胁到皇权自身的安全。事实让最高统治者看到，对这些事情的处理，儒家比法家更为妥帖。

景帝在位时，曾有一段时期太子之位空缺，景帝母亲窦太后很喜欢她的少子梁王刘武，想让景帝传位于弟梁王，而且梁王在平定"七国之乱"之时又付出巨大牺牲，景帝与梁王为一母所生，感情甚好，也曾经流露出这个意思。梁王于是对帝位产生了觊觎之心，培植势力，党同伐异，明里暗里动作不断。但是大臣袁盎等激烈反对兄终弟及的皇位继承法，主张父死子继，景帝也顺水推舟，要收回前议。梁王对袁盎深为记恨，派刺客将其暗杀。私自诛灭大臣是死罪，而且整个案件的事实已经审理清楚，从法家的观点来看，这是一个很简单的事情。但是窦太后大权在握，又不好明确反对，就以绝食来要挟，景帝母子陷入两难。有大臣提议改派通晓儒家经典的人去审理袁盎事件，认为儒学背景的官员"通经术，知

---

[1]睡虎地秦墓竹简整理小组：《睡虎地秦墓竹简·秦律十八种释文注释》，文物出版社1990年版，第19—20、22页。
[2]司马迁：《史记·太史公自序》，中华书局1959年版，第2391页。

大礼。"受命审案的田叔、吕季主烧毁了原审理者收集到的一切谋反证据，把执行任务的羊胜、公孙诡判处死刑了事。他们报告景帝说："梁王不知也。造为之者，独其幸臣羊胜、公孙诡之属为之耳。谨以伏诛死，梁王无恙也。"景帝听后大喜，"曰：'急趋谒太后。'太后闻之，立起坐餐，气平复。故曰，不通经术知古今之大礼，不可以为三公及左右近臣。"[1]

若依照当时法律条文对梁王进行惩治，虽然维护了法律的尊严，但是景帝面临着母亲与弟弟的不满乃至威胁，需要动用大量的政治、法律资源去消除其可能带来的震荡。而田叔、吕季主的做法虽然枉法，但是却轻易解决了这个难题，立案审查的过程又给梁王和太后传达了明确的信息：不要再干预王位继承之事，景帝的最终目的也达到了。田叔、吕季主这样做的背后也有一条基本原则，即"亲亲"。在孔子、孟子，"亲亲"的原则甚至与"尊尊"等同，如孔子提倡的"父子相隐"，意即父子之间不应该彼此证明对方有罪。孟子则更倾向于"亲亲"，他在回答舜为天子、父亲瞽叟犯罪这个难题的时候明确说，舜应该辞去天子之位，带着父亲逃到海滨，也就是不能以国法侵犯天伦。窦太后一生崇奉黄老，在她晚年还遏制了汉武帝的崇儒行为，但是对在政治、法律疑难问题上引入儒家观念进行"救济"则深表赞成。传统文献把司法中的这种现象叫作"春秋决狱"，可见"春秋决狱"在"独尊儒术"前，在西汉统治集团中也具有较为广泛的共识。

三、《春秋》在赢得统治者认可方面具有优势地位

羊胜、公孙诡当了替罪羊之后，梁王心里依然惧怕，其门客邹阳依据《春秋》设计了一套说辞，通过景帝宠爱的王美人（汉武帝母亲）之兄王长君进一步向景帝认错、疏通，最后使景帝下决心不再追究。邹阳的说法如下：

> "鲁公子庆父使仆人杀子般，狱有所归，季友不探其情而诛焉；庆父亲杀闵公，季子缓追免贼，《春秋》以为亲亲之道也。鲁哀姜薨于夷，孔子曰'齐桓公法而不谲'，以为过也。以是说天子，傥幸梁事不奏。"长君曰："诺。"乘间入而言之。及韩安国亦见长公主，事果得不治。[2]

---

[1] 司马迁：《史记·梁孝王世家》，中华书局1959年版，第2092页。
[2] 班固：《汉书·邹阳传》，中华书局1962年版，第2355页。

这当中包含着春秋时期鲁国一段复杂、残酷的历史。鲁庄公晚年，宗室内部在继承人问题上产生了激烈的争夺。庄公嫡妻哀姜为齐侯之女，她没有子嗣，庄公想以庶子公子般为继承人。庄公三个弟弟庆父、叔牙、季友意见不一，叔牙支持庆父，向庄公建议以"兄终弟及"的制度立庆父为国君。季友支持公子般，秉承庄公之意逼杀叔牙，使公子般即位。庆父与哀姜私通，唆使邓扈乐（《左传》《史记》谓"圉人荦"）杀公子般。季友知道庆父背后唆使，但为了安定局势，把公子般被杀之事归罪于邓扈乐，并没有深究庆父之罪。庆父内不自安，出奔齐国，季友也没有穷追，庆父得以安然离开。齐国在鲁国内乱中扮演着决定性的角色，它支持谁，谁就会在鲁国得势。齐国一度支持庆父，欲控制甚至灭掉鲁国，但到鲁国调查的官员发现一时难以吞并鲁国，当时齐桓公正在建立霸业，为了在诸侯赢得好名声，于是改变了策略，转而支持声望较高的季友，扶植鲁庄公庶子公子启为国君，是为鲁闵公。季友在国人支持下，除掉庆父，齐桓公把祸乱鲁国的哀姜从逃亡地邾国召回处死，把尸体送到鲁国，鲁国对之戮尸以示惩处。鲁国政局这才安定下来，但季友、庆父、叔牙的后人形成三股势力，控制了鲁国政权，历史上称为"三桓"（因为三家都是鲁桓公的后代）。这段历史《左传》与《公羊传》记述略有区别，《公羊传》加入了庄公欲传位给季友、季友力辞的情节。

《公羊传》闵公元年："庆父弑君，何以不诛？将而不免，遏恶也。既而不可及，因狱有所归。不探其情而诛焉，亲亲之道也。"闵公二年："既而不可及，缓追逸贼，亲亲之道也。"[1] 说的就是庆父杀公子般之后的事。对于哀姜被杀一事，《公羊传》僖公元年云："夫人氏之丧至自齐。夫人何以不称姜氏？贬。曷为贬？与弑公也。"[2] 可见邹阳所引用庆父之事都出自《公羊传》原文原意，而对于哀姜之死，认为齐桓公处死本族女子（哀姜有人认为是齐襄公的女儿，也有人认为是齐桓公女儿，总之是齐国宗女）没有体现亲亲之意，并引孔子的话予以批评。这不仅与《公羊传》本意不符，且与孔子之意也有出入。其实孔子对齐桓公多有肯定，"齐桓公法而不谲"[3] 本意是说齐桓公守规矩而不奸诈，也是褒义。《公羊传》从庄公末年到僖公初年的传文，对于齐桓公存鲁定乱的行为也多为肯定之辞，不见因哀姜之事贬抑齐桓公的意思。以齐桓公处理哀姜之事为过，显然是邹阳自己加上去的，为了强调亲亲相隐的意思。

---
[1] 何休解诂、徐彦疏、刁小龙整理：《春秋公羊注疏》，上海古籍出版社2014年版，第346、354页。
[2] 何休解诂、徐彦疏、刁小龙整理：《春秋公羊注疏》，上海古籍出版社2014年版，第375页。
[3] 朱熹：《四书章句集注》，《论语·宪问》作"齐桓公正而不谲"，中华书局2012年版，第154页。

由此我们看到《春秋》具有一种坚韧的力量，即使在黄老、法家占统治地位的时候，它也如流水般深入板结、坚硬的政治、法律体制之中。这种力量从哪里来？

首先来自司法实践。《春秋》作为儒家经典的组成部分，背后蕴含着强大的价值体系，涉及终极关怀、国家合法性以及人的日常行为规则等方方面面，这是法家简单、功利性的伦理思想所不能匹敌的。而且《公羊春秋》的传承者确实把它看作是为"后王"准备的一套法律体系，董仲舒云："孔子立新王之道"，[1]《风俗通议》曰："仲尼制《春秋》之义，著素王之法"[2]，这是两汉通行的说法。《史记·儒林列传》说孔子："因史记作《春秋》，以当王法，其辞微而指博"[3]，《论衡·程材》："仲舒表《春秋》之义，稽合于律，无乖异者。然则《春秋》汉之经，孔子删作，垂遗于汉。论者徒尊法家，不高《春秋》，是暗蔽也"[4]。尤其是作为一个严肃史学家的司马迁也如此认识《公羊春秋》，反映了历代传承者都把《公羊春秋》当作一国法律体系制度、价值依据的学术特点，《公羊春秋》因此有了与当时通行法律体系的交融边界。而且这种交融不仅仅出于儒家单方面的努力，也有司法实践的实际需要。张汤是个地地道道的法家，但是他在断案中以《春秋》等儒家经典"缘饰"其审判行为。不管这种"缘饰"有几分诚意，但是反映了在张汤的心目中，《春秋》在断案中确实有借助的必要，至于张汤之外的各级官员，援引《春秋》的例子不胜枚举，成为一个带有普遍性的现象，史家将其统称为"春秋决狱"。

其次，《春秋》以其丰富的历史"案例群"再次将现实与历史沟通，为统治者提供了可资借鉴的无穷历史智慧。从商鞅以来的法家学者逐步消解了儒家所传承下来的带有神圣性"先王"历史统绪，认为尧舜禹等都是凡人，其智力、能力、功业甚至不如当代人，没有取法的价值，主张从现实出发，"法后王"。法家的这种思想为秦始皇所接受，他反对是古非今，一定程度上隔断了历史，陷入了当代人的傲慢，其结果人所共知。法家注重研究实际，实事求是，用理性解决当代问题，这是他们的贡献。但人是有限的，相对而言，历史则是无穷的，有限的人不可能不向无穷的历史寻求智慧支持。儒学自诞生之日起就遭到了各方势力的排挤、打压，尤其是秦始皇焚书坑儒一度使儒学陷入绝境，这就使人深入思

---

[1] 苏舆撰、钟哲点校：《春秋繁露义证·玉杯》，中华书局1992年版，第28页。
[2] 应劭著、王利器校注：《风俗通义·穷通》，中华书局1981年版，第315页。
[3] 司马迁：《史记·儒林传》，中华书局1959年版，第3115页。
[4] 王充著、黄晖校释：《论衡校释·程材》，中华书局1990年版，第542—543页。

考：儒学如何才能更切合实际，体现其真正的作用和价值？而《春秋》体现了这样一种立足现实、借鉴往古、追求真理的品格。我们看到无论是现存的《春秋公羊传》还是董仲舒的有关《春秋》学论述，都有着鲜明的面向实际问题的考虑，而以特定的语言解释之。汉代"春秋决狱"有许多原则，"大一统""诸侯不专征、不专封""大夫不专讨""君亲无将，将则诛""讥世卿"是最为突出的。其实揆诸春秋时期的历史实际，诸侯专封、专讨、专征是符合宗法制原则的，至于世卿世禄则更是通行的制度，《公羊春秋》提出这些原则正是针对西汉时期诸侯尾大不掉、地方势力坐大的实际问题，其核心也是维持中央集权的大一统政治体制。汉武帝时期，具备彻底解决地方分裂问题的客观条件，而且汉武帝也有这样的才略，他之注重《春秋》也是顺理成章的事。

历史事实也说明，尽管之前有窦婴、田蚡、赵绾、王臧等权贵推崇儒学，而儒学最终冲决政治堤坝、全面取得合法地位还是靠公孙弘、董仲舒两位《春秋》学学者："公孙弘以《春秋》白衣为天子三公，封以平津侯。天下之学士靡然乡风矣。"[1]

第三节　董仲舒"公羊学"的特色

董仲舒以《公羊春秋》为出发点阐释自己的学术思想，而他的各种学术观点又汇聚在其《公羊春秋》体系之中，这是董仲舒学术思想最重要也是最难的部分，要从专门学术史的角度把握董仲舒的"公羊学"，就等于把先秦到西汉的"《春秋》学史"梳理一遍。本书不是研究董仲舒的专著，我们这里结合董仲舒的思想脉络及其对汉代思想政治的影响，对相关的"公羊学"问题略作梳理。

一、《春秋》的两个解释系统

孔子删定鲁史作《春秋》，通过叙事而寓褒贬，涉及当代人、当代事，而这些人往往位居权要，有着复杂的利害纠葛，孔子本人的评价比较委婉、曲折，有些观点不便于直接写出，在弟子中间口耳相传。这样就形成了《春秋》的两个解释系统，一是侧重史实的文本记录系统，另一个是侧重"微言大义"的"口说"系统。据反映西汉历史的《史记》《汉书》记载，这两个系统在《春秋》一书诞

---

[1] 司马迁：《史记·儒林列传》，中华书局1959年版，第3118页。

生之初就形成了，本是相互补充的一体中的两翼。

（一）两个系统长期并存

汉初代表口说系统的"公羊学"影响较大，侧重历史史实记载的另一个系统也一直传承不绝，这在史书上都有明文记载。

> （孔子）以鲁周公之国，礼文备物，史官有法，故与左丘明观其史记，据行事，仍人道，因兴以立功，就败以成罚，假日月以定历数，藉朝聘以正礼乐。有所褒讳贬损，不可书见，口授弟子，弟子退而异言。丘明恐弟子各安其意，以失其真，故论本事而作传，明夫子不以空言说经也。《春秋》所贬损大人当世君臣，有威权势力，其事实皆形于传，是以隐其书而不宣，所以免时难也。及末世口说流行，故有《公羊》《穀梁》《邹》《夹》之《传》。四家之中，《公羊》《穀梁》立于学官，邹氏无师，夹氏未有书。[1]

《汉书·艺文志》把《春秋》的来源、性质说得很清楚，但是近代学者康有为出于扭转当时人们固守传统思想、服务于自己重新解释经典的需要，说《左传》是刘歆伪造，使人们对《春秋》的性质、传授系统的认识发生混乱。康有为的做法在当时有其启蒙意义，但是其研究方法、事实根据均有极大缺陷，从历史研究的角度来看，实不足据。事实是，孔子要搜集、研究传统典籍，欲保存夏商周三代文化的精华，并为解决现实问题提供支持。但周王室保存的档案资料在战乱中散失，他就把目光集中在夏商周王室后裔的身上，夏王室后裔杞国、商王室后裔宋国的文献存留都不理想，唯有周公后裔的鲁国"礼文备物，史官有法"，孔子认为可以借助鲁国的文献阐扬传统，寄寓自己的理想，于是以鲁国国史《春秋》为素材，通过对历史事实的记述表达自己的价值观，通过鲁史时日、日月食等星象的记载考订历法，通过朝聘等事实的记载订正礼乐。与孔子一起删定《春秋》的还有左丘明，左丘明在《论语》中也出现过。因为鲁史记载的多是王公巨卿，他们的后裔都有着莫大势力，就采取委婉、曲折的笔法，有些不能直接书之竹帛，就口头传授给弟子。所以孔子删定《春秋》的时候就形成了两个系统，一是有形的书面系统，包括孔子与左丘明曲折的是非评价内容以及左丘明对之进一步丰富的事件记述，以《左传》为代表，也可以称为《左传》系统。二是口头流

---

[1] 班固：《汉书·艺文志》，中华书局1962年版，第1715页。

传系统,即"口说系统"。《汉书》在"末世口说流行"之后,紧随"故有"两字,非常清楚地表明《公羊》《穀梁》《邹》《夹》四传是在口头流传的基础上记录成文本。《邹》《夹》后失传(其实汉代此二氏《春秋》的也有传人),就现在流传下来的《公羊》《穀梁》来看,都是一问一答的形式,非常明显地保留着口头传播的特色。西汉以来,《春秋》今文经与古文经纷争不休甚至势成水火,很大程度上出于政治利益的争夺,也有学者囿于门户见识浅陋的原因。

之所以别有口头流传系统,是因为这部分侧重于对具体人和事情的评价,易遭时人记恨,这也就决定了口说系统以评论为主,以事实为辅。但评论必须以事实为依据,所以《春秋》的两个系统是互相依存、互相补充的,"夫子不以空言说经也",离开事实,评论也会失去基础,久而久之,让人无从索解,成为"断烂朝报"。

据《汉书·儒林传》,《左传》的传授系统也是很明确的。汉初,北平侯张苍传贾谊,贾谊传赵人贯公,经张禹、尹更始、胡常、贾护、翟方进、陈钦直至汉末的王莽、刘歆。[1] 张苍则直接受自荀子,从荀子上溯到左丘明的传授环节也有明文记载。[2] 两千年后的康有为欲纠正汉代学者记述的学术史,还要垄断"口说"的解释权,不可能拿出比汉代学者更有价值的证据,除了猜想之外,就是杜撰刘歆创造伪经、篡改《史记》《汉书》的相关记述,徒增烦扰。

(二)《公羊春秋》在汉代形成文本

《公羊传》与《穀梁传》都属于口说系统,既然是口头流传,而且所传又多是孔子"隐而不宣"的意见,出于传承者对孔子意见理解的不同以及个人的观点倾向,会形成各种不同的解释,《艺文志》也提到这一点:"弟子退而异言""各安其意",形成了《公羊》《穀梁》《邹》《夹》四个版本,从今本《公羊》《穀梁》两传来看,其不同之处是非常明显的。由于口头流传存在着不确定性,《公羊春秋》《穀梁春秋》的传授系统也不甚明确。徐彦《公羊传疏》引汉人戴宏的说法:"子夏传与公羊高,高传与其子平,平传与其子地,地传

---

[1]《汉书·儒林传》:"汉兴,北平侯张苍及梁太傅贾谊、京兆尹张敞、太中大夫刘公子皆修《春秋左氏传》。谊为《左氏传》训故,授赵人贯公,为河间献王博士,子长卿为荡阴令,授清河张禹长子。禹与萧望之同时为御史,数为望之言《左氏》,望之善之,上书数以称说。后望之为太子太傅,荐禹于宣帝,征禹待诏,未及问,会疾死。授尹更始,更始传子咸及翟方进、胡常。常授黎阳贾护季君,哀帝时待诏为郎,授苍梧陈钦子佚,以《左氏》授王莽,至将军。而刘歆从尹咸及翟方进受。由是言《左氏》者本之贾护、刘歆。"中华书局1962年版,第3620页。
[2] 孔颖达《左传正义》杜预《春秋序》注引刘向《别录》:"左丘明授曾申,申授吴起,起授其子期,期授楚人铎椒。铎椒作《抄撮》八卷,授虞卿;虞卿作《抄撮》九卷;授荀卿;荀卿授张苍。"浦卫忠等整理:《春秋左传正义》,北京大学出版社2000年版,第2页。

与其子敢，敢传与其子寿。至汉景帝时，寿乃共弟子齐人胡毋子都著于竹帛。与董仲舒皆见于图谶。"[1] 这段话甚有可疑之处。首先是传授世系。从子夏到汉景帝时期的公羊寿，期间三百多年，中间传授《公羊春秋》的却仅有五代，则每代传承都跨越60多年。子夏"少孔子四十四岁"，以子夏50岁（公元前458年）算起，到汉景帝即位（公元前157年）时间长达301年，以古人的平均寿命来看，这个传授世系不能不令人怀疑。其次，口传本与写本之间关系究竟如何，也需考虑。如果子夏就是《公羊传》的第一个传人，那么从子夏到汉代的公羊寿、胡毋生乃至董仲舒，这中间都是口头流传，到底保存了子夏"原本"的多少内容，又与孔子的思想在什么程度上能够契合？300年间，孔子、子夏的思想在《公羊传》中被"稀释"到什么程度？加之中间秦始皇焚书造成了儒学流传的断裂，《公羊传》是不是公羊寿、胡毋生、董仲舒等人"创作"，托名子夏，编造出一个传授世系？这样的怀疑都应该说有其理由。尤其是徐彦明确说这种传授"皆见于图谶"，说孔子在世的时候就预见到秦要焚书，汉代其学将兴，这又增加了一层神秘色彩。"图谶"的史实可靠性在东汉即已声名狼藉，正因为如此，魏晋玄学兴起，"谶纬"之学受到扫荡，基本没有什么学术生命力了。这种传授的神秘性、世系的不确定性，从侧面说明《公羊春秋》确实经历了长期口头流传的过程，但最晚在胡毋生、董仲舒时期已经形成书面文本，因为这一时期的历史记载就比较可靠、丰富了。《公羊传》在此之前是否确有相对固定的内容，它的观点与孔子及儒家基本价值观的契合程度、汉代"公羊学"与先秦儒学有哪些继承和发展，这是一个很复杂的专门问题，我们在解析董仲舒"公羊学"特点和成就的同时，从不同侧面就此作出解答。

二、以《春秋》为后王治国的"法则"

《公羊传》隐公二年何休注："《春秋》有改周变命之制，孔子畏时远害，又知秦将燔诗书，其说口授相传。"[2] 这里把孔子打扮成预知功能的神仙，实是荒诞不经的"奇异可怪之论"，但是却传达出来两汉学者对于《公羊春秋》的一个具有共性的看法：《公羊春秋》是专门为汉代准备的"王道""王法"，更具有综合性的说法是孔子是"素王"。周道衰微，必将被新的王朝所取代，孔子本来具有受命称王的资格、能力，但是没有变成现实，"西狩获麟"就是"天

---

[1] 何休解诂、徐彦疏、刁小龙整理：《春秋公羊注疏》，上海古籍出版社2014年版，第3页。
[2] 何休解诂、徐彦疏、刁小龙整理：《春秋公羊注疏》，上海古籍出版社2014年版，第55页。

命"不能实现的表征，于是退而修《春秋》，把一套治国方案寄寓其中。西汉刘向云："孔子曰：'夏道不亡，商德不作，商德不亡，周德不作，周德不亡，《春秋》不作，《春秋》作而后君子知周道亡。'"[1]东汉的王充也说："孔子作《春秋》，以示王意。然则孔子之《春秋》，素王之业也；诸子之传书，素相之事也。观《春秋》以见王意，读诸子以睹相旨。"[2]汉儒其他相关的说法屡见不鲜。征诸史实，孔子对周王室还是抱有希望并给予极深的信仰，对奠定周初礼乐制度的周公极其敬佩，梦寐思之，把社会重新走向秩序化的希望寄托于恢复西周的礼乐制度，"如有用我者，吾其为东周乎"[3]。孟子认识到周王室已回天无术，于是游说魏国、齐国，寄希望于这些大国能够完成统一天下的大业，甚至还想在东方小国滕国进行他的政治实验。以《春秋》为后王立法应该是战国中后期儒生的看法，在《公羊春秋》的传授过程中，深深地浸透了这一观念。这样，具有很大发挥空间的口说《春秋》系统就开启出了一个面向现实、为"今王""立法"的现实向度，所立之法只能由后人实现，"今王"更多地被称为"后王"，在《公羊春秋》的言说系统中，"今王""后王"实际都指向现实。法家也是面向现实的，但是法家讲"法后王"，从发展的现实中找到为当下服务的方案；《公羊春秋》则向古代寻找解决当下问题的智慧支持和价值皈依；二者就产生了较大范围的交叉区域。董仲舒也是一个《春秋》"孔子立新王之道"[4]观念的信从者和坚定的实践者，他就是在这种古今、儒法交汇的历史节点使《公羊春秋》焕发生命、发挥极大历史作用的"群儒之首"。

"以春秋当王法"，"法"有广狭二义，广义的"法"是"王道"，狭义的就是从法律层面而言的。孔子及其后学各派，对《春秋》所记录的242年中的事件和人物的评价首先是伦理判断，把当代所发生的事实与之相对照，伦理角度的是非善恶评判就可以转换成罪与非罪的法律判定，《公羊春秋》即成为司法实践中可资依据的"判例集"，《春秋》在现实社会中具有了法律功能，"春秋决狱"因此成为可能。下面我们从实例中分析董仲舒以《春秋》当"王法"的理论水平和实际效用。

宣公二年《经》："秋，九月，乙丑，晋赵盾弑其君夷獳。"《公羊》无传。宣公六年："春，晋赵盾、卫孙免侵陈"，传云"赵盾弑君，此其复见

---

[1] 刘向著、向宗鲁校证：《说苑校证·君道》，中华书局1987年版，第31页。
[2] 王充著、黄晖校释：《论衡校释·程材》，中华书局1990年版，第609—610页。
[3] 朱熹：《四书章句集注》，《论语·阳货》，中华书局2012年版，第178页。
[4] 苏舆撰、钟哲点校：《春秋繁露义证·玉杯》，中华书局1992年版，第39—40页。

何?"何休在此句下注:"据宋督、郑归生、齐崔杼弑其君,后不复见。"何休的注标明《春秋》的"书法",也就是以书写形式表达褒贬,同样的事情,写不写,怎么写,都有是非判断的含义。董仲舒《春秋繁露·玉杯》:"是故君杀贼讨,则善而书其诛;若莫之讨,则君不书葬,而贼不复见矣。不书葬,以为无臣子也;贼不复见,以其宜灭绝也。今赵盾弑君,四年之后,别牍复见,非春秋之常辞也。"[1] 弑杀国君的臣子一般不再次出现于《春秋》经文中,因为他们犯了死罪,即使当时没有得到惩治,从《春秋》"立法"的角度来看,也应该被处决,以不书名来表示此意。如果弑君者被治罪,则书其名,以彰法度。《春秋》既然书"赵盾弑君",但赵盾的"弑君"之罪并未得到惩治,此后他的名字出现国家正式行动中,是以《公羊传》有此问,何休有此注。由此可见,《公羊传》的重点在于评论、在于"义法",而不像正规的史学著作,在于记录历史大事,这是其与《左传》的明显区别,而且《公羊传》叙事的完整性、对史实考订的详备程度也不如《左传》。为了解答这一问题,《公羊传》将赵盾弑杀晋灵公(夷獳)的过程和责任进行细致的分析。[2] 晋灵公残暴无道,不尊重大臣,在城头用弹弓射击往来行人,看他们的狼狈躲避以取乐。厨师烹饪熊掌没有熟透,灵公即将其肢解。赵盾欲向灵公进谏,灵公不仅不接受,还多次设法要杀死赵盾,都因为赵盾仁义,得到死士的保护而免祸。赵盾的族弟赵穿杀死灵公,另立国君,是为成公。这段历史《左传》与《公羊》记录基本一致,只是在细节上有所区别,国君派去杀赵盾刺客的名字、"桑下饿人"为什么要救赵盾,《左传》交代得都很清楚,而《公羊传》则"失其名"。

董仲舒围绕"赵盾弑君,此其复见何?"展开分析。

第一步,赵盾被记录"弑君"后,再次见诸经书的类似例子还有许国公子止。公子止的父亲悼公喝了止进奉的药而死。昭公十九年"经":"夏,五月,戊辰,许世子止弑其君买。"同年冬,"经":"葬许悼公"传:"贼未讨,何以书葬?不成弑也。曷为不成弑?止进药而药杀也。"下面是具体解释。悼公虽然喝了公子所进之药而亡,但止并不是有意弑君,国君死亡的责任在于用药不当,公子止在事实上不构成弑君行为。经书之所以仍书"止弑其君",是因为止没有亲自试验药是否合适,所以父亲的死他也有责任,但责任不至于大到"弑

---

[1] 苏舆撰、钟哲点校:《春秋繁露义证·玉杯》,中华书局1992年版,第39页。
[2] 何休解诂、徐彦疏、刁小龙整理:《春秋公羊注疏》,上海古籍出版社2014年版,第620—627页。

君",所以《春秋》书"葬"以示免公子止弑君之罪。[1]对于赵盾,传虽然交代了详细过程,但是并没有直接说赵盾在经书中再次出现是对他"弑君"之罪的赦免,比照许世子记载之例,赵盾的"弑君之罪"实际也得到赦免。于此我们可以看到,董仲舒在论述《春秋》的时候,就是依照何休注本《公羊传》的传义,也就是说在董仲舒之前,已经有了一个相对固定的《公羊传》文本,董仲舒就是依此文本立论。

第二步,董仲舒总结,在《公羊春秋》,性质相类("同贯")的事,可以根据已经有的结论对尚无明确结论的进行类推,这就是"比"。"故贯比而论,是非虽难悉得,其义一也。……春秋赴[2]问数百,应问数千,同留经中,翻援比类,以发其端,卒无妄言,而得应于传者。"他认为《公羊传》一问一答所设计的成百上千问题都相互贯通,通过比类等各种方法都会彼此对应,相互发明,不存在义理上的矛盾,义例严谨、逻辑自洽。这实际上是董仲舒自己解释《公羊春秋》所遵循的法则和所达到的水平,而《公羊传》中前后矛盾、彼此不一的例子所在多有,徐彦的疏中就指出多处[3]。董仲舒往往把这些彼此有冲突的"义例"进行重新归纳,形成自己的一套解释体系。当代学者邓红对董仲舒自己归纳"义例"、并照此"义例"重新解释《公羊传》的作法进行过专门分析。[4]

第三步,不仅要察外在的事实,还要察内在的动机,二者结合以定其有罪无罪、罪责大小。赵盾在晋国史官书其"弑君"时,直呼"天乎!无辜!"是其内心确无弑君动机情感表现。内在的动机往往比事实更重要("贵其志也"),这也是"春秋决狱"的一个重要原则:"原情定罪"。

第四步,通过对赵盾、赵穿的记述、评价,穷极罪与非罪极限与边界。赵盾之贤与赵穿弑君之实,人所共见,而《玉杯》却对赵穿少有评论,对赵盾的罪与非罪讨论得非常细致,目的在于揭示人所容易忽略的"隐微"之处。灵公虽然无道,但臣下弑杀,于理于法均属不当;赵盾身为赵氏族一族之宗子(族长)、晋国重臣,而没有讨伐弑君者,于职责有所缺。赵穿之过显,是以不必多论。正因为赵盾的地位、品德、声望,所以"重累责之",至于一般的百姓,就不值得如此深责了,这也是"责备贤者""矫枉过正"的"春秋义法"。董仲舒用赵盾的例子来说明"重隐微""贵志"的一般性观点。如此分析,厘清了赵盾以及类似

---

[1]何休解诂、徐彦疏、刁小龙整理:《春秋公羊注疏》,上海古籍出版社2014年版,第972—974页。
[2]苏舆云,"赴"疑惑为"起",可从。苏舆撰、钟哲点校:《春秋繁露义证·玉杯》,中华书局1992年版,第40页。
[3]何休解诂、徐彦疏、刁小龙整理:《春秋公羊注疏》,上海古籍出版社2014年版,第620—621页。
[4]邓红:《董仲舒的公羊春秋学》,中国工人出版社2001年版,第17页。

事件中罪与非罪的边界，交待了如何根据具体情境判定罪的轻重的原则和方法。

从法律的角度来看，这个例子涉及如何立法、如何司法、法律的目的效果等多方面的内容。司法要看客观事实，还要看当事人的主观动机；要考虑当事人在何种情境下做出这种行为，还要把地位与责任连带考虑到。同时，判定一人是否有罪，其罪之轻重，还要考量对于政治风气、社会风气的影响。董仲舒在分析"赵盾弑君"这一事例时，充分把儒家价值观灌注其中，或者说就是以儒家价值观为指导的。法家所制定的法律条文中也考虑人的地位、关系等，如子告父母、臣妾告主为"非公室告"，不予受理[1]，也有"为人臣则忠；为人父则兹（慈）；为人子则孝；能审行此，无官不治，无志不彻，为上则明，为人下则圣"[2]之类的伦理要求；但是一旦这些原则被规定为法律条文，就成为不可更改的"铁律"，不管情由如何，必须执行。因为无论是高级官员还是一般的判案吏员，他们只要明习法律条文就可以了，没有能力、也不允许掌握法条背后的"法理"，更不用说"法理"背后的伦理原则了，这是"以吏为师"制度下的必然。这种情形下，司法的实际效果和政治社会影响，也都不遑考虑了。像《公羊春秋》传承者以及董仲舒这样的儒者，他们既有根据事实确定罪行的能力和动机，又有着丰富的"法理""伦理"造诣，在判例当中，不仅可以用法，而且可以"造法"，这就使法律实践有了灵魂，有了活力，能够推动法律不断走向合理、完善。

陈胜因惧法而起义，这种法律实施的结果如何，人所共知。秦法带来的类似弊端还很多。汉代名将李广一生致力于抗击匈奴，但是以六十高龄随卫青最后一次抗击匈奴的时候，因为迷路而吃败仗，按律当诛。李广深知这种法律体系的特点，为维护自身尊严，不愿面对"刀笔吏"而拔剑自杀。[3]如果在儒家指导下的司法环境中，考虑具体情境、"缘情定罪"，李广的悲剧或许不会发生。

从历史史实来看，《公羊春秋》在西汉被统治者接受，首先在于它的"决狱"功能，由一般的审判延伸到处理高层政治的重大疑难问题，最后，在政治哲学、核心价值方面，全面取得主导地位。

---

[1] 睡虎地秦墓竹简整理小组：《睡虎地秦墓竹简·法律答问》，文物出版社1990年版，第117页。
[2] 睡虎地秦墓竹简整理小组：《睡虎地秦墓竹简·为吏之道》，文物出版社1990年版，第169—170页。
[3] 司马迁：《史记·李将军列传》，中华书局1959年版，第2876页。

三、"奉天法古":"上天"与"圣王"两个根本原则的统一

"以春秋当王法"、《春秋》为孔子"素王改制"的基本方案,是不是孔子的本意,对于本论题并不重要,重要的是董仲舒认可这一点。他说,《春秋》是"大义之所本"[1],一切道理都体现在《春秋》之中,六经之义汇聚于此,为治国者所必需。董仲舒引子夏之语曰:"有国家者不可不学《春秋》,不学《春秋》,则无以见前后旁侧之危,则不知国之大柄,君之重任也。故或胁穷失国,摌杀于位,一朝至尔。苟能述《春秋》之法,致行其道,岂徒除祸哉!乃尧舜之德也。"董仲舒自己声言:"《春秋》之道,大得之则以王,小得之则以霸"[2]。当时的学者也认为董仲舒所阐释的《春秋》确实起到了这样的功能,司马迁说:"拨乱世反之正,莫近于《春秋》。《春秋》文成数万,其指数千。万物之散聚皆在《春秋》。"[3] 国家要达到善治,就必须依据《春秋》,世间万物的道理、规律皆在《春秋》之中,而这番道理司马迁也是"闻之于董生"。随后也引用了董仲舒上面所说的那段话,并认为自己所著的《史记》只是传播了西汉以来的"盛德"以及重要人物的事迹,是"记述",董仲舒所阐释的《春秋》才是真正的"作"。这就把《史记》的性质与《春秋》区别开来。由此可见,董仲舒的春秋学是站在当代的立场上,从现实中的重大问题着眼,寻求解决的办法,《春秋》只是他用来阐释自己现实主张的资料。这是理解董仲舒春秋学的关键和基础,也是西汉中前期"经学"乃至所有学术精神的基本特点。

所以董仲舒绝不是后世"经学笺注"层次的经生,也并非简单的"六经注我",他是站在经传同样高度与经传的"对话者";而这种对话遵循了孔子的基本思想,并在如何让当代人认识、认可孔子思想方面做了创造性的阐释。通过天人关系的再建构,为孔子思想做了宇宙论的补充,一定程度上也是在与孔子对话。他所阐释的不是孔子的个别字句,尽管董仲舒大量引用的孔子的话及六经文字;而是对孔子整体思想精神的时代性诠释。要全面理解这一点,还须结合他的哲学思想、政治思想以及在《天人三策》中与汉武帝的"反复交锋"。这里我们先结合"春秋学"进行论述。

尽管我们在前文反复强调,但是这里还须明确,董仲舒的"春秋学"不仅

---

[1] 苏舆撰、钟哲点校:《春秋繁露义证·正贯》,中华书局1992年版,第143页。
[2] 苏舆撰、钟哲点校:《春秋繁露义证·俞序》,中华书局1992年版,第160—161页。
[3] 司马迁:《史记·太史公自序》,中华书局1959年版,第3297页。

依据着"春秋经",而且依据着《公羊传》的传文。他不像西方哲学家那样在形式上建立一个不同于他人的"体系",而在具体观点、方法方面大量吸收前人;董仲舒在形式上是阐经释传,却把自己的思想体系寓于其中。由于西汉末以及东汉以来过分引入谶纬迷信的内容,使《公羊春秋》成为过度阐释的牺牲品、迷信的大本营,致使后人或对其敬而远之,或抓其一点而不窥全豹。实际上首先对董仲舒"公羊学"作现代化研究的还是康有为。康有为及其弟子对春秋三传尤其是《公羊春秋》是下了大工夫的,摒除其刘歆作伪以及对"孔子改制"的"现代化附加",康有为在《春秋董氏学》中对董仲舒思想与《公羊春秋》的异同分析还是有学术性的。邓红在康有为的基础上又进了一步,对《春秋繁露》所引《公羊传》条文进行逐一对照,梳理出331条对《公羊传》的引用,对"哪些是孔子《春秋》经的本义,哪些是《公羊传》的意思,哪些是董仲舒本人的意见和发挥"都一一做了分析,[1]用力甚深。通过邓红的统计我们可以看到,董仲舒大部分还是依据《公羊》经传立论的,即使某条经传与他的具体主张不合,还是尽量引用他处作旁证,对某一处的具体阐释也往往胸怀全部公羊经传,从全体看局部,融会贯通,必要时还广引其他经典作论据。对于公羊经传不能说明他的义理、哲学思想的内容,董仲舒仍然在形式上挂一个公羊经传的幌子,最明显的是对"元年春,王正月"的诠释。可见,董仲舒对当代问题的解答是通过"释古"的形式进行的,在"古今交汇"处汲取智慧,通过"古今交汇"使儒学得到当局的认可。

《春秋繁露》第一篇开宗明义地说:

> 春秋之道,奉天而法古。是故虽有巧手,弗修规矩,不能正方圆。虽有察耳,不吹六律,不能定五音。虽有知心,不览先王,不能平天下。然则先王之遗道,亦天下之规矩六律已!故圣者法天,贤者法圣,此其大数也。得大数而治,失大数而乱,此治乱之分也。所闻天下无二道,故圣人异治同理也。古今通达,故先贤传其法于后世也。[2]

这里直接针对法家的历史观。儒家通过把"先王"神圣化,将最高价值寄托在他们身上,但从春秋到战国,列国由争霸转向兼并,对"先王"、对传统的敬畏

---

[1] 邓红:《董仲舒的公羊春秋学》,中国工人出版社1990年版,第61—62页。
[2] 苏舆撰、钟哲点校:《春秋繁露义证·楚庄王》,中华书局1992年版,第14—15页。

日益淡漠，商鞅变法在实践上转向"法后王"，韩非子在理论上彻底扫荡了儒家的"先王观"，提出儒家所描述的三代揖让也不过是"舜囚尧、禹逼舜"，先王在品格上与"时王"无异，在能力、权势上还不如"时王"。秦孝公采用了法家的历史观，经秦始皇而延续到汉初直至武帝时期。董仲舒再次提出"法先王"的必要性，认为先王之道是治理天下的"规矩六律"，将被法家所掩蔽的历史场域再次展开。经过七十余年的实践，法家的不足日益显现，加之民间、庙堂人士的不断努力，汉武帝本人又爱好"文学"，对儒家有一定兴趣，儒家历史观开始被重新考虑。但是汉武帝对儒家的先王观、历史观还有所犹疑，留有明显的法家痕迹，他在对董仲舒的三次策问中都曾询及此点。

第一策：

> 夫五百年之间，守文之君，当涂之士，欲则先王之法以戴翼其世者甚众，然犹不能反，日以仆灭，至后王而后止，岂其所持操或悖缪而失其统与？固天降命不可复反，必推之于大衰而后息与？乌乎！凡所为屑屑，夙兴夜寐，务法上古者，又将无补与？

五百年间，有多少国君与士人提倡"先王之法"，但并不"能反之正道"，形势日益衰蔽（犹不能反，日以仆灭）[1]，尽管不懈努力，但难以看到理想的效果（务法上古者，又将无补与），这种深深的疑虑，他希望董仲舒能够解答。第二策："盖闻虞舜之时，游于岩郎之上，垂拱无为，而天下太平。周文王至于日昃不暇食，而宇内亦治。夫帝王之道，岂不同条共贯与？何逸劳之殊也？"[2]第三策："夫三王之教所祖不同，而皆有失，或谓久而不易者道也，意岂异哉？"[3]都针对"先王之道""同条共贯"的说法进一步发问，先王治理天下的办法都有所不同，所谓的"同条共贯""不易之道"到底怎么理解？是否有效？而且汉武帝认为董仲舒的第二策并没有对此作出理想的解释（条贯靡竟，统纪未终），要求董仲舒再作彻底的阐发（其悉之究之，孰之复之）。这体现了汉武帝深切的现实关怀和寻根究底的探索精神。也可以看到董仲舒对策过程中的艰难，汉武帝要求极高，务期实效（善言天者必有征于人，善言古者必有验于

---

[1] 此处从颜师古注，班固：《汉书·董仲舒传》，中华书局1962年版，第2497—2498页。
[2] 班固：《汉书·董仲舒传》，中华书局1962年版，第2506页。
[3] 班固：《汉书·董仲舒传》，中华书局1962年版，第2514页。

今），董仲舒穷极天人，坚定地以自己所信从的"真理"说服君王，反复辩难，穷根究蒂。汉武帝对先王之道的疑问说明他内心深处依然有着法家、黄老思想的影子，董仲舒对此经过深思熟虑，《春秋繁露·楚庄王》中有这样的句子："自僻者得此以为辞，曰：古苟可循，先王之道，何莫相因'"这种疑问与汉武帝的垂询何其相似！正是有了这样长期的准备和深厚的学术功底，董仲舒最终说服了汉武帝，使西汉的官方统治思想发生了转型。

四、辞指互见探幽阐道

董仲舒解释《公羊春秋》的文字流传下来是有限的，但是他的研究极其深入，微观之处深入隐微，宏观方面又出入六经、融汇百家，这里我们只能以"举例"的方法，以见其学术特色之一斑。

公羊经传的突出特点是对具体事件做出意义评价，并通过具体评价概括出一般法则，就《公羊传》而言，也有着明显的时代特点，比如不予诸侯专讨、专封、诸侯不能致王，君亲无将、大一统等等，多为维护中央集权的"大道"，适应西汉的时代需要。在华夏族与周边民族问题上，坚持"内中夏而外夷狄"。但是，一般性原则在运用到具体事件方面又会产生复杂、繁难的问题，而且这些原则不仅与事实多有凿枘，在理论上、法度上也与其他原则相冲突。春秋时期的专讨、专杀、专封不仅事例很多而且合法，汉代大臣持节权宜处理的事情太多了，丞相不禀明皇帝处死九卿级别的高官在西汉前期也并不犯法。仁义是最高价值，何者为仁义？如何行仁义于国于民有利？并不是一个简单判断所能解决的，如庄子所云大盗行窃，入先为勇，出后为义，知可否为智、妄意室中之藏为圣，是耶？否耶？如法家所批判的，孔孟倡仁义而不能行其道，宋襄公行仁义而丧其师，徐偃王行仁义而亡其国，凡此，理想与现实均不能融合无间，难以为当国者认可。

辞、指、法、道是董仲舒公羊学的四个关键词，从这四方面入手可以理解其学术的核心特点。"辞"是春秋经传的语言，"指"是语言没有直接表达但是内在蕴含或者指向、提示的观点、意义、价值等，前者相当于"能指"，后者相当于"所指"。由辞以见指，是研究公羊学的基本技能和价值所在，否则《春秋》就无法卒读，其意义也无从显现。但是由辞到指并不是任意发挥，而是有严格的规则的，这种"规则"就是"法"，辞、指、法相结合的结果必须符合儒家大道，这也是阐释《春秋》的根本目的，四者结合的优劣，可见其"公羊学"造诣之高下。

《春秋》宣公十二年，经："夏，六月，乙卯，晋荀林父帅师及楚子战于邲，晋师败绩。"《公羊传》："大夫不敌君，此其称名氏以敌楚子何？不与晋而与楚子为礼也。"[1] 楚国伐郑，入其城，郑伯肉袒服罪，楚庄王赦免郑伯，并未占其土地而撤兵。庄王以战争之礼待郑国，不贪图土地之利而以维护规则为目的。楚郑之间的问题已经解决，晋国出兵救郑失去了道义依据。但是晋国却不撤兵，与楚军开战，结果大败，这就是春秋时期有名的"邲之战"。《公羊传》记述了这一过程，以晋国大夫荀林父与楚子并列的形式是楚非晋。荀林父是臣，楚子是君，臣与君战，虽是两个不同的诸侯国，也有犯上之意。通过文字表达方式而体现褒贬，就是"书法"。书法与文辞结合，表达"指"与"道"。"不予夷狄，而予中国"是《春秋》之常辞，即是一般的表达方式，是晋非楚，是以行为性质而判定是非。在晋楚交战问题上，"常辞"中所包含的"是中国非夷狄"的道理让位给正义、大道；不能因为晋国为华夏族而抹杀其错误，评价的标准又上升到更高层次，也就是以大道理管小道理，这是"变辞"。夷狄而有礼也可进于华夏，这与孔子的观点相合，也是春秋时期以来形成的"华夷之辨"的重要内容：夷狄中国不仅仅以身份区分，而以礼义道义为进退，中国与夷狄可以互换其地位。董仲舒在《竹林》篇中重复了《公羊传》的基本事实与观点之后，进一步引申：晋国执意开战，驱民于死地，是"无善善之心，而轻救民之意"，结论是："春秋之敬贤重民如是"。这是在"辞""法"的基础上引申出的"指"。

下面是《春秋繁露·竹林》的一段话：

> 是故战攻侵伐，虽数百起，必一二书，伤其害所重也。问者曰：其书战伐甚谨，其恶战伐无辞，何也？曰：会同之事，大者主小；战伐之事，后者主先。苟不恶，何为使起之者居下。是其恶战伐之辞已。且春秋之法，凶年不修旧，意在无苦民尔。苦民尚恶之，况伤民乎？伤民尚痛之，况杀民乎？故曰：凶年修旧则讥，造邑则讳。是害民之小者，恶之小也；害民之大者，恶之大也。今战伐之于民，其为害几何？考意而观指，则春秋之所恶者，不任德而任力，驱民而残贼之。其所好者，设而勿用，仁义以服之也。[2]

---

[1] 何休解诂、徐彦疏、刁小龙整理：《春秋公羊注疏》，上海古籍出版社2014年版，第661—662页。
[2] 苏舆撰、钟哲点校：《春秋繁露义证·竹林》，中华书局1992年版，第47—48页。

这段话也是通过"辞""书法"来表达观点"指""道"。第一层意思，春秋时期上百起战争都一一书之竹帛（必一二书），是表达对战争戕害生命的反对态度。第二层意思，指出《公羊春秋》虽然没有对每一次所记载的战争都作了谴责，但是"书法"本身表达了对战争正义性的判别和对战争本身的批判。从事实的角度说，战争总有主动与被动的区别：主动者为"先"，被动者为"后"。董仲舒认为《公羊春秋》既陈述了事实，也表达了价值判断。庄公二十八年经："齐人伐卫。卫人及齐人战，卫人败绩。""齐人伐卫"是齐国发动战争，属事实判断；"卫人及齐人战"，这种"书法"就是以卫为主，"后主先"，表明卫国无罪，齐国有罪，"使起之者居下"，"是其恶战伐之辞已"，表达对齐国的谴责，属价值判断。这一事例，董仲舒与《公羊春秋》也是一致的。[1] 第三层意思，征引其他的表达方式以说明《公羊春秋》总体上是反对战争的。灾荒之年不修缮旧工程，因为会给民众带来困苦，修缮旧工程尚且被讥刺、隐讳，战争之事则更在否定之列。董仲舒由工程联系对战争的否定，其中的依据（法）有书法"辞"，也根据《春秋》一贯主张进行推论，即"考意而观指"。

战争造成严重灾难，所以《春秋》谴责战争，认为"春秋无义战"。但公羊经传对春秋时期不同的战争评价还是丰富多彩的，并不是一种声音。肯定择定时日、正面对垒、列旗鸣鼓的"偏战"[2]，反对不遵守规则的"诈战"；肯定为复仇而战，反对趁对方国丧邀战。肯定偏战、复仇并不是肯定战争本身，而是对战争的不同方式区别对待，在战与不战之间，自然是选择不战。董仲舒指出，《春秋》记述为复仇而战只有两例，近三百年间有无数战争，肯定两例战争相当于否定战争本身；犹如一亩地只有几棵麦苗可以说此地"无麦"一样，最终还是捍卫"春秋无义战"的观点。

他对战争中的人和事也做了细致的分析。宣公十五年楚庄王围宋都，楚军只准备了七日的军粮，声言七日之内攻不下宋都即撤兵。庄王派司马子反登上城外的土山（"堙"）窥测宋都城内情况，城内宋右师华元也登堙出见子反。华元把宋都内"易子而食，析骸而炊"实情告诉子反，并说：君子见人之困厄则怜悯之，小人见人之困厄则庆幸有机可乘，我看您是君子，故以实情相告。子反为华元的君子风度所感染，也把楚国有七日粮的军情告诉华元。庄王听说子反泄露

---

[1]《公羊传》庄公二十八年："《春秋》伐者为客，（见）伐者为主。故使卫主之也。""曷为使卫主之？卫未有罪尔。"何休解诂、徐彦疏、刁小龙整理：《春秋公羊注疏》，上海古籍出版社2014年版，第326页。
[2]《公羊传》桓公十年："此偏战也，何以不言师败绩？"何休注："偏，一面也。结日定地，各居一面，鸣鼓而战，不相诈。"何休解诂、徐彦疏、刁小龙整理：《春秋公羊注疏》，上海古籍出版社2014年版，第196页。

军情，非常愤怒，声言：即使如此，也要在七日之内拿下宋都。子反说，宋为区区小国，尚有君子，不肯隐瞒实情，以楚国之大，难道没有这样的君子吗？大王您要执意留下继续围攻，那我就要撤退了。庄王最后接受了子反的建议，引军撤围。《公羊传》赞成宋楚和解，但对大夫之间私自达成实质和解的方式提出批评："此皆大夫也，其称人何？贬。曷为贬？平者在下也。"[1] 围绕这一事件，董仲舒自问自答，展开层层分析。

我们先看反对方的理由：

第一，子反违背君命，泄露军情，是大夫专政、藐视君上之举。

第二，作为楚国大臣而怜悯敌国之民，国家立场错误。

第三，即使要与宋和解，也要禀明国君决断，而且庄王就在军中，子反有机会这么做，但他私自决定，是自擅美名，与自古以来事君之礼违背。

第四，与《春秋》之义"卿不忧诸侯，政不在大夫"原则矛盾；与《春秋》之辞"溴梁之盟，信在大夫，而春秋刺之，为其夺君尊也"的表述矛盾，子反所行正为《公羊传》所显责。[2]

第五，与《尚书》之义"尔有嘉谋嘉猷，（则）入告尔君于内，尔乃顺之于外"[3] 相违背。

从"春秋决狱"的角度来看，以上五项是对子反的"指控"。第一项、第三项指控无论是从君臣关系还是战场纪律而言，子反都犯有重罪；第二项从国家立场来看，也是死罪。从传统的事君之道而言，子反违背了臣下承担责任把美名留给君王的礼仪原则，第五项引《尚书》以明子反之悖礼。第四项直接引《春秋》之义，"孔子修春秋，乱臣贼子惧"，《春秋》的重要原则就是反对以下犯上，"视君若赘旒"更是不能容忍。"忠臣不显谏"，子反要独自撤兵，这是赤裸裸的要挟君王。

董仲舒的"辩护"首先指出，子反出自内心赤诚，深切同情宋国臣民陷于死地的困境，触景生情，顾不上国法、礼仪，当下作出解救宋国百姓的决定，从道义上应该肯定，无罪。

"控方"进一步提出"春秋之义""传统之礼""国家之法"责问，董仲舒

---

[1] 何休解诂、徐彦疏、刁小龙整理：《春秋公羊注疏》，上海古籍出版社2014年版，第671—674页。
[2] 《公羊传》襄公十六年："诸侯皆在是，其言大夫盟何？信在大夫也。信在大夫也。何言乎信在大夫？遍刺天下之大夫也。曷为遍刺天下之大夫？君若赘旒然。"何休解诂、徐彦疏、刁小龙整理：《春秋公羊注疏》，上海古籍出版社2014年版，第840—841页。
[3] 语见廖名春、陈明整理：《尚书正义·君陈》，北京大学出版社2000年版，第580页。

从三个层次来"辩护"。从"春秋之义"的角度来说,《春秋》认为最尊贵的是人,当某事使亲子之肉成为粮食、百姓之骨成为柴薪的时候,即为最大之恶,任何原则与此相比,都是次要的,维护形式上美名的礼仪也不足道,这才是真正的《春秋》大义:"无以平定之常义,疑变故之大,则义几可谕矣"。[1]

从礼仪的角度来看,礼仪有外在的形式(文),更有内在的本质(质),一般情况下,文质相依而成其为礼。当文与质矛盾的时候,可从质弃文("大失其仁,安著其礼?方救其质,奚恤其文?"),此所谓"当仁不让"。

从法度与人性的角度来看,形式化、条文化的一切制度、法规不能逾越人性的法则。对子反的指责不过出于既定的一般法则("皆天下之常,雷同之义也"),子反在面对巨大的人性灾难的极限情境下,维护了人性,仅此一点,一般的法律即无权判他有罪。

董仲舒的辩护体现了法律的层级性,上位法决定下位法。而子反一开始就被指责违背国法,董仲舒跳出法条,从法律所赖以依据的"伦理"角度进行辩护。法律的最高依据,用现在的话来说是"宪法",古代虽无"宪法"之名,但有"宪法"之实,无论是法家之法还是儒家之法,都有基本原则,这些基本原则是一个国家、一个时代乃至人类最基本的伦理价值,得到立法者认可,或实际上指导着立法,就起到"宪法"的作用。董仲舒最后归结为人的价值,这种价值不分楚国、宋国,已经具有指向人类全体的意义,是以成为最高价值和标准。在董仲舒,这是《春秋》最大的"义",与此"义"不合的"春秋之法""春秋之义"都可突破。

我们看到,在论及战争时,董仲舒在各个层次的"春秋之义"中转换、上升。对一般的战争和具体的战争认识上,董仲舒提出"不义之中有义,义之中有不义":"恶诈击而善偏战,耻伐丧而荣复雠""凶年不修旧"是"不义中之义";一切战争都是"驱民而残贼之",是"义之中之不义"。"春秋无通辞,从变而移"的方法,使《公羊春秋》在不同层次、不同情境下,都能够给出是非判断,具有很大的适用性。在分析子反事件中,董仲舒又突破了所有的具体"春秋之义",但是并不是对这种"义"与"法"的否定,而是在这一事件中不适用:"春秋之道,固有常有变,变用于变,常用于常,各止其科,非相妨也。"

---

[1]原文如下:"春秋之辞,有所谓贱者,有贱乎贱者。夫有贱乎贱者,则亦有贵乎贵者矣。今让者《春秋》之所贵。虽然见人相食,惊人相釁,救之忘其让,君子之道有贵于让者也。故说《春秋》者,无以平定之常义,疑变故之大则,义几可谕矣。"苏舆撰、钟哲点校:《春秋繁露义证・竹林》,中华书局1992年版,第55页。

各种不同层次的义法依然是有效的，"《春秋》文约而法明"。《春秋繁露》中的讨论都是董仲舒自问自答，在子反事件中一步步的辩难与其说是对不同层次"义法"的否定，不如说是对合适"义法"的选择；"义法"不是障碍，更像是通向最高原则的梯子：所有的讨论都在"公羊春秋"的话语体系中进行，通过突破"义法"获得的结论，又与儒家基本原则相合。[1] 如肯定子反、反对一切战争与孟子精神若合符节："故善战者服上刑，连诸侯者次之，辟草莱、任土地者次之。"[2] 对礼仪文质的解释符合孔子的精神。[3] 可见，董仲舒处处遵循春秋之法，并寻求合适的"义法"，是以见其精微；遵守义法而不拘泥于义法，出入于不同层次而最终捍卫儒家大道，并有所发展，也见其大。

五、以《春秋》统六经："义法"举例

董仲舒所运用、阐述的《春秋》"义法"很多，最根本的"义法"就是他自己所说的"二端"："由微见著，由著查微"，在"微"与"著"之间的自如转换，又有许多具体的"义法"。

（一）"六科""十指"的基本原则

《正贯》有一段集中讲述《春秋》之法，即所谓"六科"：

> 《春秋》，大义之所本耶？六者之科，六者之恉之谓也。然后援天端，布流物，而贯通其理，则事变散其辞矣。故志得失之所从生，而后差贵贱之所始矣。论罪源深浅，定法诛，然后绝属之分别矣。立义定尊卑之序，而后君臣之职明矣。载天下之贤方，表谦义之所在，则见复正焉耳。幽隐不相踰，而近之则密矣。而后万变之应无穷者，故可施其用于人，而不悖其伦矣。[4]

第一、第二科是以《春秋》定法律依据的原则和方法（论罪源深浅，定法诛，然后绝属之分别矣），根据《春秋》意义系统判定罪与非罪，罪责之大小，

---

[1] 其实就董仲舒的"春秋观"而言，以生命为最高价值也在"春秋义法"之内。《俞序》曰："故子夏言春秋重人，诸讥皆本此。或奢侈使人愤怨，或暴虐贼害人，终皆祸及身。"苏舆撰、钟哲点校：《春秋繁露义证》，中华书局1992年版，第162—163页。
[2] 朱熹：《四书章句集注》，《孟子·离娄上》，中华书局2012年版，第288页。
[3] 孔子云："礼云礼云，玉帛云乎哉？乐云乐云，钟鼓云乎哉？"强调的就是礼的质重于文。语见《论语·阳货》，朱熹：《四书章句集注》，中华书局2012年版，第178页。
[4] 苏舆撰、钟哲点校：《春秋繁露义证·正贯》，中华书局1992年版，第143页。

属于"春秋决狱"系统;第三、第四科依据《春秋》决定尊卑有等的社会秩序(立义定尊卑之序,而后君臣之职明矣),相当于国家秩序的组织原则;第五、第六科决定行为准则,主要针对社会中的个体(载天下之贤方,表谦义之所在,则见复正焉耳)。董仲舒认为这"六科"原则可以对一切社会秩序作出规定(万变之应无穷)。

六科之外还有"十指":

> 春秋二百四十二年之文,天下之大,事变之博,无不有也。虽然,大略之要有十指。十指者,事之所系也,王化之所由得流也。举事变见有重焉,一指也。见事变之所至者,一指也。因其所以至者而治之,一指也。强干弱枝,大本小末,一指也。别嫌疑,异同类,一指也。论贤才之义,别所长之能,一指也。亲近来远,同民所欲,一指也。承周文而反之质,一指也。木生火,火为夏,天之端,一指也。切刺讥之所罚,考变异之所加,天之端,一指也。[1]

记载重要事件,由此判定是非善恶及其程度(一指);仔细分析各种事件的性质及发展趋向(二指);根据事件的发展趋向决定应对办法(三指);中央为根本,地方为枝干,地方不能僭越中央(四指);对人所容易忽略的是非善恶最细微处作出区别,使人不致朱紫不分(五指);品评人物,准确分析其才能长短,以人尽其才(六指);亲近身边的人、不忘远方的人,与百姓同欲,仁爱万民(七指);诸侯力政,周之礼乐制度残破,社会失序,基本不能适应时代的需要,应依据孔子的思想宗旨,重建制度礼乐体系,使之切实可行(八指);以阴阳五行见天意(九指);考天象所示之意,定吉凶、行政令(十指)。"指"的本意源于"手指",手指指向某物就构成了"意义",手指指向的对象其意涵往往要大于可见的手指动作表面上所可见的意涵。如手指向月亮,我们看到的是天上那个亮而圆的星体,但手指向所示意的那个月亮的意涵绝不仅仅是这个可见的星体,而是可能包含人们所能想象得到的关于月亮的一切认识。所以"指"有名词、动词两个含义,动词表示具体可见的动作,名词表示无穷的意义。是以"指"在春秋战国时期发展成名家的专门词汇,所谓"物莫非指,而指

---

[1] 苏舆撰、钟哲点校:《春秋繁露义证·十指》,中华书局1992年版,第145页。

非指"[1]。董仲舒对名家的方法和成果多有借鉴，其"十指"就是借助《春秋》公羊经传这个可见的手指，指向他所认为的安邦治国、天人之际的一切意义。"十指"本身有观点（强干弱枝），有方法（别嫌疑，异同类），是他从《公羊春秋》概括出的十大原则。"十指"言简义丰，既在具体词句中互义互释，又与其整个公羊学体系血脉相连，绝不仅仅限于字面意思，也不是我们上文简单翻译所能穷尽的，比如"承周文而反之质"，文质互文，由文返质可以，反之亦可；"木生火，火为夏，天之端"是用"木与火"这根"手指"指向无穷、庞大的阴阳五行体系。佛教的"能指""所指"两个概念倒可以比较好地表征董仲舒春秋学的方法特色。

董仲舒对自己的方法也有许多总结的词语，比如《玉杯》中的这段话：

> 是故论《春秋》者，合而通之，缘而求之，五其比，偶其类，览其绪，屠其赘，是以人道浃而王法立。

首先要把《春秋》当作一个整体来看待（合而通之），以整体的"意义指向"为指导和参照，深入剖析具体的论断和评价（缘而求之）；然后在此前提下，对经传中的各种记载参错对比，避免孤立理解，见树木不见森林（五其比，偶其类）；这样，经传直接记述的、比较显豁的表述，能够得到全面理解，没有直接记述的也能够推论出来（屠其赘）。"赘"《说文》释曰："以物质钱，从敖、贝，敖者，犹放贝当复取之也。"苏舆释之为"余也"，相当于"其他"的意思。"屠"苏舆解释为"剖析""著"，也就是把尚未显豁的使之昭著、明晰。董仲舒接着说，"今夫天子逾年即位，诸侯于封内三年称子"的意义都不在经文之内，但是通过类比，可以确定是经文所函摄的意思，其效力"操之与在经无以异"，通过辨别，也是经文所能接受的（有所见而经安受其赘也）。综合上下文，苏舆的解释是合理的。最后董仲舒得出结论："能以比贯类，以辨付赘者，大得之矣。"[2]

其实通过上文"六科""十指"以及"览其绪，屠其赘"等董仲舒自己对其方法的阐释，我们已经基本可以明白董仲舒《春秋》学最核心的要义和思维逻辑：一是通过对《春秋》经传部分与整体事件的交互阐释，总结出《春秋》的

---

[1] 王琯：《公孙龙悬解》，中华书局1992年版，第49页。
[2] 苏舆撰、钟哲点校：《春秋繁露义证》，中华书局1992年版，第33页。

"义例"，在这个过程中娴熟地出入于"微""著"这"二端"之间。二是通过"二端"之法，把《春秋》作为汉代治理国家的根本依据，即"为今王立法"。三是以"公羊春秋"为切入点和"基地"，把儒家一切价值观和主张在形式上纳入"春秋"之内，使《春秋》成为六经的渊薮。康有为在《春秋董氏学》中指出，董仲舒以《春秋》归纳儒家所有制度、礼仪，可谓有见。凭此，董仲舒实现了与包括孔子在内的儒家重要人物的平等对话，对儒学做了重新整合。董仲舒是继孔子之后，根据汉代的社会现实，对六经进行整体重新阐释的第一人，使儒学由民间学术形态进入到"政治儒学"时期，或者如侯外庐等前辈学者所说，董仲舒把儒学"礼教化"，这种"礼教化"就是通过最高当局，把儒学与政治、制度以及日常生活实现全方位结合。牟宗三先生反复说，宋儒对儒学的贡献，从经典选择的角度上来说，就是把《大学》《中庸》《论语》《孟子》四部经典"圈出"，[1] 以此四部经典为基础，结合大乘佛学以及道教的理论成果，对儒家六经体系做重新诠释。对宋明大儒而言，表彰《四书》不是以《四书》取代六经，而是以《四书》为中心，重新阐释六经。董仲舒表彰公羊春秋也不是以公羊取代六经，而是以公羊为中心，重新阐释六经，所以董仲舒与宋儒都代表与体现了儒学划时代的转折。

（二）二十二种"辞法"

董仲舒每一次对具体方法的阐释皆指明这些具体的方法都能通《春秋》之根本大道：叙"十指"而谓"事之所系也，王化之所由得流也"；述六科云"万变之应无穷者，故可施其用于人，而不悖其伦矣"；总而言之"诗无达诂，易无达占，春秋无达辞。从变从义，而一以奉人"[2]，注家多云"人"当为"天"之误，可从。至于"三世三统"这些董仲舒的创造性阐释方法，为学界所周知，此不赘。段熙仲先生对《公羊春秋》用力甚深，总结出董仲舒的二十二种"辞法"，现分列于后，并做简单说明，以供参考。

1.常辞，直接陈述，字面意思与实际含义一致，如《竹林》："春秋之常辞也，不予夷狄，而予中国为礼。"

2.移其辞，不是从经传字面意思直接获取，而是通过对《春秋》整体意义的把握得出。

3.况是之辞。《楚庄王》："春秋之辞多所况，是文约而法明也。"凌曙以

---
[1] 牟宗三：《心体与性体》（一），联经出版社2003年版，第15页。
[2] 苏舆撰、钟哲点校：《春秋繁露义证·精华》，中华书局1992年版，第95页。

"是"从上读，苏舆在"况"处断开，段熙仲从凌曙。况，譬况，譬喻、类推。

4.用辞去著。显明的道理不再重复，着重阐发隐微、不容易看明白的道理。《楚庄王》："已明者去之，未明者著之。"

5.婉辞。以委婉的方式表达意见。

6.微辞。不直接说明，以间接、隐讳的方式表达，如把国人驱逐季氏说成"又雩"。

7.温辞。表面措辞温和而实际贬抑甚深，用于孔子当时或时间较近的人和事。《楚庄王》："视其温辞，可以知其塞怨"，"此定、哀之所以微其辞"。

8.恶战伐之辞。对战争表示否定的"书法"。《竹林》："战伐之事，后者主先，苟不恶，何为使起之者居下，是其恶战伐之辞已。"

9.辞与指。论述辞与指的关系。

10.贱贵。段熙仲引用《竹林》一段话，认为是辞法，实际上是董仲舒的一种类比说明，难说是严格意义上的辞法。原文如下："春秋之辞，有所谓贱者，有贱乎贱者，夫有贱乎贱者，则亦有贵乎贵者矣。"

11.不君之辞。《竹林》："《春秋》推天施而顺人理，以至尊为不可以加于至辱大羞，故获者绝之。以至辱为亦不可以加于至尊大位，故虽失位弗君也。已反国复在位矣，而《春秋》犹有不君之辞。"[1]这是说齐顷公在鞍之战中换穿臣下的衣服逃跑、一度被俘的辱国行为。《春秋》之义：国君无道去位，后虽然复位，直呼其名，是不承认其君主的地位。

12.不子之辞。郑国君死，新君即位，未逾一年，按礼制，新君即位一年之内不称爵位，《春秋》称"郑伯"以示未尽子道，并对其背盟伐丧的行为进行谴责。

13.讳大恶之辞。鲁隐公出于利益之心而张网捕鱼之事，于国君职务、身份不符，书"观鱼"隐含批评之意。《玉英》："何故言观鱼？犹言观社也，皆讳大恶之辞也。"

14.事辞同异。在不同情况下，或同事同辞，或同事异辞。也是《春秋》辞指变化的体现。

15.诡辞。出于或褒或贬的目的，对记述对象的事迹有所隐讳，或记其名称有所变化。

16.慎于辞。对于事物、道理谨慎表达。

---

[1]苏舆撰、钟哲点校：《春秋繁露义证·竹林》，中华书局1992年版，第61页。

17.无达辞。不拘泥于书面表达，而从整体意义上进行理解、阐释。"所闻诗无达诂，易无达占，春秋无达辞。从变从义，而一以奉人。"

18.夺去正辞。僖公十年经："冬，晋里克弑其君之子奚齐。"传："此未逾年之君，其言弑其君之子奚齐何？弑未逾年君之号也。"[1]只是说明"奚齐"为君，即位不到一年。董仲舒在《精华》中说："晋，春秋之同姓也。骊姬一谋而三君死之，天下之所共痛也。本其所为为之者，蔽于所欲得位而不见其难也。《春秋》疾其所蔽，故去其正辞，徒言君之子而已。""录所痛之辞也。故痛之中有痛，无罪而受其死者，申生、奚齐、卓子是也。恶之中有恶者，己立之，己杀之，不得如他臣之弑君，齐公子商人是也。故晋祸痛而齐祸重，《春秋》伤痛而敦重，是以夺晋子继位之辞，与齐子成君之号，详见之也。"[2]这里解释成因鲁国晋国同为姬姓，痛同姓之祸而不直接书"国君"之身份。

19.诛意不诛辞。《王道》："齐桓晋文擅封，致天子，诛乱、继绝、存亡，侵伐会同，常为本主。曰：桓公救中国，攘夷狄，卒服楚，至为王者事。晋文再致天子，皆止不诛，善其牧诸侯，奉献天子而服周室，《春秋》予之为伯，诛意不诛辞之谓也。"[3]齐桓晋文僭越天子之权，为《春秋》之法所不容；但周天子已经无力统帅天下，齐桓公、晋文公客观上起到了维持秩序的作用，保全了部分华夏诸侯国，在一定条件下也须给予肯定。对这种行为上的部分肯定为"不诛辞"，从根本道义上的否定为"诛意"，与《楚庄王》中的"实与文不与"同类。

20.君子辞。《公羊传》经常引用的"君子曰"为"君子之辞"，公羊家以为多是孔子本人的话。

21.内外。《深察名号》："《春秋》之辞，内事之待外者，从外言之。今万民之性，待外教然后能善，善当与教，不当与性。与性，则多累而不精，自成功而无贤圣，此世长者之所误出也，非《春秋》为辞之术也。"[4]从其文意来看，董仲舒认为外在因素起关键作用的事件，记述要以外在为先、为主、为详。

22.复辞。以重复之辞表强调、赞美之意，须注意。《祭义》："孔子曰：'书之重，辞之复。呜呼！不可不察也，其中必有美者焉。'"[5]

---

[1] 何休解诂、徐彦疏、刁小龙整理：《春秋公羊注疏》，上海古籍出版社2014年版，第416—417页。
[2] 苏舆撰、钟哲点校：《春秋繁露义证·精华》，中华书局1992年版，第95—96页。
[3] 苏舆撰、钟哲点校：《春秋繁露义证·王道》，中华书局1992年版，第118页。
[4] 苏舆撰、钟哲点校：《春秋繁露义证·深察名号》，中华书局1992年版，第303页。
[5] 苏舆撰、钟哲点校：《春秋繁露义证·祭义》，中华书局1992年版，第442页。

第四节　天人之际：董仲舒的哲学思想

"阴阳五行"是董仲舒表达其哲学思想的重要工具，也是历代研究董仲舒者最为重视的问题，谓其是迷信的"天人感应"思想回潮、在哲学上开历史倒车者有之，谓其使中国哲学得以发展、创建了"系统论哲学体系"者亦有之，褒贬不一，认识差距很大。但从形式上来说，董仲舒也是通过"公羊春秋"接榫阴阳五行说的。

一、天人感应论

《春秋》经隐公元年："元年春王正月。"《公羊传》："元年者何？君之始年也。春者何？岁之始也。王者孰谓？谓文王也。曷为先言王而后言正月？王正月也。何言乎王正月？大一统也。""王正月"本是用以表征周天子所颁布的历法，为西周以来通行的说法，[1]《公羊传》把"王"解释为周文王有一定的道理，但由此而得出"元年春王正月"含有"大一统"思想，则是公羊家的"意义赋予"。董仲舒在此基础上进一步引申：

> 臣谨案《春秋》之文，求王道之端，得之于正。正次王，王次春。春者，天之所为也；正者，王之所为也。其意曰，上承天之所为，而下以正其所为，正王道之端云尔。然则王者欲有所为，宜求其端于天。天道之大者在阴阳。[2]

他把"春王正"三个字拆开说，认为"春"是"天"的表达，是宇宙间第一规律；"王"在"春"之下，表示"王"顺天之所为，顺"天"所为即为"正"，是"正道""王道"；"天"的规律的体现就是"阴阳"，这里"阴阳"是泛称，指"阴阳五行"。通过《公羊春秋》，董仲舒把历史观与"天道观"统一起来了，也就是把他的"阴阳五行"的"天论"与《公羊春秋》结合起来，形成了自己

---

[1] 杨伯峻先生指出："'王正月'的说法是一种由来已久的传统，意思是'王'所颁布的历法，西周金文器物中常常出现，有'王五月''王九月''王十月'，也有'唯正月王春吉日'的说法，这里的'王'指的是周天子。《楚王熊章钟铭》中有'唯王五十有六祀'，则是指楚王。可见，'元年春，王正月'，绝不是《春秋》的独创，其本身也并不含有'大一统'的意思。"见杨伯峻：《春秋左传注前言》，《春秋左传注》（修订本），中华书局1990年版，第10—11页。
[2] 班固：《汉书·董仲舒传》，中华书局1962年版，第2501—2502页。

哲学思想两个重要基点。借此，董仲舒所阐释的儒家政治、伦理思想有了形而上的根据，他即可以平视六经，对整个儒学做自己的解读；而这种解读由于有了"天"这一根本依据，形成了"义理强制"，可以为汉代的思想统一擘画蓝图。

（一）自然的天

自上古以来，"天"就成为中国思想史上的一个重要概念，近代以来，学者对传统思想中的天有多种解释，总不外乎三种含义，一是自然的"天"，二是神化的"天"，三是人化的"天"。人化的"天"是把"天"价值化，而没有人格化的属性，其实神化的天也可归于人化范畴之中，为了表述方便，我们在此作了区分。后两种意义上的"天"，其属性、"功能"均以"自然的天"为基础。从字义上说，"天者，颠也"[1]，天字是"人"字上加一黑点，以突出在人上者，指其色苍苍的宇宙背景。由于其大无外，一切可敬可畏、可知不可知自然现象在这个舞台上搬演，"天"就成了人类早期所敬畏的最重要的对象，由此派生出各种神秘的属性和力量，就是商代重巫信鬼的思想氛围中，天或者天的异称——帝，也有着突出的自然属性。[2] 所以，所有把"天"人格化、神秘化的思想中都必然包含自然属性这一面，董仲舒也不例外。

人与宇宙万物皆由阴阳构成，人在阴阳之中，如鱼在水中：

> 天地之间，有阴阳之气，常渐人者，若水常渐鱼也。所以异于水者，可见与不可见耳，其澹澹也。然则人之居天地之间，其犹鱼之离水，一也。其无间若气而淖于水。水之比于气也，若泥之比于水也。是天地之间，若虚而实，人常渐是澹澹之中。[3]

五行是阴阳的具体化，阴阳是偶数，五行是奇数，阴阳五行都是一个环形模式，构成无始无终的宇宙循环系统；阴阳解释万物运行的内在动力，五行解释万物运行的具体模式，相生相克，以模拟世界的运行，时间、空间都在此偶数、奇数交错的模式中生生不息：

> 天地之气，合而为一，分为阴阳，判为四时，列为五行。行者行

---

[1] 许慎撰、段玉裁注：《说文解字注》，浙江古籍出版社2007年版，第1页。
[2] 晁福林：《论殷代神权》，《中国社会科学》1990年第1期。
[3] 苏舆撰、钟哲点校：《春秋繁露义证·天地阴阳》，中华书局1992年版，第467页。

也,其行不同,故谓之五行。五行者,五官也,比相生而间相胜也。故为治,逆之则乱,顺之则治。"[1]

至此,董仲舒与汉初以来的阴阳气化宇宙论没有什么区别,也继承了春秋战国以来以阴阳五行说解释宇宙形成、运行方式的哲学成果。西汉初期是气化宇宙论发展、定型的时期,与之相应的自然科学也有了相当的进步,盖天说、浑天说、宣夜说也有了长足的发展,经验性的自然科学成果与哲学思维相结合,以气为宇宙基本材料,以阴阳五行为模式,中国传统宇宙论迎来了一个新的发展时期。西汉定稿的《淮南子》中,《天文训》《地形训》等篇对此有比较详细的描述。董仲舒的上述思想无疑是对汉初气化宇宙论的继承。但是董仲舒的注意力和贡献并不在于气化宇宙论的构建方面,如其"春秋学"一样,他并不满足于人所共见的一般性知识,董仲舒要"由著见微""以微知著",探求宇宙更为精微的运行方式。他在《阴阳位》《阴阳终始》《阴阳出入上下》中探索了阴阳运行与四季的关系问题。在这些篇章中,董仲舒对阴阳运行的路线、方式以及二分二至形成的原理作了解释,并以十天干为坐标系,作了量化的标识。在《雨雹对》中,董仲舒也对风云雨雪雹霰雷电的形成机制作了解释。一年十二个月时间维度中天气变化有一定的规律,把握了阴阳运行的节奏,即可掌握此规律,这体现了汉代对包括四季运行在内的宇宙节律等经验性事物的哲学概括。既然掌握了宇宙运行节律,即可以对自然现象做出解释和准确预测。但是"阴阳"范畴本是从气象现象中提炼出来的,中国所在的东亚地区的气象现象是由多种因素所决定的,最直接的是海陆季风之间的互动。季风固然以季节为根本依据,在四季的范围内运行,"时间变量"是最根本的决定因素,但是还有其他因素的影响,不可能做机械的看待,所谓"天有不测风云",总体趋向可把握,实际现象难确定。对此现象董仲舒的解释是:有关的气候现象应至未至即为"妖","和气之中,自生灾沴,能使阴阳改节,暖凉失度。"[2] 在《雨雹对》中董仲舒对此基本上是从经验的角度解释的,"犹乎人四支五脏中也。有时及其病也,四支五脏皆病也。"[3] "妖"是怎么产生的呢?是因为"政多纰缪",董仲舒并没有把经验解释的方式贯彻到底,而走上了"人事"对天象"感应"的道路。

---

[1] 苏舆撰、钟哲点校:《春秋繁露义证·五行相生》,中华书局1992年版,第362页。
[2] 具体运行方式王永祥先生有详细图示,可参看《董仲舒评传》,南京大学出版社1995年版,第192—210页。
[3] 严可均揖:《全上古三代秦汉三国六朝文》第1册《上古—前汉》,河北教育出版社1997年版,第477页。

阴阳二气以及五行本来是从自然现象中概括出来的，在汉代依然保留着具体物质属性的特点，用其解释纯自然现象则可，一旦把人事也牵扯其中，就会导致自然与人之间的神秘"感应"；要避免这种感应，不得不陷入命定论的窠臼，就如王充所论，人的命运由气禀所决定。这就涉及董仲舒"天"的第二个意义，也就是"神化之天"。

（二）神化之天

董仲舒谈"天人感应"主要在反常的自然现象方面。正常情况下，阴阳五行按照规律运行，自然现象可预期、可理解，而反常现象的出现则是由人——尤其是帝王——的行为引起的：人的错误招致天的灾难，天以此对人"示警"，即"谴告"；人的行为良好，尤其是帝王施行德政，上天也会降下祥瑞，以示表彰。

> 春秋何贵乎元而言之？元者，始也，言本正也。道，王道也。王者，人之始也。王正则元气和顺、风雨时、景星见、黄龙下。王不正则上变天，贼气并见。五帝三王之治天下，不敢有君民之心。什一而税。教以爱，使以忠，敬长老，亲亲而尊尊，不夺民时，使民不过岁三日。民家给人足，无怨望忿怒之患，强弱之难，无谗贼妒疾之人。民修德而美好，被发衔哺而游，不慕富贵，耻恶不犯。父不哭子，兄不哭弟。毒虫不螫，猛兽不搏，抵虫不触。故天为之下甘露，朱草生，醴泉出，风雨时，嘉禾兴，凤凰麒麟游于郊。囹圄空虚，画衣裳而民不犯。四夷传译而朝。民情至朴而不文。郊天祀地，秩山川，以时至，封于泰山，禅于梁父。立明堂，宗祀先帝，以祖配天，天下诸侯各以其职来祭。贡土地所有，先以入宗庙，端冕盛服而后见先。德恩之报，奉先之应也。[1]

"王"是人群、社会的首领，"王"之政治代表人群行为是否恰当，所以"天"之顺逆主要决定于"王"。政令正确，则元气、阴阳、五行运行顺畅，自然界风调雨顺，各种"祥瑞"纷纷出现，"景星见、黄龙下"，甘露、朱草、醴泉、嘉禾兴，凤凰麒麟都是祥瑞之物。各种祭祀、礼仪在人间政治清明、百姓安居乐业基础上才有效果，也是对这种祥瑞的仪式化赞颂。像夏桀、商纣以及西周末年那样倒行逆施，天下大乱，君臣相杀、父子相残，百姓流离失所，上天就会降下灾难：

---

[1] 苏舆撰、钟哲点校：《春秋繁露义证·王道》，中华书局1992年版，第100—105页。

>　　日为之食，星霣如雨，雨螽，沙鹿崩。夏大雨水，冬大雨雪，霣石于宋五，六鹢退飞。霣霜不杀草，李梅实。正月不雨，至于秋七月。地震，梁山崩，壅河，三日不流。昼晦。彗星见于东方，孛于大辰。鹳鹆来巢，《春秋》异之。以此见悖乱之徵。[1]

天既可以降下祥瑞，福佑万民，也可以造成灾难，使大山崩塌、江河改道、天气异常，这些反常现象都见之于《春秋》，董仲舒以此说明天对无道帝王的警告。董仲舒不否认鬼神的存在，但是鬼神也服从于天，天是"百神之大君"[2]。但是董仲舒的"天"又与春秋以前人格神的"天"有所不同。商周时期，"天"像一个帝王，有左右陪臣，所谓"文王陟降，在帝左右"，天可以"令风雨"。董仲舒也明确肯定"天"有意志，"灾异以见天意。天意有欲也，有不欲也。"[3]，但是"天"表达其意志不再是派遣使者，或者降神于人，使神附于人身以传达其意旨。在董仲舒，天人之间有中间环节，天通过阴阳五行运行而形成的祥瑞、灾难垂示人类；人通过阴阳五行来"识读"天的意志，阴阳五行是沟通天人的中介。自然界的反常现象无时不有、无处不在，那么何者代表天意？代表天的什么意思？人如何识读阴阳五行中所包含的天意呢？董仲舒提出一个重要的方式，就是"同类相感"，也就是"天人感应"。"天人感应"的基础和表现又体现在两个方面，一是天人相似，即"人副天数"；二是"同类相感"，这是董仲舒"天人感应"思想的重要特点。

　　天地之间人为贵，人与天地间他物有着本质的不同，这也是董仲舒的核心观点，因此他强调仁爱，认为人之生命具有无上价值。在这里，董仲舒以人的特殊地位来论证"天人感应"的可能性。天地都是一气所生，人是天地之精气所生，与其他物类的最大不同在于人具有与天地相似的构造：

>　　人有三百六十节，偶天之数也；形体骨肉，偶地之厚也。上有耳目聪明，日月之象也；体有空窍理脉，川谷之象也；心有哀乐喜怒，神气之类也。观人之体一，何高物之甚，而类于天也。物旁折取天之阴阳以生活耳，而人乃烂然有其文理。是故凡物之形，莫不伏从旁折天地而

---

[1] 苏舆撰、钟哲点校：《春秋繁露义证·王道》，中华书局1992年版，第108页。
[2] 苏舆撰、钟哲点校：《春秋繁露义证·郊语》，中华书局1992年版，第398页。
[3] 苏舆撰、钟哲点校：《春秋繁露义证·必仁且智》，中华书局1992年版，第260页。

行，人独题直立端尚，正正当之。是故所取天地少者，旁折之；所取天地多者，正当之。此见人之绝于物而参天地。是故人之身，首妾而员，象天容也；发，象星辰也；耳目戾戾，象日月也；鼻口呼吸，象风气也；胸中达知，象神明也，腹胞实虚，象百物也。百物者最近地，故要以下，地也。天地之象，以要为带。颈以上者，精神尊严，明天类之状也；颈而下者，丰厚卑辱，土壤之比也。足布而方，地形之象也。是故礼，带置绅必直其颈，以别心也。

人不仅与天地之像类似，是天的"副本"，人体的构造、生理运动也与阴阳五行相应：

> 带而上者尽为阳，带而下者尽为阴，各其分。阳，天气也；阴，地气也。故阴阳之动，使[1]……人足病，喉痹起，则地气上为云雨，而象亦应之也。天地之符，阴阳之副，常设于身，身犹天也，数与之相参，故命与之相连也。天以终岁之数，成人之身，故小节三百六十六，副日数也；大节十二分，副月数也；内有五脏，副五行数也；外有四肢，副四时数也；乍视乍瞑，副昼夜也；乍刚乍柔，副冬夏也；乍哀乍乐，副阴阳也；心有计虑，副度数也；行有伦理，副天地也。此皆暗肤著身，与人俱生，比而偶之弇合。于其可数也，副数；不可数者，副类。皆当同而副天，一也。是故陈其有形以著其无形者，拘其可数以著其不可数者。以此言道之亦宜以类相应，犹其形也，以数相中也。[2]

"以此言道之亦宜以类相应，犹其形也，以数相中也"，因为人与天相类，"人之道"也与"天之道"相通，是以天人之间能够"感应"。末句苏舆认为"道"与"之"两字倒置，这样，意思更为显豁。《深察名号》谓："天人之际，合而为一，同而通理"[3]，也是这个道理，这应该是中国传统哲学中"天人合一"最早的明确表达。

董仲舒在《同类相动》中，对天人同类相感有详细的表达：

---

[1] "使"后有脱文。
[2] 苏舆撰、钟哲点校：《春秋繁露义证·人副天数》，中华书局1992年版，第354—357页。
[3] 苏舆撰、钟哲点校：《春秋繁露义证·深察名号》，中华书局1992年版，第288页。

今平地注水，去燥就湿，均薪施火，去湿就燥。百物去其所与异，而从其所与同，故气同则会，声比则应，其验皦然也。试调琴瑟而错之，鼓其宫则他宫应之，鼓其商而他商应之，五音比而自鸣，非有神，其数然也。美事召美类，恶事召恶类，类之相应而起也。……天将阴雨，人之病故为之先动，是阴相应而起也。天将欲阴雨，又使人欲睡卧者，阴气也。有忧亦使人卧者，是阴相求也；有喜者，使人不欲卧者，是阳相索也。

天有阴阳，人亦有阴阳。天地之阴气起，而人之阴气应之而起，人之阴气起，而天地之阴气亦宜应之而起，其道一也。明于此者，欲致雨则动阴以起阴，欲止雨则动阳以起阳，故致雨非神也。……物固有实使之，其使之无形。《尚书大传》言："周将兴之时，有大赤乌衔谷之种，而集王屋之上者，武王喜，诸大夫皆喜。周公曰：茂哉！茂哉！天之见此以劝之也。"[1]

在这篇文章中，体现了董仲舒一贯的对事物细致入微的研究精神，对自然现象做了精细的研究，如乐器之间的共鸣（鼓其宫则他宫应之，鼓其商而他商应之，五音比而自鸣），是一种真实的"感应"，并非有神秘不可知的力量在操纵，是其内在规律的体现（非有神，其数然也）。牛马之间的和鸣，公鸡在黎明时分不约而同地打鸣，这是动物本能与自然信号之间的微妙联系，此外候鸟长距离的迁徙，能够准确识别方向，其中的奥妙人类至今难以完全破解，但肯定有着内在联系。如人的病症与时间、天气等有联系，天气的变化最先在身体不适的人身上有了反应，这都是经验事实。通过自然感官人看到的是一个世界，还有通过自然感官看不到而通过仪器可以测到的世界，如各种射线、粒子等，是我们看不见平时也很难感觉到的物质，但是它们真实存在，并发生作用，更有通过仪器尚测不到的世界。董仲舒相信这些看不到的物质和力量的存在，并联系着天与人："物固有实使之，其使之无形"；他致力于探索肉眼看不到、也不易感觉到的现象，并深究其原因："谓之自然，其实非自然也，有使之然者矣"。

董仲舒对这些自然现象做进一步的综合与提升，对"同类感应"做哲学概括，提出一切现象都可以用阴阳五行这些范畴来解释。如果我们仅从这个角度来

---

[1] 苏舆撰、钟哲点校：《春秋繁露义证·同类相动》，中华书局1962年版，第358—361页。

看，董仲舒是一个多么具有探索精神的古代科学家啊！但是他并不清楚哲学范畴与自然界的具体因果联系有着本质的区别，哲学范畴只是对自然因果律的一种方向性概括，它也可以成为总结经验资料的工具，但这种"总结性的工具"并不能代替对因果联系的具体揭示，离开了这种具体因果联系，仅仅用哲学范畴来推测，必然会发生谬误。比如五行配五脏，五脏之病依五行之次序传递，肝木有病传脾土，这只是一种可能，传之与否，还要看具体病情，"诸法和参"方能正确诊病，仅从五行相生来判断病情，那是庸医杀人的路数。当我们说某物能够燃烧是因为含有"燃素"，这并没有揭示"燃烧现象"的具体机制，但却不是什么也没说，而是说某物燃烧有其内在原因，不是神的意志，所以我们将其称为"哲学的概括"。当我们认识到碳在一定温度下与氧气发生剧烈化学反应，发热、发光，产生二氧化碳，则是揭示了科学因果联系，哲学范畴"燃素"也就被强烈氧化反应的科学术语所取代。

但是限于当时对自然界的认识水平以及董仲舒政治、伦理思想方面的先入之见，他在科学的认识、哲学概括的基础上又向前迈了一步：不仅认为哲学范畴可以揭示一切因果联系，而且凭这种哲学联系还可以影响、左右自然现象。在这种逻辑下，董仲舒并不是有意神化什么，也不是在"神道设教"，而是真的相信：掌握了阴阳五行、同类感应的奥秘，就可以左右风雨。"明于此者，欲致雨，则动阴以起阴，欲止雨，则动阳以起阳，故致雨，非神也。而疑于神者，其理微妙也。"他很自信地说，致雨、止雨可以人工控制，这不是神的力量，也无需借助神，明白了其中微妙的道理，人就可以做到。迈出这一步，就走向了谬误，在董仲舒的笔下，"自然的天"就变成了"神化的天"。班固说："仲舒治国，以《春秋》灾异之变推阴阳所以错行，故求雨，闭诸阳，纵诸阴，其止雨反是；行之一国，未尝不得所欲。"[1] 前半部分非常准确地概括了董仲舒把阴阳五行与《春秋》结合的学术脉络，也突出了董仲舒对自己"同类感应"说的自信，但后半部分则失之太远，如果真是那么准确，董仲舒就不会因为对辽东高庙、长陵高园殿的灾异预测差点掉了脑袋。

（三）伦理化的"天"

上面主要讨论董仲舒思想中"自然的天"与"神化的天"，这里我们再分析一下"人化的天"。一言以蔽之，"人化的天"就是把"天"以及"天"的规律体现者阴阳五行"伦理化""价值化"。

---
[1]班固：《汉书·董仲舒传》，中华书局1992年版，第2524页。

董仲舒有着独特的阴阳运行观，他认为"十"是"天之大数"，蕴藏着宇宙运行的规律和奥秘。阳气正月生，出于东北，向南、向西运行，最后入于东北，阴气与之相反。阳气在正东，阴气在正西，此时昼夜平分，为春分；阳气运行到正南为极盛，阴气极衰，为夏至；阳气到正西，阴气到正东，为秋分。阳气出，万物萌生，阳气转盛，万物随之生长繁育，阳气运行十个月，万物成熟，完成一个生长周期。阳气衰则物随之衰，"物随阳而出入，数随阳而终始"，所以十是"天数"，天以十月为一个生长周期；人受孕后，亦历十月而发育完成，是以人天同道。上古圣王制定历法，以阳气出为正月，计算天数以白天为依据，计算年数以阳气运行为依据，"以此见之，贵阳而贱阴也"。从自然节律的角度，董仲舒赋予阴阳以价值意义。从广义的角度上讲，在上的、积极的都属于阳，反之，则为阴。

> 诸在上者皆为其下阳，诸在下者皆为其上阴，阴犹沈也。
> 是故推天地之精，运阴阳之类，以别顺逆之理。安所加以不在？在上下，在大小，在强弱，在贤不肖，在善恶。恶之属尽为阴，善之属尽为阳。[1]

这段话非常明白地体现了董仲舒认为阴阳包含着价值的意义——"阳尊阴卑"，这是他阴阳五行思想的又一个关键点，对于正确看待董仲舒"天"以及"阴阳五行"思想、对于理解董仲舒的哲学思想甚至董仲舒的整个思想体系有着非同寻常的重要意义。由于两千年来对董仲舒思想的认识分歧很大，至今也难以统一，分歧的关键之一就在"天"及"阴阳五行"问题上。为了准确理解董仲舒，不至于有所歪曲，需要对他的原文多作一些引证。

> 阳为德，阴为刑。刑反德而顺于德，亦权之类也。虽曰权，皆在权成。是故阳行于顺，阴行于逆。逆行而顺，顺行而逆者，阴也。是故天以阴为权，以阳为经。阳出而南，阴出而北。经用于盛，权用于末。以此见天之显经隐权，前德而后刑也。故曰：阳天之德，阴天之刑也。阳气暖而阴气寒，阳气予而阴气夺，阳气仁而阴气戾，阳气宽而阴气急，阳气爱而阴气恶，阳生而阴气杀。是故阳常居实位而行于盛，阴常居

---

[1] 苏舆撰、钟哲点校：《春秋繁露义证·阳尊阴卑》，中华书局1992年版，第325—326页。

空位而行于末。天之好仁而近，恶戾之变而远，大德而小刑之意也。先经而后权，贵阳而贱阴也。故阴，夏入居下，不得任岁事，冬出居上，置之空处也。养长之时伏于下，远去之，弗使得为阳也。无事之时起之空处，使之备次陈，守闭塞也。此皆天之近阳而远阴，大德而小刑也。[1]

这里有两层重要含义，一是由阴阳的属性、阴阳的运行再次论证"阳尊阴卑"。在董仲舒的思想中，阴阳的这种价值含义不是他赋予的，而是他精研阴阳运行而总结出来的"天之属性"。二是阳尊阴卑运用到"刑德"问题上，应该"贵德贱刑"，这是董仲舒政治思想的重要观点。

阴阳与五行相配属，因此五行也有了尊卑等价值意义。

春秋之中，阴阳之气俱相并也。中春以生，中秋以杀。由此见之，天之所起其气积，天之所废其气随。故至春少阳东出就木，与之俱生；至夏太阳南出就火，与之俱暖。此非各就其类而与之相起与？少阳就木，太阳就火，火木相称，各就其正。此非正其伦与？至于秋时，少阴兴而不得以秋从金，从金而伤火功，虽不得以从金，亦以秋出于东方，俛其处而适其事，以成岁功。此非权与？阴之行，固常居虚而不得居实。至于冬而止空虚，太阳乃得北就其类，而与水起寒。是故天之道，有伦、有经、有权。[2]

因为阴阳是二分，是偶数，要与五行的"五"相配，阴阳又作进一步的划分，有"少阴""少阳"之说。阴阳各分为二，与五行配属的问题就解决了。五行通过与阴阳配属，并与四季结合，由于阴阳的位置决定四季，五行也相应有其位置。阴阳各分为二也不是董仲舒的创造，在《黄帝内经》中阴阳还分为少阴（阳）、至阴（阳）、太阴（阳），这样分为六种，合并起来与人的十二经脉配属。五行与方位、四季的配属也绝不是董仲舒的创造，《吕氏春秋》"十二纪"首、《淮南子·时则训》等董仲舒之前以及与董仲舒同时的文献姑且不论，《管子》中也有相当多的此类资料，长沙马王堆出土的战国缯书也有四时、五行、阴阳的配属，而且缯书中间为黄色，四周分别为青、赤、黄、白，并有相应的文字表述，

---

[1] 苏舆撰、钟哲点校：《春秋繁露义证·阳尊阴卑》，中华书局1992年版，第326—327页。
[2] 苏舆撰、钟哲点校：《春秋繁露义证·阴阳终始》，中华书局1992年版，第340页。

这种配属方案在战国时期已经比较成熟了。董仲舒的关键在于强调（也不是"创造"）阴阳五行的"价值性"。下面是五行尊卑的论述：

> 河间献王问温城董君曰："《孝经》曰：'夫孝，天之经，地之义。'何谓也？"对曰："天有五行，木火土金水是也。木生火，火生土，土生金，金生水。水为冬，金为秋，土为季夏，火为夏，木为春。春主生，夏主长，季夏主养，秋主收，冬主藏。藏，冬之所成也。是故父之所生，其子长之；父之所长，其子养之；父之所养，其子成之。诸父所为，其子皆奉承而续行之，不敢不致如父之意，尽为人之道也。故五行者，五行也。由此观之，父授之，子受之，乃天之道也。故曰：夫孝者，天之经也。此之谓也。"王曰："善哉。天经既得闻之矣，愿闻地之义。"对曰："地出云为雨，起气为风。风雨者，地之所为。地不敢有其功名，必上之于天。命若从天气者，故曰天风天雨也，莫曰地风地雨也。勤劳在地，名一归于天，非至有义，其孰能行此？故下事上，如地事天也，可谓大忠矣。土者，火之子也。五行莫贵于土。土之于四时无所命者，不与火分功名。木名春，火名夏，金名秋，水名冬。忠臣之义，孝子之行，取之土。土者，五行最贵者也，其义不可以加矣。五声莫贵于宫，五味莫美于甘，五色莫盛于黄，此谓孝者地之义也。"[1]

这里以五行相生类比君臣、父子的伦理。五行与四季配属有两种方案：一是在四季中间加一季，也就是在夏与秋之间加一个"长夏"，"长夏"相当于三伏天。二是把土放在中央，中央为"王者之位"，所以董仲舒说"五行莫贵于土"。土居中央，与四季的关系也有两种方案：或"土不主时"，即土不属于任何一季；或土"寄王于四季"，即土分别在四季之中，每月18天属于"土"，合起来为72天。董仲舒说"土于四时无所命"，是因为"土"为"火"所生，"所生"者为父，子不与父"分功名"。但是与五行相配的角徵宫商羽五声、酸苦甘辛咸五味、青赤黄白黑五色中的"宫声""甘味""黄色"都居中央，为最贵，是为了突出"孝子"的谦卑。不管地位多高，为子的职责都要担负，这是董仲舒的创造。同时，董仲舒又说，尽子职的"土"为"五行最贵者也""其义不可以加矣"，又涵摄了"土"为帝王的意义，虽为"帝王"，但依然要在父母面前尽孝

---

[1] 苏舆撰、钟哲点校：《春秋繁露义证·五行对》，中华书局1992年版，第314—317页。

道，强调了"孝"为不可置疑的绝对价值（天之经，地之义），这也是董仲舒作为一代学术大师的精微、通达之处。下面一段也是对此的解释：

> 为人子者，视土之事火也。虽居中央，亦岁七十二日之王，傅于火以调和养长，然而弗名者，皆并功于火，火得以盛，不敢与父分功美，孝之至也。是故孝子之行，忠臣之义，皆法于地也。地事天也，犹下之事上也。地，天之合也，物无合会之义。[1]

这里又透露出土居中央、各王四季的传统说法，但强调"土"把自己的"功美"全归于其父"火"，体现了君臣、父子大伦中君、父的绝对性，也是"三纲"思想的实质内涵。

站在今天的角度上，"伦理化"的天之哲学思想脉络一目了然：先是把"天"及其规律的体现者"阴阳五行"伦理化，然后以伦理化的天证明人间伦理的永恒性。

二、以"阴阳五行说"改造儒学：复古还是创造

"自然的天""感应的天""伦理的天"是董仲舒"天论"之三义，明了此三义，董仲舒的哲学思想即豁然呈露，其关于"天"以及"阴阳五行"思想的是非得失也就找到了解决之道。"自然的天"是其哲学义理合理性的基础，"伦理的天"是其核心观点，"感应的天"是其特点。如果我们把董仲舒放在周、秦、汉这个思想史的长时段中分别来看，此三义都不是董仲舒的创造；合起来看，并结合其独特的论证方法，则不能不说是董仲舒的创造。明乎此，不属于董仲舒的"罪过"和"功劳"都可以剥离，属于董仲舒的也确然无可卸辞。

徐复观先生在汉代思想史研究中多有真知灼见，既切合历史实际，又高屋建瓴、深重肯綮，对董仲舒的评价也是如此。比如他说："由其公羊春秋对《春秋》的解释，发生了一大转折，影响到西汉其他经学解释上的转折，乃至影响到先秦儒家思想在发展中全面的转折，在思想史上的意义特为重大。而此一转折，与董氏天的哲学系统是密切相关的。""用现代的语言来表达，他（董仲舒）要使《春秋》成为大一统专制帝国的宪章"，"《公羊传》是董仲舒进入到自己哲学系统中的一块踏脚石"，如此等等，都非常精当。但是徐复观先生说"儒家思

---

[1] 苏舆撰、钟哲点校：《春秋繁露义证·阳尊阴卑》，中华书局1992年版，第326页。

想发展到董仲舒,在许多地方变了形;在许多地方,可以把董氏以前与董氏的新说及受董氏新说影响的继起之说,划一个大分水岭。两千余年,阴阳五行之说,深入社会,成为广大的流俗人生哲学,皆可追溯到董仲舒的思想上去。"[1] 则无论从正面述还是反面,都夸大了董仲舒的作用。

(一)董仲舒在囊括天人的阴阳五行构架方面并无独创性

对董仲舒哲学思想评价的不确定与摇摆,很大程度上与阴阳五行学说的历史发展脉络认识有关。一种具有很大影响的观点是推后阴阳五行说发达以及阴阳五行相结合的时间,而夸大了董仲舒在这方面的创造性,徐复观先生就是如此。徐先生说:"五行由国计民生所实用的五种材料,演变而为宇宙间的五种基本元素,且与阴阳二气关联在一起,只能追溯到邹衍。到了《吕氏春秋》,则把五行配入到四时中去,更配上他们认为与四时相应的政令思想,第一次建立了以阴阳五行为依据的宇宙、人生、政治的特殊构造。"[2] 徐先生认为阴阳与五行结合在邹衍时期,阴阳五行相配,形成囊括天人的庞大系统在《吕氏春秋》时期才开始,这一度是学术界通行的观点,日本学者金谷治也认为阴阳五行的结合从阴阳家邹衍开始。[3] 这种观点的通行,有其特定的时代背景,在思想上受疑古派的束缚,在材料方面未看或未注意到20世纪70年代以来大量的出土文献。疑古派受康有为影响,把反映春秋乃至更早时期的文献打入另册,认为是伪造,而不能正视传世文献中所反映的阴阳五行说的真实情形。

早在春秋时期,阴阳五行就被糅合在一起,并且与"五味""五色""五声""六畜"等因素联系起来,形成了包括天人的思想系统:

> 则天之明,因地之性,生其六气,用其五行。气为五味,发为五色,彰为五声。淫则昏乱,民失其性。是故为礼以奉之,为六畜、五牲、三牺,以奉五味;为九文、六彩、五章,以奉五色;为九歌、八风、七音、六律,以奉五声。[4]

《左传》中的这段话,明显地体现了其背后有一个配属广泛的五行系统。阴阳二字虽然没有出现,但"六气"指"阴阳风雨晦明",在此,阴阳与五行已经建立

---

[1] 徐复观:《汉代思想史》(二),九州出版社2014年版,第268—269、308、332页。
[2] 徐复观:《汉代思想史》(二),九州出版社2014年版,第269页。
[3] [日]金谷治著、曲翰章译:《五行说的起源》,《哲学译丛》1990年第3期。
[4] 杨伯峻:《春秋左传注》(修订本),中华书局1990年版,第1457—1458页。

了联系。《管子》中的《幼官》《四时》《阴阳》《五行》等篇章中也显示了阴阳五行合流的情形，中外学者之所以无视这些材料，主要是受疑古派影响，而不认为它们反映了春秋战国时期的思想观念。马王堆帛书《要》篇有明确把阴阳五行对举的记载：

> 易又（有）天道焉，而不可以日月星辰尽称也，故为之以阴阳。又（有）地道焉，而不可以水火金土木尽称也，故律之以刚柔。又（有）人道焉，不可以父子、君臣、夫妇、先后尽称也，故要之以上下。又（有）四时之变焉，不可以万勿（物）尽称也，故为之以八卦。[1]

出土文献明白无误地显示了战国时期不仅五行与阴阳关联，而且也建立了包含宇宙、人生、政治乃至灾异等庞大的阴阳五行系统，不仅阴阳五行的结合不是邹衍的"发明"，《吕氏春秋》也只是延续了战国以来的传统，并非首创。当代学者白奚也认为，阴阳五行的合流是在"《乘马》《势》《侈靡》《形势解》《水地》《地员》《宙合》《七臣七主》《揆度》《禁藏》等篇中逐步完成的"[2]。《吕氏春秋》既然没有这样的发明权，董仲舒在阴阳五行这个庞大天人系统构建方面的创造性也不能作太高的估价，只不过是沿袭前人说法而已。

（二）对"天人感应"的新论证

董仲舒最为后世作瞩目的就是"天人感应"，不少学者认为这是董仲舒的创造，有的说是董仲舒导致了上古宗教、迷信思想的回潮。确实，"天"作为神秘性、主宰性力量的观念，上古时期就普遍存在，《国语》所谓"夫人作享，家为巫史"，甲骨文所记载的大量占卜事实就是明证。但上古宗教、迷信传统是非常复杂的，总的来说，天人之间的交感有两种情况，一种是没有"媒介"，一种是有"媒介"，无论是否有"媒介"，都有一套繁缛的程序。没有"媒介"的，是通过一定的仪式、程序，神直附体于人，传达其旨意，《左传》中有大量的神降于人身的记载，包括各种梦的"应验"，也属于神直接对人的启示。此外就是通过神树、神山、玉器等与天沟通，获得天的旨意，张光直先生对这种巫术活动有着比较充分的论述。[3] 天人之间靠什么力量来沟通，形形色色、非常复杂，总

---

[1] 陈松长、廖名春：《帛书〈二三子问〉、〈易之义〉、〈要〉释文》，陈鼓应：《道家文化研究》第三辑，上海古籍出版社1993年版，第435页。
[2] 白奚：《中国古代阴阳与五行说的合流——〈管子〉阴阳五行思想新探》，《中国社会科学》1997年第5期。
[3] 张光直：《商周青铜器上的动物纹样》，《中国青铜时代》，生活·读书·新知三联书店1999年版，第424—454页。

之是不可见的力量交互感应,张光直将其称为"交感巫术",法国学者列维-布留尔称之为"互渗律"。[1]

董仲舒的"天人感应"与此有别。他把天人之间的感应"媒介"做了"纯化",认为"气"是天人得以"感应"的媒介,天地人因为都是一气构成,所以它们之间能够感应,最显著的是乐器中的一宫动而它宫应之,"水流湿、火就燥",其气相同,因而可以相互感应。从这个角度来看,董仲舒有把天人感应"媒介""物质化"的倾向,也体现了汉初力图把自然现象进行高度概括的努力。这实际上是战国、秦汉以来学界对自然现象以及自然哲学认识方面提升的表现。秦至汉初,以气为构成材料的元气宇宙论即已成型,汉代流行的"浑天说"就以"元气宇宙论"为基础,汉初的贾谊在董仲舒时代成书的《淮南子》,对元气构成宇宙的观点有着比较完备的阐述,这是汉代在自然哲学方面的主要成果之一,牟宗三先生说汉代哲学受元气宇宙论的决定和影响,与魏晋以来以"空""无"等本体论为核心的哲学体系有着突出的区别,这是很精当的看法。[2] 我们说元气宇宙论在汉初定型,这是这种思想产生的下限,在战国时期就有此类的说法,如《庄子》"通天下者一气耳""易以道阴阳",稷下学派学者著作以及《管子》中的许多篇章都反映了气构成宇宙的思想,只是没有《淮南子》系统、全面。相应地,以元气为"媒介"的万物之间感应、天人之间感应思想也产生了。《吕氏春秋·应同》曰:"类固相召,气同则合,声比则应。鼓宫而宫动,鼓角而角动。平地注水,水流湿;均薪施火,火就燥。"并且《应同》也把这种感应延伸到伦理道德与天的感应方面:"故曰同气贤于同义,同义贤于同力,同力贤于同居,同居贤于同名。帝者同气,王者同义",至于灾异与帝王兴衰的内容这是《应同》开篇所申明之义:"凡帝王者之将兴也,天必先见祥乎下民。黄帝之时,天先见大螾大蝼……"。[3] 可以肯定,《春秋繁露·同类相动》篇中文字就是从《应同》中化出,遣词用句都非常相似,在其论述天人感应以及"人副天数"的部分,也有与《应同》相似的说法。可见,董仲舒吸收了战国、秦汉以来"元气宇宙论"的思想成果,对其做了新的论证,把"气"作为"天人感应"的"媒介",这是与春秋及其以前"天人交感"巫术的根本区别。

---

[1][法]列维-布留尔著,丁由译:《原始思维》,商务印书馆1981年版,第116—117页。
[2]牟宗三:《才性与玄理·原版自序》,广西师范大学出版社2006年版,第1—2页。
[3]吕不韦:《吕氏春秋·应同》,上海书店1986年版,第126—127页。

（三）探究天人与儒学的"再论证"

由上面的分析可见，董仲舒在"春秋学"、阴阳五行说、儒家的礼仪规范等多个方面都有深入的探讨，也有创见，这种创见主要是对相关领域做深化、细化。在他所涉及的问题、学说方面，董仲舒可以称得上是有所发挥的"专家"，但他的主要创造不在具体领域，而在于把各个具体领域联系起来，做"综合创新"。他最为后人瞩目的是阴阳五行与儒学的结合，但是此二者的结合也绝不是始于董仲舒。阴阳五行是一种思维方式，一定程度上也可以说是巫术的思维工具，要看其具体运用的领域。既然是一种工具，任何一家、一派都有运用的"权利"，不是哪一家的"专利"。历史事实也是如此，道家、墨家、法家、兵家都曾运用阴阳五行，儒家也不例外。《周易》、《春秋》三传、《三礼》都吸纳了阴阳五行说，尤其是《礼记·月令》体现了包括"天人交互感应"在内的庞大系统，而且《月令》也绝不是汉儒的创造，从甲骨文四方风四方神刻辞、《尧典》关于"四仲星"记载、《夏小正》、《山海经·大荒经》到《逸周书·时则训》以及《管子》中的相关篇章，都有类似的内容。我们可以看到，商周以来就形成了一个特殊的观念、文献系统，此系统以时间节律为经，物候、人事政令为纬，包括各种巫术性的"违时悖乱"（不顺季节行事则会造成感应性的灾难），我们也可以称之为"《月令》文献系统"。阴阳五行说就在这一系统中发展壮大，并实现了二者的结合。[1]"阴阳家"只不过是把这种上古流传下来的观念做专门的细化，尤其是邹衍以五行为工具推演王朝兴替，得到了包括燕昭王在内的统治者的推崇而显名，这就是所谓的"五德终始说"。阴阳与五行的结合也不是邹衍的发明。从儒学发展史的角度来看，阴阳五行说只是其包罗万象体系中的一个部分，但是到了董仲舒时期，极大地提高了阴阳五行说的地位，将其作为论证儒家伦理规范合理性、帝王必须尊崇的哲学工具，这是董仲舒对儒学的新发展。具体来说，董仲舒以"自然的天""哲学的天"来强化"人化的天"（或云"义理的天""道德的天"）；在经典方面，以《公羊春秋》为中心，重新阐释儒家伦理、价值观系统，结合景帝、武帝时期的政治实际与思想实际，使儒学跻身到国家最高统治思想行列。

"人化的天"（"义理的天"）也不是董仲舒的发明。这是西周以来的旧传统，《易》系辞所谓"天尊地卑"就是天地伦理化的体现，阴阳配天地，阴阳也随之被伦理化。从西周以来，"天"是一个逐步被去神秘化而走向自然化

---

[1] 武占江：《中国古代思维方式的形成及特点》，陕西人民出版社2001年版，第135—141页。

的过程，孔子即明确地把"天"解释成自然现象、自然力量，到荀子而达到高峰。董仲舒强调"天人感应"的"灾异"说，确实是神秘性、巫术性思想回潮的体现，这一点不容否认。从人类认识史的角度来说，在科学尚不足以充分揭开自然奥秘之前，迷信思想总是有存在的余地，无法根绝；在帝王权力达到极峰、要求思想高度统一的形势下，迷信思想就被激发而大幅弥漫，此后谶纬、迷信思想不断肿胀，深深影响到汉代政治、生活的方方面面，这都与董仲舒思想有着直接的关系。

第四章　董仲舒政治思想及其历史地位

"公羊学"与"阴阳五行说"是董仲舒思想中的两个重要基点，是其政治思想的"学理依据"，通过学术思想再建构，把由"先王"体现的历史传统与"天的意志"统一起来，即所谓的"奉天法古"，儒家传统"先王观"权威重新确立，黄老、法家在意识形态显性层面上的统治地位逐渐被儒家所取代。

第一节　黄老思想在汉初居于统治地位

汉代是继春秋战国五百年大分裂、大动荡之后的第一个盛世，也是中国两千年来制度、思想的奠基时期，在历史上具有重要地位。西汉盛世出现的原因是多方面的，客观上，反秦活动遍地而起，秦始皇建立起来的国家机器被打碎，这使得西汉统治者可以重新规划治理蓝图。同时，百家争鸣时期中国思想文化大爆发，各家各派从各个方面提出了自己的方案，为国家治理提供了多种选择。主观方面，从刘邦到文帝、景帝、武帝、宣帝以及辅佐昭帝的霍光等都积极有为，对当时流行的各种思想基本上能够做到择善而从；汉初形成了"布衣将相"的局面，他们虽然"厚重少文"，但是身上也没有太多的因袭负担和历史惰性力量，这使得前朝的经验教训以及当时的各种新思想不同程度具有了实践的可能。从思想文化的角度而言，西汉盛世是百家争鸣在国家治理方面结出的硕果。汉武帝之前，黄老、法家在思想上占统治地位，对汉代走向强盛也起到重要作用，其他各派思想在不同程度都有表演的舞台，可以说这一时期是诸子思想的又一个活跃时期。

一、黄老思想的内涵

黄老思想是汉初君臣经过了酷烈的反秦战争之后，根据当时国家实际情况，为了巩固自身统治、安定社会秩序、恢复生产而做出的自主选择，有其历史必然性。

(一)以黄老思想矫正秦之苛法

自公元前209年陈胜、吴广大泽乡起义到前202年刘邦垓下击败项羽,中国处于大规模的战争之中,天下疲敝已极,百姓死亡枕藉,汉王朝所面临的是一个国困民贫的局面:"米石五千,人相食,死者过半。高祖乃令民得卖子,就食蜀汉。天下既定,民亡盖臧,自天子不能具醇驷,而将相或乘牛车"[1]。虽然形式上实现了统一,但政局不稳,英布、彭越、韩信等异姓诸王手握重兵,是西汉政权潜在的威胁。刘邦集团为了巩固自己的统治、争取民心,采取轻徭薄赋、安抚百姓的政策。高帝六年五月下诏,裁减军队,对于解甲还乡的军人无爵的赐予"大夫"级别的爵位,原为大夫以上爵位的都加一级,赐以田宅,免除本人及其家庭的赋税和徭役。对那些啸聚山林以自保的民众,恢复原有的爵位及田宅,百姓因贫困而自卖身为奴的也恢复平民身份。要求郡县官吏善待民众,不得苛责。诸侯子弟迁居关中的,免除12年赋税,回原籍者减半。[2] 以满足官员俸禄以及政府开支为依据,尽量减少对百姓赋税征收,采取十五分之一的税率。由此可见,刘邦的政策重点照顾军人,并对百姓、官员也予以优容。这些拨乱反正的政策正是医治战争创伤、恢复国力的对症之药。

在国家制度方面,基本上沿袭秦朝以来的"遗产"。刘邦初入关中,一度废除秦之苛法,与百姓"约法三章":"杀人者死,伤人及盗抵罪"。三章之法并不能满足治理国家的需要,后来萧何"攈摭秦法,取其宜于时者,作律九章。"[3] 礼仪制度虽然由儒生叔孙通制定,但也多因袭嬴秦之故:"至秦有天下,悉内六国礼仪,采择其善,虽不合圣制,其尊君抑臣,朝廷济济,依古以来。至于高祖,光有四海,叔孙通颇有所增益减损,大抵皆袭秦故。"职官制度也是如此:"自天子称号下至佐僚及宫室官名,少所变改。"[4] 刘邦是一个善于根据时势行政的政治家,在经济上采取休养生息政策,尽量扩大自己的统治基础;而终其一生,都处在激烈的政治、军事斗争之中,无暇进行制度礼乐的新创制。随着异姓王相继被剪灭,汉王朝政权到了相对巩固时期,才开始有意识地探寻治国的思想方略,此时黄老无为而治的思想逐渐占有统治地位,曹参是一个关键性人物。

汉惠帝元年,曹参为齐王刘肥的相。齐为大国,广土众民,统治七十余

---
[1] 班固:《汉书·食货志》,中华书局1962年版,第1127页。
[2] 班固:《汉书·高帝纪》,中华书局1962年版,第54页。
[3] 班固:《汉书·刑法志》,中华书局1962年版,第1096页。
[4] 司马迁:《史记·礼书》,中华书局1959年版,第1159—1160页。

城，凡操齐语者皆在其治下。曹参协助齐王制定治国之策，广泛征求齐地各派学者的意见，齐地儒生上百人纷纷向曹参献策，但各人说法不一，曹参无所适从，于是虚心向胶西盖公请教。盖公是黄老道家的传承者，他的治国原则是"治道贵清静而民自定"。曹参是刘邦的忠实追随者，饱经政治历练，此时刘邦的休养生息政策产生了良好的效果，盖公的思想与此相符，于是曹参采纳了盖公的建议，以黄老思想为齐国的治理原则。在齐国施政九年，社会安定，曹参声名大振。萧何去世后，曹参为相国，他把黄老无为而治的思想推广到国家治理之中，可以说曹参是一位有理论自觉的黄老派政治家。此后丞相陈平也是黄老思想的奉行者，陈平的为政方略对周勃也有很大影响。丞相为百官之首，他们的带动作用不言而喻，九卿及各级官员深受影响，出现了一批尊奉黄老之学的名臣，如汲黯、郑当时等。诸吕势力被铲除后，汉文帝及其皇后窦氏都终身奉行黄老之术，文帝死后，窦太后大权在握，终其一生，黄老思想的统治地位都没有被撼动。

（二）汉初黄老思想的主要内容

曹参治理实践与思想，《汉书》有简略的记载：

> 参去，属其后相曰："以齐狱市为寄，慎勿扰也。"后相曰："治无大于此者乎？"参曰："不然。夫狱市者，所以并容也，今君扰之，奸人安所容乎？吾是以先之。"
>
> 相舍后园近吏舍，吏舍日饮歌呼。从吏患之，无如何，乃请参游后园。闻吏醉歌呼，从吏幸相国召按之。乃反取酒张坐饮，大歌呼与相和。参见人之有细过，掩匿覆盖之，府中无事。

惠帝对曹参作为相国而终日饮酒、"无所事事"的做法不解，以为轻视自己，曹参于是作了简短的解释：

> 参免冠谢曰："陛下自察圣武孰与高皇帝？"上曰："朕乃安敢望先帝！"参曰："陛下观参孰与萧何贤？"上曰："君似不及也。"参曰："陛下言之是也。且高皇帝与萧何定天下，法令既明具，陛下垂拱，参等守职，遵而勿失，不亦可乎？"惠帝曰："善。君休矣！"
>
> 参为相国三年，薨，谥曰懿侯。百姓歌之曰："萧何为法，讲若画

一；曹参代之，守而勿失。载其清靖，民以宁壹。"[1]

"黄老无为而治"是"百家争鸣"中产生的一种极其高明的治理智慧，是在老子思想指导下，吸收各派学说，尤其是与法家相结合而形成的兼具"治道"与"治术"的理论、方法体系。"老"指老子，体现了道家以"自然"为最高价值的哲学观点，"自然"即事物之本然，落实在治理领域就是以"无为"而达到"无不为"的目的，用现在的话来说就是充分尊重自生自发的秩序，尽量减少个人的主观干预。"黄"指"黄帝"，战国以来，各种技术性的思想、方法多托名于黄帝，如《黄帝内经》《黄帝四经》《黄帝书》等。

从汉相曹参以及其他主要政治人物的实践中，我们可以概括出汉代的"黄老思想"有以下几个方面的突出特征：

1. 贵因循。"因循"是老子"任自然"思想的运用，尊重既定的自然秩序和社会秩序。就汉初的治理实践而言，就是因循叔孙通所制定的基本朝廷礼仪、萧何所制定的基本法律、制度体系，使臣民有明确的制度遵循，并对此制度具有强固的期待和信念，以消除各种破坏制度以及钻制度空子的企图，从而达到社会的秩序化。秦末以来，豪杰并起，各逞其能、各任其智，急需一个具有"公共性"制度来建立权威，使各种力量走入正轨，免除非分之想，以求得安定。所以曹参即以遵循萧何所定下的制度为第一要务，不做变更，以适应汉初休养生息的实际需要。他与相府的小吏一起歌呼饮酒，就是以形象感性的方式贯彻这种治理理念。在这种因循的战略之下，法家的制度以及以明习法令为特长的职业官僚得以维护，这是汉初政治运行的最大特点。

2. 重制度。这本是"因循"策略的应有之义。"无为而治"不是绝对的不作为，而是尽量减少有限的个人的随意作为、过分作为，让相对包含着"无限智慧"的制度去发挥作用，即曹参所说的："法令既明具，陛下垂拱，参等守职，遵而勿失。"陈平也是执行黄老政策的汉初政治家，汉文帝问右丞相周勃国家一年有多少案件、有多少钱谷的收入和支出，周勃以不知其数而感到畏惧、惭愧。左丞相陈平也不知其数，却安然处之，因为他认为这不是丞相的职分所在，有廷尉、治粟内史等专门的官员负责，只要按制度管理好这样的官员就行了。丞相陷入这样的具体事务之中，一是力所不逮，二是侵越了具体部门的职权，使他们不

---

[1] 班固：《汉书·萧何曹参传》，中华书局1962年版，第2018—2021页。

能尽责、无所适从。周勃对陈平的看法深为敬佩,文帝也接纳了陈平的观点。[1]这种理念和做法在汲黯的身上也有明显的体现。汲黯作为皇帝的使者去处理闽越地区各部族相互攻击的事件,实地考察之后,认为这是该地方的风俗,可以因本地风俗处理之,不必也不可能从根本上改变这种风俗。河内地区发生火灾,在汲黯看来也是小事,由地方官处理即可,而河南地区发生严重水灾,这是关系到国家安定的根本大事,是天子使者应该重视的问题,虽不在本次使命之内,但他从权处理,发国帑赈济灾民,即使冒着矫诏的罪名也要去做。在汲黯的思想中,有些原则和制度是不能触碰的底线,必须遵守:皇帝见大臣、大臣见皇帝之间的礼节即不能随便破坏,以汉武帝的威势,也不能使汲黯屈服,相比而言,功高盖世的大将军卫青以及位居丞相的公孙弘都不能守此底线。[2]另外,曹参"勿扰狱市"的理念也是对习俗、制度的恪守与遵循。[3]

3.尚宽容。"黄老思想"更多的治理方略,重点不在于"创制",而在于对既有制度、法律的"运用";不提倡"厚赏重罚",而尚宽缓,这是"黄老"与法家的最大不同。相对于法律、制度,个人的能力是有限的;制度、法律相对于具体事件,也是有限的,它不可能为各种具体事件准备好严丝合缝的规范。所以制度和法律如何运用于具体事件当中,就需要人的智慧,所谓"有治人无治法"。如果处处严苛,法律、制度就成了人的对立面,秦即以此而亡。如果把制度和法律只是当作一种维护社会秩序的底线,只是对极端行为予以制裁和限制,可严可宽者从宽,制度和法律就成为社会安定的守护者,"黄老"思想自然是倾向于后者。这种对既定制度的"运用性矫正"避免了秦之弊端,对汉代社会各方面的恢复发展起到极大作用,为西汉走向强盛奠定了基础。《汉书·刑法志》云:

> 当孝惠、高后时,百姓新免毒蠚,人欲长幼养老。萧、曹为相,填

---

[1] 司马迁:《史记·陈丞相世家》,中华书局1959年版,第2061—2062页。
[2] 司马迁:《史记·汲郑列传》,中华书局1959年版,第3107—3109页。
[3] "勿扰狱市"中的"狱市"具体所指,注家并未指明。《汉书》颜师古引孟康云:"夫狱市者,兼受善恶,若穷极奸人,奸人无所容窜,久且为乱。秦人极刑而天下畔,孝武峻法而狱繁,此其效也。"颜师古自己也作了解释:"老子云'我无为,民自化;我好静,而民自正。'参欲以道化为本,不欲扰其末也。"《史记集解》与颜师古的说法一致,只是个别字句不同。就其文意而言,"狱市"应该指监狱和市场,也以此代指司法与商业两个领域,"不欲扰其末"之"末"应与商业有关,汉代习惯把商业称为"末业"。商业活动以谋利为宗旨,如果官府与商人斤斤计较,则商人的各种奸伪行为即层出不穷,社会不会安定。司法行为也是如此,颜师古以武帝时期的任用酷吏政策为例,可见其对"狱市"的理解即其字面本意。今人陈直先生将其解释为齐国名为"獄市"的大市场,以为"狱"为"獄"的省文,并以《汉兴以来将相名臣年表》中的"高祖六年立大市"以及出土陶片中的"都市""河市""曹市"等具体的市场名字为佐证,此种证法并不充分,而且作了狭隘的理解,不如颜师古的解释合理。见陈直:《汉书新证》,天津人民出版社1959年版,第261页。

以无为，从民之欲，而不扰乱，是以衣食滋殖，刑罚用稀。

及孝文即位，躬修玄默，劝趣农桑，减省租赋。而将相皆旧功臣，少文多质，惩恶亡秦之政，论议务在宽厚，耻言人之过失。化行天下，告讦之俗易。吏安其官，民乐其业，畜积岁增，户口浸息。风流笃厚，禁罔疏阔。选张释之为廷尉，罪疑者予民，是以刑罚大省，至于断狱四百，有刑错之风。[1]

4.擅阴谋。同时，我们也要看到，作为方略的"黄老思想"其内容是非常庞杂的，不同的人运用起来效果可以大相径庭。老子讲"无为而治"，这种"无为"包含着让人不知不觉中被纳入某种轨道的内涵，"阴谋"也是黄老思想的题中之义，陈平既得黄老遵循制度、无为而治的奥妙，又深悉"阴谋"三昧。他贪财盗嫂，多出奇谋，可以说为达目的无所不为。刘邦被围平城白登山，得陈平之计而脱身，史莫知其详。在吕后时期，面对功臣、外戚以及惠帝刘盈等复杂残酷的政治斗争，陈平虑定而动，扶危定倾，终获全胜。司马迁说：

陈丞相平少时，本好黄帝、老子之术。方其割肉俎上之时，其意固已远矣。倾侧扰攘楚魏之间，卒归高帝。常出奇计，救纷纠之难，振国家之患。及吕后时，事多故矣，然平竟自脱，定宗庙，以荣名终。

陈平自己也说："我多阴谋，是道家之所禁。吾世即废，亦已矣，终不能复起，以吾多阴祸也。"[2] 这里的"道家"应该是"正道之家"的意思，并非与儒家相对的"道家"的含义。在陈平本人尚有对其手段不合正道的自觉，而其目的往往是符合大义的。

5.习养生。我们说"黄老"是道家哲学与各种具体"技术"的结合，道家"尚自然"的原则有在政治领域的运用，也有其他领域的实践，而"养生"的理论和技术在汉代也有了长足的发展，养生的主要原则也是"清净无为"，就是在生活方面遵循自然规律，节制情欲以及各种物质享乐，保持内心的平静安乐。老子"五色令人目盲，五味令人口爽，驰骋田猎令人心发狂"是直接对养生的论述，庄子进一步提出以生命完满为第一价值的"全性葆真"思想，在《养生主》

---

[1] 班固：《汉书·刑法志》，中华书局1962年版，第1097页。
[2] 司马迁：《史记·陈丞相世家》，中华书局1959年版，第2062页。

等篇章中有深入的阐释。稷下学派的著作中对此也深有研究,《淮南子》关于清净养生的内容也很丰富,《黄帝内经》《神农本草经》等医学、药学著作在汉代也得到进一步的发展。司马谈《论六家之要旨》谈到道家时有这样一段话:"凡人所生者神也,所托者形也。神大用则竭,形大劳则敝,形神离则死。死者不可复生,离者不可复反,故圣人重之。"[1]这是专门谈养生的,窦太后之所以坚持"黄老思想"而不放弃,应该也有养生的内涵。

二、汉文帝、窦太后对黄老之学的推崇及对儒学的黜抑

吕雉去世之后,吕氏外戚势力被剪除,推举代王刘恒为帝。文帝既没有深厚的"外戚"背景,又不像齐王那样在除灭诸吕过程中显示了煊赫的势力,功臣、宗室两派"胜利者"认为不会威胁到自己的既得利益,都可以接受,实际上是两方实力派妥协的结果。处于被动状态被推举上皇位的文帝,在即位之初也只能在这些势力之间维持平衡,形成了三派"共治"的格局。

(一)文帝初年的"君臣共治"与统治思想的延续

汉高祖的休养生息政策在惠帝、吕后时期得到贯彻实施,相应地,黄老无为而治也稳固地成为统治思想。汉文帝比较谨慎地维持各派势力的平衡,他想任外戚窦广国为丞相,恐功臣不悦而作罢。终文帝之世,居相位者陈平、周勃、灌婴、张苍、申屠嘉等皆为追随高祖的功臣。在文帝时期的功臣群体中,陈平地位比较突出,他从惠帝六年(公元前189年)到文帝二年(公元前178年)先后为丞相11年。陈平擅谋略,较周勃等人更有见识。在这样的政治环境下,文帝自然也沿袭了黄老无为而治的思想,继续实施休养生息的政策。文帝内心也信从黄老思想,应劭《风俗通义》卷二引刘向语曰:"文帝本修黄老之言,不甚好儒术,其治尚清静无为。"[2]

黄老思想是西汉君臣的自主选择,在当时的历史背景下,黄老思想确实显示了其独特的优势,其他思想系统一时难与其争锋。那些以儒学传家的学者也多脱去儒服,投身于杀伐征战之中;或者如叔孙通之流,以皇帝好尚为转移,只能在维持帝王威严的外在礼仪方面有所作为。叔孙通在应刘邦之召制定礼乐时,两位坚守儒家精神的学者即不肯随行,认为真正践行儒家礼仪的时代并没有到来:"公所事者且十主,皆面谀以得亲贵。今天下初定,死者未葬,伤者

---

[1] 司马迁:《史记·太史公自序》,中华书局1959年版,第3292页。
[2] 应劭著、王利器校注:《风俗通义校注·正失》,中华书局1981年版,第96页。

未起,又欲起礼乐。礼乐所由起,积德百年而后可兴也。吾不忍为公所为。公所为不合古,吾不行。公往矣,无汙我!"[1] 而且直到汉惠帝四年(公元前191年)"挟书律"才被废除,秦始皇的反儒法律在汉代又延续了十多年。但是随着国家逐渐摆脱战乱和劳困,开始逐渐走向繁荣,社会全面建设逐次展开,以维持现状、因循守成为主要取向的黄老思想也开始显示其不足,兴礼乐、建明堂、行教化的思想在朝野流行起来,儒学影响力日益壮大,但是这种势头受到窦太后的强力抑制。

(二)窦太后崇黄老抑儒学的政策

窦太后名房漪,清河郡观津县(治今河北省武邑县东南审坡镇)人,早年经历坎坷,其父早死,高祖时被选入后宫,侍奉吕后。刘邦去世后,吕后把部分宫人赐给已经封王的刘邦诸子,窦房漪就在其中。她的两个弟弟尚在年幼,为了照顾家庭,窦房漪请托主事宦官将其归入到赵王的名单中。但宦官却错把她列入赏赐给代王(先都晋阳,今山西太原市晋源区古城营村等,后都中都,今山西平遥县中都乡杜村古城)簿册之内。窦房漪临行时才得到这个消息,虽然对宦官百般怨恨,但结果已不可更改,她向邻居讨要淘米水和粮米,为弟弟洗头、做饭之后,含泪就道。到代国后却受到代王刘恒的宠爱,先后生下一女两子,女名刘嫖,长子刘启、次子刘武。文帝即位后,应大臣之请,立刘启为太子,母以子贵,窦氏即被立为皇后,她的两个被辗转掠卖的弟弟也相继被找到,窦氏一门随之飞黄腾达。窦房漪后来因病目盲,文帝转而宠幸慎夫人和尹姬,甚至在公开场合让慎夫人和窦皇后并坐,皇后的威严受到挑战。景帝即位,被尊为太后,其女刘嫖、次子刘武(梁孝王)都是西汉政坛赫赫有名的人物,在武帝太子的册立、平定七国之乱中起到关键作用,窦太后的荣耀和权力达到巅峰,景帝时期、汉武帝即位初期的六年中她大权在握,甚至具有左右政局的能力。

对窦太后来说,黄老之学不仅仅是一种政治思想,也是一种深层次的精神信仰。她从社会最底层起家,经历了大起大落、大喜大悲,中年又面临目盲、失宠,这种人生境遇需要强力的精神支持,治国与养生兼具的黄老思想正满足了窦太后的这种精神需求。史载"窦太后好黄帝、老子言,帝及太子诸窦不得不读《黄帝》《老子》,尊其术。"[2] 这里的"帝"指汉景帝,很大程度上由于窦太后的坚持,汉景帝也"不得不"崇奉黄老思想,虽然有博士之官,也

---

[1] 司马迁:《史记·叔孙通列传》,中华书局1959年版,第2722页。
[2] 司马迁:《史记·外戚世家》,中华书局1959年版,第1975页。

有一些硕学鸿儒如辕固生、韩婴、董仲舒等被选为博士,并不受重视,备员而已,生平所学得不到展布,董仲舒辞职,辕固生险些丧命窦太后之手。《汉书·儒林传》对辕固生与黄老学者黄生[1]以及窦太后争论的记载,可以见当时思想、政治氛围之一斑。

> 清河王太傅辕固生者,齐人也。以治《诗》,孝景时为博士。与黄生争论景帝前。黄生曰:"汤武非受命,乃弑也。"辕固生曰:"不然。夫桀纣虐乱,天下之心皆归汤武,汤武与天下之心而诛桀纣,桀纣之民不为之使而归汤武,汤武不得已而立,非受命为何?"黄生曰:"冠虽敝,必加于首;履虽新,必关于足。何者,上下之分也。今桀纣虽失道,然君上也;汤武虽圣,臣下也。夫主有失行,臣下不能正言匡过以尊天子,反因过而诛之,代立践南面,非弑而何也?"辕固生曰:"必若所云,是高帝代秦即天子之位,非邪?"于是景帝曰:"食肉不食马肝,不为不知味;言学者无言汤武受命,不为愚。"遂罢。是后学者莫敢明受命放杀者。
>
> 窦太后好《老子》书,召辕固生问《老子》书。固曰:"此是家人言耳。"太后怒曰:"安得司空城旦书乎?"乃使固入圈刺豕。景帝知太后怒而固直言无罪,乃假固利兵,下圈刺豕,正中其心,一刺,豕应手而倒。太后默然,无以复罪,罢之。居顷之,景帝以固为廉直,拜为清河王太傅。久之,病免。[2]

"汤武革命"是儒家"仁政"、民本思想在政治方面的体现,肯定"道统"重于"君统",也是儒家思想的核心之一。黄生由此切入,在皇帝面前要逼迫辕固生说出人民可以合理反对君主的话,言辞凌厉,欲一招制敌,将辕固生逼入死角,可见当时黄老与儒家斗争之激烈程度。虽然是争论,带有攻守交锋的性质,但也由此看出,在肯定绝对君主专制、主张君主绝对权利、臣民绝对义务方面,黄老学者与战国以来的法家有着高度的一致性(君臣名分如冠履不可异位一样毋庸置疑)。辕固生捍卫了儒家行仁政方能为王者的信条,并以刘邦代秦的事实成功反

---

[1]《史记·太史公自序》云,司马谈"习道论於黄子",《集解》引徐广曰:"《儒林传》曰黄生,好黄老之术。"是以此黄生即是司马谈的老师,崇尚黄老之学,在汉初应该是有影响的学者。中华书局1959年版,第3288页。
[2] 司马迁:《史记·儒林列传》,中华书局1959年版,第3122—3123页。

击黄生,使其陷入自相矛盾之中,皇帝也进退两难,不得不出来打圆场。但是在窦太后面前辕固生却并没有表现出同样的机智,直接斥太后所问"《老子》书"为"家人言耳",结果触怒太后,让其与野猪搏斗,欲置之于死地。辕固生在思想上取得了胜利,却败在权力之下。此处"《老子》书"应为泛指,意思是关于"黄老之类的书籍",并非《道德经》。《史记索隐》曰:"《老子道德篇》近而观之,理国理身而已,故言此家人之言也",将其径释为《道德经》,理解偏于狭隘,但云"理国理身"则与当时的对话语境相合。结合辕固生的回答,窦太后所问应该侧重家人养生之类的问题。

汉武帝即位之初,朝廷枢臣有了很大变化,魏其侯窦婴为丞相,武安侯田蚡为太尉,赵绾为御史大夫,王臧为郎中令,赵绾、王臧都是宿儒申培公的学生,窦婴、田蚡俱尊崇儒学、反对黄老之术,朝中丞相、御史大夫、太尉三公合力进行改革,又有九卿级别的官员王臧的全力推进,新任皇帝也不反对,儒学一时迎来复兴的曙光。他们推行儒学的主要举措是以设立"明堂"为中心,对礼仪制度进行改革,以表示时代已经进入盛世,不再是以求温饱、安定为首务的草创时期了,应该以儒学全面代替黄老思想。在政治上让列侯到封地去,解除关梁之禁。同时构建以武帝为中心的权力体系,抑制权贵,对窦氏以及刘氏宗室成员中德行有亏者开除其族籍,不再享受原有的特权。尤其是王臧于建元二年(公元前139年)上书,建议不再向窦太后奏事。这不仅触怒了不愿就国的列侯、贵族、宗室,也使窦太后最终发难,指斥这些欲恢复"明堂"高官的作为像文帝时期的新垣平一样,是一群政治骗子,会导致国家混乱。武帝抵不过窦太后的压力,窦婴、田蚡被免职,赵绾、王臧被交给司法部门问罪,最后自杀,设立明堂之事就此废除。[1] 一度走向高峰的政府崇儒行为以失败告终。

这次失败有多种原因。在政治方面卷入了敏感的权力斗争旋涡,此时武帝皇位尚不稳固,并不具备与窦太后分庭抗礼的实力,加之触怒了贵族势力,缺乏广泛的政治基础,因而轻易被击败。另外,这些人的儒学水平也不够,窦婴、田蚡不过是官僚,而赵绾、王臧本身对"明堂"、服制等复杂的礼仪造诣不够,难以驾驭这种改革的局面。所请来的老师申公不仅年老,而且对明堂之类的繁文缛节也不感兴趣,或者不甚明了,他对汉武帝说"为治者不在多言,顾力行何如耳。"汉武帝对申公的回答很失望,默然以对。[2] 这也使窦太后抓

---

[1] 班固:《汉书·窦婴传》,中华书局1962年版,第2378—2379页。
[2] 司马迁:《史记·儒林列传》,中华书局1959年版,第3121—3122页。

住把柄，以新垣平旧事而对整个儒学的实际功用做了否定。

第二节 是继承还是转向：董仲舒与黄老之学

董仲舒就是在这种形势下进行学术创造，并登上历史舞台的。如何阐明儒学在学术上优于"黄老之学"、如何说服最高统治者信从儒学，是董仲舒学术研究的出发点，"黄老之学"是董仲舒的靶的和对立面。两种在形式上相互对立的思想学术，在彼此批判的同时又往往有意无意地受对方影响，正所谓"两极相通"。董仲舒保留了儒家与黄老两家共有的思想"公约数"，按照儒家价值观指引的方向，对黄老思想做了方向性的转化。

一、《春秋繁露》与黄老思想的相似性

尽管汉代黄老思想有着长时期的影响，但是能够比较确切反映黄老思想内容的材料却很少，我们只是通过《史记》《汉书》的有关记载窥其一斑。1973年马王堆汉墓出土的帛书《老子》乙本前四篇古佚书，帛书自有命名，分别是《道法》《十六经》《称》《原道》，此四种佚书内容非常丰富，包括宇宙论、治理思想甚至修身、养生等内容，与传世文献所反映的黄老思想合拍，整理者认为这就是《汉书·艺文志》所记载的《黄帝四经》，因而也把此种书命名为《黄帝四经》。这种命名是不是确切，学界还有不同看法[1]，为叙述方便，我们仍然称其为《黄帝四经》。帛书反映的是黄老思想，而且又是汉初下葬，这为理解汉代黄老思想的内容提供了非常珍贵的资料和线索，由此上溯下探，先秦秦汉时期文献中哪些属于黄老思想，也有了一个相对可靠的依据。董仲舒的思想与《黄帝四经》有着多方面的一致性，以至于许多学者认为董仲舒是黄老思想的继承者，"把董仲舒的这些言论与上引《十六经·观》中的言论比照参看，就会发现两者有着惊人的相似之处。尽管两者之间存在着繁简详略的差异，但在思想实质上是一致的。可以说，董仲舒把《黄帝四经》中的阴阳刑德理论进一步系统化和缜密

---

[1] 如徐建委认为，《黄帝四经》是刘向校书时命名的书名，在刘向之前不一定就有此书名，而且先秦时期的文献往往是单篇流行的，在战国时期未必就有如刘向所命名的《黄帝四经》。见《从刘向校书再论马王堆帛书〈老子〉乙本卷前古佚书非〈黄帝四经〉——兼论古籍流传研究中的两个方法论误区》，《云梦学刊》2006年第3期。

化了。"[1] 董仲舒的言说方式乃至哲学思想确实与《黄帝四经》非常相似，如《黄帝四经·道法》云：

> 见知之道，唯虚无有。虚无有，秋毫成之，必有刑（形）名。刑（形）名立，则黑白之分已。故执道者之观於天下殹（也），无执殹（也），无处也，无为殹（也），无私殹（也）。是故天下有事，无不自为刑（形）名声号矣。刑（形）名已立，声号已建，则无所逃迹匿正矣。[2]

人要摒弃全部成见，达到"虚无有"的境界，就能洞悉秋毫；成见排除了，就能够尊重制度，以制度去把握世界，万事都在掌控之中。"形名"是黄老道家常用的术语，本指事物的形态及名称，又引申到事物间的关系，也包括法律、制度等一切规则，这种思想与曹参的治术若合符节。

我们看董仲舒《春秋繁露》中的论述。

《保位权》：

> 为人君者居无为之位，行不言之教，寂而无声，静而无形，执一无端，为国源泉。因国以为身，因臣以为心。以臣言为声，以臣事为形。[3]

《通国身》：

> 夫欲致精者，必虚静其形；欲致贤者，必卑谦其身。形静志虚者，精气之所趣也；谦尊自卑者，仁贤之所事也。故治身者务执虚静以致精，治国者务尽卑谦以致贤。能致精则合明而寿，能致贤则德泽洽而国太平。[4]

在《考功名》中，董仲舒交代了人主之所以能静默无为、垂衣裳而治天下，是因

---

[1] 崔永东：《帛书〈黄帝四经〉中的阴阳刑德思想初探》，《中国哲学史》1998年第4期。与此观点相近的还有花琦：《董仲舒体系建构对黄老学的吸收借鉴》，《重庆师范大学学报》（哲学社会科学版）2006年第1期；周宁：《董仲舒对黄老道家学说的吸收》，《商丘师范学院学报》2007年第4期；梁宗华：《董仲舒新儒学体系与道家黄老学》，《齐鲁学刊》1999年第6期；李定生：《董仲舒与黄老之学——儒学之创新》，《复旦学报》1995年第1期；张国华：《从〈天人三策〉到《春秋繁露》——兼论董仲舒与"黄老之学"》，《中国社会科学院研究生院学报》1995年第3期。
[2] 陈鼓应：《黄帝四经今注今译》，商务印书馆2007年版，第10页。
[3] 苏舆撰、钟哲点校：《春秋繁露义证·保位权》，中华书局1992年版，第175页。
[4] 苏舆撰、钟哲点校：《春秋繁露义证·通国身》，中华书局1992年版，第182—183页。

为充分发挥了职能部门以及各种制度的作用：

> 考绩之法。考其所积也。……量势立权，因事制义。……是以兴利之要在于致之，不在于多少；除害之要在于去之，不在于南北。考绩绌陟，计事除废，有益者谓之公，无益者谓之烦。摰名责实，不得虚言，有功者赏，有罪者罚，功盛者赏显，罪多者罚重。不能致功，虽有贤名，不予之赏；官职不废，虽有愚名，不加之罚。赏罚用于实，不用于名，贤愚在于质，不在于文。故是非不能混，喜怒不能倾，奸轨不能弄，万物各得其冥，则百官劝职，争进其功。[1]

阴阳与"刑德"思想相结合是黄老思想源远流长的传统，是老子哲学与法家法制思想结合的产物。阴阳与刑德结合，一方面把"刑德"两种治国手段抬到了"天之定律"的高度；另一方面以四季为比附，强调刑德要交替使用，二者缺一不可，只用一种手段会带来灾难。《管子·四时》中就有这样的论述："是故阴阳者天地之理也，四时者阴阳之大经也，刑德者四时之合也。刑德合于四时则生福，诡则生祸。""德始于春，长于夏。刑始于秋，流于冬。刑德不失，四时如一。刑德离乡，时乃逆行。作事不成，必有大殃。"[2] 阴阳刑德相提并论是《黄帝四经》的突出特点。

《十六经·姓争》云：

> 顺天者昌，逆天者亡。毋逆天道，则不失所守。天地已成，黔首乃生。胜（姓）生已定，敌者生争，不谌不定。凡谌之极，在刑与德。刑德皇皇，日月相望，以明其当。望失其当，环视其央（殃）。天德皇皇，非刑不行。缪（穆）缪（穆）天刑，非德必顷（倾）。刑德相养，逆顺若成。刑晦而德明，刑阴而德阳，刑微而德章。其明者以为法，而微道是行。[3]

《十六经·观》：

---

[1] 苏舆撰、钟哲点校：《春秋繁露义证·考功名》，中华书局1992年版，第177—179页。
[2] 黎翔凤撰、梁运华整理：《管子校注》，中华书局2004年版，第838、857页。
[3] 陈鼓应：《黄帝四经今注今译》，商务印书馆2007年版，第263、265页。

不靡不黑，而正之以刑与德。春夏为德，秋冬为刑。先德后刑以养生。……夫并时以养民功，先德后刑，顺于天。[1]

董仲舒《春秋繁露·阴阳义》：

天地之常，一阴一阳，阳者，天之德也，阴者，天之刑也。

"刑"与"德"一样，是"天地之常"，肯定制度、法律不可废弃，是治国的必要手段，董仲舒与黄老思想没有什么区别，而且这样的表述在《春秋繁露》中非常之多。美国学者桂思卓（Sarah A. Queen）把《春秋繁露》中的文章分为五类，分别是《训诂章》《黄老章》《阴阳章》《五行章》《典礼章》。《黄老章》顾名思义，体现了黄老思想，包括18—22章、77—78章。桂思卓认为这些章节"很少参引儒典"，"认为下列思想对治国之术必不可少：老子的无为思想、申不害的名实论、韩非子的刑赏一体论、墨子的尚贤思想及管子的内养方法。对这些思想的描述也运用了黄老思想的语言特点。"而且"阴阳章敦促当权者把政治政策和自然大道相结合，反映了《经法》中崇尚自然的思想"。[2] 桂思卓认为《春秋繁露》中有些篇章并非出自董仲舒本人之手，其根据并不充分，但是她对《春秋繁露》上述篇章与黄老思想相似性的概括则是正确的。

不仅是黄老，董仲舒的某些论述甚至与先秦时期商鞅、韩非子等典型的法家思想也极其相近：

民无所好，君无以权也。民无所恶，君无以畏也。无以权，无以畏，则君无以禁制也。无以禁制则比肩齐势而无以为贵矣。故圣人之治国也，因天地之性情，孔窍之所利，以立尊卑之制，以等贵贱之差。设官府爵禄，……务致民令有所好。有所好然后可得而劝也，故设赏以劝之。有所好必有所恶，有所恶然后可得而畏也，故设罚以畏之。既有所劝，又有所畏，然后可得而制。制之者，制其所好，是以劝赏而不得多也。制其所恶，是以畏罚而不可过也。所好多则作福，所恶多则作威。作威则君亡权，天下相怨；作福则君亡德，天下相贼。故圣人之制民，

---

[1] 陈鼓应：《黄帝四经今注今译》，商务印书馆2007年版，第217、223页。
[2] 桂思卓：《董仲舒研究：欧洲北美新趋势》，《中国哲学史》1998年第1期。

使之有欲，不得过节；使之敦朴，不得无欲。无欲有欲，各得以足，而君道得矣。国之所以为国者德也，君之所以为君者威也，故德不可共，威不可分。德共则失恩，威分则失权。失权则君贱，失恩则民散。民散则国乱，君贱则臣叛。是故为人君者，固守其德，以附其民；固执其权，以正其臣。[1]

此段文字给人突出的印象就是对"势""权威"的重视，所谓"无以权，无以畏"，"德不可共，威不可分，德共则失恩，威分则失权"。《春秋繁露》并进一步深入分析，国君权威的根本依据在于百姓有欲望，有物质、功利的需求，而国君掌握了满足其需求的资源以及分配资源的手段，以此来"设官府爵禄""立尊卑之制""等贵贱之差"，也就是制定各种法律、制度，以赏罚引导百姓的行为，将其纳入控制范围。

近现代的董仲舒研究者不断有人怀疑《春秋繁露》中有不少篇章并非董仲舒所作，这些观点主要有两个方面的根据，一是版本问题，二是思想问题。《春秋繁露》在流传过程中有过严重的散乱，又经后人的整理，窜乱的可能性是有的，因为其中思想有与法家、道家非常相似的地方，而不像"醇儒"所为。版本源流的考究方面，并没有他人窜乱的可靠证据，在此情况下，后人不应轻易怀疑或断定古书的真实性，康有为以来轻率判定某书为"伪书"的做法越来越被出土资料所否定。对比《天人三策》及《史记》《汉书》等汉代史料关于董仲舒的记载，今本《春秋繁露》各篇有其内在的逻辑统一性，与董仲舒思想高度符合，应该都是董仲舒的作品。上述对君主绝对权威与法制，乃至"统驭之术"强调的内容，也与董仲舒整体思想是自洽的。

首先，董仲舒并不否定法律制度的作用，孔子本人也不否定，只是强调其局限性。在看到其局限性的前提下，孔子行使法律、制度的坚决性也是不容置疑的，如其在鲁国"堕三都"、诛少正卯就是显例。

其次，董仲舒是中央权威的维护者，积极提倡"大一统"，对有挑战此种权威的，则不予宽贷。如"高庙灾对"就体现了董仲舒主张强力铲除威胁中央集权反侧势力的思想。董仲舒弟子吕步舒持斧钺断淮南王谋反案，也以严厉著称，这与董仲舒思想是一致的，或者就是董仲舒思想的实践。

第三，把民看成是被动的治理对象，甚至以"孔窍所利"以诱导之，这与董

---

[1] 苏舆撰、钟哲点校：《春秋繁露义证·保位权》，中华书局1992年版，第172—175页。

仲舒的人性论思想也是一致的。学界将董仲舒思想概括为"三品说"，上品为圣人之性，天性善，是治理、教化百姓者；下品为"斗筲之性"，难以教化，只有用强制手段使之服从。其实董仲舒把这两种"人性"看作特例，他主要讨论的是"中间之性"，所谓"名性，不以上，不以下，以其中名之"[1]，也就是有善性而非全善的人性，实际上是"因天地之性情"，也就是自然之人性。此种人性有向善的基础而不能自觉向善，需要圣王的教化，所以百姓是被动的，"民之号，取之瞑也"，"民之为言，固犹瞑也"[2]，这与《保位权》中的论述是一致的。

二、董仲舒对黄老思想的改造与价值翻转

可见，董仲舒与黄老乃至法家思想确实有很大交集，说董仲舒受黄老思想的影响也不为过，因为黄老思想在汉初渗透在各家各派之中，赞成它的自不必说，不赞成它的也不得不从黄老的观点、话题乃至语言入手，黄老思想成为汉初学者绕不过的话题。实际上，董仲舒是在承认黄老与儒家共有思想主张之后，对黄老思想做了根本翻转，部分交集的背后，是根本方向、价值取向、哲学方法的陈仓暗度；正因为这种"入室操戈"的深入，董仲舒才在两派对垒中使儒家赢得了优势。

（一）"天""道"内涵的不同

"天"与"道"都有根本性规律的含义，也就是宇宙第一规律，因其侧重不同，而有不同的名称，此处的"天"与"道"就是在"第一规律"这个意义上的。黄老及法家的"天""道"在哲学上不出老子"自然"这个属性，常以"四时"这样的自然节律来譬喻，也以阴阳、五行等哲学范畴来说明。在其内涵方面，则有法律、制度、刑德等不同的诠释，总之，侧重于"治术"、方法。如《经法》中的"道生法"，道是自然的节律，人间以刑德治国的办法模仿四季节律，三时长养，一时刑杀。有的地方表述得更为具体，道就是规则、权衡："道者，神明之原也。神明者，处于度之内而见于度之外者也。"[3] 董仲舒则把道的内容直接解释为儒家的根本价值观："道者，所繇适于治之路也，仁义礼乐皆其具也。"[4] 在董仲舒，"天"和"道"与黄老派具有同等的"义理强制性"，甚至也有降祸福灾殃的人格性（这个意义上更多地用"天"），但在治理

---

[1] 苏舆撰、钟哲点校：《春秋繁露义证·深察名号》，中华书局1992年版，第300页。
[2] 苏舆撰、钟哲点校：《春秋繁露义证·深察名号》，中华书局1992年版，第297—298页。
[3] 陈鼓应：《黄帝四经今注今译》，商务印书馆2007年版，第176页。
[4] 班固：《汉书·董仲舒传》，中华书局1962年版，第2499页。

方面，儒家伦理观已经成为第一价值，制度、法律都要过"仁义礼智"之道的这个筛子，才是正当的、合理的，这是董仲舒与黄老法家的根本区别。

（二）"刑德"关系的再定位

《经法·亡论》："始于文而卒于武，天地之道也。四时有度，天地之李（理）也。日月星晨（辰）有数，天地之纪也。三时成功，一时刑杀，天地之道也。四时而定，不爽不代（忒），常有法式，〔天地之理也〕。一立一废，一生一杀，四时代正，冬（终）而复始。"[1] 在这段论述中，"生""杀"相当于"刑德"，生杀、刑德只有多少、运用方法的不同，二者在价值上是等同的，都是治理所不可或缺的手段，没有目的与手段的区别，正如《十六经·姓争》云"刑德皇皇，日月相望"，刑德如日月，缺一不可。"刑晦而德明，刑阴而德阳，刑微而德章。其明者以为法，而微道是行"，所谓的"晦""微"不是不重要，而是以隐晦的方式进行，这是明显的阴谋手段。

《黄帝四经·称》中的一段文字，被很多人认为是董仲舒"阳尊阴卑"思想的来源：

> 凡论必以阴阳□（当为"明"字）大义。天阳地阴，春阳秋阴，夏阳冬阴，昼阳夜阴。大国阳，小国阴；重国阳，轻国阴。有事阳而无事阴，信（伸）者阳（帛书原作"阴"，当为抄写之误）而屈者阴。主阳臣阴，上阳下阴，男阳[女阴，父]阳[子]阴，兄阳弟阴，长阳少[阴]，贵[阳]贱阴，达阳穷阴。取（娶）妇姓（生）子阳，有丧阴。制人者阳，制于人者阴。客阳主人阴。师阳役阴。言阳黑（默）阴。予阳受阴。诸阳者法天，天贵正；过正曰诡，□□□□祭乃反。诸阴者法地，地[之]德安徐正静，柔节先定，善予不争。此地之度而雌之节也。[2]

细按整段文字，我们认为这里的阴阳是侧重于"势"，而不是侧重于价值判断。天地、大国、小国、重国、轻国、有事、无事、屈伸、主臣、上下、男女、兄弟、长少、贵贱、穷达、娶妇女生子与丧事、制与被制、主客、师役、言默、予受等，从现在的思维习惯以及传统的儒家思维来看，一般被认为含有价值判断，前者的价值高于后者的价值。但是这里显然是在道家的话语体系中，凡属阴者，

---

[1]陈鼓应：《黄帝四经今注今译》，商务印书馆2007年版，第166页。"天地之理也"五字为陈鼓应所补。
[2]陈鼓应：《黄帝四经今注今译》，商务印书馆2007年版，第394页。

基本上属于被动者、弱势者，但柔弱胜刚强正是老子辩证法的价值取向，这里是说处于"阴"的地位者，要正确认识自己的处境，并不意味着阴位者价值不及阳位者，而是包含着要择机摆脱这种地位，取得阳的地位，后文"柔节先进""雌之节"即点明了这一点。

董仲舒接过黄老学派以阴阳配刑德的话题，在《春秋繁露》中有大量讨论阴阳五行的思想，按照桂思卓分类，属于"阴阳类"的有20章，五行类的有9章，占全部81章的35.8%。与黄老学派不同的是，董仲舒给阴阳赋予了明确的价值属性。从阴阳在四季运行所起作用的角度来看，阳的地位高于阴："故阴，夏入居下，不得任岁事，冬出居上，置之空处也。养长之时伏于下，远去之，弗使得为阳也。无事之时，起之空处，使之备次陈，守闭塞也。"[1]一年四季生长收藏是以阳的出、长、盛、入为标准划分的，春天阳出于东南，夏天阳气盛，冬天阳气伏；阴气与之相反，夏天伏于下，冬天达到极盛，但此时人间的生活节奏是"无事之时"，阴气虽盛，并不如阳气兴盛那样居于显位，所以说是"置之空处""起之空处"。董仲舒《对策》一："阴常居大冬，而积于空虚不用之处。……天使阳出布施于上而主岁功，使阴入伏于下而时出佐阳。"可见"空处"相当于"空虚"之意。阴阳相辅相成、交替成岁，被解释成阳为主、阴为辅，阳为实、阴为虚，阴阳被彻底伦理化了："恶之属尽为阴，善之属尽为阳"。相应地，刑德并用的思想被解释为"大德而小刑"，"天数右阳而不右阴，务德而不务刑。刑之不可任以成世也，犹阴不可以任以成岁也。为政而任刑，谓之逆天，非王道也。"[2]董仲舒大量论述阴阳的文章，其根本宗旨就是要证成"德"为目的、"刑"为手段的观点，而且在行文上非常直接为将阳尊阴卑与"德尊刑卑"对举。这样，黄老思想被董仲舒实现了根本性的"翻转"。

（三）董仲舒与汉初诸儒推崇儒学方法的异同

儒学是一套学术、文化体系，其内在属性决定它必须与王权结合方能实现自身目的。但儒学内容非常庞大，说它是集夏商周以来一切文化成果的百科全书也不为过，如何与王权结合、从哪里结合，就成为儒生以及统治者的一大难题，而且往往是在和平年代，儒学才有发挥作用的政治基础。春秋时期晏婴对儒学的评论很具有代表性："夫儒者滑稽而不可轨法；倨傲自顺，不可以为下；崇丧遂哀，破产厚葬，不可以为俗；游说乞贷，不可以为国。自大贤之息，周室既衰，

---

[1] 苏舆撰、钟哲点校：《春秋繁露义证·阳尊阴卑》，中华书局1992年版，第327页。
[2] 苏舆撰、钟哲点校：《春秋繁露义证·阳尊阴卑》，中华书局1992年版，第328页。

礼乐缺有间。今孔子盛容饰，繁登降之礼，趋详之节，累世不能殚其学，当年不能究其礼。君欲用之以移齐俗，非所以先细民也。"[1] 司马迁的父亲对儒家的评论基本沿用了晏婴的观点："夫儒者以六艺为法。六艺经传以千万数，累世不能通其学，当年不能究其礼，故曰'博而寡要，劳而少功'。"[2] 自汉初以来，儒生一直在致力于阐释儒学以期得到最高当局的认可，统治者也在观察着儒学的走向，考虑运用的可能。大致来说，儒生的努力分为两个方面，一是偏重民间的传承与研究，二是参与官方政治活动。偏重学术性的儒生在黄老思想的竞争、排挤之下，在汉武帝之前，在中央王朝一直没有大的进展，顶多只能寄身于楚元王、河间王、淮南王这样的诸侯而略有展布。而且这些人多是偏重一部经典，如伏生之于《尚书》，申公、辕固生之于《诗经》，胡毋生之于《春秋》等等。直接游说于朝廷的也不绝如缕，如汉初的叔孙通、文帝时期的公孙臣、新垣平以及赵绾、王臧等。这些人多是从礼仪等在统治者看来必不可少的"实用"领域入手。叔孙通之后，据《史记》《汉书》等主要典籍记载，他们主要是围绕着王朝的"德运"而展开"定礼仪"之类的活动。先确定汉代到底是"水德"还是"火德"，在此基础上确定礼仪，由此侧面也可以看到，汉儒已经把邹衍"五德终始说"纳入了儒学体系之内。但是文帝以及武帝初年的中央"儒学复兴运动"都归于失败，除了客观的政治原因之外，主观方面的原因主要在于这些人的儒学造诣不够。新垣平干脆是个骗子，赵绾、王臧倡导"立明堂、朝诸侯"，而他们本身以及老师申培公都说不清楚，结果授人以柄、半途而废。

董仲舒可以说是把学术创造与在中央的政治努力很好地结合在一起。学术上他以《公羊春秋》为中心，把五德终始说、明堂阴阳等礼仪制度、阴阳五行等哲学思想熔于一炉，能够以黄老派的学术语言表达儒家的价值观，在这种学术竞争中显现出儒家的优势。在政治层面，董仲舒无论在思想还是在实践方面都深入到国家政治运行及司法审案层面，通过"春秋决狱"解决司法问题，并成为这方面的专家。在王权合法性问题上，董仲舒成功地将五德终始说与儒家仁政结合起来，他的言说比前人对皇帝来说更有说服力，因而取得成功，为儒学迎来一个新的历史时期。

---

[1] 司马迁：《史记·孔子世家》，中华书局1959年版，第1911页。
[2] 司马迁：《史记·太史公自序》，中华书局1959年版，第3290页。

第三节 "天人三策"与传统社会意识形态的建构

董仲舒应对汉武帝的"大人三策"是公认的反映董仲舒本人思想的材料,也是汉代统治思想发生转折的关键性文献。董仲舒对策到底发生在哪一年,学界依然有不同看法,这直接关系到董仲舒在"独尊儒术"[1]中的地位,这个问题后文再做探讨,这里主要就"天人三策"来分析董仲舒及汉武帝的思想主张。

一、"受命之符"与"主权在天"

"天人三策"向来为董仲舒研究者所重视,首先因为它是反映董仲舒思想可靠的基本史料,即使对《春秋繁露》持怀疑观点的人,也须以此作为判定何者"为董仲舒所作"的基本标准。其次,在整个汉代思想转型的过程中,没有哪篇文献比它更体现了承上启下的交汇性意义,《天人三策》在汉代思想史中的关键地位无可替代。又次,它是董仲舒哲学"天人"与古今两个维度的交汇点,也是"春秋学"与"阴阳五行说"结合部,具体而微地体现了董仲舒整个学术思想体系。因此在对待此三篇文献时要特别注意以下两个方面的问题,一是从董仲舒与汉武帝"对话"的角度来看待,这样才能理解其在汉代乃至中国整个政治史中的"宪法性"地位。二是此三篇文献是一个有着紧密内在联系的整体,是汉武帝在一个时期内连续三次对董仲舒的"策问"。有的学者为了弥缝后人对董仲舒对策年的种种怀疑,而提出三次对策分别在不同的年份,[2]这从对策文本来看,是没有根据的。

汉武帝对董仲舒三次策问的核心问题在"第一策",这是整个"策问"的纲要,其他两策都是此策的具体化与深化。第一策的关键又在于"改制作乐",也就是天命为什么会转移,转移的标准是什么?汉武帝将此提升到"大道之要、至论之极"的高度,既是治国的第一价值依据,也是政权合法性的根本依据,用现在的话来说就是探寻"宪法性"层次的问题。

"天命"观是西周以来中国政治思想史上的老问题,主要内容是政权来源及合法性问题,包含三个要素:天、君、民。三者既具有统一性又各有区分,对

---

[1] 董仲舒对策后,汉武帝采纳他的意见,尊崇儒学,《史记》《汉书》一般都说"罢黜百家,表章六经",并没有"独尊儒术"字样,其时官府并不禁止儒学之外的学术流传,"独尊儒术"是后人对这一事件的概括。鉴于此后儒学逐渐在各派中居于优势地位的实际情况,我们在此沿用"独尊儒术"一词以表达儒学的优势地位,并不包含禁绝他派的意思。
[2] 余建平:《"天人三策"文本顺序考辨——兼论董仲舒贤良对策之年代》,《北京社会科学》2019年第6期。

此三者侧重点的不同体现了政治思想的性质和样貌。西周时期，以周公为主的政治家强调天命与民心的统一：天命以人心为转移。战国"五德终始说"兴起，"天"的主宰性再次受到重视，秦始皇宣布自己为"水德"，给强大的君主力量涂抹上神圣、神秘的色彩。刘汉政权建立以来，从官方到学界，天命与"德运"的转移成为一个重要话题，广受重视。董仲舒提出了与"五德终"相交叉的"三统说"，结合"公羊春秋"的话语体系，大谈"改制"：

> 春秋之于世事也，善复古，讥易常，欲其法先王也。然而介以一言曰："王者必改制"。
>
> 今所谓新王必改制者，非改其道，非变其理，受命于天，易姓更王，非继前王而王也，若一因前制，修故业，而无有所改，是与继前王而王者无以别。[1]

这种"改制"思想实际上是把孟子的"汤武革命""天择天子"与"五德终始说"中"主宰性"的天结合起来的产物。

> 万章曰："尧以天下与舜，有诸？"孟子曰："否。天子不能以天下与人。""然则舜有天下也，孰与之？"曰："天与之。""天与之者，谆谆然命之乎？"曰："否。天不言，以行与事示之而已矣。"曰："以行与事示之者如之何？"……曰："使之主祭而百神享之，是天受之，使之主事而事治，百姓安之，是民受之也。天与之，人与之。故曰：天子不能以天下与人。"[2]

孟子说得很明确，不仅朝代可以按照"汤武革命"的原则更替，而且在位的天子也无权随意把天下的统治权转移给他人，当然包括自己的儿子，中间需要通过天的"批准"。天授权的形式表征是"使之主祭而百神享之"，实质是要获得百姓的认可，实现方式是君主"主事而事治"。董仲舒"受命于天，易姓更王，非继前王而王也"就是孟子此意。"非继前王而王"的前王不仅指秦王，也指汉代诸王（天子）之间的继统。"改制"就是通过一系列的礼仪制度来体现这种继承合

---

[1] 苏舆撰、钟哲点校：《春秋繁露义证·楚庄王》，中华书局1992年版，第15页。
[2] 朱熹：《四书章句集注》，《孟子·万章上》，中华书局2012年版，第312—313页。

法性。在这种思想下，政权的决定者既不在君也不在民，而是在"天"，"天"具有最终的、形式上的决定权，没有"天"这一形式授权，王朝合法性即不完整。

可见，董仲舒的"改制"思想既包含了孟子以来儒家思想的精神，又与秦汉以来君臣所关心的德运结合起来，这就与汉武帝有了对话的基础。

汉武帝的思想中有着明显的天命灾异思想，在"第一策"中他问董仲舒："三代受命，其符安在？灾异之变，何缘而起？"在灾异问题上是皇帝主动提起的。顺此，董仲舒答道："天之所大奉使之王者，必有非人力所能致而自至者，此受命之符也"。"受命之符"是天所主动垂示，人不能操纵，但人君的表现是"受命之符"是否显现的根据。人君之行为与天之间有"感应的媒介"，即阴阳之气。董仲舒通过对《公羊春秋》"元年春，王正月"的独特阐释，赋予"元"以"万物所从始"的意义，既肯定了世界的统一性，又通过《公羊春秋》把儒家的历史观、价值论与"天"结合起来，使儒家价值观成为"天意"的体现。"元"为万物之始、万物之宗，天子为人之最贵者，人君之心正则朝廷正，朝廷正则百官正，百官正则四方正，四方正则人与万物俱正："而亡有邪气奸其间者。是以阴阳调而风雨时，群生和而万民殖，五谷孰而草木茂，天地之间被润泽而大丰美，四海之内闻盛德而皆来臣，诸福之物，可致之祥，莫不毕至，而王道终矣。"反之，天子不能自正，"则生邪气；邪气积于下，怨恶畜于上。上下不和，则阴阳缪戾而妖孽生矣。此灾异所缘而起也。"[1]就"天意"而言，在王朝兴亡之间有广泛的中间地带，这是天子作为的空间，"天"对于国君及百姓，总是以仁爱之心勉励人君，人君有错误，只要不是突破底线，"天"总会扶持之、保全之；但是要对他的错误发出警告，根据错误的不同程度，以各种"灾异"予以"谴告""示警"。

"人君受命""灾异谴告"是汉武帝与董仲舒的共同思想，也可以说在汉初有着深厚的社会、思想基础。董仲舒从当时的政治、思想实际出发，将其与儒家价值观结合起来，使之更为系统化，更加强、壮大了这种势力，使"改制""受命""天人感应"思想得到大发展，至王莽时而达到极致，刘秀承其绪余。汉代种种迷信、荒谬的思想和做法虽不能全由董仲舒负责，但董实难辞其咎。

---

[1] 班固：《汉书·董仲舒传》，中华书局1962年版，第2496、2500、2501页。

二、国家意识形态的基本定型

上文讨论的是"天命"思想的形式，侧重于天，下面分析其内容，侧重于人。

（一）汉之"治道"必须改变

圣王"应天心""受天命""得符瑞"在于其所行之政，政如何能合三代之"道"从而使汉家天下"传之亡穷，而施之罔极"？周衰之后，历代君臣以及有识之士不少人想追步先王之法度，求得天下大治，但这种理想迄今没有实现，是他们的做法没有抓住先王之道的要害，还是上天仍然让人间处于向下沉沦之中？或者是先王真的不可取法？这是"第一策"中汉武帝抛给董仲舒的问题。汉武帝既有恢复三代理想之治的雄图大志，又对儒生所承诺的"法先王"有所疑惑，而且对当代能否实现这一理想信心不足（然犹不能反，日以仆灭，至后王而后止，岂其所持操或悖缪而失其统与？）。董仲舒肯定而坦率地说：不是天命注定不让当代达到大治，而是当下还没有认识到真正的大道，政治尚未进入大道的"统绪"（所操持悖谬失其统）；真正的大道就是"仁义礼智信五常之道"。未识大道的具体表现是"废德教而任刑罚"，"废先王德教之官，而独任执法之吏治民"，也就是说法家的指导思想必须改变，法家思想培养出来的官员队伍必须改变。

> 至周之末世，大为亡道，以失天下。秦继其后，独不能改，又益甚之，重禁文学，不得挟书，弃捐礼谊而恶闻之，其心欲尽灭先圣之道，而颛为自恣苟简之治，故立为天子十四岁而国破亡矣。自古以来，未尝有以乱济乱，大败天下之民如秦者也。其遗毒余烈，至今未灭，使习俗薄恶，人民嚚顽，抵冒殊扞，孰烂如此之甚者也。……今汉继秦之后，如朽木粪墙矣，虽欲善治之，亡可奈何。法出而奸生，令下而诈起，如以汤止沸，抱薪救火，愈甚亡益也。[1]

依照秦以来的传统，致力于用功利性的法律杜绝奸诈，无异于扬汤止沸。这里董仲舒的矛头直接指向法家，指向秦之暴政，并没有提到"黄老思想"，但是雕朽木、涂粪墙，小修小补，实质是针对黄老的宽以行政、宽以用刑，满足于因循、温饱而不施行教化的治国方针。因此他向汉武帝建议要做根本的转向，与其临渊

---

[1] 班固：《汉书·董仲舒传》，中华书局1962年版，第2504页。

羡鱼，不如拿出行动，"退而更化"。"更化"在施政内容上就是转向儒家，在形式上就是"改正朔、易服色"。儒家治道与朝野流行的"受命改制"再次扣合起来。

（二）如何行道

如何行道是汉武帝与董仲舒君臣之间"第一策"对话的内容，主要侧重于"天命""治道"宏观方略层面。汉武帝一定程度上被触动（天子览其对而异焉），而对儒家之道是否亘古不变、超时空而有效，仍有所怀疑，继续发问（乃复册之）。"第二策"有三个要点：一是尧舜、文王之政，逸劳殊途，而都能达到天下大治，先王之道真的是一以贯之的吗？二是从礼仪的角度切入，与前代相比，周之礼仪繁缛，他们之间俭奢不同，这不是说帝王之道有所不同吗？三是武帝本人兢兢业业，努力按照先王传统行政，任贤能、重农桑（亲耕籍田）、劝孝弟、崇有德、问勤劳、恤孤独，仍然是"阴阳错行""廉耻贸乱，贤不肖浑淆"，效果不理想，天下未治。那些备顾问的贤良之士有的说时机还没到，而且他们对上古治道所说各不相同，言人人殊，难以付诸实施，到底是由于现行体制的束缚（牵于文系而不得骋）没有真正落实先王之道，还是儒生所说彼此冲突，根本无法实施？概言之，汉武帝此问的重心转向了具体实施方式，继续寻求所策问的各位贤良文学观点的统一性。可见，"第二策"在思想上、逻辑上是承"第一策"而来，是前者的具体化和深化，班固在这里用一个"乃"字、一个"复"字，从语气上来说，是连续的两问，而不是如论者所说隔了若干年。

董仲舒首先回答了尧舜和文王等不同时代政策之所以不同，是因为他们面对不同的形势，但有其同条共贯之处，那就是行仁政、尚中道，于"逸劳""俭奢"取其中，而不畸轻畸重。然后重点提出正确的实施方案。今天之所以治理之效果不理想，主要是秦国以来长期重刑而不重德，形成了风俗，一时难以扭转：

> 是以百官皆饰虚辞而不顾实，外有事君之礼，内有背上之心；造伪饰诈，趣利无耻；又好用憯酷之吏，赋敛亡度，竭民财力，百姓散亡，不得从耕织之业，群盗并起。是以刑者甚众，死者相望，而奸不息，俗化使然也。

> 今之郡守、县令，民之师帅，所使承流而宣化也；故师帅不贤，则主德不宣，恩泽不流。今吏既亡教训于下，或不承用主上之法，暴虐

百姓，与奸为市，贫穷孤弱，冤苦失职，甚不称陛下之意。是以阴阳错缪，氛气充塞，群生寡遂，黎民未济，皆长吏不明，使至于此也。"[1]

总起来说，在秦俗影响下，官员队伍尚苛法、背仁义，与正道要求不符。皇帝陛下有种种努力，并非没有效果，"至德昭然，施于方外。夜郎、康居，殊方万里，说德归谊，此太平之致也"，已经有了太平之治的规模，但还没有达到真正的"王道"之境，要达此境，还需更进一步，不仅有外在的政策，还要有内在的诚心，也就是说全力以赴转入到儒家的轨辙之中，对官僚队伍施行根本的改造。

具体的做法是，一、中央设立太学，地方设立郡国之学，改变选官方式和途径。改变以功勋世袭为官、以资财捐纳入官、以资格累积为官的机制，选贤任能，尤其选择名儒为师，造就具有儒家文化修养的全新官僚队伍。同时对百姓尽心教化，施行德治，郡县官员兼负行政与教化的双重职能。二、地方官荐贤才于中央。"诸列侯、郡守、二千石各择其吏民之贤者，岁贡各二人以给宿卫，且以观大臣之能；所贡贤者有赏，所贡不肖者有罚。"[2] 三、贵族、官员不要从事生产经营，不与民争利。这是"第三策"的内容。贵族、官员本来已经有了俸禄、封邑，他们从事生产经营，就会压缩百姓的市场，而且靠其本身的地位优势，必然造成对百姓的剥削，这是社会动荡的原因，应予以制止。这反映了董仲舒在经济方面相对平等的思想。

（三）以儒家思想为"治国之道"

在"第三策"中董仲舒说："道之大原出于天，天不变，道亦不变"，肯定儒家之道就是"天道"，皇帝也应该遵循，这样，儒家所阐述的"先王之道"成为"第一规则"，一切制度、政策都应以此为标准，与此不相符合的，要就改变、"更化"。汉武帝在第三次策问中肯定了董仲舒所陈之道为"大道之极"，在法理上就具有了"宪法性"的意义。得到天子的鼓励，董仲舒进一步明确自己的基本主张："《春秋》大一统者，天地之常经，古今之通谊也。今师异道，人异论，百家殊方，指意不同，是以上亡以持一统；法制数变，下不知所守。臣愚以为诸不在六艺之科孔子之术者，皆绝其道，勿使并进。邪辟之说灭息，然后统纪可一而法度可明，民知所从矣。"[3] 这就是著名的"罢黜百家"的建议。汉

---

[1] 班固：《汉书·董仲舒传》，中华书局1962年版，第2510—2512页。
[2] 班固：《汉书·董仲舒传》，中华书局1962年版，第2513页。
[3] 班固：《汉书·董仲舒传》，中华书局1962年版，第2523页。

代的统治思想由此发生了根本性的转变,汉武帝之后中国两千多年的意识形态轮廓也基本被勾勒出来了。

第四节　董仲舒的历史地位

对董仲舒的学术和政治地位的评价两千年来屡有起伏。所站角度不同,认识互有区别,但事实只有一个。鉴于此,我们努力从历史事实出发,对董仲舒的历史地位谈谈自己的看法。

一、董仲舒"对策年"及其在"独尊儒术"中的地位

有一种沿袭成俗的观点,认为汉代独尊儒术的政策是由董仲舒的对策一言而定,把一个王朝思想转型的重大事件归结到董仲舒一人身上,具有故事性和象征性。近年来,有些学者认为这种观点片面夸大了董仲舒的作用,儒学的勃兴是政治、思想发生较大变化的时代背景下,多人共同努力的结果,也经历了一个过程,并非一蹴而就。甚至更有人怀疑董仲舒本人与"独尊儒术"无关,其"天人三策"为班固伪造,而且也不是儒家,[1]这就从一个极端走向另一个极端。这种认识的分歧有多方面的原因,而董仲舒究竟在哪一年"对策"则成为一个关键问题。

(一)关于董仲舒"对策年"的不同看法及理由

《史记》《汉书》在董仲舒对策具体发生在哪一年问题上记载并不确切,这是董仲舒对策年产生分歧的原因。《汉书》本传关于董仲舒对策的文字如下:"武帝即位,举贤良文学之士前后百数,而仲舒以贤良对策焉。""对既毕,天子以仲舒为江都相。"[2]"武帝即位"可以理解为汉武帝即位的当年,即建元元年(公元前140年),司马光即推定为此年。而《汉书·武帝纪》:"(元光元年)五月,诏贤良……于是董仲舒、公孙弘等出焉。"这又使人认为董仲舒对策年在元光元年(公元前134年),且与公孙弘同时对策。而关于公孙弘的对策,《史记》又有两种不同的记载。《平津侯主父列传》:"建元元年,天子初即位,招贤良文学之士。是时弘年六十,征以贤良为博士……元光五年,有诏征

---
[1] 孙景坛:《董仲舒的〈天人三策〉是班固的伪作》,《南京社会科学》2000年第10期。
[2] 班固:《汉书·董仲舒传》,中华书局1962年版,第2523页。

文学，菑川国复推上公孙弘……太常令所征儒士各对策，百余人，弘第居下。策奏，天子擢弘对为第一。"《封禅书》："后六年（建元六年），窦太后崩。其明年（元光元年），征文学之士公孙弘。"综合《史记》《汉书》记载，则公孙弘前后有三次对策，分别是建元元年、元光元年、元光五年。如果把《汉书·武帝纪》的记录质实看，则董仲舒与公孙弘同年对策，且公孙弘为第一，因为此次公孙弘确实成功了，所以班固有"公孙弘出焉"的记载。《史记》公孙弘本传所载元光五年再次被擢为第一，则不可能。缘此，种种考证、推测董仲舒对策的观点纷纷出现：建元元年、建元五年、建元年间、元光元年二月、元光元年五月、元光五年、元朔五年，前后相差达17年之久。诸种说法中，以建元元年年间及元光元年两类可能性较大，也于文献有征，因为《春秋繁露·止雨》云："二十一年八月甲申朔丙午，江都相仲舒告内史中尉"[1]，江都王二十一年为元光二年，则董仲舒对策年不能晚于此年。有论者提出董仲舒参加了建元元年的对策，对策之后，被授予"江都相"，但不是《汉书》所载"天人三策"，元光五年又参加了一次对策，"天人三策"在这一年提出。这不仅没有文献根据，也与实际情形不相符。[2]诸侯王相已经是二千石高官，以高官而参加对策是不可能的。

我们先来看建元元年对策的理由及各种反对意见。按《汉书》本传的说法，董仲舒在建元元年对策也有比较充分的根据，因为班固明确说"及仲舒对册，推明孔氏，抑黜百家。立学校之官，州郡举茂材孝廉，皆自仲舒发之。"[3]司马光《通鉴考异》："《汉书武纪》：'元光元年五月，诏举贤良，董仲舒、公孙弘出焉。'《仲舒传》曰：'仲舒对策，推明孔氏，抑黜百家。立学校之官，州县举茂才、孝廉，皆自仲舒发之。'今举孝廉在元光元年十一月，若对策在下五月，则不得云自仲舒发之，盖《武纪》误也。然仲舒对策，不知果在何时。元光元年以前，唯今（建元元年）举贤良见于《纪》。三年，闽越、东瓯相攻，庄助已为中大夫，故皆著之于此。"[4]司马光比较过硬的根据是董仲舒在学官、孝廉、推明孔氏、抑黜百家方面的首倡权，这与此后汉武帝一系列尊重儒家的政策能够有很好的衔接，但司马光所定"对策年"也是出自推测，因此又有种种反对此说的理由出现。

1.《汉书·董仲舒传》："自武帝初立，魏其、武安侯为相而隆儒矣。及仲

---
[1] 苏舆撰、钟哲点校：《春秋繁露义证·止雨》，中华书局1992年版，第438页。
[2] 刘国民：《董仲舒对策之年辨兼考公孙弘对策之年》，《古籍整理研究学刊》2004年第3期。
[3] 班固：《汉书·董仲舒传》，中华书局1962年版，第2525页。
[4] 司马光：《资治通鉴·汉纪》九，中华书局2013年版，第570页。

舒对册……", "及"表时间先后关系,说明董仲舒对策在武安侯田蚡为丞相后。《史记·儒林列传》:建元六年,窦太后崩,"武安侯田蚡为丞相,绌黄老刑名百家之言,延文学儒者数百人。"因此董仲舒对策应在田蚡为丞相后,也就是建元六年后。此条理由殊不足据。魏其、武安为相隆儒是泛说,二人并未同时为相,其隆儒也不一定非得在建元六年后,建元元年窦婴为相,崇儒术。即使"及"字表示时间先后,也并不能构成对董仲舒建元元年对策的否定,况且"及"也可以表达逻辑上的相关与"同时"之意。

2.建元元年说与董仲舒对策中所举年代、事实有矛盾。董仲舒第二策说:"今临政而愿治七十余岁矣",从公元前206年刘邦建汉到建元元年(公元前140年)时间是66年,时间不相合。按:七十年可取约数,不一定非得可丁可卯,或者在建元年间对策,也能满足"七十年"之数:建元六年为公元前135年,汉初距此71年。

3.对策中"夜郎、康居,殊方万里,说德归谊"之事不可发生在建元元年。因为据《史记》《汉书》事实记载,夜郎之通在建元六年后,康居之通在元朔三年后。反对建元元年说的认为这条"内证"足以构成对建元元年对策的有力否定。其实这条证据并不过硬,我们不能把对策中泛指、甚至有夸张性的语言看作确定不移的判定,也就不可将其作为确切的时间性标志。明朝冯从吾在写给万历皇帝的奏折中说:"试观戊子以前,四裔效顺,海不扬波;己丑以后,南倭告警,北寇渝盟,天变人妖,叠出累告。"[1] 如果我们质实、孤立地把万历戊子以前看作"四裔效顺,海不扬波",那怎么解释明英宗在土木堡大败而被俘的事实?况且"说德归谊"并不一定意味着正式归属汉廷,我们也不能否定在正式归顺之前有各种联系。《史记·司马相如传》记载司马相如所作《檄》中有"康居西域,重译请朝,稽首来享"之语。相如去蜀作《檄》在元光元年后,则康居请朝应在元光元年前。这就基本否定了夜郎、康居"归谊"作为否定证据的有效性。

4.汉武帝册问中有"今朕亲耕籍田以为农先,劝孝弟,崇有德,使者冠盖相望,问勤劳,恤孤独,尽思极神,功烈休德未始云获也。今阴阳错缪,氛气充塞,群生寡遂,黎民未济,廉耻贸乱,贤不肖浑淆,未得其真。"不是初即位之词,且谓"今阴阳错缪"之下文字,乃自责之词,如在建元元年即位时言,不啻是数其父祖之过。[2] 这也是以今律古之词,并无充足的证据效力,实际上汉

---

[1] 张廷玉等:《明史·冯从吾传》,中华书局1974年版,第6315页。
[2] 苏诚鉴:《董仲舒对策在元朔五年议》,《中国史研究》1984年第3期。

代皇帝诏书、臣僚奏章中类似批评本朝、前朝的说法不胜枚举，元帝以后尤其突出，并非如有些论证臆想的那样，有许多禁忌。

可见，否定董仲舒建元元年对策的证据中并无可一锤定音的铁证。元光元年对策最有力的一条是《汉书·武帝纪》："元光元年冬十一月，初令郡国举孝廉各一人。""于是董仲舒、公孙弘等出焉。"若此记载不误，则董仲舒与公孙弘一年对策，与《史纪·封禅书》合，而《史记》公孙弘本传又说元光五年公孙弘再次对策，武帝擢其为第一，顺此，则公孙弘共参加了建元元年、元光元年、五年三次对策。若元光五年被皇帝定为第一，则与其后来守丧三年、为丞相的履历不合，时间太短促，对不上。也有学者质疑，《武帝纪》中的诏书与策问董仲舒的诏书内容不一样，而且董仲舒为"举首"，公孙弘为第一，一年对策不可能有两个第一，因而否认此二人同时对策。其实，汉武帝策问董仲舒的完全是私人之间的对话，在这次对策之前还有对策，因为汉武帝给董仲舒的第一策中就有"今子大夫褒然为举首"，则此策有可能是《武帝纪》中所记载的诏书，而且此诏与武帝问董仲舒之三策也有内在联系。如此，董仲舒所答三策与公孙弘所答策书不同即不成其为问题。问题的关键是《武帝纪》中"元光元年冬十一月，初令郡国举孝廉各一人"，明确说这是武帝"举孝廉"的第一次行为，这与《汉书·董仲舒传》中"州县举茂才、孝廉，皆自仲舒发之"矛盾。因此有学者提出董仲舒"天人对策"发生在建元年间[1]，并非与公孙弘同年对策，则班固此说可以解释，"两个第一"的问题也就不存在了。《汉书·武帝纪》"于是董仲舒、公孙弘等出焉"，"董仲舒出"是概说，也就是说董仲舒也是通过类似的对策脱颖而出的。

笔者认为，关于董仲舒"天人三策"的种种探索，试图解决文献记载中的矛盾，但是多为猜测。在各种猜测没有得到足够的文献支持之前，我们应该更加注重有明确记载的定点，也就是元光二年董仲舒已经为江都相这个事实，这应该是董仲舒对策年的下限，建元元年的可能性不是没有，建元年间、元光元年的可能性最大，元光二年之后的各种说法皆缺乏足够的文献根据。

（二）董仲舒在儒学成为官方统治思想中的地位

近年来，不少学者对董仲舒在"罢黜百家、独尊儒术"中的作用提出不同看法，总的来说是倾向于否定董仲舒是"罢黜百家、独尊儒术"的"最大责任者"，持此论者动机、意指也有区别，或云董仲舒无此大功，或云董仲舒无此大罪。其实在评价董仲舒功罪之前，对借以评价董仲舒的事实认识尚有不清楚的地

---

[1] 成祖明：《诏策贤良文学制度背景下的"天人三策"》，《历史研究》2012年第4期。

方。就人们所常说"罢黜百家、独尊儒术"本身有一定的含混性,需要进一步明晰。辨清楚汉武帝时期在文化政策方面发生了什么事、董仲舒发挥了什么样的作用,才能对董仲舒的地位有一个合理的认识。

首先,在汉武帝期间发生的事情准确地说是儒学替代"黄老之学"成为占据统治地位的指导思想,是指导思想的转换。

其次,汉代的文献说的是"罢黜百家、表章六经",并不是禁止其他学派的流传。董仲舒所说的"诸不在六艺之科孔子之术者,皆绝其道,勿使并进",字面意思是侧重选官方式,只以儒学作为选"贤良方正"、举孝廉的标准,堵塞其他学术派别的人通过学术选官进入职官系统的道路,并不是像秦始皇那样不允许儒学以外的学术存在。丞相卫绾说的"所举贤良,或治申、商、韩非、苏秦、张仪之言,乱国政,请皆罢"[1]正与董仲舒之意同。也不能否定董仲舒的思想中含有以儒学取代其他学术的意涵,这一点我们也应该予以注意。汉武帝本人也没有禁绝其他学术,而且他一直在任用包括法家、黄老、方术之士、纵横家等在内的各派人士。

因此,我们应从统治思想转换这个角度来看董仲舒所起的作用。

有学者指出,汉武帝时期统治思想转换是皇帝、高级官员的主动作为,首先是一种政治行为,没有他们提倡和支持是不可能实现的,[2]这有其道理。但皇帝和官员之外学者的作用也是至关重要的,我们要在皇帝、官员、学者以及当时的政治历史环境等多种因素协同作用中看待这个问题。从政治运行形势来说,黄老思想的不足日益体现出来,当局在考虑采用新的指导思想。

第一,黄老思想以"因循"为主要宗旨的治国方略已经不能适应武帝时期的形势了。"因循"主要是维持现状,尊重自生自发的秩序,这种思想有其高明之处,它尊重了社会规律,但是所尊重的是自发的规律,当有的群体自觉地提出要超越"自发状态",对社会成员的文化面貌、文明程度进行总体提升的时候,黄老学派那种维持朴素面貌的方略就显得不合时宜了。儒家正是以"教化"为目标和号召,通过提升人们的道德水平让民众自觉遵守法律,提升国人文化素质,与黄老思想相比,就有了优势。

第二,在边疆安全方面,黄老主张维持现状,中原与周边各民族依照自己的风俗习惯生活。而事实是匈奴不断侵扰边界,汉武帝时期国力大大提升,有了

---

[1] 班固:《汉书·武帝本纪》,中华书局1962年版,第156页。
[2] 余建平:《"天人三策"文本顺序考辨——兼论董仲舒贤良对策之年代》,《北京社会科学》2019年第6期。

反击匈奴的基础，汉武帝本人又积极进取，在这方面，原有的因循政策也难以为继。

第三，汉初以来的政治格局面临着新突破。从高祖到文帝，汉初政坛基本上是功臣、外戚、诸侯王三足鼎立的局面，各种力量在不同时期各有消长，但没有哪一方处于绝对压倒性地位，皇帝在其上维持一种微妙的平衡。官员队伍主要是这三种力量为主导，儒学没有什么机会，贾谊受到压制，张苍贵为丞相，也只能顺应，而难以展布。汉武帝时期，形势有了变化："七国之乱"后，诸侯王力量受到根本性削弱，开国功臣集团经过三代之后，力量式微，形成了外戚、皇帝二元对立的格局。武帝要巩固权力，需要从下层提拔新生力量，所以赵绾、王臧等在武帝初年把矛头主要对准外戚窦氏。儒学支持合法皇权，功臣、外戚、诸侯王是儒者的天然对立面，帝王的需要与儒者的理想达到高度契合；同时，汉武帝不能满足于文景时期的因循局面，要进行全面的"更化"，儒学迎来了新机遇。所以汉武帝本人持续有力地支持儒学，大力推动儒学的官学化。

皇帝及官员的作用在于作出决策、推动实施，在提供决策的依据、制定实施方案方面学者就发挥了重要作用，这是官员所不能替代的。儒学成为官方统治思想是一个既定的历史事实，只要把这个过程分析一下，谁发挥了什么样的作用就一目了然了。建元元年的崇儒运动之所以失败，政治力量固然是主因，但被赵绾、王臧所推崇的申公也并不能使武帝满意，他们设明堂、朝诸侯一套方案难以落地。武帝第二次崇儒政策之所以成功，是因为政治与学术两方面都达到最佳状态。政治方面，随着窦太后的去世，反对力量不复存在；学术方面，董仲舒与公孙弘相反相成，起到了重要作用。要评价董仲舒的作用，只要把他与公孙弘做一个对比就可以了。

第一，董仲舒通过"天人对策"在思想上说服了汉武帝。在对"天命"内容的解释上，将黄老、法家之"道"替换为儒家"仁义礼智信"之"道"，这是最为根本的。就这一点而言，董仲舒可以说是汉武帝崇儒的"总设计师"，这是公孙弘等人所不可比拟的。

第二，董仲舒以涵摄六经的《公羊春秋》解释系统为经典依据，以"阴阳五行说"为哲学工具，对儒学做很大发展，既具有深邃的学术内涵，又具有可操作性，比如官员的选拔方案、司法方式的改造（引经决狱）、典礼仪式的构建等，都可以付诸实施。公孙弘在道德操守（这于儒家声誉极其重要）、学术水平方面都不及董仲舒，这是当时公认的。儒学要取代黄老的地位，必须有深厚的学术支撑，即使公孙弘贵为丞相，为皇帝宠臣，但在他的主持下，在学术上还是以董仲舒为标准。《史记·儒林传》："瑕丘江生为《穀梁春秋》。自公孙弘得用，尝集比其义，卒用董仲舒。"有学者以董仲舒两次被外任诸侯王相的事实为根据，认为汉武帝并不重用董仲舒，进而推论董仲舒的作用是有限的。但是在官职上不重用并不代表皇帝不采用他的思想，在董仲舒曾经犯过死罪、晚年致仕的情况下，朝廷遇有大事，汉武帝或派使者、或派张汤这样的高官到家里向董仲舒咨询，这是"国师"的待遇。

第三，在制度建设方面，二者各有贡献。董仲舒的设立太学、郡国学、州县举孝廉方案，基本上擘画了以儒学为选官标准的蓝图。公孙弘"著功令"是儒学发展上的重大事件，也是公孙弘对儒学官学化的重要贡献。"著功令"是在汉武帝已经有明确意见的情况下，公孙弘顺势而为提出自己的方案，《史记》《汉书》对此记载得很明确。《汉书·武帝本纪》记载武帝诏书：

> （元朔五年，公元前123年）夏六月，诏曰："盖闻导民以礼，风之以乐，今礼坏乐崩，朕甚闵焉。故详延天下方闻之士，咸荐诸朝。其令礼官劝学，讲议洽闻，举遗兴礼，以为天下先。太常其议予博士弟子，崇乡党之化，以厉贤材焉。"丞相弘请为博士置弟子员，学者益广。[1]

诏书很具体地提出要求，即如何加强和完善"博士"制度。《史记·儒林列传》：

> 谨与太常臧、博士平等议曰：闻三代之道，乡里有教，夏曰校，殷曰序，周曰庠。其劝善也，显之朝廷；其惩恶也，加之刑罚。故教化之行也，建首善自京师始，由内及外。今陛下昭至德，开大明，配天地，本人伦，劝学修礼，崇化厉贤，以风四方，太平之原也。古者政教未洽，不备其礼，请因旧官而兴焉。为博士官置弟子五十人，复其身。太常择民年十八已上，仪状端正者，补博士弟子。郡国县道邑有好文学，敬长上，肃政教，顺乡里，出入不悖所闻者，令相长丞上属所二千石，二千石谨察可者，当与计偕，诣太常，得受业如弟子。一岁皆辄试，能通一艺以上，补文学掌故缺；其高弟可以为郎中者，太常籍奏。即有秀才异等，辄以名闻。其不事学若下材及不能通一艺，辄罢之，而请诸不

---

[1] 班固：《汉书·武帝纪》，中华书局1962年版，第171—172页。

称者罚。

臣谨案诏书律令下者，明天人分际，通古今之义，文章尔雅，训辞深厚，恩施甚美。小吏浅闻，不能究宣，无以明布谕下。治礼次治掌故，以文学礼义为官，迁留滞。请选择其秩比二百石以上，及吏百石通一艺以上，补左右内史、大行卒史；比百石已下，补郡太守卒史：皆各二人，边郡一人。先用诵多者，若不足，乃择掌故补中二千石属，文学掌故补郡属，备员。请著功令。佗如律令。[1]

公孙弘的奏对分为两部分，一是直接回答汉武帝为博士设置弟子，其中有弟子人数、选拔任用考核方式、政治待遇（复其身）等。继董仲舒提出中央太学、地方郡国学之后，进一步完善了博士弟子制度，也就是《汉书·武帝本纪》所说的"请为博士置弟子员"。与博士弟子任用方案紧密结合，公孙弘做了自己的发挥，建议重用低级的"文学掌故、礼义之官"，二百石以上的官员、百石以上的吏，通一艺，就可以选拔为中央的"左右内史、大行卒史""中二千石属"，百石以下的可补"太守卒史"。"左右内史"在汉武帝时期已属千石高官，其升迁幅度不可谓不大。"文学掌故"在武帝时期基本上就是指明了儒学经典的人，在此成为官员的重要后备力量，尤其是给每个郡配两名（边郡一人）儒学吏员，直接目的是能够充分理解诏书律令的字面含义以及价值内涵，根本目的是以儒生完全替代文法事吏，这是培根固本的制度安排。以诏书解读、处理律令为杠杆，在皇帝的大力支持下，各级官员的文化面貌就逐渐儒家化了[2]。公孙弘此奏的意义不言而喻，对于这一点，必须承认，但是董仲舒的设想是全局性的，其学术思想的深度、全面性以及在实践中的运用都超过公孙弘；在制度建设方面，董仲舒发其端，并提出了基本框架，公孙弘接其绪，进一步完善、细化。因为董仲舒的天人对策最晚在元光二年（公元前133年），而公孙弘"著功令"在元朔五年（公元前123年），其地位与作用是超过公孙弘的。在汉代统治思想转型方面，董仲舒起到了关键作用，其地位是其他学者所不能比拟的，从这个角度上说"董仲舒为群儒首"并不过分。

---

[1] 司马迁：《史记·儒林列传》，中华书局1959年版，第3119页。
[2] 汉武帝及宣帝都特别提倡诏书以及各种公文用儒家经典进行修饰和改造，不仅博士弟子、专门文学掌故、礼官之类的官员仕进之路大开，连廷尉这样专司法律之类官员的掾属也因为主官解决章奏问题而得到快速升迁。如张汤章奏不合武帝意，后请兒宽操刀，武帝甚为满意，兒宽因此连续被提拔为中大夫、左内史，其升迁路线与公孙弘的制度设计非常类似。班固：《汉书·兒宽传》，中华书局1962年版，第2628—2633页。

二、秦汉以来"新型国家建构"的重要参与者

汉武帝时期在中国古代历史上具有重要地位,这一时期基本实现了国家体制的"新建构"。秦始皇继承战国以来法家变法的成果,构建了以郡县制、官僚制以及与此相适应的法律体系,统一了度量衡、货币、文字,是分封制之后中国古代新型国家体制的第一次奠基。秦朝的国家建构还有不足之处。它沿袭了战国时期秦国以"耕战"为主要目的和功能的特点,带有很强的"军事化"色彩,人民生活一定程度上处于非正常化状态,汉初黄老无为之治对生活化的社会有所恢复和培育,就是纠此偏颇。另外,秦始皇在国家指导思想建设方面走极端路线,最终归于失败。

汉武帝继承汉初七十年的发展成果,基本使国家恢复到正常状态,并且在政治、经济、法律、文化方面有了一系列的新设计,奠定了后世两千多年中国古代国家的基本面貌。

政治方面,郡县制基本定型并得到巩固。秦朝虽然在其统治范围之内全面推行郡县制,但是因为统治时间短,分封制的"惯性力量"并没有完全消除,秦末大乱后,分封制就有了强烈反弹。经过景、武两代皇帝的努力,诸侯在政治、经济上与中央王朝分庭抗礼的可能被消除,郡县制得到最终巩固,西晋初年的"八王之乱"不过是余波荡漾而已。

经济以及社会生活方面,在执行黄老思想的过程中,社会生活从"军事化体制"恢复到正常状态,汉武帝施行盐铁等主要手工业品的国家控制措施,使天然具有解体自然经济的工商业被牢牢地束缚在中央政权之下,形成了有别于欧洲的经济体制,这种体制一直延续到清代。

法律方面,开启了对秦以来的法律体系全面改造的历程。这种改造从解释法律入手,以"引经决狱"的方式逐渐把儒家价值观注入传统法律体系中,后来又以儒家经义注释法律。曹魏时期,儒生成为制定法律的主体,"法律儒家化"基本完成。陈寅恪先生曾对魏晋至隋唐的法律沿革进行过概括:"古代礼律关系密切,而司马氏以东汉末年之儒学大族创造晋室,统制中国,其所制定之刑律尤为儒家化。既为南朝历代所因袭、北魏改律复采用之,辗转嬗蜕经由(北)齐、隋以至于唐,实为华夏刑统不祧之正宗。"[1] 从法律编纂者这一角度而言,魏晋

---

[1] 陈寅恪:《隋唐制度渊源论稿》,河北教育出版社2002年版,第102页。当然,说北齐沿袭北魏法律是指整体的继承,北齐也有自己的创制,如"重罪十条"即是北齐律的创造。

南北朝时期，儒生完全成为主角，甚至是唯一的主持者，魏晋南北朝时期法律的嬗递演变一定程度上就是一个儒家化的过程，瞿同祖先生甚至认为"中国法律之儒家化经魏、晋南北朝已大体完成，不待隋唐始然。"[1]

思想文化方面，确立了以儒家为主的官方统治思想，并逐渐渗透到社会生活的各个方面，秦始皇未竟之业，在汉武帝时期基本得以完成。

以上诸方面，构成了此后中国古代国家的基本面貌。著名史学家侯外庐先生非常重视汉武帝诸"法度"在中国古代历史上的转折性意义[2]，认为这是"封建社会"得以确立的标志。中国"封建社会"究竟是不是在此时奠定，是一个有争议的大问题，但是自春秋以来扰攘六百余年国家制度探索在汉武帝时期基本定型，则是一个不争的事实。

董仲舒积极参与了政治体制建设，坚决维护"大一统"的国家体制，在思想意识形态定型方面起到关键性作用，在法律儒家化过程中起到了前驱先路的示范性、表率性作用，是中国古代新型国家体制的设计者和重要参与者。

三、"独尊儒术"的是与非

这个问题我们可以从两个方面来分析，一是董仲舒在儒学发展中的地位，二是儒学作为官方统治思想的作用与影响。

第一个方面的问题前文已经有不少论述，这里略作总结。第一，董仲舒适应时代的需要，把自孔子以来的儒学发展到一个新阶段。董仲舒对儒学的发展主要表现在：吸收阴阳五行思想，对儒学价值观进行新论证；吸收黄老、法家思想，使儒学一定程度上黄老化、法家化，以便于与政治体制的结合，提取出三纲、五常规范体系，也就是后世所谓的"礼教"系统；综合孔子、孟子、荀子的人性论思想，提出了以性善论为主的二元人性论；以《公羊春秋》为中心，对儒家经典体系做了新阐释、新安排。以上发展都以维护儒家基本价值观不变为前提。

第二，董仲舒对汉代经学面貌影响巨大。儒学上升为国家统治思想带来的经学大繁荣自不必说，汉武帝以来，形成了今文经与古文经两大解释系统，董仲舒是今文经学的划时代人物。今文经学除了具有发挥余地大、便于与现实结合、与时俱进的特点，还有烦琐化、迷信化的缺点，究其根源，都与董仲舒有关。烦琐化是对经学过度阐释的结果，董仲舒致力于探求经典字面意思以外的孔子"口

---

[1] 瞿同祖：《瞿同祖法学论著集》，中国政法大学出版社1998年版，第368页。
[2] 侯外庐：《论中国封建制的形式及其法典化》，《侯外庐史学论文选集》，人民出版社1987年版，第220页。

说",发掘"微言大义",这种方法运用得好,可以通过经典的具体文句,把儒家价值观予以浓缩、升华,比如就宋楚战争对楚国子反、宋国华元行为言论的发挥,突出了对人以及生命价值的尊重,这与儒家基本精神是符合的。但是有的解释虽然符合儒家精神,却与经典原意有很大背离,比如对"元年春王正月"的解释与经典本身含义相比就有很大的随意性。后儒群起效法,水平参差不齐,沿袭既久,五字经文解释之言至二三万,支离破碎,以致束发读书,白首不能通一经,使经学解释走到了死胡同。[1] 儒家经典中本身就有一些巫术、迷信的成分,董仲舒吸收阴阳五行说的同时,把其中所附丽的迷信内容也一并引进,在"天人感应"的逻辑下,放大了巫术迷信的成分,形成了与经书并行的"纬书",再与图谶结合,加之王莽、刘秀等帝王出于政治目的的利用,遂泛滥成灾。经学中的这种弊病固然不是董仲舒一人的责任,但是董仲舒是汉代经学解释的一个枢纽性的人物,他所"汇聚"的烦琐化、迷信化成分,通过与中央政权的结合,起到了示范、放大效应。

儒学作为统治思想的作用与影响,也要做具体分析。第一,有了统一的核心价值规范,有利于维持国家稳定,增强民族凝聚力,对中华民族的维系和发展有着重要意义,这一点后文详述。

第二,形成了"政统""道统"对立统一、"政教相维"的国家体制,维持了古代国家的韧性和张力。在维护中央集权方面,儒家与法家有着高度的一致性,同时儒家有"仁政""王道"的政治理想,董仲舒继承这种理想,并将其抬到"天道"的高度,成为王权合法性的来源,形成了在思想上高于政治权力(政统)的"道统"系统。儒家价值观渗透在行政体系中,国家政令与精神"教化"职能紧密结合、水乳交融,形成了"政教相维"的特殊形态。在这种形态下,儒生具有了抗衡过度任性的王权的价值、精神支持,此种作用的发挥程度取决于帝王的开明程度。如果王权倒行逆施,完全不受约束,则自身命运也会终结,新王朝接受前朝教训,不得不回到正确的轨道范围,"道统"就这样间接而曲折地起着"修复"国家秩序的作用,使国家在治乱循环中保持了较强的韧性,但是政治失序、王朝更替中所付出的代价也是很大的。

第三,"儒学独尊"与思想单一化问题。"儒学独尊"与"百家争鸣"终

---

[1]《汉书·艺文志》:"古之学者耕且养,三年而通一艺,存其大体,玩经文而已,是故用日少而畜德多,三十而五经立也。后世经传既已乖离,博学者又不思多闻阙疑之义,而务碎义逃难,便辞巧说,破坏形体;说五字之文,至于二三万言。后进弥以驰逐,故幼童而守一艺,白首而后能言;安其所习,毁所不见,终以自蔽。此学者之大患也。"中华书局1962年版,第1723页。

结不仅时间上前后相继，也有逻辑上的因果关系，这是一个不争的事实。近代以来，不少学者也把中国科学技术的发展问题与儒学的统治地位挂钩，认为儒学具有阻碍科学技术发展的消极作用。汉武帝虽然没有直接禁止儒学以外学说的流传，但是通过选官制度的强大政治导向，使其他学派日益式微，思想逐渐趋于单一，春秋战国时期百家争鸣生动活泼的局面终归消歇，这是儒学独尊的消极影响。百家争鸣中，墨家、名家对科学技术、逻辑学有着深入的研究，但是这一传统没有延续下来，也与独尊儒术有关。同时儒学中重道轻器、重伦理轻自然的倾向，也对自然科学的发展有不利影响。需要指出的是，儒学并非与自然科学水火不容，儒家经典中有着丰富的自然科学内容，在天文历法、数学、农学等方面，研究传统前后承袭。儒学独尊影响了中国传统自然科学的特点，使之侧重于适用性，而不重视纯理论的探讨，这是与西方传统的明显不同。同时也应该看到，思想的一统首先是专制国家的内在需求，百家争鸣的社会基础是列国并存，政权统一后，各派相对自由的发展空间就很难延续了。董仲舒顺应这种大一统的需要，其思想中也有定于一尊的观点，并参与了实际进程，虽然不能对思想单一化负全部责任，但也难辞其咎。

四、"华夏主体文化面貌"的形成与维系

董仲舒通过"公羊春秋学"中所阐释的"奉天法古"思想提炼出"天道"与"先王"两个价值源头和根本依据，随着儒学在各层次、各方面的全面落实和渗透，"先王""先圣"作为价值源头的地位得到确认；在"天道"内容方面，儒学与道家有不同，道家以自然释"天道"，儒家以"伦常"释"天道"。汉魏时期玄学兴起，经过"名教"与"自然"相对立（嵇康主张"越名教任自然"）后，产生了"名教""自然"相融合的观点（郭象），这实际上体现了道家、儒家天道观融通的一面，儒道相互吸收彼此的思想和价值观，即所谓"儒道互补"。如前所述，经过董仲舒等学者阐释的儒学，结合西汉政治、社会实际，以《春秋》经典为中心，吸收道家、法家、黄老、阴阳家等思想，形成了占统治地位的主流思想，也可以说是"意识形态系统"。这个"意识形态系统"内容宏博庞大，满足了社会各阶层从天人究竟的哲学思辨到行为规范、情感皈依等多方面的需求，是春秋战国之后华夏民族思想价值体系的一次大整合。经过两汉魏晋四百余年的实践，塑造了华夏民族的基本文化面貌。

这种以儒学价值观为主导的思想意识形态系统，在近代西方工业文明携武力

强势进入中国之前，表现出强大的韧性和自我调适能力，经历了各种危机、挑战而保持了自身的核心特质，一直延续下来，使两汉时期形成的华夏民族文化面貌得以长期维系。中华民族的主体民族被称为"汉族"，与汉代思想的这次奠基有着直接的关系。

概言之，华夏民族遭受的挑战一是来自北方游牧民族，二是来自欧亚各大宗教系统。北方游牧民族的长处是强大的武力和吃苦耐劳的品质。他们的主要生产生活方式是狩猎与游牧，狩猎就是与动物界的战争，是以游牧民族的生活状态就是战争状态。当中原农业民族在长期的安定中走向腐化、制度废弛、政治失序的时候，游牧民族南下，他们可以摧毁政权、占领土地，统治人民，但其文化程度有限，往往没有自己的文字，或者根据中原文字创制自己的文字；政治、法律制度比较简单；历史文化积淀相比于中原民族不够丰富。他们的人口数量远远少于中原农耕民族，要在中原立足，统治人数远远大于自己的中原原住民，不得不利用中原的文字、政治法律制度，在吸收中原制度的过程中，附丽于其上的价值观也不知不觉地被接受，久而久之，武力征服者被中原文化所征服。两汉之后第一个在黄河流域建立政权的北魏就是如此，此后的辽、金、元、清也是无不推崇孔子，尊崇儒学。

两汉之际，佛教文化传入中国，佛教哲学在精细、深入方面一定程度上超过儒学，但魏晋时期彼此融合之后的儒学、道家乃至道教，在与佛教文化的冲突中吸收佛教文化的各种因素，并成功地对其进行中国化的改造，在唐代，形成了儒释道三教并立而以儒学价值观为主的思想意识形态结构，儒学仍然是官方统治思想，并没有形成佛教占意识形态统治地位的"宗教国家"。重要的原因是儒家具备了哲学、价值观、情感皈依、行为方式、礼仪系统等全方位的"文化要素"，可以与同样全面的佛教文化抗衡；而且儒学具有相当的开放性和包容性，具有吸收他种文化、自我完善而不失其本质特征的能力。此后基督教文化（唐代、元代）、伊斯兰教文化都大规模传入中国，深入到中国各地，并没有改变华夏民族主体文化面貌。中华文化长期延续而没有断绝，这与董仲舒及西汉君臣以儒学为主的文化建设也有着直接的关系。

当明清之际携带近代科学因素的基督教再次传入中国的时候，儒学对它的吸收、融合就表现出不同的状况，所接受挑战的性质与此前不同，但其主体地位并没有被撼动。鸦片战争之后，工业文明与近代西方科学、基督教重新强势进入中国，儒学作为整体的统治思想体系崩解了，中国的文化面貌发生了根本性的改变。需要注意的是，退出意识形态主导地位的儒学，其中依然承载着华夏民族的民族精神，不能一概抛弃，与欧洲迈向近代化的历程一样，承载着民族精神的传统文化需要"创造性转化"来实现浴火重生。儒学及其他文化传统如何与马克思主义、西方文化进行再度融合，实现中华文化的再次跃升，则是当今所面临的重要课题。

第五章　从王莽到刘秀·两汉之际思想学术的演变

王莽（魏郡元城县委粟里人，即今河北大名县）由外戚权臣而南面称帝，又及身败亡，他在位的种种举措荒谬乖张，人为地给当时的政治、经济造成极大混乱，与周边民族关系紧张，边衅不断，使西汉以来的统一局面不复存在。王莽也长期被看作"篡位者""奸臣"，汉代修成的正统史书《汉书》未为其列"本纪"，不承认他为合法的皇帝。其实王莽还有其另一面，他经生出身，对儒学深有造诣，把儒家价值观和政治理想作为立身行政的原则，与西汉各位皇帝相比，这是很少见的，在中国古代皇帝系列中，就其学术造诣而言，也只有康熙等少数皇帝堪与之比拟。所不同的是，他们把学术融汇到政治实践中是成功的，而王莽则是失败者，因此体现出理想主义的悲剧色彩。王莽对汉代思想、学术也产生重大影响。

第一节　西汉中期以来社会思想环境的变化

王莽当皇帝是多种因素促成的结果，有偶然，也有必然；也是王莽充分创造、利用各种有利条件，因时乘势、自我谋划的结果。

一、政治力量的结构性变化是王莽成功的外在条件

王莽姑母王政君与其兄弟子侄多年经营，形成了宫内宫外相互呼应的强大势力，这无疑是王莽的政治基础。但王氏一族虽然两代之间先后有四人辅政，在哀帝去世之前并没有达到只手遮天的程度，哀帝轻易地就解除了王莽辅政之权，就是成帝的时候，要废黜王商、王根也不是不可能的事，只是成帝并没有其祖先那样的魄力与才能，犹豫不决；而且王氏虽盛，但远没有东汉梁冀那样专横，把天下视为自己掌中之物，他们仍然认为天下是刘氏之天下，王莽父辈并没有表现出取而代之的主观意图。但王莽最终代汉，除王氏家族实力之外，还与当时政治力量的结构性变化有着密切的关系。

（一）功臣、宗室力量式微与士大夫阶层的崛起

西汉末期，政治力量结构发生了变化，因儒学兴盛造成的政治氛围也有了根本不同。政治力量结构的变化主要表现在功臣、宗室集团被大大削弱而外戚势力不减，儒臣势力大增，朝廷政治生态大异于前。

汉初吕氏无论从地位还是实力来说，都是王政君所不能比拟的。吕雉及其兄弟不仅是外戚，也是开国元勋，吕氏一门对刘邦定鼎起到重要作用。吕雉去世后，所立皇帝也是幼弱不能理政，即使如此，吕氏外戚势力很快被剪除，因为功臣与宗室此时具有强大力量，外戚实难以与之抗衡。"吴楚七国之乱"被镇压后，景帝、武帝两代皇帝从政治、制度两个方面大力削弱宗室力量。汉武帝通过"酎金罪"剪除了一批诸侯，又制定"左官律""附益法"，规定官员未经中央批准，不得私自入仕诸侯王；诸侯王相的地位本来高于郡守，后来被降格，位在郡守之下。诸侯王在封地内的治土治民权也逐渐被剥夺，最后只能衣食租税，仅享有经济特权。汉武帝又颁行"推恩令"，允许诸侯王把封地内土地分给子孙，诸侯封国越来越小，力量也相应被削弱，所谓"众建诸侯而少其力"；同时，诸侯到封地就国的制度也严格执行，除"宗正"外，宗室不能在中央为官，无论在中央还是地方，宗室诸侯王的势力得到根本性的抑制。

汉高祖起自布衣，功臣是其政治上的主要依靠力量，文帝初年实际上形成了功臣与皇帝"共治"的局面，终文帝一世，丞相主要来自功臣及其后裔。汉武帝外攘四夷，规模之大，不亚于又一次开国战争，汉初开国功臣虽已式微，但是武帝时期又培养出"第二代"功臣，霍、卫势力一时天下无二，武帝最后也是托孤于功臣之手。鉴于武帝大事兴作，造成国困民贫的局面，昭帝时期恢复汉初休养生息政策，执行战略收缩，宣帝治国能力很强，政治比较安定，"功臣"失去了大规模兴起的土壤，霍光集团势力被剪除后，功臣与宗室一样，走向式微。汉初皇权之外的三种政治势力，唯有外戚在"母以子贵""亲亲"的指导思想之下继续存在，失去了功臣、宗室的制约，一定程度上呈现出"一枝独秀"的态势，每有新皇即位，总会产生一批新贵，他们就是外戚。

外戚之外，另一支重要的政治势力就是新兴的儒生士大夫集团。与其他政治集团不同、也是与其他政治集团相比最大的特点是，士大夫集团具有思想、道义上的优势。士大夫集团的崛起也经过了一个渐进的过程，与宗室、功臣集团的衰微正相伴随。汉武帝、汉宣帝时期，儒学虽然名义上成为最权威的统治思想，但在这两位练达有为的帝王治下，儒学只是多种统治思想、统治方略的一种，儒

生也是多种选官途径中的一种,公孙弘虽然在武帝时期为丞相,具有强大的象征意义,武帝所用的只是公孙弘的温顺,成为实现其政令的工具,像董仲舒这样的"醇儒"并不能位居枢要。汉宣帝在这方面秉承武帝施政之三昧,"霸王道杂用",法家、黄老、儒学三种思想各有其发挥作用的空间。但是某种思想一旦被制度化,而又占有道义的优势,其作用是巨大的,随着时间的推移,就不是具体什么政策、哪个帝王所左右的了。武帝时期制定的以儒家思想为标准的选官政策使大批儒生进入从中央到地方的各级职官系统之中,贤良文学的选拔以儒生为主要来源,中央设立博士官,博士弟子有了正规的入仕途径,三公、大将军等高官辟除掾属也以儒学造诣为选择标准,文翁、兒宽等人即以践行儒术在二千石的地方郡守任上崭露头角。选官以儒学为主要依据,太子的教育乃至皇帝选择儒学也是重要的考虑因素。霍光聘请名儒韦贤入宫教授昭帝《诗经》,不仅如此,霍光还请夏侯胜为师,教授宣帝时候已经为成为太皇太后的外孙女上官氏《尚书》,以培养她听政的才能。[1] 宣帝本人对儒学有所保留,但是他被众大臣推举为皇帝的原因之一则是"通经术",宣帝也为太子选择硕学鸿儒萧望之等人为师傅,"帝师"成为继功臣、外戚之外的一支重要政治力量。他们因经术起家,自然也依照儒家的思想、价值观行事,儒生士大夫逐渐成为一支重要的政治力量,尤其是汉元帝特别重视儒学,除勋戚外,进入三公高官阶层,精通儒术已经成为一个必要条件,丞相的选拔尤其如此。"自孝武兴学,公孙弘以儒相。其后蔡义、韦贤、玄成、匡衡、张禹、翟方进、孔光、平当、马宫及当子晏咸以儒宗居宰相位。"[2] 宣、元以后,任职丞相者共十八人,其中就有十四人以明习经学起家。[3] "遗子黄金满籝,不如一经"[4] 成为新时尚,名儒夏侯胜自豪地说:"士病不明经术;经术苟明,其取青紫如俛拾地芥耳!"[5]

各级官方教育机构的儒生以及由儒学入仕的官员,在汉代形成一个新的阶层,即士大夫阶层。儒生由于掌握了专门知识,他们成为封禅等重大典礼的主持者,在天人感应成为重要统治思想的环境下,他们成为解释天象的权威。国家遇有重要人事任免、重大案件的处置、重要政策的出台及变更,都要召集二千石以上的高官及博士、议郎等学官参与讨论。同时,元帝以来,博士弟子、太学生员

---

[1] 班固:《汉书·夏侯胜传》,中华书局1962年版,第3155页。
[2] 班固:《汉书·匡张孔马传》,中华书局1962年版,第3366页。
[3] 班固:《汉书·百官公卿表下》,中华书局1962年版,第800—857页。
[4] 班固:《汉书·韦贤传》,中华书局1962年版,第3107页。
[5] 班固:《汉书·夏侯胜传》,中华书局1962年版,第3155页。

规模不断扩大，这些学生前面是仕宦通途，头脑中秉持圣人教诲，身有满腔热血，胸怀报国之志，加之入世未深，少经宦海风波，议论风生，追求理想，主张正义，成为思想界的"清流"。也就是说，他们的专业知识和道义优势，使士大夫集团成为主流舆论的主导者，这是外戚、宗室、功臣所不能比拟的。和平年代，舆论在政治中占有重要地位，王莽实际上深深认识到这一点，加之他本身的儒学爱好和造诣，使他对儒学特别重视。得到士大夫集团的支持，一定程度上就得到舆论的支持，这就解释了王莽为什么能够在王氏集团中脱颖而出的问题，其长辈王凤、同辈淳于长在这方面都要逊于王莽。王莽就国期间，博士弟子在对策中就大声为王莽呼吁，这对其复起的作用不可小觑。哀帝尽管不喜欢王莽，但是由于舆论的支持，最终还是不得不把王莽召还朝廷。不管主观动机如何，王莽很好地顺应了功臣、宗室式微，士大夫勃兴的时代形势，走向了权力的巅峰，一定程度上也可以说王莽把自己塑造成了士大夫群体的代表和领袖。

（二）元帝以来的政治痼疾

武帝以前的"更始""再受命"思想体现的是自我肯定的自信，朝野上下亟亟呼吁，是对拨乱反正的形式上的承认。元帝以来的"更化""再受命"则是对现实的否定，希望出现全新的代替者，不管是刘氏还是非刘氏，甘忠可就直接提出非刘氏的百姓代替当朝，刘氏效仿殷、周二王"退处百里"。衡诸宣元以来的朝政，这是实实在在的现实政治的"扭曲"表现。

昭宣二帝接受武帝以来耗竭民力政策的教训，再次回到休养生息政策，使武帝有亡国之象而无亡国之实。宣帝起自民间，对百姓疾苦、官吏弊病有着较深的了解，在政治思想上，他对法家、黄老、儒家的政策也有着比较清醒而深入的认识：完全凭依一家思想都是不可能得到善治效果的，要参合各家长处，对国家进行综合施治，因为法家有其偏，儒家有其迂、黄老有其惰。这昭示了一个千古颠扑不破的真理：任何一种思想，必须结合实际才能发挥其长处；反过来，胶柱鼓瑟地尊奉任何一种思想，罔顾现实，都会走向死胡同，因为理论是人创造的，人有着不可避免的局限性，而现实是无比丰富的，是无限的，有限的理论不可能剪裁无限的现实问题。从这个意义上，宣帝是继高祖、文、景、武以来的一个伟大帝王。但是宣帝晚年宠信宦官石显，成为引起朝野极大震荡的一大政治败笔。

元帝以来的政治思想与现实开始南辕北辙，而一直没有找到解决这种矛盾的办法，以实现体制内的改良型调适。在刘氏当政时期，这种撕裂的力量越来越大，终致无法弥合，为异姓所取代。

理论上的方向是，儒家越来越权威化，也越来越教条化；同时，灾异思想不断肿胀，民本的因素日益被掩盖。政治上的现实是，元、成、哀三帝其政治、思想江河日下，无纠错能力，肆意妄为，错误越积越大。同时，改朝换代的"红利"在武帝时期已经被消耗殆尽。如果说文景时期休养生息政策导致民富国强的双面正效应；那么武帝时期因循政策带来的则是腐蚀政权的"毒素"。刘邦复民田宅、鼓励垦殖，有大量的荒田隙地，无论百姓还是地主、贵族，生产的发展带来的是百姓的温饱、税赋的增加、地主贵族的归心。武帝时期这种空间上的垦殖基本完毕，国库的增加只能靠现有财富的再分配，通过政策的改变而实现，盐铁征税、算缗告缗就是如此。宣、元之后，武帝时期的衰多益寡，或者无论多寡政府直接掠夺政策基本结束，但是每一朝的新贵要封赏，宗室费用不断增加，只有通过掠夺百姓来实现，这就加剧了阶层、阶级之间的矛盾。

随着王朝的累积，宗室、世袭特权贵族耗费日益成为一个沉重的负担，我们仅仅从宗庙祭祀费用亦可见一斑。《汉书·韦贤传》记载：

> 初，高祖时，令诸侯王都皆立太上皇庙。……一岁祠，上食二万四千四百五十五，用卫士四万五千一百二十九人，祝宰乐人万二千一百四十七人，养牺牲卒不在数中。[1]

每一代帝王去世，都有新的宗庙产生，旧的宗庙又不能废除，耗费越来越大。元帝时期，这已经成为一个严重的社会问题，名儒贡禹、丞相韦玄成、大司马孔嘉、谏大夫尹更始等多人上言，按照儒家礼仪，除了祖庙之外，按照亲亲的原则废除远亲宗庙，施行儒生中间所传扬的"天子七庙"制度，以节省费用。元帝一度颁布诏书，施行一祖庙、四"亲庙"的制度，其余超过四世祖以上的宗庙皆废除。成帝时期，疾病缠绵，梦到祖宗谴责废除郡国宗庙的做法，尽管丞相匡衡反复祷告，把废除宗庙的罪过揽到自己身上，成帝的身体依然不能康复，又恢复了所废除的宗庙、园陵。这个问题从元帝到哀帝，反反复复，或废或置，终究没有根本解决。

成帝、哀帝大肆封赏外戚宠臣，连绵不断。成帝时，"五侯群弟，争为奢侈，赂遗珍宝，四面而至；后庭姬妾，各数十人，僮奴以千百数，罗钟磬，舞郑女，作倡优，狗马驰逐；大治第室，起土山渐台，洞门高廊阁道，连属弥

---

[1] 班固：《汉书·韦贤传》，中华书局1962年版，第3115—3116页。

望。"[1]哀帝对董贤、傅氏、丁氏的封赏也不亚于前朝。外戚如此,大臣群起效尤,宰相匡衡、张禹大肆兼并土地,更是为历来史家所广为征引,"富者田连阡陌,贫者无立锥之地",贫民"人至相食",而贵族的马匹成天吃粟米,肥大不能奔跑,则要天天遛马减肥。[2]

皇帝虽然不能进行实质性的政治改革,但对阴阳灾异等事却深有迷信,期望通过这种巫术性的行为转嫁危机,丞相等高官就成为消弭灾异的替罪羊,孔光、翟方进、何武等多人因天象灾异被罢免。各种政治力量趁势投机,言祥瑞、解灾异形成了声势浩大的舆论力量,哀帝就是在这种思想氛围中做出了改制的闹剧。

二、"更化"思想的衍伸与畸变

士大夫阶层的崛起是王莽走向"宰衡"道路的社会条件,但这并没有给他再往前迈一步成为皇帝的任何理由,使王莽跨过这个君臣"天堑"的是董仲舒与汉武帝共同阐扬的"主权在天"的"天人感应"思想。王莽在用尽各种手段巩固自己权势的同时,又想方设法造作舆论,竭力把自己由臣变君的过程变得合民心、顺天意,他所借用的就是"再受命""更化""更始"的思想,其直接根源在于董仲舒的今文经学思想。现在看来,王莽及其群臣关于符瑞、受命的种种行为犹如一场闹剧,但闹剧也有其本,正如马克思所说,"一切伟大的世界历史事变和人物,可以说都出现两次。……第一次是作为悲剧出现,第二次是作为笑剧出现。"[3]

(一)董仲舒"更化"思想的本意

前文我们已经指出,董仲舒是在继承西周、孔孟思想的基础上,利用五德终始说的思想框架,紧密结合汉初思想实际,并吸收汉代自然科学的成果,对传统天命观做出了创造性的发挥,其基本要义包括以下方面:(1)政权转移以及认可形式上的最高标准是"天命";(2)天命是可以转移的;(3)天命转移的最根本标准是"德",也就是施政水平和能力;(4)衡量天命所归的实质标准是儒家所说的"仁政",仁政的效果由百姓的生活状况以及在此基础上生发的"民心向背"来决定;(5)由此,天下不是父子之间的私人授受,帝王可荐天子于天,没有绝对的"立天子之权",这是对孟子"汤武革命"思想的继承;(6)最后

---

[1] 班固:《汉书·元后传》,中华书局1962年版,第4023—4024页。
[2] 班固:《汉书·贡禹传》,中华书局1962年版,第3070页。
[3] 马克思:《路易·波拿巴的雾月十八日》,《马克思恩格斯文集》第2卷,人民出版社2009年版,第470页。

才是，天的意志通过灾异、符瑞的现象直观地体现出来，也就是"天人感应"，"天人感应"的中介是气。这些思想在董仲舒之前都存在，但董仲舒将其进行"集成"，通过与汉武帝的对策，以及此后"表章六经"的活动，成为官方思想，具有法定意义，朝野从风。

这六个方面的含义突出地体现了两种倾向，一是民本，二是天意。民本包含着深厚的人文关怀，而天意又通过不乏迷信色彩的符瑞来体现，董仲舒以及同时代的其他思想家也有借"天意"来约束皇权的意思，这是在专制制度下一种无奈的选择。民心可见，天意难测[1]，天意如何体现民心、民心怎样影响天意，不同的解释者有不同的答案。抱民本主义者以百姓为中心，以天象天意为说辞，这种立场和解释方法下，"天人感应"思想在历史上会发挥积极作用；文过饰非的帝王以及各种政治投机者、江湖术士则把天意与民意做扭曲的解释，各种恢奇诡谲的现象就在这种思想旗号之下发生了。当然也有人相信这些祥瑞都是真的，如董仲舒本人就相信操纵阴阳能影响降水，皇家庙园火灾与宗室专权有关。

汉初贾谊、董仲舒等人都是大力提倡"改制""受命"的大儒，但他们的"改制"中有密切结合"实际"的"大道"，这个"大道"就是儒家"仁政"的理想、精神。他们劝说文帝、武帝改制，是要标明当朝纠正秦之暴政的正确性与合法性，是浴火重生，同时进一步脱离秦之旧制，全面迈向王道：

> 今所谓新王必改制者，非改其道，非变其理，受命于天，易姓更王，非继前王而王也。若一因前制，修故业，而无有所改，是与继前王而王者无以别。受命之君，天之所大显也。事父者承意，事君者仪志。事天亦然。今天大显已，物袭所代而率与同，则不显不明，非天志。故必徙居处、更称号、改正朔、易服色者，无他焉，不敢不顺天志而明自显也。若夫大纲、人伦、道理、政治、教化、习俗、文义尽如故，亦何改哉？故王者有改制之名，无易道之实。[2]

在写给汉武帝的第一篇对策中，也表达了与此类似的思想。董仲舒大谈"更化"，表现出对本朝的一种自信：通过"改制""更化"，向天下宣布本朝应天而动的合法性。汉武帝此后的改定历法、封禅等一系列的行动也是在完成"受

---

[1] 天实无意，天意与政治关系最终是人为的设定，这就使对天意的解释具有无限的可能。
[2] 苏舆撰、钟哲点校：《春秋繁露义证·楚庄王》，中华书局1992年版，第17—19页。

命"的仪式，显示了一个王朝蓬勃向上的气象。

（二）"更化"思想脱离民本内容的"畸变"

后世的阐释者未必能够有董仲舒知经典、达权变，对"天命"进行"诸法合参"的眼光与能力。忽略了"天命"中所包含的"人道""民本"的人文精神，只是根据各种异常现象进行机械神秘的"推演"，肿胀了"天命观"中的迷信成分，汉代思想就逐渐向神秘的方向发展，董仲舒的弟子眭孟就是这样一个"转折性"的人物。

汉昭帝元凤三年（公元前78年），泰山郡莱芜山南有一块高一丈五尺的巨石突然自己立了起来，伴随着巨大的声响，如几千人在喧哗，巨石深入地下的部分有八尺，侧面有三块石头鼎足般拱卫着巨石，后来又有数千只白色的鸟落在巨石旁边。昌邑县枯槁倒地的社木发出新芽，长安上林苑中枯死的柳树也焕发生机，开枝散叶，虫子吃树叶的痕迹形成了"公孙病已立"字样。这些现象本就难经推敲，立石可能是山崩而致，或者从高山自行滑落，枯木生枝，小小的柳叶上出现五个字，这或是以讹传讹，或是偶然现象，本不足为训。眭孟（名弘，字孟）经过推演《春秋》，对这些现象得出了自己的认识：

> "石柳皆阴类，下民之象，泰山者，岱宗之岳，王者易姓告代之处。今大石自立，僵柳复起，非人力所为，此当有从匹夫为天子者。枯社木复生，故废之家公孙氏当复兴者也。"孟意亦不知其所在，即说曰："先师董仲舒有言，虽有继体守文之君，不害圣人之受命。汉家尧后，有传国之运。汉帝宜谁差天下，求索贤人，禅以帝位，而退自封百里，如殷周二王后，以承顺天命。"[1]

眭孟明确提出刘汉应该让位于他姓之人，在理论上是董仲舒"天定天子"观点所包含的，史籍显示他的禅位标准只有一个：异象。眭孟把自己的推测结果通过宫廷内一个叫赐的官长上报给朝廷。当时霍光辅政，这种言论无论是对自己还是对皇帝都是有危险的，匹夫为天子，霍光的合法性将在哪里？霍光通过廷尉审判之后，把眭孟和赐都处决了。被武帝处死的卫太子之孙名"病已"，五年后，刘病已即位，是为汉宣帝。宣帝长在民间，当局想起了眭孟的上书，又征眭孟之子为郎。这说明根据异象神秘地推阐"再受命"的思想有着较为深厚的社会土壤和生

---

[1] 班固：《汉书·眭孟传》，中华书局1962年版，第3153—3154页。

存空间。

眭孟之后，齐人甘忠可传播《天官历》《包元太平经》等书，说"汉家逢天地之大终，当更受命于天，天帝使真人赤精子，下教我此道。"甘忠可以此书传授夏贺良、郭昌等，形成较大舆论影响。西汉后期的政治动荡为这种思想的进一步膨胀提供了机遇。夏贺良多次游说哀帝："汉历中衰，当更受命。成帝不应天命，故绝嗣。今陛下久疾，变异屡数，天所以谴告人也。宜急改元易号，乃得延年益寿，皇子生，灾异息矣。得道不得行，咎殃且亡，不有洪水将出，灾火且起，涤荡民人。"此时哀帝患病，希望借此得到痊愈，于是下诏采用夏贺良的意见，进行"再受命"：

> 盖闻《尚书》"五曰考终命"，言大运壹终，更纪天元人元，考文正理，推历定纪，数如甲子也。朕以眇身入继太祖，承皇天，总百僚，子元元，未有应天心之效。即位出入三年，灾变数降，日月失度，星辰错谬，高下贸易，大异连仍，盗贼并起。朕甚惧焉，战战兢兢，唯恐陵夷。惟汉兴至今二百载，历纪开元，皇天降非材之右，汉国再获受命之符，朕之不德，曷敢不通夫受天之元命，必与天下自新。其大赦天下，以建平二年为太初元年，号曰陈圣刘太平皇帝。漏刻以百二十为度。布告天下，使明知之。[1]

哀帝的这份诏书是"更始""再受命"的一个高潮，也是西汉末期走向衰微的一个极具象征性的事件。第一，它以国家意志的形式公开承认"天命"思想下"主权在天"的观点，也是董仲舒所阐发的皇帝没有绝对的"立天子之权"的一种最高法律性质的承认。第二，它是哀帝对当时汉朝诸种危机、失德、走向衰亡的自供状，承认汉朝政治走向死胡同，其中包含（其实非常明显）的意思是刘汉被他人取代，理所当然。第三，通过形式上的"再受命"向上天、向百姓昭告：一个新的王朝、政权开始了。哀帝期望通过这种"四两拨千斤"的伎俩，把过去的种种危机一笔抹掉。第四，这是对图谶、纬书等各种"改朝换代"思想的极大鼓励，也表明自昭帝以来，被当局压制的神秘"再受命"思想走向主流政治中心、成为主流舆论之一，从"社会心理"的角度来看，这是汉代思想的一大转变。第五，从哀帝此后的政治思想、政治举措来看，他对董仲舒"天命论"中的

---
[1] 班固:《汉书·李寻传》，中华书局1962年版，第3192—3193页。

"民本""王道"内容依然没觉悟,宠幸佞臣依然,放纵外戚依然;而王莽则通过他的"德政","声誉",起码在形式上填充了哀帝所缺乏的"王道"内容,这也是王莽相对于哀帝能够别开生面的"硬实力",也是王莽受到士大夫拥戴的深层次原因。几个月后哀帝废除"再受命"诏书为此做了很好的注脚:

> 后月余,上疾自若。贺良等复欲妄变政事,大臣争以为不可许。贺良等奏言大臣皆不知天命,宜退丞相御史,以解光、李寻辅政。上以其言亡验,遂下贺良等吏,而下诏曰:"朕获保宗庙,为政不德,变异屡仍,恐惧战栗,未知所繇。待诏贺良等建言改元易号,增益漏刻,可以永安国家。朕信道不笃,过听其言,几为百姓获福。卒无嘉应,久旱为灾。以问贺良等,对当复改制度,皆背经谊,违圣制,不合时宜。夫过而不改,是为过矣。六月甲子诏书,非赦令也,皆蠲除之。贺良等反道惑众,奸态当穷竟。"皆下狱,光禄勋平当、光禄大夫毛莫如与御史中丞、廷尉杂治,当贺良等执左道,乱朝政,倾覆国家,诬罔主上,不道。贺良等皆伏诛。寻及解光减死一等,徙敦煌郡。[1]

哀帝诏书的基本逻辑是,第一,希望通过这种形式上的"再受命"获得为百姓致福的目的,而没有在政治上彻底刷新的意思,这是他与董仲舒思想的根本区别。第二,也是更为直接的是,他希望通过这种"仪式"使自己的病体好起来,从这个角度来看,夏贺良的"药方"获得了最直接的检验标准,检验没通过,夏贺良被诛灭,这说明政治清明、百姓利益在哀帝的思想中是没有什么地位的。这和刘邦的休养生息瞩目百姓福祉的思想不可同日而语,与文景政策中突出"民本"的精神更是判若云泥,更与汉武帝"轮台罪己诏"直面解决现实问题的理智与勇气截然有别。在这种具体的政治环境下,夏贺良有勇气与最高当局直接叫板:大臣不赞成是他们不懂"天命",应该对辅政班子进行彻底改造,以"精通"灾异的解光、李寻辅政,其他人靠边站。夏贺良虽然被诛,但是解光、李寻流放,象征性地表示:这种改朝换代的思想再也不可能被压制下去了。

---

[1] 班固:《汉书·李寻传》,中华书局1962年版,第3193—3194页。

第二节 从经生到皇帝

王莽在西汉政坛崭露头角,其外戚身份固然不容忽视,更重要的是他在儒学成为主流思想的时代,积极践履儒家价值观,赢得了良好的社会声誉和比较稳固的政治基础;同时充分利用汉代流行的"再受命"思潮,构建自己权力的合法性,这使其践位称帝看起来似乎自然而然、水到渠成。

一、王氏家族的发迹

王莽自称祖先源自田齐王室。楚汉战争期间,齐国末代国王田建之孙田安被项羽封为济北王,后被齐国宗室后裔田荣攻灭,田安身死。田安后人在汉代时居济南东平陵(今山东省济南市章丘区),因为是王室后裔,齐人称之为"王家",遂以王为氏。田安曾孙王贺(字翁孺)在汉武帝时期任绣衣御史,被派到魏郡平定坚卢等部。他采取温和措施,没有大肆诛戮,后以不称职被免官乡居,因与当地豪右终氏发生矛盾,而迁居魏郡元城委粟里(今河北大名县),因王贺在魏郡的德政,受到当地人的尊敬,王氏遂在此安家。王贺的儿子王禁生有四女八子,王政君为次女,王莽的父亲王曼为次子。[1]

宣帝五凤五年,十八岁的王政君被父亲送入皇宫,为低级宫女——"家人子",后来成为太子侍妾。元帝即位后,王政君所生之子刘骜被立为太子,王氏一族开始发迹。刘骜即汉成帝,他即位后王政君的弟弟王凤被任命为大司马大将军领尚书事。"大将军"可以统辖其他将军,"大司马"掌管军事,由太尉更名而来,"录尚书事"参与辅政,协助皇帝决策,这三个头衔实际上是兼将相。成帝柔懦,朝中大小事务皆决于王凤。河平二年(公元前27年),成帝在一天之内封王凤的五个弟弟王谭、王商(与此前丞相王商非一人)、王立、王根、王逢时为列侯,时称"五侯"[2],此前王凤、王谭以及王凤的父亲王禁都已封侯,王凤死后,王音也被封侯,王禁及其在世七子皆为列侯。王凤辅政十一年去世,他的弟弟王音、王商、王根先后辅政,加大将军、大司马、录尚书事衔。后来王莽的父亲也被追封为侯,加上王政君外甥淳于长以及王莽自己,一门十侯,五大

---

[1] 班固:《汉书·元后传》,中华书局1962年版,第4014—4015页。
[2] 唐人韩翃《寒食》诗曰:"春城无处不飞花,寒食东风御柳斜。日暮汉宫传蜡烛,轻烟散入五侯家。"描写的就是王氏一门所受的荣宠。寒食节期间不举火,做饭、照明都不例外,但得到朝廷特许,可以燃蜡照明,五侯皆在特许之内,为时人所羡慕。

司马,"王氏子弟皆卿大夫侍中诸曹,分据势官满朝廷""郡国守相刺史皆出其门"。[1] 终成帝一世,外朝辅政者皆为王氏兄弟,此时汉朝政权刘氏居其名,王氏掌其实。

二、以儒生崛起为权臣

王莽(公元前45年—23年)一生与儒学结下不解之缘,前半生因儒学兴,后半生因儒学败。在王氏豪族中,王莽一门相对贫寒,父亲王曼未及王门发达而死,王莽的哥哥王永去世也较早,寡母、寡嫂、孤侄都须照料。他年轻时候过得并不是肥马轻裘的贵族生活,而是以寒门儒生的形象悠游于士林、奔走于官场。他勤奋好学,广交饱学之士,拜沛郡陈参为师,学习《礼经》,在学术方面有很深造诣,从王莽后来的一系列政令、诏书来看,他的学问与当时硕学大儒相比,也不遑多让。这些诏书固然并非皆出自王莽之手,背后有刘歆这样的鸿儒代笔,但不少诏书风格独特,与其他帝王迥然,其思想、宗旨无疑出自王莽本人。本传记载,他常常终夜不寐处理文书,也足为旁证。在实际掌握政权之前,王莽能够做到恪守儒家所提倡的伦理规范,敬长上,抚幼孤。王莽的侄儿比自己儿子年龄小,他为兄弟俩同日完婚。王莽对母亲非常孝顺,照料日常起居倾心尽力,母亲生病,吃什么药、什么时候吃药,都亲自操持。对家族长辈恭敬有礼,伯父王凤重病,陪侍左右,照护尝药,衣不解带,一连数月。王莽的行为得到族人的认可,王凤临终前保举王莽为黄门郎,不久迁射声校尉。叔父王商上书皇帝,愿分自己的采邑给王莽。永始元年(公元前16年),王莽被封为新都侯,以南阳新野之都乡(今河南新野南)为其封地,食邑一千五百户,迁骑都尉、光禄大夫、侍中,不满三十岁即位居九卿,随侍皇帝左右。

出仕后,对儒者、贤士倾心接纳,散尽家资,结交名流。家人简朴,夫人衣不曳地,布蔽膝,见之者以为家仆,无不诧异[2]。以酒肉慰劳侄儿王光的老师,与王光一起学习的儒生都受到馈赠,年轻士子、学林长者对王莽尤为感佩。一时名人如长乐少府戴崇、侍中金涉、胡骑校尉箕闳、上谷都尉阳并、中郎陈汤[3]都是王莽的至交,对王莽称誉有加,王莽俨然为士林首领,声望大有超过父辈之

---

[1] 班固:《汉书·元后传》,中华书局1962年版,第4018、4023页。
[2] 班固:《汉书·王莽传》,中华书局1962年版,第4039、4041页。
[3] 陈汤是西汉那个蓬勃向上时代颇为典型的虎胆英雄。当时盘踞西域的郅支单于数次向汉王朝挑战,杀汉使者,胁迫西域诸国,残暴无道。汉元帝及丞相等高官都认为郅支单于地处偏远,无力讨伐,采取怀柔政策。时任西域都护府副校尉的陈汤却劝说甚至胁迫正职甘延寿,矫诏征发西域诸国兵力四万人攻杀郅支单于,不费中央王朝兵士粮秣而稳定了边陲,并发出了"犯我强汉者,虽远必诛"的豪言。事见《汉书·陈汤传》,第3007—3024页。

势。绥和元年（公元前8年）伯父王根遂推荐王莽代己辅政，王莽被授予大司马之职。

辅政一年多，成帝去世，因无子嗣，其侄刘欣即位，是为哀帝。受哀帝外族的排挤，王莽不得已辞去辅政职务，回新都封地乡居。在南阳期间，太守亦命门下掾孔休为王莽相，王莽对孔休甚为礼敬，以玉饰宝剑赠孔休，孔休不受。王莽说，我看您脸上有瘢痕，听说玉器能去瘢，所以相赠，要是您有什么顾虑，那就只送玉不送剑。于是击碎剑上镶嵌的宝玉，包起来送给孔休，孔休只好接受。儿子王获杀死奴婢，王莽对之予以严惩，令其自杀。王莽后来在禁止买卖奴婢的诏书中说："天地之性人为贵"，这与孔子、孟子、董仲舒等儒者精神契合。王莽是否有借此邀誉的动机，不得而知，但他即使有此动机，作为地位尊崇的高官，其于政情、风俗的正面影响不言而喻，无论如何是难能可贵的。与刘邦在逃难中把自己的儿女推下车，武则天杀死自己的女儿嫁祸他人相比，确是判若云泥。《汉书·王莽传》对此类善行总是要加上评论，说是在伪饰。其实王莽在汉平帝时期再次辅政之前，无论从行为到名望，都无大的瑕疵，可以说是遵守儒家价值规范的正面人物。况且在哀帝打压王氏势力之时，王莽不可能有取而代之的想法，更不能预料到哀帝早亡之事。吕思勉先生认为班固父子对王莽的评价有其偏见，是有道理的。[1] 虽然乡居野处，但是王莽却声誉日隆，官吏先后上书为王莽讼冤者上百起。元寿元年（公元前2年）日食，贤良周护、宋崇等在朝廷对策时，竭力颂扬王莽功德。哀帝认为日食是上天对其不用贤能的谴告，不得已再次征召王莽入朝。第二年，哀帝驾崩，无子，哀帝母亲丁太后、祖母傅太后在哀帝之前相继去世，宫中能够以太后身份左右政局的只剩下王政君，她把皇宫内外兵权皆交于王莽，内外联合，迎立汉宣帝的孙子中山王刘衎即位，是为汉平帝。当时平帝只有9岁，王政君临朝称制，王莽再度名正言顺地辅政。哀帝外族及宠臣董贤专权乱政，为朝野所怨，王莽雷厉风行地清除哀帝幸臣及外戚势力，王氏姑侄因缘时会，彻底控制了汉朝政权。

至此，王莽表现出把持朝政的野心，不仅对外族下手，连自己的亲族也要抑制。以叔父王立曾为淳于长说情为由，强令王立离开京城到封地，王政君不忍，王莽说："今汉家衰，比世无嗣，太后独代幼主统政，诚可畏惧，力用公正先天

---

[1] 吕思勉云："凡莽之所行，汉人悉以一伪字抹杀之，其实作伪者必有所图，所图既得，未有不露其本相者，莽则始终如一，果何所为而为伪哉？《汉书》言其敢为激发之行，处之不惭恶，此乃班氏父子曲诋新室之辞，平心论之，正觉其精神之诚挚耳。"《秦汉史》，吉林出版集团股份有限公司2017年版，第185页。

下，尚恐不从，今以私恩逆大臣议如此，群下倾邪，乱从此起！"[1]反对自己辅政的前将军何武、后将军公孙禄皆被罢免，大司徒孔光不敢与王莽抗衡，又为孔子后裔、学术领袖，王莽对之甚为礼敬，有不便自己出面的主张，则通过孔光的女婿甄邯传达给孔光，使其为自己背书。经过这样的一番布置，王莽形成了自己的政治集团，政令任由己出，王太后也不过是个橡皮图章而已："附顺者拔擢，忤恨者诛灭。王舜、王邑为腹心，甄丰、甄邯主击断，平晏领机事，刘歆典文章，孙建为爪牙。丰子寻、歆子棻、涿郡崔发、南阳陈崇皆以材能幸于莽。莽色厉而言方，欲有所为，微见风采，党与承其指意而显奏之，莽稽首涕泣，固推让焉，上以惑太后，下用示信于众庶。"[2]

取得政治上的绝对控制地位之后，王莽充分利用西汉以来的符瑞、再受命思想，一步步为自己创造头衔、加官晋爵，由大司马到宰衡已经意味着自己超过周公、伊尹，宰衡就是太宰（周公之职）、阿衡（伊尹之职）两个头衔的合称，宰衡之后是安汉公、摄皇帝、假皇帝，直到公元9年为自己加冕为真皇帝，代汉而立。

三、借谶语符瑞"受命"称帝

王莽所接受的各种祥瑞可谓五花八门、烦琐至极，调动、发挥了当时人们极大的想象力，但其逻辑思路也很简单，第一步是把自己的功德积累得足够大，第二步是通过祥瑞昭示天下：汉祚已尽，应天命而生的新天子就是王莽自己，这完全是天的意思，他自己不得不顺应天意。在这些祥瑞的涂饰下，王莽篡位也变得波澜不惊，大有自然而然之景象。连一向贬抑王莽的班氏父子也说王氏称帝"亦天时，非人力之致矣。"[3]

我们先来回顾下王莽"所受符瑞"的简单历程。汉哀帝刚去世，王莽即授意益州官员，让他们献"白雉"。元始元年（公元1年）正月，王莽即请太后以白雉祭祀宗庙，示意周公有"白雉"之瑞，上天垂示，王莽功德比周公。群臣即以此意上书，建议加封王莽为"安汉公"。王莽做出不敢居位、固辞不受的姿态，把孔光推到前台，加封为太师，王舜为太保、甄丰为少傅，加王莽自己为四辅。四辅确定后，虚意谦让一番，就任安汉公。旋即指使百官上书太后，

---

[1] 班固：《汉书·王莽传》，中华书局1962年版，第4045页。
[2] 班固：《汉书·王莽传》，中华书局1962年版，第4045—4046页。
[3] 班固：《汉书·王莽传》，中华书局1962年版，第4194页。

让太后把封爵之外的"大事"都交给四辅和安汉公，太后也怠于政事，从此退出日常朝政之外。

元始四年，西羌良愿部向汉使节平宪称述王莽在辅佐平帝以来所获祥瑞："太皇太后圣明，安汉公至仁，天下太平，五谷成熟，或禾长丈余，或一粟三米，或不种自生，或茧不蚕自成，甘露从天下，醴泉自地出，凤凰来仪，神爵降集。"继西南越裳氏重译献白雉、南海黄支自三万里贡生犀、东夷王度大海奉国珍后，匈奴单于将原名"囊知牙斯"改名为"知"，派遣单于与王昭君的女儿须卜居次到长安入侍。东、南、北"四夷"中的"三夷"都为王莽的德政所感化，向慕天朝，或呈祥瑞，或献异兽珍奇，如今西方的羌族也表现出归化之诚，羌族良愿等族率领一万二千人归附，愿把鲜水海、允谷盐池等水草丰美的平坦地区献给朝廷，自己居住在崇山险阻的地方为汉守卫边疆。王莽奏请太后设立西海郡，加上之前已经有的东海、南海、北海三郡，"四海"皆设郡。又修改法律，增设法律十五条，犯罪者流放到西海。所谓"四夷"献祥瑞都是王莽的安排，或出重金引诱，或以武力强迫，昭帝以来尊重地方民族风俗的政策被人为破坏，前朝所奠定的比较安定的民族关系被扰乱，与羌族、匈奴的关系由紧张而走向冲突、战争，兵役、粮秣征发不断，人民怨声四起。

元始六年十二月，平帝去世，王莽立汉宣帝玄孙中最小的刘婴为平帝继嗣。当月，前辉光谢嚣制造王莽称帝的谶言。据谢嚣所云，武功县长孟通疏浚水井，发现一块白色的石头，上圆下方，石上有红色的字："告安汉公莽为皇帝"。王莽令人上奏王政君，王政君起初认为荒唐不可信，在王舜等人的坚持下，太后下诏，以王莽为摄皇帝，以武功县为摄皇帝采邑，名曰"汉光邑"。群臣遂上言，引用《尚书》《礼·明堂记》《逸周书·嘉禾篇》等言语，以王莽为"摄皇帝"，改明年为"居摄"元年。依据周公居摄、成王称"孺子"的旧例，刘婴并没有皇帝名分，而是被称为"孺子婴"。

此时王舜、刘歆、甄丰、甄邯等人因阿附王莽已位极人臣，享有富贵，内惭良知、外惧宗室，不敢再有进一步把王莽推上皇位的举动，刘氏宗室及新的投机人士又趁势而起。

居摄三年，广饶侯汉宗室刘京、车骑将军千人扈云、太保属臧鸿奏符命。刘京奏称，临淄县昌兴亭亭长辛当一夜之间做了好几个梦，梦中有人和他说，我是天使，天公让我给你传言："摄皇帝当为真"，如果不信我的话，明天亭中有一口新井。辛当第二天到亭中一看，果然有一口百尺深的新井。辛当发现新井的那天正是冬至。扈云说巴郡石牛、臧鸿说扶风雍地的石头上都有奇文曰："天告帝符,献者封侯。承天命,用神令。"这些石牛、石头都到了未央宫前殿,王莽与崔发亲眼所见。王莽再次向王政君上奏,上天旨意不可违,哀帝时期甘忠可、夏贺良所成"再受命"之事,并不应验于哀帝时期,而是应验于今天:应将"摄皇帝"改为"假皇帝"。[1]

王莽称帝最后一道"符命"是由梓潼人哀章完成的。哀章做了一个铜柜,上有两门,分别写着:"天帝行玺金匮图""赤帝行玺某(刘邦)传予黄帝金策书",柜内有图谶,说王莽为真天子,还为"真天子""任命"了官职,其中有在位大臣八人,另外还有"王兴""王盛"以及哀章自己的名字。哀章听说王莽认可了石牛、齐地新井的事情后,当天就穿着黄色衣服,拿着铜柜到汉高祖庙,交给守庙的官员。王莽很快到高祖庙拜谒铜柜,举行了接受禅位的仪式。戴着王冠拜谒王政君,此时王政君已经没有资格下诏王莽为真皇帝了,他自己直接宣布了"天命"。[2]

王莽是在功臣式微、儒士阶层崛起的历史环境下,以外戚身份为踏板,凭借儒学以养誉,利用谶纬迷信篡位的一个非常复杂的历史人物,他不仅对当时的政治、经济等方面产生了极大影响,也是两汉之间思想学术转型过程中的一个关键人物。

第三节 目的与手段:王莽与儒学的关系

汉代是儒学发展史上的一个重要阶段,从其历史事实来看,儒学兴衰固然以学者的阐扬为基础,但帝王的作用也是巨大的,汉武帝、王莽、刘秀是汉代儒学史上的三个关键性政治人物:汉武帝使儒学与政权相结合,成为官方统治思想;王莽把儒家理想付诸实践,一方面使谶纬迷信思想迅速肿胀,另一方面以推崇周公而使古文经学有了长足发展;刘秀"宣布图谶于天下",是王莽政策的遗响。王莽是把儒学当作实现政治野心的目的,还是出于自身的信仰,历来有不同看法,笔者认为二者兼而有之。在鬼神没有被否定的时代,虔诚信神的人不能说没有,但把神当作工具、手段对待的现象也是普遍存在的,政治人物更是如此。王

---

[1] 班固:《汉书·王莽传》,中华书局1962年版,第4093—4094页。
[2] 班固:《汉书·王莽传》,中华书局1962年版,第4095—4096页。

莽之于儒学，既有信仰的一面，也有利用的一面，体现了目的与手段的二重性。

一、儒学迷信化的推手

在走向权力巅峰的过程中，王莽有意制造符瑞、谶纬。哀章等顺王莽之意，其符瑞即为真，可以因此封侯，天下靡然从风，都想走这条终南捷径，皂隶、引车卖浆者流因献符瑞而致显贵，是活生生的现实，人们甚至以为天帝传达符瑞相互取笑。王莽称帝当年，徐乡侯刘快起兵被镇压后，封符命臣十余人。当有人"生产"的符瑞不符合其意愿时，王莽就会有别的解释，献符瑞者就是错读"天意"，不免招致杀身之祸。甄丰、甄寻父子是王莽借符瑞称帝的功臣，平帝死后，甄寻又制造符命，说平帝皇后、王莽女儿"黄皇室主"当为甄寻之妻，这破坏了王莽的神话系统，影响了他神性的权威，就下令逮捕甄丰、甄寻父子，甄丰自杀，甄寻逃亡到华山后被抓获。传闻甄寻掌纹有"天子"二字，王莽亲自检视，认为是"大"字或"六"字，"六"与"戮"音同意通，此是上天明示甄寻父子应该被诛灭的明证。甄寻自然难逃一死，此事牵连包括刘歆儿子、弟子、王邑之弟，公卿列侯以下百余人皆被诛灭。

对"五德终始说"进行改造是王莽及其智囊对符瑞"选择性接受"的一个显例。汉初君臣认为秦朝二世而亡，不足以代周之水德，本朝才有此资格，由丞相北平侯张苍主持，衣服、律令皆以水德为标准设计。文帝时期，鲁人公孙臣认为汉之德运应是代秦之土德，有"黄龙"见成纪的瑞象，"于是文帝召公孙臣以为博士，草立土德时历制度，更元年"[1]，张苍被罢相，"土德说"占据上风。汉武帝太初元年，再次强调汉为土德，衣服尚黄，牺牲的颜色用白色。"五德终始说"牺牲、衣服的颜色是统一的，汉武帝以土德而牺牲用白，是综合了五德终始说和"三统说"，因为白色是继黑统而来，这体现了董仲舒公羊说的浓厚特色。无论是土德还是水德，其思想依据都是"五行相胜说"，后一朝代之德运都是克制前朝的结果，水德、土德的不同是汉朝"克周"与"克秦"两种说法的体现。王莽从任安汉公到居摄、假皇帝，其外在形式都不是武力征伐，而是自己功德受到上天与臣民认可的结果，再用"克制"的说法就不合适了，于是王莽根据刘邦赤帝斩白蛇的传说，选择汉朝为火德，其经典依据是古文经《左传》刘氏为尧后的记载，尧为火德，刘氏也是火德。

刘邦斩白蛇，为"赤帝子"的说法在《史记·封禅书》中就有记载，《汉

---

[1] 班固：《汉书·张苍传》，中华书局1962年版，第2099页。

书·眭弘传》也有"汉为尧后"的说法。另外,《汉书·郊祀志》:"刘向父子以为帝出于《震》,故包羲氏始受木德,其后以母传子,终而复始,自神农、黄帝下历唐虞三代而汉得火焉。故高祖始起,神母夜号,著赤帝之符,旗章遂赤,自得天统矣。"[1] 汉为火德、为尧后,在德运转移方面的"五行相生说"在王莽时代即有流行,刘歆是否有意为王莽篡权而改变经典的解释方式尚有争论,而刘向则绝不可能支持对汉朝的篡逆行为,他一生中多次不顾性命上书皇帝,维持汉祚,说"五行相生说"是专为王莽量身打造的,实是无根之言。[2] 王莽因自认田齐王族后裔,而田氏出自陈国,陈为舜后,舜受尧之禅让为帝,因此把这种没有得到官方正式承认的"火德"予以表彰,五德之间的嬗代也由相克转换成了相生,这是王莽时期五德终始说的一个重大改变。

这样,最高权力与符瑞之间互为杠杆,谶纬、迷信成为王莽时期政治运行的一种必要形式,政治空气被严重"毒化"。王莽根据《尚书》《史记》中"入于大麓,烈风雷雨不迷,尧乃知舜之足授天下"的记载,称自己居摄未称帝之时为"在大麓";以《公羊春秋》"孔子作《春秋》以为后王法"的说法,比附鲁哀公十四年《春秋》结束的记载,认为汉哀帝在位六年、平帝在位五年、居摄三年,也是十四年,汉代结束,当有新的朝代继起。又以"刘"字为"卯金刀"组合而成,刘汉结束,新朝建立,汉代刀币也不应该流通,又制造一铢重的小钱,与大钱并行。同时,上面刻有"正月刚卯"字样的配饰也予以废止。

始建国元年秋天,派"五威将"王奇等十二人到各地宣扬符命,包括"德祥五事,符命二十五,福应十二,共四十二篇"。"德祥"主要说的是汉文帝、汉宣帝时期"黄龙"见于成纪、新都,以及王莽高祖父墓门梓柱生枝叶之类;"符命"主要指新井出石头、哀章金匮之类;"福应"有雌鸡化为雄之类。颁布符命的同时,改变王侯以下职官名称,收汉印绶,授新室印绶,"赐吏爵人二级,民爵人一级,女子百户羊、酒、蛮夷币、帛各有差。大赦天下。"五威将的车马衣服也大有讲究,车上画着天文星象,称作"乾文车",以象天;选用六匹牝马驾车,称"坤六马";衣服车马依方位定颜色,东南西北分别是青、赤、白、黑各

---

[1] 班固:《汉书·郊祀志》,中华书局1962年版,第1270—1271页。
[2] 《史记》所载刘邦斩蛇的故事,远早于王莽,但是顾颉刚受康有为刘歆造伪经说法影响太深,硬说《史记》这一段文字是王莽授意刘歆插入,并认为《左传》刘氏为尧后的说法也是刘歆伪造,于事实大为凿枘。并因此而认为王莽时期为了称帝,大肆造作伪书,编撰了古代帝王传授系统,对"古史"进行"大整理",确是疑古过头。王莽时期大肆造作的是各种谶籙、符瑞,在《汉书》中都有脉络可寻,至于改动《史记》,伪造《左传》《周礼》等书则于史无据。其实《史记》在成、哀之际已经流传开来,宗室刘宇曾向朝廷求取《史记》,岂是刘歆可随意伪造?顾说见《秦汉的方士与儒生》,上海古籍出版社1978年版,第79—89页。

色。五威将各持节，称"太一之使"，每将下各有前后左右中五帅，称"五帝之使"，持幢。东至玄菟、乐浪、高句丽、夫余，南至益州及于边界，西至西域，北至匈奴单于廷。收取汉印绶的同时，对周边少数民族首领的封号也大加更改，南方的"句町王"被贬为侯，西域、匈奴称王者尽贬为侯。各少数民族首领对此大为不满，开始与中央王朝产生严重冲突，边疆相对安定的局面被王莽人为地破坏了。

这是汉朝建立以来，动用朝廷力量对谶纬、符瑞等迷信思想的一次大规模推广，也是对各种符瑞现象的总结。汉武帝好神仙之术，其求仙活动屡次失败，那些骗人的术士也先后被诛灭，迷信思想尚不至于在全社会泛滥。王莽以最高统治者的身份，从思想到行政，延及官制、经济制度等方方面面都大肆更改，以合符瑞，这是秦汉立国以来的首次，也是以迷信思想对国人的一次逆向"洗礼"，春秋战国以来的理性精神在此经历了一次大倒退，从皇帝到各级官员，都不同程度地向迷信沉沦。王莽以及朝中大臣乃至一般士人，固然对这种谶纬迷信并非全部信以为真，但要说他们完全将其当作愚民的手段，自身完全不当回事，也并非事实，因为那个时代人们尚不具备否定迷信的能力。王莽本人在以符瑞实现政治目的的同时，也借此寻求心理的支持，他甚至对某些迷信深信不疑，危机时刻还当作救命稻草。《汉书》本传记载："莽为人侈口蹷顄，露眼赤精，大声而嘶。长七尺五寸，好厚履高冠，以氂装衣，反膺高视，瞰临左右。"有一个擅长方技的黄门待诏说："莽所谓鸱目虎吻豺狼之声者也，故能食人，亦当为人所食。"有人以此告密，王莽对此大为忌讳，诛杀了待诏，封赏告密者，但从此不敢以真面目示人，"常翳云母屏面，非亲近莫得见也"。就是博学如刘歆者，在起兵反王莽时也要等太白星出现再行动，可见迷信思想对时人影响之深。刘秀虽然不承认王莽对代汉各种符瑞的解释，也不过是以另一种解释矫正王莽，他的政治行动也不得不以谶纬为动员手段。东汉时期的政治、思想长期浸淫谶纬迷信之中，与王莽有着直接的关系。

二、两汉之际经学变化的实践者

西汉末年，以经学为主要表现形式的学术思想发展到一个新阶段，总的趋势是不断剔除汉初以来的法家、黄老因素；经文本身的整理日益完善，对经学的注解、阐释日益丰富、细密；开始打破董仲舒以《公羊春秋》为纲领解释群经的学术范式，以"古文经"文本阐释为主要特点的解经方式在学术界、思想界的影响日益壮大，学者除了搜求"微言大义"之外，逐渐转向经典文本本身，一言以蔽之，经学在不断走向丰富、繁荣。但是由于王莽篡汉以及对经学胶柱鼓瑟的教条化运用，使两汉之际经学发展样态呈现出纷繁复杂的特点，加之后世学者站在王朝正统观点之上对王莽的全面否定，以及两千年后康有为刘歆伪造经典佐莽篡汉说法的盛行，愈发显得扑朔迷离。其实，只要我们以客观、冷静的态度和方法认真梳理，两汉之际经学发展的脉络以及王莽对经学发展的影响还是可以寻找出较清晰的线索的，前辈及当代学者也做了大量的有益探索，提出了不少符合实际的见解，只是由于王莽问题的纠葛，许多问题还没有达成共识。

（一）经典文本日益完善

西汉初期，经典的残缺是非常严重的，征诸侯两汉相关史籍，康有为所说的"十四博士所传经典并未残缺"是不符合历史事实的。汉武帝大开献书之路，《诗》《书》《礼》《易》《春秋》五经传播者只是寥寥可数的若干人，而且伏生口述《尚书》也非全本，《春秋》多以"口说"形式流传，诸儒合力补全经典文本成为当时的主要任务。

汉武帝时，《春秋》大显，但以公羊为主，卫太子从瑕丘江公受《穀梁春秋》，太子被诛后，《穀梁》处于续绝之间，"唯鲁荣广王孙、皓星公二人受焉。广尽能传其《诗》《春秋》"，史籍可考者有"沛蔡千秋少君、梁周庆幼君、丁姓子孙"。宣帝时候，闻其祖父卫太子好《穀梁春秋》，擢拔蔡千秋，以为郎中户将，选郎十人从受，又召尹更始、江公之孙、刘向习学《穀梁春秋》[1]，在皇帝的大力奖掖之下，《穀梁春秋》才得以延续。《礼》初传自鲁高堂生，高堂生传鲁徐生，徐生为汉文帝礼官大夫，徐生传至其孙徐延、徐襄，徐延只能颂礼，不能通经，徐襄稍能通经而不善。高堂生的另一系传于萧奋，萧奋授孟卿，卿授后仓，仓说《礼》数万言，号曰《后氏曲台记》，传于闻人通汉、戴德（大戴）、戴胜（小戴）、庆普，二戴及庆氏西汉时皆立为博士。"孔安国所献《礼》古经五十六篇及《周官经》六篇，前世传其书，未有名家。中兴已后，亦有《大》《小戴》博士，虽相传不绝，然未有显于儒林者。建武中，曹充习庆氏学，传其子褒，遂撰《汉礼》。"[2]

汉武帝以来，经学的"繁荣"与"贫困"同时存在。一方面，立于官学者呈现出畸形繁荣，一句解至上万言，"奇异可怪"之论层出不穷："自武帝立《五

---

[1] 班固：《汉书·儒林传》，中华书局1962年版，第3617—3618页。
[2] 范晔：《后汉书·儒林列传》，中华书局1965年版，第2576页。

经》博士，开弟子员，设科射策，劝以官禄，讫于元始，百有余年，传业者浸盛，支叶蕃滋，一经说至百余万言，大师众至千余人"[1]，其中最大的动力在于"禄利之路"的诱导。另一方面，孔子所传之经其实质、内涵究竟如何，解释是否恰当，究心于此者头为寥寥，如徐氏所传之礼，能赞颂不能通经，《尚书》满足于今文而黜抑古文，《春秋》争趋于《公羊》，而《穀梁》式微，《左传》更是传习者少。更为突出的是，诱于利禄，对新出之经典、不同的解释竭力压制，古文经学长期得不到认可，经学学术显示出畸形发展的态势，解释虽然繁多，何者当为经、最基本的"五经"字面含义究竟如何，依然众说纷纭。宣帝石渠阁会议很大程度就是对经学文本解释的确定，就今本《白虎通义》来看，东汉时期的"白虎观会议"也主要在于订正经文的意义。说汉代经学重师法、家法，这种"传统"的形成主要是因为对经学文本了解者少，无父师讲解不但不能明晓经文含义，且不知经文本身。某经逐渐流传下来，也要固守家法、师法，很大程度上也是这些经师解经各有局限，只能通一经甚至一经的部分，遂相沿成习，不得不如此，根本的问题也在于对经典理解不深、不透。一部经典之所以立两家、三家，如《诗》《易》，也是官方对各种解释皆予认可的权宜之计。东汉中后期，马融、贾逵、郑玄兼宗今古文经，迎来了"经学统一时代"，其学术上的原因也是经学研究在内涵、外延方面都有了长足的进展，学者于五经有了融会贯通的可能，"师法""家法"存在的必要性也就逐渐失去了。

武帝崇奉儒学之前，经学主要以民间研究的方式进行，间或有诸侯王如淮南王、河间王、楚元王等贵族的支持，学者以自身学术服务朝廷、影响政治，而学术的动力原点在民间、在学者。武帝崇奉儒学之后，董仲舒、公孙弘等学者以"通经致用"，以经学塑造法律、改正制度，经学与政治结合，形成庙堂官方学术系统，学术发展被加入政治的逻辑。董仲舒以公羊学显，六经皆打上公羊学的烙印。在"孔子为今王立法"的思想逻辑下，学者注重提取经书中的"义例"，也就是一般性的原则，《公羊春秋》"一字褒贬"的思路通行，"《春秋》决狱"或"引经决狱"大为流行，至王莽世而不衰。大为发展的是经过汉初各地学者口头传播的经书部分，也就是后世所说的"今文经"。相比而言，未得到官方认可的儒家经典研习则困难重重。侧重解释历史事实《左传》（绝非没有"微言大义""灾异""天人感应"之类的内容）一直受到《公羊学》的排斥，研习者少；同时，由于不受利禄的干扰，侧重求真，质量较高，生命力顽强。如司马迁

---

[1] 班固：《汉书·儒林传》，中华书局1962年版，第3620—3621页。

崇尚《公羊春秋》，但对《左传》也深有造诣，《史记》多取自《左传》。《古文尚书》《礼记》《论语》《孝经》《左传》[1]《逸礼》（三十九篇）被发现于孔壁后，由于在经书种类、篇幅方面与流行本有明显区别，尤其是文字不同，释读有难度，需要专门知识，随之兴起了"古文经学"。其中长期受到人为压制的《左传》《周礼》在今古文经学争论的过程中，影响日大。

张敞家族世传《左传》。《汉书·儒林传》载宣帝时期张敞上封事，建议霍光自己罢职归府第云："臣闻公子季友有功于鲁，大夫赵衰有功于晋，大夫田完有功于齐，皆畴其庸，延及子孙，终后田氏篡齐，赵氏分晋，季氏颛鲁。"[2]鲁公子季友、晋赵衰、齐田完受封之事，《公羊》《穀梁》皆不载，此时《史记》流行尚不广，可能是张敞引自《左传》。翟方进弹劾淳于长曰："昔季孙行父有言曰：'见有善于君者爱之，若孝子之养父母也；见不善者诛之，若鹰鹯之逐鸟爵也。'"颜师古注谓"事见《左氏传》"[3]翟方进习好《左传》，其用于奏疏，也是一个例证。贾谊所传《左传》是自先秦传习而来，其授赵人贯公，贯公为河间献王博士，而献王从民间征集古书，亦有《左传》，并立博士。贯公之子贯长卿传清河张禹、萧望之，由张禹二传至尹更始、尹咸直至成帝、哀帝时期的翟方进、胡常、陈钦、刘歆，陈钦是王莽的老师。刘歆从尹咸、翟方进受《左传》，又从其父刘向讨论，尤其是见到秘府所藏《左传》，认为作者左丘明与孔子同时，不像《公羊传》《穀梁传》为孔子弟子口耳相传，更能表达孔子本意。

但《左传》多古字古语，从贾谊以来只有"训故"，难度很大，因此对它的阐释很不够，这可能是汉代学人少引《左传》的主要原因。刘歆本与其父亲一起研究《左传》，有十余年的功夫，加之校书秘府，父子兼通古字，证以他经，"转相发明，由是章句义理备焉"，[4]刘歆是《左传》传习历史上的转折性人物，也可以说是研究《左传》的第一位大师。哀帝时期刘歆建议立《左传》为官学，遭到朝中官员的一致反对，因刘歆在《让太常博士书》中揭露了当时学人的固陋而不安于朝，外放做地方官。王莽秉政，最终使《左传》得立。

西汉时期，《周官》（又名《周礼》）的研究更少，武帝时期《周官》即已

---

[1]《论衡·案书篇》谓孔壁有"佚《春秋》三十篇，《左氏传》也"，这是《左传》出于孔壁的明确记载。黄晖：《论衡校释·程材》，中华书局1990年版，第1161—1162页。
[2] 班固：《汉书·张敞传》，中华书局1962年版，第3217页。
[3] 班固：《汉书·翟方进传》，中华书局1962年版，第3420页。
[4] 班固：《汉书·刘歆传》，中华书局1962年版，第1967页。

出现，并有学者引用，但后来又长期湮没无闻，直到西汉末再次引起学界注意。司马迁在《史记·封禅书》中云："《周官》曰：'冬日至，祀天于南郊，迎长日之至；夏日至，祭地祇。'""自得宝鼎，上与公卿诸生议封禅。封禅用希旷绝，莫知其礼仪，而群儒采封禅《尚书》《周官》《王制》之望祀射牛事。"[1]《汉书·景十三王传》："河间……献王所得书皆古文先秦旧书，《周官》《尚书》《礼》《礼记》《孟子》《老子》之属，皆经传说记，七十子之徒所论。"献王立于公元前155年，汉景帝前二年，立26年薨，为武帝元光五年（公元前130年），是《周官》一书不排除出现在景帝年间的可能性。唐人孔颖达说河间献王将《左传》《周官》献于中央，"汉武帝时河间献《左氏》及《古文周官》"。[2]但入藏朝廷的《周官》并没有流传开来，贾公彦云：

> 《周官》孝武之时始出，秘而不传。《周礼》后出者，以其始皇特恶之故也。是以马融《传》云："秦自孝公以下用商君之法，其政酷烈，与《周官》相反。故始皇禁挟书，特疾恶，欲绝灭之，搜求焚烧之独悉，是以隐藏百年。孝武帝始除挟书之律，开献书之路，既出于山岩屋壁，复入于秘府，五家之儒莫得见焉。至孝成皇帝，达才通人刘向、子歆校理秘书，始得列序，著于《录》《略》，然亡其《冬官》篇，以《考工记》足之。时众儒并出共排，以为非是。"[3]

挟书律惠帝四年解除，此处不确，贾公彦引用马融所说中央秘府曾经得到《周官》，但又将其秘藏，没有流通，"五家之儒"指传承礼学的高堂生、萧奋、孟卿、后仓、戴德戴圣叔侄。至成帝时期大开秘书校书，《周官》再次被发现。另有人说孔壁中也曾发现《周官》。郑玄《六艺论》曰："《周官》，壁中所得六篇。"[4]《太平御览·学部》引杨泉《物理论》曰："鲁恭王坏孔子旧宅，得《周官》，阙无《冬官》，汉武购千金而莫有得者，遂以《考工记》备其数。"孔壁出《周礼》向为学人所疑，孙诒让即持此说，主要的理由是刘歆在《让太常

---

[1] 司马迁：《史记·封禅书》，中华书局1959年版，第1357、1397页。
[2] 浦卫忠等整理：《春秋左传正义》，北京大学出版社2000年版，第2页。
[3] 赵伯雄整理：《周礼正义》，北京大学出版社2000年版，第8—9页。整理本将《马融传》三字加书名号，而《后汉书·马融传》中并无此内容，是以应是马融为《周礼》所作之《传》。另，"录略"应为《别录》《七略》简称，整理本无书名号，据加。
[4] 赵伯雄整理：《周礼正义》，北京大学出版社2000年版，第8—9页。

博士书》列举孔书中并未提及《周礼》。无论如何，刘向、刘歆父子在整理秘府图书时重新发现《周礼》，并得到当时朝廷的重视，则是不争的事实。

元帝、成帝以来，儒学大发展，尤其是成帝时期，命刘向、刘歆、扬雄、任宏等校订国家内府所藏图书，每校成一书，重新缮写，并著提要上奏朝廷，这是以官方的形式对所藏图书的又一次大规模的整理，《左传》《古文尚书》《周礼》《尔雅》等再度引起朝野瞩目，后世所谓的"十三经"除《孟子》外，都已齐备。可以说，王莽秉政时期，是一个经学繁荣时期，文本校订、解释达到了一个前所未有的新阶段。哀帝时期，就有立《毛诗》《古文尚书》《左传》为官学的努力，王莽执政最终成其事。不仅如此，王莽主持完成了成帝以来文献大整理活动，"大凡书，六略三十八种，五百九十六家，万三千二百六十九卷"[1]，促进了学术的发展、繁荣。东汉时期古文经虽然出于政治原因被废，但其思想、学术价值并没有因为不立官学而受到影响，反而呈现出压倒今文经之势，可见王莽对新出经典的支持是符合学术发展规律的，这不能不说是王莽对经学发展的一大贡献。

（二）剔除法家影响的儒学"纯化"趋向

汉武帝"表章六经"，儒学在政治方面的影响日大、日深，但这并没有达到儒者的预期，他们要在各个方面对汉家制度进行全面的儒化、纯化。儒生非常清楚地认识到，汉初以来的制度是"秦制"基础上的修补、改造，杂而不纯。高祖时期，叔孙通制礼乐，在所流行的秦代礼乐制度的基础上予以增补，当时即为儒者所不满，远未达到儒家理想的目的："汉兴之初，庶事草创，唯一叔孙生略定朝廷之仪。若乃正朔服色郊望之事，数世犹未章焉。"[2]"正朔、服色、郊望（以庙制为中心的祭祀礼仪制度）"在西汉儒生看来这是改定制度的重要内容，文帝时期贾谊就提出了有别于叔孙通的另外一套制度，其主要内容是"改正朔，易服色制度，定官名，兴礼乐。乃草具其仪法，色上黄，数用五，为官名悉更，奏之。文帝谦让未皇也。然诸法令所更定，及列侯就国，其说皆谊发之。"[3]张苍、公孙臣、新垣平、赵绾、王臧以及董仲舒等，都以此为中心或为"入手处"对汉代制度进行改造，以符合儒家的要求。汉武帝行封禅、在汶上立"明堂"，在形式上似乎是完成了"更始"，履行了"受命于上天"的"手续"，但

---

[1] 班固：《汉书·艺文志》，中华书局1962年版，第1781页。
[2] 班固：《汉书·郊祀志》，中华书局1962年版，第1270页。
[3] 班固：《汉书·贾谊传》，中华书局1962年版，第2222页。

是武帝也没有完全采用儒生的意见，而是杂采方士的意见，为儒生所不满。

祭祀天帝、神祇这样重要的礼乐制度，也沿袭秦及高祖时期的成法。秦有东南西中四畤，汉高祖加北畤，合为"五畤"，文帝、武帝沿袭不改，又在渭之阳立五帝之庙，增加了甘泉太一、汾阴后土等大批祠祀之所。《汉书·礼乐志》历数高祖、文、景、武帝以来礼仪乐舞，总括之曰"大氐皆因秦旧事焉"[1]。在儒生看来，这些宫廷乐舞之所以非雅乐，是因为无所"祖述"，在内容方面，乐舞以及与之相配的歌词，应该有特定的意义，如商周所歌颂的是"乃上本有娀、姜原，高、稷始生，玄王、公刘、古公、大伯、王季、姜女、大任、太姒之德，乃及成汤、文、武受命，武丁、成、康、宣王中兴，下及辅佐阿衡、周、召、太公、申伯、召虎、仲山甫之属，君臣男女有功德者，靡不褒扬。"[2] 当时郊庙诗歌并无祖宗之事，宫内掖庭材人、宫外上林乐府，所歌唱的都是郑声，以及赵、代、秦、楚之讴，"八音调均，又不协于钟律"。河间王曾经献雅乐，天子命乐官演习，使这种古乐得以存留，但并不经常使用，"常御及郊庙皆非雅声"。西汉乐舞是沿袭秦乐，还杂以文帝、窦太后封地及家乡代、赵地区的音乐，还有各地好听的"流行音乐"。

在国家治理及制度设计方面，儒家只是诸种备选方案之一，根据实际情形需要，综合考虑是沿袭旧制还是酌情予以修正，这是武帝、宣帝时期的施政方针，即所谓"霸道王道杂而用之"，是以礼乐制度今古相杂，正统儒家也欲对此进行更正。宣帝时谏大夫王吉上书，提出摒弃法家因素、远法三代、追步成康的建议：

> 欲治之主不世出，公卿幸得遭遇其时，未有建万世之长策，举明主于三代之隆者也。其务在于簿书断狱听讼而已，此非太平之基也。今俗吏所以牧民者，非有礼义科指可世世通行者也，以意穿凿，各取一切。是以诈伪萌生，刑罚无极，质朴日消，恩爱浸薄。孔子曰"安上治民，莫善于礼"，非空言也。愿与大臣延及儒生，述旧礼，明王制，驱一世之民，济之仁寿之域，则俗何以不若成康？寿何以不若高宗？[3]

---

[1] 班固：《汉书·礼乐志》，中华书局1962年版，第1044页。
[2] 班固：《汉书·礼乐志》，中华书局1962年版，第1071页。
[3] 班固：《汉书·礼乐志》，中华书局1962年版，第1033页。

王吉的论调与董仲舒已经有了明显的不同。董仲舒以阴阳比拟刑德,虽然阳尊阴卑,但是孤阳也不能成岁,如四季节律,有春夏必有秋冬一样,刑亦不能去。王吉全面恢复"旧礼",使"礼义科指可世世通行",建立一套理想化的儒家礼仪体系。这个建议并没有被宣帝采纳,王吉也托病辞官。

元帝任用儒者,文化政策有了很大变化。登极伊始即遣使征召名儒王吉、贡禹,王吉在赴长安的路上病卒,贡禹任谏大夫,五年后迁为御史大夫,位列三公。儒者如周堪、张猛、冯奉世、冯野王、刘向、翼奉、京房、史丹、杜业等走入政治中心,发论建言,韦玄成、匡衡先后为丞相,从思想舆论到政治运行,儒家全面占据主导地位,由"参政者"转变为"主政者"。贡禹数次上书,主张"深察古道,从其俭者",减省宫室费用、减少后宫妃嫔数量;诸曹、侍中以上官员不得经商,勿与民争利;罢郡国庙,定汉宗庙迭毁之礼;释放官奴婢为庶人;建议把征收口赋(人头税)的年龄由3岁改为7岁,男丁20岁之后再征收算赋;重农抑商,"罢采珠玉金银铸钱之官,无复以为币","市井勿得贩卖,除其租铢之律,租税禄赐皆以布帛及谷,使百姓一归于农,复古道便"[1]。

以宗庙为中心的祭祀制度在元、成时期也成为议论的焦点。贡禹首倡宗庙迭毁之礼。按照儒家经典,天子七庙,则汉代太祖(刘邦)、太宗(文帝)、世宗(武帝)之庙为三祖庙,永远保存;从当今天子上推四代(父、祖、曾、高)皆立庙,为四亲庙,亲尽则废,是为七庙。当今天子亡故,增加一庙,即废除与其血缘关系最远的祖庙,将其神位附于永不毁坏的汉高祖庙内,一增一减,依然是七庙。随着时间的推移,各种亲庙、宗庙日益繁多,成为国家及百姓的沉重负担。汉高祖立太上皇庙,到元帝时,昭灵后、武哀王、昭哀后、孝文太后、孝昭太后、卫思后、戾太子、戾后各有寝园,宣帝时期,规定为去世的先帝在其巡行所至郡国皆立庙。贡禹以为这些庙园以及"亲尽"的祖庙皆宜废除。贡禹的建议得到丞相玄成、御史大夫郑弘、太子太傅严彭祖、少府欧阳地余、谏大夫尹更始等七十人的支持,元帝永光四年(公元前40年)罢郡国庙,后来又废除了惠帝、文帝太后、昭帝太后的寝庙。但汉高祖以外,关于文帝、武帝、宣帝之庙是否属于"祖庙",要不要废除,发生了激烈的争论,元帝以久病不愈,联想到毁庙之事,又恢复了所废除的宗庙,只有郡国宗庙得以废除。

成帝即位,丞相匡衡建议应该将祭天的郊庙迁至长安,武帝时期所立云阳泰畤以及河东后土之祠皆不合古制,所谓的古制就是周文王、周武王皆在都城附

---

[1] 班固:《汉书·贡禹传》,中华书局1962年版,第3069—3079页。

近立庙祭天地。此外高祖时候所立北畤以及所沿袭故秦雍郦、密、上、下四畤也不合儒家礼制，而且郊庙已经有青赤白黄黑五帝之庙，原有的五畤不宜修葺使用。[1] 匡衡的这些建议得到成帝认可，建始元年（公元前32年），在长安南北郊建五帝庙，罢甘泉、汾阴等地各庙。永始二年（公元前14年），成帝以无子，又复所罢各庙。

成帝时期还有改革乐舞的动议。宋畤等上书朝廷，希望官方采用河间献王所保存下来的正宗乐舞，摒弃汉初以来所形成的各种宫廷杂乐。成帝让博士平当考察此事。平当认为"今畤等守习孤学，大指归于兴助教化。衰微之学，兴废在人。宜领属雅乐，以继绝表微。……河间区区，小国藩臣，以好学修古，能有所存，民到于今称之，况于圣主广被之资，修起旧文，放郑近雅，述而不作，信而好古，于以风示海内，扬名后世，诚非小功小美也。"[2] 成帝将平当的奏议让公卿讨论，最终以"久远难分明"没有实施。

官制也是修正礼仪制度的一个方面，成帝绥和元年（公元前8年），封孔子后代孔嘉为殷绍嘉公，周武王后代姬党为周承休公。孔子为殷王室后裔，代表商代，殷商二代之后与当今汉朝，共为三代，"王者必存二王之后，所以通三统也"，这是承袭了董仲舒《公羊春秋》的说法。同年，接受何武、翟方进的建议，罢汉武帝以来设置的州部刺史，设州牧，秩二千石，这是采自《尚书·舜典》"咨十二有牧"的说法。同时，刘向等人提出立明堂、辟雍的建议。

元、成、哀时期，儒学与政治的关系呈现出与以往不同的面貌，这是史家公认的事实，具体来说，表现在以下几个方面。第一，儒学在政治思想上开始占有压倒性优势。武、昭、宣时期，儒学的影响呈不断增长趋势，但仍然是诸种思想之一，法家、黄老乃至方术思想在政治方面的作用依然很大，即以宗庙祭祀以及典礼方面而言，秦始皇以来的传统制度、方士甚至巫师乃至地方文化（如楚、赵、代地域文化）在国家礼乐制度中都有占有显著的地位，武宣时期郊祀制度就是明显的体现。第二，元、成、哀时期儒生在政治运行中优势地位与帝王犹疑不决形成了独特的政治形态。从韦玄成、匡衡到翟方进，这些都是儒家名相，中央、地方儒生势力日益壮大，成为影响政治的重要一方，儒家士大夫所提出的意见建议也为皇帝所首肯。如针对土地兼并、人身依附日趋严重的社会问题所提出的限田、限制奴婢政策；为减轻百姓负担，消除法家、方士因素的宗庙、郊庙制

---

[1] 班固：《汉书·郊祀志》，中华书局1962年版，第1253—1255页。
[2] 班固：《汉书·礼乐志》，中华书局1962年版，第1072页。

度改革问题,官制改革问题,选士、教育制度,甚至抑制外戚等,三位皇帝都做出了遵从儒家士大夫建议的政治决断。但是限于豪强利益掣肘、因循保守力量的反对、甚至皇帝病体心理等问题,或没有被贯彻实施,或施行之后而又返归旧道,致使这些焦点问题长期议而不决,朝廷政争不断,客观上需要一个有决断能力的强力政治家出现,解决纷争。第三,是否贯彻、如何贯彻儒家政治理想成为政治领域的焦点问题。这是伴随儒学整个发展历史的核心问题。儒学有着突出的理想主义色彩,它兼具价值引领与指导治国施政双重功能,因而也具有信仰和政治双重属性,这构成了儒学内部及儒学与政治的双重"紧张"与矛盾,而儒生往往将此视为一个问题,不予区分,这也是儒学在其产生、发展历史上饱受褒贬的根本原因。信仰求其纯粹,客观上需要过滤出一个超越的、兼具真善美的价值理念,与世俗政治、社会需要有一定的疏离;也就是说,这种无限信仰属性不应该因有限人的行为不当而被否定。在这方面儒家通过"纯化"历史上的三皇五帝、夏商周三代圣王而得以实现,另一方面,既然是被"纯化"的"圣王",其与现实必有距离,"天国"难以在人间"重现",而儒生却承诺这种"人间天国"可以复制:只要恢复三皇五帝、夏商周三代"圣制",就可以"至太平",实现上应天心、下合民心的理想,也就是所谓的"奉天法古"。这样,儒家经典的理想化文本记载与实践操作方面,就需要根据当下现实有一个"创造性转化",才能取得好的效果。实际上任何一种理论要付诸实践也都要经历这样一个过程。

而且儒家经典文本与理想中的圣王之制也有着很大的差距,三皇五帝只是神话传说,夏商二代留下来的文字微乎其微,周初制定的礼乐制度是儒家思想所借以寄托的蓝本,但是周礼在孔子之世已经开始崩坏,周王室权臣及各诸侯专权僭越,有意毁坏各种图籍,以致孔子有"文献不足征"之叹。孔子就是在这种文献缺失严重的状态下,整理成了《诗》《书》《礼》《易》《春秋》《乐》六经。秦始皇焚书坑儒后,六经又遭受一次劫难,这次劫难造成六经不可恢复的残损,而且各经经文的重新恢复及解释都经历了较长的过程,即使儒学内部,对于何者堪为经、什么解释是正确的,也有着长期的争论。为了弥补这种缺憾,尽量探寻礼乐制度的本真,儒生发掘、整理图书的脚步也一直没有停息。残断不全的经典所承载的历代儒生热切的理想能否在现实中全部落地,儒家经传系统如何与实践相结合是有益的,是摆在王莽这位"儒学强人"面前的时代课题。

(三)厘定礼制、褒奖学术

我们固然不能否认王莽将儒学当作获取权力的工具,但同样不能否认其对儒学的信仰。在佞幸宠臣、外戚豪强轮番当道、朝中大臣巧取豪夺的政治环境下,帝王又昏聩平庸,王莽居高位、握重权而又干练果敢,就成为儒生士人心目中的政治领袖,士人们在皇帝那里不能实践的政治、文化理想便寄托在王莽的身上。

哀帝时期,客观上并不存在王莽嬗代的条件。哀帝及丁、傅两人后去世后,王莽姑侄实际上控制了最高权力。此时不管王莽主观上是否有篡位的动机,政治形势、社会舆论对他替代汉室已经基本不构成实质性的障碍。就社会舆论而言,宣帝以来"更始""再受命"的思想已经使朝臣具备了接受刘氏之外人士执掌大统的基础。而王莽继续沿着其一贯的政治思想,果断地清除了已经名声扫地的董贤、傅太后一党。对于傅氏,王莽也能区别对待,贤能而得民心的傅喜依然得到任用,以儒林耆宿孔光为丞相,举拔大儒刘歆、扬雄、桓谭等,儒家富有人望的贤达多入王莽彀中。自宣元以来,长期争论不休的、如何实现儒家理想的大事在王莽的主持下,次第展开,从外表上看,一个儒者所热望的新局面来到了。

元始元年(公元1年),在群臣的一片拥戴赞誉之声中,以设置"四辅官"、王莽任"安汉公"的官制改革开始实施,"置羲和官,秩二千石;外史、闾师,秩六百石。班教化,禁淫祀,放郑声。""封周公后公孙相如为褒鲁侯,孔子后孔均为褒成侯,奉其祀。追谥孔子曰褒成宣尼公。"以设置安汉公为中心,仿照周公摄政的政治举措,既巩固了王莽的政治地位,又显示出强烈的以西周礼乐文明为蓝本的施政方针,长期以来聚讼纷纭的宗庙、郊庙等礼乐制度也有了定论。元始五年,王莽上奏,最终确定了匡衡提出的郊庙祭祀方案,确定了长安南北郊的郊祀制度,争论了三十多年、前后反复五次的问题得以解决。

在此基础上,王莽又根据儒家经书,对郊祀之礼进行了修订。对吏民养生、送终、嫁娶、奴婢、田宅、器械等制度也做了具体规定。大力兴办学校,"立官稷及学官。郡国曰学,县、道、邑、侯国曰校,校、学置经师一人;乡曰庠,聚曰序。序、庠置《孝经》师一人。"[1]儒家经典中理想的明堂、辟雍制度也于元始五年得以建立,这极具象征意义,是儒家"至太平"的标志性举措。群臣奏言:"昔周公奉继体之嗣,据上公之尊,然犹七年制度乃定。夫明堂、辟雍,堕废千载莫能兴,今安汉公起于第家,辅翼陛下,四年于兹,功德烂然。公以八月载生魄庚子奉使,朝用书临赋营筑,越若翊辛丑,诸生、庶民大和会,十万众并集,平作二旬,大功毕成。唐虞发举,成周造业,诚亡以加。"王莽也成为万众归心的"儒生皇帝",举行"祫祭"明堂大典之后,上书称颂王莽的吏民前后有

---

[1] 班固:《汉书·平帝纪》,中华书局1962年版,第355页。

四十八万七千五百七十二人。[1]《汉书补注》曾描写王莽设立明堂、兴建太学的盛况："王莽为宰衡，起灵台，作长门宫（沈钦韩注：疑当为常满仓），南去堤三百步，起国学于郭之西南，为博士之官寺，门北出，正于其中为中央射宫，门出殿堂，南向为墙，选士肄射于此中。北之门外为博士舍三十区，周环之。……诸生朔望会此市（笔者按：常满仓北之会市），各出其郡所出质物，及经书传记，笙磬乐器，相与买卖，雍容揖让，或论议槐下。其东为太学官寺，门南出，置令丞吏，诘奸究，理词讼。五经博士领弟子员三百六十，六经三十博士，弟子万八百人，主事高弟各二十四人。学士同舍，行无远近，皆随檐，雨不涂足，暑不暴首。"[2] 王莽称帝后，始建国三年，"为太子置师友各四人，秩以大夫。""又置师友祭酒及侍中、谏议、《六经》祭酒各一人，凡九祭酒，秩上卿。琅邪左咸为讲《春秋》、颍川满昌为讲《诗》、长安国由为讲《易》、平阳唐昌为讲《书》、沛郡陈咸为讲《礼》、崔发为讲《乐》祭酒。"[3]

伴随着这一政治活动，儒学的发展方向又不知不觉中有了新的变化。最为突出的是，董仲舒以来，《春秋》公羊学所宣扬的"孔子为后王立法"开始向依周公所制定的礼乐制度转化，由"孔子的微言大义"为当代立法者转向以周公制度为依据的"回复古制"时代。古文经所推崇的《周礼》《左传》等经典地位急剧抬升，成、哀以来，立古文经为官学的争论也有了结果。《王莽传》（元始四年）"立《乐经》，益博士员，经各五人。征天下通一艺教授十一人以上，及有逸《礼》、古《书》、《毛诗》、《周官》、《尔雅》、天文、图谶、钟律、月令、兵法、《史篇》文字，通知其意者，皆诣公车。网罗天下异能之士，至者前后千数，皆令记说廷中，将令正乖缪，壹异说云。"[4] 这里没有提到《左传》。《儒林传》："平帝时，又立《左氏春秋》、《毛诗》、逸《礼》、古文《尚书》，所以罔罗遗失，兼而存之。"是以《左传》在王莽时期也被立于官学。

《毛诗》因便于传颂，一直流传不绝，古文《尚书》发现后，与经文对读，孔安国等人一直在传承，由于《公羊》《穀梁》前后被列为官学，《左传》一直

---

[1] 班固：《汉书·王莽传》，中华书局1962年版，第4069—4070页。
[2] 班固撰、王先谦补注、上海师范大学古籍整理研究所整理：《汉书补注》第十二册，上海古籍出版社2008年版，第6071页。
[3] 班固：《汉书·王莽传》，中华书局1962年版，第4126—4127页。
[4] 班固：《汉书·王莽传》，中华书局1962年版，第4069页。又，《平帝纪》系于元始五年，文字略有出入："征天下通知逸经、古记、天文、历算、钟律、小学、《史篇》、方术、《本草》及以《五经》、《论语》、《孝经》、《尔雅》教授者，在所为驾一封轺传，遣诣京师。至者数千人。"时间有出入，没有提到《周官》，但"逸经"一项应该包括《周官》。班固：《汉书·平帝纪》，中华书局1962年版，第359页。

被边缘化，《周官》河间王曾献于中央，孔壁又重新发现，但一直湮灭不彰，汉末争立古文经的过程中，此二书是争论的焦点，也是带动汉末经学发展的关键典籍。王莽以效仿周公自认，《周礼》成为他的施政蓝本，王莽本人及其周围学者、官员投入大量精力进行研究，《周礼》被列入官学的同时也迎来了发掘、整理的新阶段，其学术价值得到了充分的重视。虽然王莽败亡后，《左传》《周礼》后来又被取消官学资格，但东汉学术大家对它的研究代不乏人，三郑、贾逵、马融都用力甚勤，奠定了它儒家经典地位的基础。

整理图书是一个系统工程，以此为中心，带动了各门学术的发展。《王莽传》列举了"《尔雅》、天文、图谶、钟律、月令、兵法、《史篇》文字"等经典及学科，我们先从文字的角度略作讨论。《汉书·艺文志》：

> 古者八岁入小学，故《周官》保氏掌养国子，教之六书，谓象形、象事、象意、象声、转注、假借，造字之本也。汉兴，萧何草律，亦著其法，曰："太史试学童，能讽书九千字以上，乃得为史。又以六体试之，课最者以为尚书御史书令史。吏民上书，字或不正，辄举劾。"六体者，古文、奇字、篆书、隶书、缪篆、虫书，皆所以通知古今文字，摹印章，书幡信也。古制，书必同文，不知则阙，问诸故老，至于衰世，是非无正，人用其私。故孔子曰："吾犹及史之阙文也，今亡矣夫！"盖伤其浸不正。《史籀篇》者，周时史官教学童书也，与孔氏壁中古文异体。《苍颉》七章者，秦丞相李斯所作也；《爰历》六章者，车府令赵高所作也；《博学》七章者，太史令胡母敬所作也；文字多取《史籀篇》，而篆体复颇异，所谓秦篆者也。是时始造隶书矣，起于官狱多事，苟趋省易，施之于徒隶也。汉兴，闾里书师合《苍颉》、《爰历》、《博学》三篇，断六十字以为一章，凡五十五章，并为《苍颉篇》。武帝时司马相如作《凡将篇》，无复字。元帝时黄门令史游作《急就篇》，成帝时将作大匠李长作《元尚篇》，皆《苍颉》中正字也。《凡将》则颇有出矣。[1]

这里显示，尽管秦始皇统一了文字，但官方流行的文字仍有六种之多，称为"六体"，且各有其用途，就是这些通行的"六体"文字，认识起来也很困难。秦

---

[1] 班固：《汉书·艺文志》，中华书局1962年版，第1720—1721页。

始皇统一文字，影响所及，也只是在社会上通行的文本，且始皇帝焚书坑儒，禁绝书籍流通，秦朝统一时间又很短暂，其文字统一的程度也有待完善。统一文字之前写定的图书，其文字并不在统一范围之内，而且各国文字差异颇大，我们今天看一下在楚国、齐国等地出土的竹简、帛书，其文字差距之大，即可见一斑，战国文字的释读向来是古文字研究界的一大难题。像《左传》这样流传不广的文本，大儒贾谊等也只是作了"训故"，进一步阐释还是在西汉末。《周官》之类长期被秘藏的图书，没有古文字的专门知识是难以卒读的。因而文字学在当时就成为一门专学，张敞因传《左传》而成为文字专家。宣帝时，美阳（今陕西扶风）出一古鼎，群臣认为应该仿效汉武帝旧事，将其供奉于宗庙，张敞认为，"此鼎殆周之所以褒赐大臣，大臣子孙刻铭其先功，臧之于宫庙也"，不宜供奉在汉皇室宗庙，天子从其议。[1]《汉书·艺文志》："《苍颉》多古字，俗师失其读，宣帝时征齐人能正读者，张敞从受之，传至外孙之子杜林，为作训故，并列焉。"[2] 张氏与杜氏为姻戚，两家于小学交替传授，大有发扬。张敞的外孙杜邺年幼丧父，从其舅张敞子张吉学习，尽得张氏藏书。张吉的儿子张竦又从表兄杜邺学习，尤其擅长小学，显名于王莽之世。杜邺的儿子杜林，"清静好古，亦有雅材，建武中历位列卿，至大司空。其正文字过于邺、竦，故世言小学者由杜公。"[3]

《王莽》依《周礼》等典籍定制度、治国家，文字学也因此发达起来，人员受到重视，《汉书·艺文志》："至元始中，征天下通小学者以百数，各令记字于庭中。扬雄取其有用者以作《训纂篇》，顺续《苍颉》，又易《苍颉》中重复之字，凡八十九章。臣复续扬雄作十三章，凡一百二章，无复字，六艺群书所载略备矣。"也就是说，通行及秘府所发现的图书，通过这些数以百计的"小学"专家的努力，都可以诵读、流传了。可见，王莽是继秦始皇之后，又一个大规模整理、统一文字的帝王。秦始皇影响主要在于流通的公文，而王莽的文字整理则遍及当时所整理发现的各种图书。

《说文序》云：

> 孝平皇帝时，征礼（沛人爱礼）等百余人，令说文字未央庭中，以

---
[1] 班固：《汉书·郊祀志》，中华书局1962年版，第1251页。
[2] 班固：《汉书·艺文志》，中华书局1962年版，第1721页。
[3] 班固：《汉书·杜邺传》，中华书局1962年版，第3479页。

> 礼为小学元士。黄门侍郎扬雄采以作《训纂篇》，凡《仓颉》以下十四篇，凡五千三百四十字。群书所载，略存之矣。
>
> 及亡新居摄，使大司空甄丰等校文书之部。自以为应制作，故颇改定古文。时有六书：一曰古文，孔子壁中书也。二曰奇字，即古文而异者也。三曰篆书，即小篆，秦始皇帝使下杜人程邈所作也。四曰佐书，即秦隶书。五曰缪篆，所以摹印也。六曰鸟虫书，所以书幡信也。[1]

可见王莽是西汉末年文字学研究的提倡者和组织者，其贡献可以与秦始皇的"书同文"并列。顾颉刚说："这是王莽的第二次审定文字。第一次是审定当时通用文字的总数，第二次是审定各种字体。因为他注重古文，所以把它列在第一。""其实所谓古学何尝是真的古学，只不过是王莽所需要之学，刘歆所认为应行提倡之学而已。"[2] 王莽支持下的文字统一、整理活动或有所不足，说是"王莽所需要之学"也有其道理，所谓需要，一是政治需要，二是学术发展需要。作为文字学集大成者之一许慎认为王莽对当时文字进行了统一、整理，可见其实际贡献。王莽当时及其后，古文经学及古文字学有了长足的发展，这与王莽有直接关系。杜林为文字学之宗，也是接续王莽时期学术发展的结果之一。

文字学之外的声律、历法也取得很大成果。元始五年，刘歆作《钟律书》，此书是刘歆带领王莽所征召的精通"钟律"学者百余人完成的，总结了自汉初张苍以来的钟律学成果的集成之作。此书对汉晋以来钟律学甚有影响。也在王莽秉政时期，刘歆主持修成《三统历》，这也是中国历法史上的重要成就。王莽本人兴趣十分广泛，曾经进行过人体解剖、试制过飞行器，在自然科学方面也作出了贡献。

需要指出的是，古文经地位的抬升并不是以今文经的否定为条件，董仲舒的"主权在天""受命改制"思想依然是必须的，并且如火如荼，愈演愈烈。钱穆先生在1930年出版的《刘向歆父子年谱》中就指出，王莽时期，今文经、古文经并不是水火不容、非此即彼的关系，二者并无实质性的冲突，甚至是互补的，古文经受到重视，只是儒家经典范围的扩大，古文经立官学的倡导者并不废今文，对今古文二者的采用，在当时学者、政治家中甚至是可以无缝转换。现在看来，钱穆先生的看法确实是非常精卓的。西汉末期，立古文经确实引起很大的政治风

---

[1] 许慎：《说文解字》，中华书局1963年版，第315页。
[2] 顾颉刚：《古史辨自序》下，河北教育出版社2002年版，第550—551页。

波,但争论的焦点不在学术思想,而在政治利益的分配;不在以古文经支持王莽(其实王莽称帝在舆论上借助今文经更为明显),而在儒者既得利益者不愿意让他人凭借新的经典而获取政治优势;刘歆之所以成为众矢之的,在于揭破既定的官学学者的固陋,并不是要以《周礼》《左传》为王莽篡位张目。刘歆《让太常博士书》在哀帝建平元年(公元前6年),此前一年王莽已经被罢免就第,距王莽被召还(元寿元年,公元前2年)尚有六年,王莽正处于政治最低谷,为哀帝所压制,太后王政君也为傅太后所抑,王莽怎么能预知哀帝享年不永,他还有再立新帝的可能?侯外庐先生所揭示的经学争立官学,其背后体现的是政治利益的纷争的观点,今天看来,依然是颠扑不破。[1]

三、君圣合一神话的破灭

王莽以"君圣合一"自我标榜,为之付出努力,倾注热情;他一生追逐着理想,又亵渎了理想;这种两极之间的巨大张力把他推向天堂,也将其送入地狱,使王莽成为一个悲剧性人物,在当时及历史上成为笑柄。王莽的事例深刻地证明"君圣合一"的不可能和无穷危害。

(一)"圣人"的角色塑造

儒家对圣人的定义是"博施于民而济众",也就是道德与功业都完满的理想人物。孔子及其后学肯定的圣人有三皇五帝、尧舜禹汤文武周公,他们被认为在立德立功方面都是完美的。孔子尤其肯定周公,从其品德而言,辅佐成王,有天子之实而最终还政成王,平商奄之乱,制礼作乐而成一代之盛。孔子认为要解决春秋时期的乱局,只要复周公之礼即可。但是周公及之前的"圣人"都是经过孔子及儒家提纯、美化的人物,与现实有很大差距。在韩非子的笔下,尧舜禹之间的"禅让"并不是大公无私,"舜囚尧,禹逼舜"。就是儒家借以取材的夏商周三代经典,也有关于武王克商战争残酷性的记载。《武成》有"血流漂杵"的文字,孟子对此有意进行过滤:"尽信书则不如无书,吾于《武成》取二三策而已。"周公东征、管蔡之乱、周公辅政又还政于成王,中间经历了怎样的利害博弈,五百年后,经过周统治者系统"塑造",又经西周末典籍散乱、破坏的浩劫,远在鲁国的孔子到底能掌握多少呢?而且孔子也是有意识地选取正面价值、美好的内容进行编述,回忆总是"选择"美好。孔子的六经系统最突出的贡献就

---

[1] 侯外庐等:《中国思想通史》第二卷,人民出版社1956年版,第248—261页:"经今古文之争的外表虽表现为儒家经典的解释,而争论的实质则为在中世纪王权的思想统制夹缝里争取合法的地位。"

是提取了价值理想和一套文献，即使这套文献中所保留的制度是最好的，也适应于西周的社会，但经过战国以来社会的根本性变化，这样的制度又怎能胶柱鼓瑟地完全照搬呢？所以儒家的价值也就在于价值理想的引领与制度的参考。如何实现这样的理想，还得根据现实进行选择、再创造。

董仲舒在统治者面前成功地把孔子塑造成一个为后世立法的"素王"。但是董仲舒的可贵之处在于他坚持"奉天法古"理想的同时，能够"守经达变"，"《春秋》无达辞""从义从变"[1]，"义"可以是超越的、永恒的，"义"的实现必须因时乘势，董仲舒能够把法家的现实主义与儒家理想主义结合起来，在此基础上，董仲舒描述了一个儒家理想主义的"王道图景"：

> 五帝三王之治天下，不敢有君民之心。什一而税。教以爱，使以忠，敬长老，亲亲而尊尊，不夺民时，使民不过岁三日。民家给人足，无怨望忿怒之患，强弱之难，无谗贼妒疾之人。民修德而美好，被发衔哺而游，不慕富贵，耻恶不犯。父不哭子，兄不哭弟。毒虫不螫，猛兽不搏，抵虫不触。故天为之下甘露，朱草生，醴泉出，风雨时，嘉禾兴，凤凰麒麟游于郊。囹圄空虚，画衣裳而民不犯。四夷传译而朝。民情至朴而不文，郊天祀地，秩山川，以时至，封于泰山，禅于梁父。立明堂，宗祀先帝，以祖配天，天下诸侯各以其职来祭。贡土地所有，先以入宗庙，端冕盛服而后见先。德恩之报，奉先之应也。[2]

王莽接续元成以来思想政治制度儒家化、"纯化"的形势，再度辅政以来，他以儒家理想践履者自命，前代君臣做不到的在他手里都实现了，于是要进一步把儒家理想的蓝图一一搬到现实中。从这个角度来说，他是一个儒者皇帝，儒家的思想使他获得无上的地位，在一个接一个的"胜利"中，他不仅相信自己具有圣王的能力，也相信儒家典籍中的那一套记录也是切实可行的。尤其是他把当时新发现的《周礼》当作实现太平盛世的无上秘籍，他也以空前的勇气，要把这些制度一一付诸实施，全然忘记了所谓"周公""安汉公"是他自己和群臣一手导演的，入戏太深，戏与现实浑然不分了。

自比周公是"圣人"角色塑造的一个关键，由"安汉公"而"宰衡"、加

---

[1] 苏舆撰、钟哲点校：《春秋繁露义证·精华》，中华书局1992年版，第95页。
[2] 苏舆撰、钟哲点校：《春秋繁露义证·王道》，中华书局1992年版，第101—105页。

"九赐"、摄皇帝、假皇帝而后"即真",除了一系列"顺天应人"的符瑞以作为"验证"之外,这一出出活剧在《礼记》《周礼》《尚书》中都要找到经典依据。根据《尚书》周公辅佐成王的史实,王莽立2岁的孺子为储君,自己以周公自居。元始四年,接受"宰衡"封号也以周公"故事"照样搬演:"太后临前殿,亲封拜。安汉公拜前,二子拜后,如周公故事。"周公摄政时所有的越裳氏献白雉,也重新出现。同年,"莽奏起明堂、辟雍、灵台,为学者筑舍万区,作市、常满仓,制度甚盛。""灵台"为文王所始建,《诗·大雅·灵台》:"经始灵台,经之营之,庶民攻之,不日成之。"《毛诗序》说:"《灵台》,民始附也。文王受命,而民乐其有灵德以及鸟兽昆虫焉。""辟雍"见于《周礼》《礼记·王制》,是天子兴教化的重要场所,教化不兴,则不得为太平之世,这也是董仲舒等儒者反复强调的。"明堂"实际上也是类似辟雍之类的教育机构,在春秋时期就已经被神秘化,《管子》《礼记·月令》都有关于明堂的记载,尤其是"《月令》文献系统",强调天子在不同的节令居住明堂东西南北不同方位,以颁行政令。战国以来,明堂、辟雍、灵台等就成为"太平之世"礼乐大兴的标志。汉初以来,贾谊等儒者也孜孜以求,希望实现建立这些制度,昭示天下礼乐大成。九赐之命也是以《周官》《王制》为经典依据的。《礼记·明堂位》:"成王幼弱,周公践天子之位以治天下",王莽据此自称摄皇帝、假皇帝。根据尧舜禅让的传说,王莽设计出刘氏祖先(尧)与王氏祖先(舜)在天堂的禅位的方案,而由自己实现。

各种"致太平"的仪式次第进行,王莽开始对官制、地方政区进行大规模改革。这样做的思路完全是教条的,以为经书上记载的制度都是圣王创制的,实行圣王的制度就能达到理想中圣王"天下大治"的效果:"莽意以为制定则天下自平"[1]。称帝之后,依据《周礼》对中央官制进行系统更改。元始五年,设立西海郡,此前已有东海、南海、北海等郡,王莽认为"汉家地广二帝、三王,凡十三州,州名及界多不应经。《尧典》十有二州,后定为九州。汉家廓地辽远,州牧行部,远者三万余里,不可为九。谨以经义正十二州名分界,以应正始。"开始设立十二州。

职官制度、职官名称固然出自主观设计,但也要根据实际需要来进行,不同时代国家事务不同,前代制度自然不能完全适用于后代,况且《周礼》在整体形式上还是出自理想化的虚构。胶柱鼓瑟带来的自然是名实不符的混乱,严重地扰

---

[1] 班固:《汉书·王莽传》,中华书局1962年版,第4140页。

乱了政令的正常通行。

"兴灭国、继绝祀",封古代圣王之后,恢复汉代勋贵后裔的爵位。始建国四年,王莽依照古礼,"莽至明堂,授诸侯茅土。"按照《尚书》《周礼》的记载,依据周制公侯伯子男五等爵位,设立诸侯之员一千八百,都授予相应的城市、土地。最高的公爵授耕地一同,人民万户,地方百里;子爵、男爵待遇一样,众户二千有五百,土方五十里。"今已受茅土者,公十四人、侯九十三人、伯二十一人、子百七十一人、男四百九十七人,凡七百九十六人。"这些极具仪式感的煌煌诏令完全是照搬经文,国家既没有那么多的土地,也没有相应的钱物,被封的诸侯甚至有为人佣工以糊口者。

庞大的官僚贵族集团,整齐划一的优厚俸禄,是一笔巨大的开支,国库不足以支持,王莽开出去的不过是一张空头支票。对于官员来说,有了这样法定的额度依据,他们开始大肆贪墨掠夺,"郡尹县宰家累千金"。官员收入畸形增加,导致百姓与国家的双重贫困。王莽在各方面大事兴作,又使开支剧增,于是王莽又向官吏开刀,"详考始建国二年胡虏猾夏以来,诸军吏及缘边吏大夫以上为奸利增产致富者,收其家所有财产五分之四,以助边急。"这又兴起新一波的财富掠夺高潮,使朝廷与官员的关系全面紧张:"公府士驰传天下,考覆贪饕,开吏告其将,奴婢告其主,几以禁奸,奸愈甚。"[1]

尤其是王莽认为太平之世已经来临,四夷不足平定,横挑四邻,使本来安定的边疆烽烟再起。汉宣帝赐匈奴单于印,其规制与汉天子等,西南地区的少数民族领袖称"钩町王",王莽贬单于之号,降钩町王为侯,匈奴与西南各族开始与中原王朝刀兵相向。王莽征发兵卒三十万,欲同时十道并出,期望一举消灭匈奴。"募发天下囚徒丁男甲卒转委输兵器,自负海江淮而至北边,使者驰传督趣,海内扰矣。"[2]

(二)限田限奴婢政策的推行及其失败

经济政策是导致王莽败亡的直接原因,也是王莽本人思想矛盾、人生悲剧的集中体现。经济政策主要在于"限田限奴婢"及"六管"方面。始建国元年(公元9年),也就是王莽正式称帝的第一年,发布了限田、限奴婢的诏令:

> 古者,设庐井八家,一夫一妇田百亩,什一而税,则国给民富而颂

---
[1]班固:《汉书·王莽传》,中华书局1962年版,第4152页。
[2]班固:《汉书·食货志》,中华书局1962年版,第1143页。

声作。此唐虞之道，三代所遵行也。秦为无道，厚赋税以自供奉，罢民力以极欲，坏圣制，废井田，是以兼并起，贪鄙生，强者规田以千数，弱者曾无立锥之居。又置奴婢之市，与牛马同兰，制于民臣，颛断其命。奸虐之人因缘为利，至略卖人妻子，逆天心，悖人伦，缪于"天地之性人为贵"之义。……汉氏减轻田租，三十而税一，常有更赋，罢癃咸出，而豪民侵陵，分田劫假。厥名三十税一，实什税五也。父子夫妇终年耕芸，所得不足以自存。故富者犬马余菽粟，骄而为邪；贫者不厌糟糠，穷而为奸。俱陷于辜，刑用不错。予前在大麓，始令天下公田口井，时则有嘉禾之祥，遭反虏逆贼且止。今更名天下田曰"王田"，奴婢曰"私属"，皆不得卖买。其男口不盈八，而田过一井者，分余田予九族邻里乡党。故无田，今当受田者，如制度。敢有非井田圣制，无法惑众者，投诸四裔，以御魑魅，如皇始祖考虞帝故事。[1]

王莽的这道诏书包含着非常深刻的思想。从思想史的角度来看，它是自孔子、孟子以来，"仁政""王道"思想在经济上的体现。尤其是孟子以恢复井田制为旗帜，提出经济上的平等要求，这种呼声在整个中国古代史一直存在，直到近代孙中山的"民生主义"以及中国共产党的平分土地的政策。在注意经济上相对平等的同时，王莽也认识到对人身奴役、依附现象的解放，认为奴婢买卖把人当作物，与儒家"天地之性人为贵"的思想相违背。董仲舒曾经向汉武帝上书，其思想与王莽非常相似，也着眼于经济平等及人身奴役问题，矛头指向土地制度、赋税制度及奴婢制度，其价值根据是尧舜禹等上古圣王的"井田制"。

  古者税民不过什一，其求易共；使民不过三日，其力易足。民财内足以养老尽孝，外足以事上共税，下足以畜妻子极爱，故民说从上。至秦则不然，用商鞅之法，改帝王之制，除井田，民得卖买；富者田连阡陌，贫者无立锥之地。又颛川泽之利，管山林之饶，荒淫越制，逾侈以相高；邑有人君之尊，里有公侯之富，小民安得不困？又加月为更卒，已复为正，一岁屯戍，一岁力役，三十倍于古；田租口赋，盐铁之利，二十倍于古。或耕豪民之田，见税什五。故贫民常衣牛马之衣，而食犬彘之食。重以贪暴之吏，刑戮妄加，民愁亡聊，亡逃山林，转为盗贼，

---
[1] 班固：《汉书·王莽传》，中华书局1962年版，第4110—4112页。

赭衣半道，断狱岁以千万数。汉兴，循而未改。古井田法虽难卒行，宜少近古，限民名田，以澹不足，塞并兼之路。盐铁皆归于民。去奴婢，除专杀之威。薄赋敛，省徭役，以宽民力。然后可善治也。"[1]

董仲舒之后，此类呼声一直不绝，贡禹、何武、孔光等都曾经提出类似的建议，哀帝时期曾经在朝堂上进行过讨论，格于外戚丁氏、傅氏、董贤等新贵的反对，没有实施，这也是剔除法家因素，全面向儒家思想靠拢时代思潮的体现。著名经济思想史专家赵靖曾对此做出很高评价："它全面批评了秦汉以来的土地制度和土地政策，提出了一整套解决土地制度问题的主张，它可以说是中国历史上第一个由官方制订和颁布的解决土地制度问题的方案。这个方案不仅包括较为详尽具体的措施，还对自己的主张提出了一系列理论论证。"[2] 赵先生的这一看法是比较客观的。胡适也曾经指出王莽的经济思想具有"社会主义的因素"[3]，胡适仅就王莽这一政策做孤立地看待，对王莽缺乏整体的研究，向来为学者所不取。从纯理论上来看，胡适的这一看法也不是没有道理，如果我们承认《礼记》中的"大同"思想具有社会主义因素，为什么要否定王莽的思想呢？追求平等、自由也是人类亘古以来就有的思想。如果我们把王莽这种思想当作儒家"仁政""王道"思想的一环、中国历史上"大同思想"的一环，是没有什么问题的。我们也不能否认王莽主观上具有济世救民的情怀，因为即使从"家天下"的角度来看，此时王莽已经正式称帝，天下是他王家的天下，任何一个没有完全失去理智的皇帝，都希望国泰民安，以儒家理想代表者面貌出现的王莽，自然更不会例外。历史事实也说明这一点。平帝元始二年，天下大旱，蝗灾肆虐，青州尤其严重，王莽随即出台了一系列赈济灾民的政策。发动民众捕杀蝗虫，按照所捕蝗虫数量领取相应的货币奖励，相当于"以工代赈"。救死扶伤，对难民进行集中安置，施医药进行救治；在长安城中拨出特定的区域，配以住宅，以安置流民。用国家经费安葬死去的人民，家有六尸以上赐安葬费五千，四尸三千，二尸以上两千。减免灾民租税，利用空闲土地招徕灾民耕种，国家借给耕牛、犁具等，并提供食物。[4]

但是王莽的限田、限奴婢政策不仅没有取得预想的效果，反而带来更大的

---

[1] 班固：《汉书·食货志》，中华书局1962年版，第1137页。
[2] 赵靖：《中国经济思想史上的一个怪胎——王莽经济思想试剖》，《北京大学学报》1983年第4期。
[3] 胡适：《王莽》，《读书杂志》1922年9月第1期。
[4] 班固：《汉书·平帝纪》，中华书局1962年版，第353页。

纷扰,最终归于失败,其根本原因依然是理想与现实的脱节。也就是说,王莽时期的政治、经济环境,没有为这些政策的落地提供现实的基础。从经济角度来看,它违背了经济规律。王莽所进行的是存量改革,也就是说,在既定的垦田与人口之下,让拥有土地的人无偿让与他人,即使是邻里乡党,这也是行不通的。他无视经济规律,单纯用行政强制措施,结果只能造成政府与土地所有者的矛盾:没有土地的依然不满,拥有限额以上土地的人更是不满,全面激发了矛盾。在政治、法权方面也是相互矛盾的。在等级制度之下,政治特权与经济特权互为表里,王莽不仅不触及当时的法权体系,而且还多次"授茅土",自王公以下贵族赐予大量的耕地、封土、俸禄,全国土地数量是一定的,"授茅土""班俸禄",这些财物只能取之于百姓,这就等于在法律上承认特权者可以多得多占。一方面要限制,另一方面却把地主、贵族的特权合法化,在政策上自相矛盾,犹如扬汤止沸。这是王莽从经典出发、不切实际的必然结果。不顾现实可能性的理想只能造成悲剧。为了安定社会,增加国库收入,中国历代不乏成功的实例,但都是在"增量"方面实施,如北魏、唐初的均田制,就是汉初高祖赐民田宅、土地、爵位的政策也是以政府掌握大量的无主荒地为前提,所以汉高祖的政策赢得了极大成功。文景以黄老思想为指导,保持政策的连续性,为西汉的强盛奠定坚实的基础。高祖、文、景、武、宣等帝王,都堪称伟大的政治家,他们这些人治国并非没有理论指导,更重要的是把理论与现实相结合,更多的是考虑其可能性。高祖远没有王莽那样秉持高远的"王道"理想,他甚至是一个地地道道的无赖,但是高祖有一个突出的优点,就是他能够与时俱进,善于学习,善于用人,当他认识到有利于自身权力巩固和国家利益的时候,能够从善如流。儒家、黄老、法家等思想在高祖直至宣帝时期,都被根据实际情况参错并用。元帝以来,儒学在政治领域开始取得真正独尊的地位,但是元帝、成帝、哀帝,其气魄都不如王莽,他们没有能力把理想主义推向极致。在王莽之前的各位皇帝心目中,政治权威与思想权威是相分离的,即使汉武帝那样有气魄、有能力的皇帝,也虚心向董仲舒等学者"问策",是以他们有了错误还有纠正的可能。而王莽在各方面取得巨大成功之后,认为自己就是圣人的化身,政治权威、思想权威在王莽的主观世界中合为一体了,所以他行事甚勇,自认为没有错误,也没有回头的可能,直至灭亡,以至于出现完全漠视经济规律的荒唐的"六管"政策。

"'六莞(管)'是王莽在王田、禁奴之外所实行的经济政策的总称。所谓六管,就是对盐、铁、酒三者的生产和流通均由国家经营;对名山大泽实行全面的国家管制，对在山泽从事采伐渔猎的人征税或强制收购其产品，对铁（钱）布铜冶即货币的铸造和货币材料的采掘冶炼由国家垄断；在几个大城市实行'五均赊贷'，即由国家管制工商业、物价并直接进行赊贷活动。可见，"六管"就是对农业生产以外的一切生产、流通活动都实行封建的国家垄断。"六管"又分为两个部分，一部分是对耕地以外的山林川泽等资源以及工商业的国家控制，另一部分是对货币的任意、频繁、烦琐的改动。第一部分的"国有政策"因没有相应的政治基础，官员借机盘剥百姓，而全面失败，走向了动机的反面；荒唐的货币政策更是对全民的扰动和掠夺，货币流动到哪里，混乱就在哪里产生，最终导致整个社会的全面崩溃。王莽先后进行了大大小小的五次货币改革，货币名目繁多，甚至主事者都弄不清楚其名目和换算关系，整个过程中都是以小易大、以轻易重，靠国家政权发行贵金属含量少的货币，以换取已经流通的含量大的货币，这是对全民的财富掠夺。"第一次货币改制所铸的大钱，重十二铢，含铜量只是五铢钱的2.4倍，但却当五铢钱五十枚使用，每发行一枚大钱就从百姓手中掠夺走五铢钱46.6枚。"[1] 五铢钱面值较小，百姓食盐以及必要的工具、农具要通过五铢钱来交易，频繁的货币更改不仅使市场秩序陷入极大紊乱，也使最底层的百姓普遍受其害。如果把金融比作社会的血液，那么每一条毛细血管都浸透着毒素，"每一易钱，民用破业"，小民破产，成为流民，整个社会翻腾起来，而王莽却执迷不悟，完全沉浸在图谶、迷信、谎言之中，最后走向了断头台。

第四节　刘秀与两汉学术思想的变迁

刘秀籍贯不在燕赵，而其帝业则在燕赵成就。他终结了王莽荒唐政治，兴复汉室，进行了系统的拨乱反正，使政治回到正常轨道上来。但在思想、学术方面却自觉不自觉地沿袭着王莽时期的路径。这说明思想、学术有其内在的发展逻辑，并非全随政治更迭而改变。

一、以河北为基地，成就帝业

刘秀（公元前5年—57年），字文叔，南阳蔡阳（治所今湖北省枣阳市琚湾镇）人，汉高祖九世孙，景帝子长沙定王刘发之后。刘秀出生时家族已经没落，

---

[1] 赵靖：《中国经济思想史上的一个怪胎——王莽经济思想试剖》，《北京大学学报》1983年第4期。

父亲刘钦曾为南顿县（治所今河南项城南顿镇）令，在刘秀九岁的时候就去世了，刘秀靠叔父刘良的抚养长大。刘秀年轻时期过着耕读生活，性喜务农，勤于稼穑。王莽天凤年间（14—19年），二十多岁的刘秀才有机会到长安求学，师从庐江（治所今安徽合肥庐江县西）许子威学习《尚书》，略通大义。读书期间生活拮据，曾与同学合资买驴，靠出租毛驴供人乘骑筹集求学费用。地皇三年（22年），在宛地经商，当地豪强李通以谶语"刘氏复起，李氏为辅"，劝说刘秀起兵兴汉反莽，刘秀遂与其胞兄刘縯（伯升）一起起事，加入了当时的新市、平林两支起义队伍之中。刘秀兄弟轻财好士，颇有威望，很快崭露头角，攻取昆阳、定陵、郾等地，刘縯进而围攻宛城。绿林诸将对刘氏兄弟颇为忌惮，拥立才能平庸的刘玄为"更始"皇帝，有意限制刘伯升兄弟发展。更始元年（23年），王莽派大司徒王寻、大司空王邑率领的精锐部队联合当地武装近百万人围攻昆阳。当时昆阳城中只有八九千人，刘秀让王凤、王常坚持守城，自己与宗佻、李轶等十三骑出城南门突围，后收拾兵将三千余人，从城西水路猛攻王寻、王邑中坚部队，围城军队溃散，取得昆阳大捷。此时刘伯升却被更始诸将处死，刘秀立有大功，却只能含悲隐忍，以自我保全，无法为胞兄主持公道，实际上是被软禁起来。

是年十月，在好友的支持下刘秀设法离开更始朝廷，以破虏将军行大司马事，持节北渡黄河，到河北招降当地州郡。所到之处，州县响应，由邯郸过真定，北上广阳，招抚幽燕之地。十二月，邯郸人王郎诈称成帝子刘子舆，得到前赵缪王儿子刘林的支持，在邯郸称帝，传檄各地，与更始政权分庭抗礼，河北各地纷纷响应，"赵国以北，辽东以西，皆从风而靡。"[1] 王郎视刘秀为劲敌，悬赏十万户封邑追捕。前广阳王子刘接在蓟起兵响应王郎，刘秀一行在此难以立足，又从蓟县仓皇南逃，不敢入城市，只能走荒僻小路。行至饶阳，刘秀冒充王郎使者才得以到客馆休息，又被传舍卒吏识破，赖传舍守门者放行才得以逃脱。当时天寒地冻，冒着风雪晨夜兼行，涉冰南渡滹沱河，在下博县（治今深州市榆科镇下博村）经人指点，转往信都（治今河北衡水市冀州区冀州旧城），太守任光开门迎接，刘秀才找到立足点。任光是刘秀旧部，参加过昆阳大战，此时并未归附王郎，犹在独立支撑。与任光合兵后，刘秀随即召集周围郡县兵士展开反攻。先后降服堂阳（治今新河县新河镇）、贳县（治今辛集市南智丘镇大、小车城村附近），和成（治今晋州镇鼓城村）卒正（王莽改"太守"为"卒正"）邳

---

[1]范晔：《后汉书·王郎传》，中华书局1965年版，第492—493页。

彤举郡来归。昌城（治今衡水市冀州区西北）人刘植、宋子（治今河北赵县韩村镇宋城村）人耿纯各率宗亲子弟，据其县邑响应，势力转盛，继续北上发展，占领下曲阳，部众达数万人。但与王郎相比还有很大差距，刘秀一度想投靠山东的"城头十路""力子都"等武装力量，也有人提出率部回归更始政权，任光坚持就地发展，邳彤也详陈利害：如果西入长安，则河北之众必不能从，原有的力量也会失去，更不会有什么作为。刘秀听从河北官员的建议，取消了东西环顾的念头，一心一意在河北发展。[1]

河北虽有王郎威胁，但也有有利的一面。远离更始政治中心，不受其羁络，又避开了赤眉与绿林军的争夺，有了自己相对独立的政治空间。以冀中为根据地，收罗散卒，笼络河北豪强大姓，逐渐站稳脚跟。渔阳、上谷、代郡等边地郡县也相继归属刘秀，吴汉、耿弇、寇恂等率领幽燕突骑加入到刘秀队伍中。继邓禹、冯异、邓通、邓晨等南阳旧部外，河北士人成为刘秀的另外一支基本的支持力量。凭借这些基本力量，刘秀对王郎展开反攻。更始二年，刘玄派尚书仆射谢躬进兵邯郸，刘秀与之合兵，击败王郎，刘秀进占邯郸。之后，刘秀击杀谢躬，正式与更始决裂。河北南部巩固后，刘秀又从邯郸北上，击败幽州牧苗曾，转而与各派分散的武装力量作战。当时河北、山东一带活跃着铜马、高湖、重连、尤来、大抢、五幡等武装力量，各部以铜马兵力最强。刘秀征抚并用，对愿意归附者，施以恩义，着意安抚，取得很大成功，军队扩充到十万之众，其中原铜马军占很大比重，关西人士称刘秀为"铜马帝"。在平定河北的同时，趁更始、绿林在关中酣战之际，刘秀派邓禹经营河东，进窥长安。公元25年，巴蜀公孙述称帝，赤眉军也拥立宗室刘盆子为皇帝，部将也纷纷劝刘秀加尊号，他一时犹豫不决。行军至鄗，刘秀长安求学的同舍生彊华从关中赶来，献《赤伏符》，曰："刘秀发兵捕不道，四夷云集龙斗野，四七之际火为主"，劝刘秀应符瑞称帝，六月，刘秀在鄗南千秋亭五成陌（今邢台市柏乡县龙华镇十五铺村）正式称帝，年号建武，改鄗为"高邑"。即位后，河北基本平定，即拥兵南下，攻克洛阳，以此为国都，史称"东汉"。

从起兵到称帝不过短短三年多时间，刘秀却多次经历严重危机，生命悬于一线。在河北疲于奔命，饥寒交迫，惶惶不可终日。在饶阳无萎亭，吃到豆粥，感觉非常满足，饥寒俱解。行至南宫，在一间空屋中歇脚，当时风雨交加，冯异找来柴禾，邓禹生火，刘秀对灶烘烤湿透的衣服，冯异又献上麦饭菟肩（葵类植

---

[1] 范晔：《后汉书》的《任光传》《邳彤传》，中华书局1965年版，第751—752、758页。

物），休整之后，渡过滹沱河到达信都（治今河北衡水市冀州区冀州老城），才有了一个相对稳定的落脚点。刘秀对这一段经历终生难忘。建武六年，对冯异说："仓卒无蒌亭豆粥，虖沱河麦饭，厚意久不报"，赏赐冯异大批珍宝、衣服、钱帛。冯异也说："亦愿国家无忘河北之难。"[1]河北是刘秀第二次政治生命的起点，也是他建立王业的基础，刘秀在此登极，更始二年，立真定王外孙郭圣通为皇后，一度被立为太子的刘彊生于河北，明帝刘庄也在河北元氏出生[2]，刘秀把耿弇当做"北道主人"，声言："当与渔阳、上谷士大夫共此大功"。[3]

二、定谶纬为官方思想

哀帝改制虽然很快取消，夏贺良也被诛灭，但以谶纬改制的思想却继续滋长，尤其是王莽称"真皇帝"援用了夏贺良图谶，这等于从官方角度"验证"了图谶的预言，董仲舒以来长期浸淫在"君权天授"思想的人们对此越发信从，可以说王莽执政二十多年的政治运行方式给士大夫阶层以深刻的谶纬迷信思想洗礼。王莽的倒行逆施及两汉之间的大动荡并没有把"再受命"的思想证伪，人们会认为上天又选择了新的应命之人，或者证明当下的皇帝已经不再为天命所眷顾。王莽嬗代这一事件对民间百姓影响不大，哀帝时期，天下富足，户口数达到西汉最高点，[4]王莽代汉基本以和平方式进行，班彪所谓"危自上起，伤不及下"[5]。王莽的失败使老百姓思慕刘汉、恢复前朝的思想再度流行起来，而这与知识界通过谶纬"再受命"的思想并不矛盾：王莽固然已经遭天弃，上天重新选择谁？是刘氏还是其他人？这都是未定之数，也就有了更大、更具吸引力的预言空间，谶纬思想在乱世越发显示其用武之地。一些有实力的军阀往往重复夏贺良、王莽的观点，认为刘氏气运已绝、要有新王应运而生。占据陇西的隗嚣认为，当下形势犹如秦末群雄并起，秦失其鹿，天下共逐之，"诸侯从运迭兴，在于一人"[6]。王郎在邯郸称帝，自称"休气熏蒸，应时获雨"，得应天之瑞。[7]公孙述占据巴蜀，也利用谶纬、符瑞为自己称帝制造舆论，自述梦中有人对他说

---

[1] 范晔：《后汉书·冯异传》，中华书局1965年版，第649页。
[2] 范晔：《后汉书·皇后纪》，中华书局1965年版，第402页。
[3] 范晔：《后汉书·耿弇传》，中华书局1965年版，第704—705页。
[4] 班固：《汉书·食货志》，中华书局1962年版，第1143页。
[5] 范晔：《后汉书·班彪传》，中华书局1965年版，第1323页。
[6] 范晔：《后汉书·班彪传》，中华书局1965年版，第1323页。
[7] 范晔：《后汉书·王郎传》，中华书局1965年版，第492页。

"八厶子系，十二为期"，意谓上天将授命于公孙氏，只是时间比较短，又说殿堂中夜有光亮，祥龙出现。公孙述还引用谶纬、图书，向本地及其他地方宣示他受命的"天意"，在自己的手掌中刻"公孙帝"三字，昭示他人自己是天命所归。公孙述也接过迷信化的公羊学做自我神化。孔子作《春秋》为汉家制法，《春秋》共叙述鲁国十二公在位期间的史事，汉至平帝共十二帝，气数已尽，一姓帝王不能再受命。据李贤注《后汉书》，此说出自《尚书考灵曜》："孔子为赤制，故作春秋"。又引纬书《录运法》曰："废昌帝，立公孙。"《括地象》曰："帝轩辕受命，公孙氏握。"《援神契》曰："西太守，乙卯金。"公孙述居西南，这个将要代替卯金刘氏的"西方太守"就是他自己了。他还声言："五德之运，黄承赤而白继黄，金据西方为白德，而代王氏，得其正序。"西方五行属金，色为白。汉为火德，尚赤，王莽以土德（尚黄）代火德，是五行相生，火生土，是为"黄承赤"。"白继黄"是说西方的白德接替王莽的黄德。[1] 但"白继黄"无论是五行生克序，还是三统序，都不能解释，可能当时还有其他说法。

王莽乱政，人心思汉，刘氏复兴的谶言自然不在少数。地皇二年（21年），莽魏成大尹李焉与卜者王况密谋，就借用了"汉家当复兴，李氏为汉辅"的谶言，还预言了王莽及其大臣的吉凶，连死亡的具体日期都言之凿凿。后李焉被部下告发，二人皆被处死。[2] 但这一谶言影响非常大，王莽对此十分忌惮，将侍中掌牧大夫李棽封为大将军、扬州牧，改其名为李圣，以消除这一谶言的不利影响。地皇四年（23年），王涉（王莽叔父王根之子）门下"道士"西门君惠喜好天文谶书，他对王涉说："星孛扫宫室，刘氏当复兴，国师公姓名是也"，"国师公"就是刘歆。王涉联合大司马董忠多次游说刘歆起兵反莽，后事泄，董忠被处死，王涉、刘歆自杀。[3] 这些事件在朝野盛传，产生很大激荡，五威将军部下小吏李守将此事传于其子李通，曰："刘氏复兴，李氏为辅"[4]，甚至官宦子弟的家庭私宴中也在谈论刘氏复兴的图谶。

作为宗室的刘秀对这种言论很在意，暗中自我期许。一次他去到姐夫邓晨家做客，其兄刘縯（伯升）在场，一个叫蔡少公的图谶研习者说出"刘秀当为天

---

[1] 范晔：《后汉书·班彪传》，中华书局1965年版，第538页。
[2] 王况制造图谶很复杂，有数十万言，主要内容是："文帝发怒，居地下趣军，北告匈奴，南告越人。江中刘信，执敌报怨，复续古先，四年当发军。江湖有盗，自称樊王，姓为刘氏，万人成行，不受赦令，欲动秦、雒阳。十一年当相攻，太白扬光，岁星入东井，其号当行。"班固：《汉书·王莽传》，中华书局1962年版，第4166—4167页。
[3] 班固：《汉书·王莽传》，中华书局1962年版，第4184—4185页。
[4] 范晔：《后汉书·李通传》，中华书局1965年版，第573页。

子"的谶言。有人说谶言中的人是刘歆（哀帝时期，刘歆曾经改名"刘秀"），刘秀当时开玩笑地说："怎么就不能是我呢？"[1]言毕，举座大笑。邓晨却并不以此为玩笑，他揣摩到刘秀的心意，联络南阳豪强李通图谋拥戴刘秀举事。李通与刘秀本不相识，在邓晨的怂恿下为此专门去拜访刘秀，见面后彼此欣赏，遂深相接纳。在此二人的劝说下，刘秀下了最后的决心。刘秀参加到反对王莽的行列中只有28岁，他也正是在王莽制造、利用谶纬达到高潮时期成长起来的一代人。谶纬不仅激发了刘秀，也使许多世家大族冒着杀身灭门的危险追随他而无怨悔。李通一家六十四人因其起兵被王莽杀害，与他一起从军的李松、李轶也都相继殒命。尤其是在刘秀犹豫是否称帝的时候，同学彊华再次献上图谶，最终促成此事。

刘秀是一个很有韬略、非常理性的人，与王莽晚年迷信图谶、不纳忠言根本不同。通过史书记载我们也可以明确看到，刘秀在决定起义、称帝的过程中，图谶并不是最重要的考量因素，其兄缜结交豪侠，已经在做举事的准备，不管他主观上愿不愿意，都会被卷入进来，而李通、邓晨的图谶对他最后决断、变被动为主动，起到了推动作用。彊华的图谶也可以作如是观。刘秀当时在河北已经基本立住脚跟，而且有刘氏宗室的身份，早日登极也可以争取那些中间人物归于自己的阵营。图谶虽然是刘秀下决断的因素之一，很大程度上对自己是一种心理支撑，而这种支撑的作用是非常大的，须知刘秀做这两个决断都是处于"极限情境"之下，赌上全家的性命去争取极大的权位。另外，图谶的强大号召力刘秀也充分体会到了，许多人也是因这种神秘预言来投靠刘秀，比如河西窦融就以"皇帝号姓见于图书"[2]，与相邻的隗嚣为敌而遥尊刘秀。所以，除了心理支持之外，图谶还给刘秀带来了巨大的政治利益，从这个意义上来说，推尊刘秀的图谶也可以说"应验"了。凡此种种，图谶意识就沉淀在刘秀的心理深处，成为一种难以舍弃的"情结"。

一般来说，战乱时期最容易显示社会发展的真实推动力。春秋战国时期的战乱促使百家争鸣中的理性主义精神成长，秦汉之际的纷争使汉初君臣大都具有实事求是的精神，而西汉末年的由乱到治，却很大程度上是打着图谶的旗帜而进行的。到了汉末，刘秀、隗嚣、公孙述、王郎等曾经建立一方政权的强势人物莫不相信和利用图谶，真定王造作谶记云："赤九之后，瘿扬为主"，想在天下云扰

---

[1] 范晔：《后汉书·邓晨传》，中华书局1965年版，第582页。
[2] 范晔：《后汉书·窦融传》，中华书局1965年版，第798页。

中分一杯羹。[1] 这再次说明历史的发展并不是线性推进的，充满了迂回曲折。从王莽到刘秀，谶纬之学经历汉末大乱，不仅没有被否定，反而得到巩固。刘秀就是这样一个把理性与图谶结合起来的皇帝，尽管图谶之学的号召力、生命力在东汉时期已经越过了高峰期，硕学宿儒多不信之，不再像西汉时期影响力不断扩大，处于上升时期了。但是在帝王的支持下，谶纬演变成为一种地地道道的"官方意识形态"，或者说是官方语言。刘秀一生支持图谶，对否定图谶的桓谭等予以压制。朱浮有才能而犯有大错，导致北边三郡（渔阳、上谷、涿郡）干戈不宁，又压制同僚，光武对其甚有不满，但朱浮有才能，在奏议中多引图谶，仍被不断被提拔，由郡守而执金吾、太仆，最后代窦融为大司空，位居宰辅。[2] 在选任官员、决策疑难的时候，刘秀往往想到图谶。称帝后，选王梁为大司空。王梁是早期从渔阳追随刘秀的功臣，位列云台二十八将，深得光武信任是原因之一，但是另外一个重要依据是谶书《赤伏符》"王梁主卫作玄武"的说法。王梁时为野王令，野王县本卫之所徙，王梁是安阳人，玄武为北方之神，主水，司空为水土之官，王梁以其官职、籍贯符合图谶而被拔擢，封武强侯。[3] 谶文有"孙咸征狄"之语，刘秀即任命平狄将军孙咸为大司马。谶书《河图》有"赤九会昌"之语，刘秀立高祖至元帝九世帝王于太庙，成、哀、平三帝祭于长安。[4] 建立"灵台"的处所久议不决，也想用谶语决之。[5] 刘秀的这一"心法"为其子孙所继承，刘秀的儿子沛献王刘辅，"好经书，善说《京氏易》《孝经》《论语》及图谶，作《五经论》，时号之曰《沛王通论》。"[6] 光武之后的几代皇帝在政治中都很注重谶纬，大臣议论重要礼仪、制度、事件往往要引用图谶，以便于说服皇帝。曹褒制礼仪，即大量引用《河图括地象》《尚书璇机钤》等谶书，以叔孙通汉仪为参照，"杂以五经谶记之文，制汉礼"，得到章帝的认可。不巧的是章帝病卒，未及施行。[7] 安帝诏书中有"建武元功二十八将，佐命虎臣，谶记有徵"的说法。

就一种思潮而言，谶纬在王莽时期达到高潮，制作图谶赢得帝王的青睐，裂土封侯已经是活生生的现实。王莽一朝图谶的泛滥以及旋起旋灭的现实已经使头

---

[1] 范晔：《后汉书·耿纯传》，中华书局1965年版，第763页。
[2] 范晔：《后汉书·耿纯传》，中华书局1965年版，第763页。
[3] 范晔：《后汉书·王梁传》，中华书局1965年版，第774页。
[4] 范晔：《后汉书·光武帝纪》，中华书局1965年版，第70页。
[5] 范晔：《后汉书·桓谭传》，中华书局1965年版，第9961页。
[6] 范晔：《后汉书·光武十王传》，中华书局1965年版，第1427页。
[7] 范晔：《后汉书·曹褒传》，中华书局1965年版，第1203页。

脑清醒的人看到图谶的荒诞不经，但由于与政治从而与个人命运紧密相关，依然有相当的影响力和利用价值。朝代更替过程中，谶纬之学很大程度上就成为一种"神道设教"的工具，失去了思想活力。刘秀在位的时候许多大臣就反对图谶，致使光武在去世之前才"宣布图谶于天下"。

三、学术趋向的转变与古文经学的繁兴

无论在政治上还是学术上，刘秀和王莽都有着密切的关系。王莽是"出题者"，刘秀是"答卷人"，王莽没有解决的问题，刘秀基本上做了较好的解决，王莽时期已经形成潮流、正在发展的事务，刘秀顺势而为，予以助成。刘秀有王莽的视野、魄力，一定程度上也有相当的学术造诣，而没有王莽偏执教条的"空想主义"偏颇。刘秀尊崇儒学，但不胶柱鼓瑟，他兼具儒家济世情怀，又有法家的手段和执行力，以颇具道家精神的"柔术"制定治国战略，不愧是一位伟大的帝王。

（一）政治上的拨乱反正

刘秀在历史上被称为"中兴之主"，既云"中兴"，就有所凭借，有所创获，两方面有其利即有其弊。与其他开国皇帝一样，他在战火中经历了锻炼，造就了多方面的才干。在战场上他是一员猛将，战事危急的时候亲自冲锋陷阵，以数千人挑战王莽的百万精兵，在荡平中原、平定陇西巴蜀的过程中，大多躬亲其事，手定方略，显示了突出的胆魄与军事才能。在群雄逐鹿中脱颖而出，这是他与刘邦相似之处，不同的是刘秀阵营中有许多豪族，尤其是"南阳从龙人士"，这些人有许多难以触碰的"既得利益"，很大程度上束缚了刘秀的手脚。刘邦君臣则是起自草莽，没有什么历史负担，可以在一张白纸上描绘蓝图。刘秀在扫平割据势力后，政治上基本趋于稳定，没有出现西汉时期长期的斗争与动荡，可以说刘秀是两得其利而两去其害。尤其是刘秀与开国功臣保持较好的关系，没有出现"杀功臣"现象，即使废掉的太子，也使其在政治地位、经济利益、家族安全方面没有疑虑，刘秀与废太子刘彊本人及废皇后郭圣通家族都能和睦相处，这是很不容易的。"断头政治"变成了"和谐政治"，卧榻之侧他人也得以安睡。之所以产生这样的政治效果，主要在于他"退功臣用文吏"、始终牢牢把握治国主动权的战略安排。

拥有特殊政治地位的贵族必然要寻求法外特权和超经济利益，即使本人境界很高，也不能保其子孙不做此想、不为此事。刘秀的办法是让这些功臣享受合

法的富贵，但尽量不让他们参与事务管理，这就是所谓的"退功臣"。刘秀封多而不滥，赏重而有度，早期跟从刘秀平定河北的，即位后多被封侯，但食邑一般不过四县。有了世袭富贵，不参与政治，功臣贵族也就处于政府的管理之下，这种政策也是在给他们敲响警钟：不要有分外之想，君臣方得相安。对于宗室、外戚也是如此，彼此谨守政治红线，在此前提下，刘秀又与他们攀亲论故，臣享其益，君得美名。

所用之"文吏"实际上都是有儒学造诣的"儒吏"，这些人多是功臣以外的士人，或从其他政治集团中选任，或简拔享有名誉的干员能臣，他们没有特殊的政治地位，要获得朝廷的认可，就只能通过政治成绩和自身能力，倾心尽力于治国治民，如杜林、郑兴、张纯、鲁恭、曹褒、范育、卫宏等。人才有了进身之阶，国家获善治之利。"文吏"与"功臣"两个阶层实现了良性互动。

这一政策体现出高明的政治智慧，但并不是建立了这样一种制度就一劳永逸了，关键还在于刘秀本人居中协调，把整个大局牢牢地掌握在自己手中。"功臣"与"文吏"的界限并不是一成不变的，功臣也有当政的，如邓禹、李通、邓晨等，或为宰相，或为郡守，"文吏"时间长了也会成为"功臣"，照样可以形成朋党。刘秀的办法是使用而不放任，中央、地方的大臣基本上在他的控制范围之内，难以稍越雷池。西汉初期，主权与治权有比较明确的区分，皇帝掌握主权，宰相统辖百官，实现治权。刘秀驾驭中央官僚与汉武帝类似，他本人很大程度上兼管政权、治权，大司空等宰辅实际上是他的秘书、智囊和政策的执行者，而且丞相少有专权久任者。无论是战争时期还是和平时期，刘秀都在一线处理政务军务，政权运行了然于胸。他本人喜爱"吏事"，处理政务常至深夜，太子劝其休息，刘秀说，"吾乐此，不疲也"[1]。在这种情形下，大臣难以上下其手，皇帝得以用其长而避其短，人才所发挥的多是正面作用。即使有较大缺点犯过严重错误的人，也敢于量才任用，朱浮就是一例。刘秀称帝之初，朱浮猜忌同僚，导致渔阳、涿郡两郡叛乱，刘秀洞悉形势，在朱浮受到攻击的时候，不予救援，让他承受因错误而付出的代价；后来在朱浮处于窘境的时候，又予以提拔，使其不敢再有放纵，安心于政务，他所献方略对东汉初期政治的改进起到很大作用。对这些"文吏"刘秀控驭很严，"光武承王莽之余，多以严猛为政"，[2] 即使是宰相，刘秀认为不合格的处理也毫不手软，韩歆自杀，千乘欧阳歙、清河戴涉

---

[1]范晔：《后汉书·光武帝纪》，中华书局1965年版，第85页。
[2]范晔：《后汉书·第五伦传》，中华书局1965年版，第1400页。

相继为大司徒，坐事下狱死，自是大臣难居相任。[1]这种处理未必都无瑕疵，但说明他对局面的控制是非常到位的。

在具体为政举措方面，刘秀改正王莽倒行逆施的行为，如合并被王莽离析的郡县，恢复原来的官制，使政治制度回到合理的轨道上来。在"限田、释放奴婢"的问题上，利用时机顺次推行。刘秀多是在攻取一地之后，趁着新旧交替的时候，下令释放该地奴婢。他前后六次颁布释放奴婢、提高奴婢政治法律地位的命令，建武二年诏曰："民有嫁妻卖子欲归父母者，恣听之。敢拘执，论如律。"六年："诏王莽时吏人没入为奴婢不应旧法者，皆免为庶人。"七年："诏吏人遭饥乱及为青、徐贼所略为奴婢下妻，欲去留者，恣听之。敢拘制不还，以卖人法从事。"十二年："陇蜀被略为奴婢者，及狱官未报，一切免为庶人"。十一年："杀奴婢不得减罪""奴婢射伤人弃市罪除"。十三年："益州民自八年以来被略为奴婢者，皆一切免为庶人；或依托为人下妻，欲去者，恣听之；敢拘留者，比青、徐二州以略人法从事。"在这些新收复的土地上推行释放奴婢政策，没有什么利益牵绊，可以放手实施，其效果可想而知。为缓解土地集中的问题，刘秀曾经下大力气推行"度田"政策，限制豪强贵族逾制多占土地。这一政策受到各地豪强地主的反对，但是刘秀对此也曾经动用过雷霆手段，"张伋及诸郡守十余人，坐度田不实，皆下狱死"。[2]这对缓解土地问题是有效的，不能说度田全无成效，归于失败。

（二）崇尚儒学 名家辈出

刘秀耕读出身，本有一定的儒学造诣，在戎马倥偬之中研习不辍，"讲论经理夜分乃寐"[3]。马援评价刘秀："经学博览，政事文辞，前世无比"[4]。刘秀身边的开国功臣也多有儒学修养。邓禹本为刘秀同学，年十三能颂《诗》，有子十三人，使各学一艺。寇恂为颍川太守时，修学校、教生徒，聘能为《左氏春秋》者教习学生，寇恂亲自到学校学习《左传》。冯异好读书，通《左氏春秋》《孙子兵法》，其他如耿况耿弇父子、贾复、王霸、耿纯、李忠、朱祐、刘隆、景丹、祭遵等，或有家学渊源，或少游学长安，都于经学有根底。干戈稍息，诸功臣知道皇帝欲偃武修文，不想使武将再掌兵权，纷纷去甲兵、敦儒术。许多郡守也都在任上兴学校、习礼俗、弘奖学术。赵翼说"东汉功臣多近儒"，"光武

---

[1] 范晔：《后汉书·侯霸传》，中华书局1965年版，第903页。
[2] 范晔：《后汉书·光武帝本纪》，中华书局1965年版，第30、50、52、59、57、58、63、66页。
[3] 范晔：《后汉书·光武帝本纪》，中华书局1965年版，第85页。
[4] 范晔：《后汉书·马援传》，中华书局1965年版，第831页。

诸功臣多半习儒术，与光武意气相孚合。盖一时之兴，其君与臣本皆一气所钟，故性情嗜好之相近，有不期然而然者，所谓有是君即有是臣也。"[1] 赵翼的看法是有道理的，一方面道出了武帝以来儒学不断发展、社会精英阶层文化面貌发生了根本改变的事实，另一方面体现出光武帝本人对当时儒学发展的推动作用，皇帝的喜好确实可以起到风行草偃的作用，这为东汉儒学发展营造了良好的外部政治条件。《后汉书·儒林传》载：

> 昔王莽、更始之际，天下散乱，礼乐分崩，典文残落。及光武中兴，爱好经术，未及下车，而先访儒雅，采求阙文，补缀漏逸。先是四方学士多怀协图书，遁逃林薮。自是莫不抱负坟策，云会京师，范升、陈元、郑兴、杜林、卫宏、刘昆、桓荣之徒，继踵而集。于是立《五经》博士，各以家法教授，《易》有施、孟、梁丘、京氏，《尚书》欧阳、大小夏侯，《诗》齐、鲁、韩，《礼》大小戴，《春秋》严、颜，凡十四博士，太常差次总领焉。
>
> 建武五年，乃修起太学，稽式古典，笾豆干戚之容，备之于列，服方领习矩步者，委它乎其中。中元元年，初建三雍。明帝即位，亲行其礼。天子始冠通天，衣日月，备法物之驾，盛清道之仪，坐明堂而朝群后，登灵台以望云物，袒割辟雍之上，尊养三老五更。飨射礼毕，帝正坐自讲，诸儒执经问难于前，冠带缙绅之人，圜桥门而观听者盖亿万计。其后复为功臣子孙、四姓末属别立校舍，搜选高能以受其业，自期门羽林之士，悉令通《孝经》章句，匈奴亦遣子入学。济济乎，洋洋乎，盛于永平矣！[2]

光武帝刘秀重视儒学的政策在明帝、章帝两朝得到继承和发展，光武晚年建辟雍，明帝建灵台，兴乡射礼，亲自与群儒讲经，儒生所设想的礼乐大兴的时代来临了。刘秀在政治方面对儒学的奖掖与提倡，提供了一个较为宽松的学术环境，西汉以来所立十四经博士都得到恢复。经学发展呈现多元态势。今文经学虽然在政治方面影响很大，占据官方主流学术地位，但经过武帝以来一百多年的发展，今文经学的范式已基本定型，在学术方面难以再有大的创造，从学术生长、

---

[1] 王树民：《廿二史劄记校证》，中华书局2013年版，第91—92页。
[2] 范晔：《后汉书·儒林传》，中华书局1965年版，第2545—2546页。

发展的角度而言，古文经在这一时期最具生命力，显示了很强的学术活力。

建武年间世所公认的学术宗师是桓谭、杜林、陈元、郑兴，桓荣、贾逵也是当时学术领袖。《后汉书·陈元传》："建武初，元与桓谭、杜林、郑兴俱为学者所宗"[1]，而他们都以古文名家。陈元的父亲陈钦与刘歆同时，都是传承《左传》的名家。桓谭字君山，沛国相（治今安徽淮北市相山区）人，王莽时为掌乐大夫，擅音律，能文章，尤好古学，比刘歆、扬雄年轻，但经常与二人探讨学术，辨析疑异。光武继位，大司空宋弘"才学洽闻，几能及扬雄、刘向父子"，也是通博之士，再次向朝廷推荐桓谭，刘秀征其为待诏、给事中。[2] 桓谭上书光武帝，揭示图谶的弊端，认为图谶是巧慧小才伎之人为欺骗有贪欲邪念的人而作；谶纬与卜筮同类，即使有时应验，也不过凑巧而已。刘秀对此深为不悦，不予重用，把他当作优伶，只是在宴会上令其鼓琴。光武晚年，议建灵台，在选址问题上群儒各持意见，光武对桓谭说，我想用图谶决定灵台的基址，你以为如何？桓谭沉默良久，说自己不读谶。在刘秀的追问下，桓谭再次恳陈谶纬与经典乖违，今上作为一代明君，不能误信图谶。刘秀大怒，认为桓谭非圣无法，当场下令要将其处斩。桓谭叩头以至于流血，才得止息刘秀的愤怒，最后被贬为六安郡丞，死于就任的路上，时年七十余岁。[3] 著有《新论》流传于世，《琴道》一篇，未成，班固续成之。桓谭不曲学阿世，坚持学术真理，虽然一生仕途不显，但学术上是时人敬仰的一代宗师。他与光武帝在学术见解上有过激烈的冲突，意见也不被采纳，但在净化学术空气、推动古文经发展方面有积极意义。

郑兴，河南开封人，年轻时学习《公羊春秋》，后转而研究《左传》，积精深思，通达其旨，当时研习古学的人都向他请教。王莽天凤年间，郑兴率门人向刘歆讨教，深得刘歆赏识，让郑兴撰写《左传》条例、章句、传诂等，并校订《三统历》。曾为更始政权丞相长史（李松以丞相司直行相事），建议更始离开洛阳，定都长安。后被任命为凉州刺史，因天水有人反叛攻杀太守，郑兴被免官。赤眉军入关后，东归道路不通，郑兴寄居于陇西，曾劝止隗嚣称王，勿用天子职官名号。郑兴与杜林同在陇西居住，兴趣相同，常相切磋。杜林先郑兴东归，向刘秀举荐郑兴，刘秀授郑兴以中大夫之职。郑兴曾代岑彭屯留成都，为方面大员，因御史奏其在蜀地买奴婢而被降职为莲勺令，后辞官居家。本传

---

[1] 范晔：《后汉书·陈元传》，中华书局1965年版，第1230页。
[2] 范晔：《后汉书·宋弘传》，中华书局1965年版，第904页。
[3] 范晔：《后汉书·桓谭传》，中华书局1965年版，第955—961页。

记载，"兴好古学，尤明《左氏》《周官》，长于历数，自杜林、桓谭、卫宏之属，莫不斟酌焉。世言《左氏》者多祖于兴，而贾逵自传其父业，故有郑、贾之学。"[1] 其子郑众，能传家学，精通《左传》《三统历》，兼通《易》《诗》，做《春秋杂记条例》《春秋删》等书。[2] 章帝时，出使北匈奴，不辱朝命，为匈奴人所敬重，又曾经在西域抗击匈奴。历任给事中、武威太守、左冯翊，卒于大司农任上。学者称之为"郑司农"，与父并称"二郑"。

杜林一族与张敞家族互通婚姻，两个家族皆累代通小学。杜林在王莽末年即享有盛誉，寓居河西避乱，隗嚣闻其志节，深相敬待，居河西六七年，隗嚣多次欲其为官，杜林始终没有答应，隗嚣只能将其视作伯夷、叔齐那样的义士，以朋友之礼待之。光武六年，杜林以为兄弟奔丧的名义向隗嚣请求东归，隗嚣不想让这样的人才为刘秀所用，派刺客在路上截杀杜林。刺客见杜林身推鹿车，装着为弟弟奔丧的物品，慨叹曰："当今之世，谁能行义？我虽小人，何忍杀义士"，不忍下手，逃亡而去。杜林到老家茂陵后，刘秀即派人征为侍御史，"群寮知林以名德用，甚尊惮之。京师士大夫，咸推其博洽。"在洛阳，与郑兴英雄相惜，成为莫逆之交。东海卫宏也研究古学，尤其精通《毛诗》，撰有《毛诗序》，善得《风雅》之旨。卫宏见到杜林深为敬服，向其请教学问。杜林在西州时，曾获漆书《古文尚书》一卷，视为珍宝，颠沛途次，书不离身，杜林将此书出示卫宏研究。济南徐巡，原先从学于卫宏门下，后来又拜杜林为师。杜林、郑兴、卫宏等人形成了一个研究古文经的学术中心。杜林曾经颇为自得地说："林流离兵乱，常恐斯经将绝。何意东海卫子、济南徐生复能传之，是道竟不坠于地也。古文虽不合时务，然愿诸生无悔所学。"[3] 古文经在这些人的推动下，取得长足发展，《后汉书·杜林传》说，"于是古文遂行"，《儒林传》曰，"时济南徐巡师事宏，后从林受学，亦以儒显，由是古学大兴。"[4]

桓荣，沛郡龙亢县（治今安徽省怀远县龙亢镇）人，研习《欧阳尚书》，在长安游学十五年，靠为人帮佣以自给。王莽末年，回乡避乱，在江淮间深山讲学不辍。建武十九年，其弟子何汤为太子刘庄讲授《尚书》，桓荣因之为刘秀所知，征至京师，为太子师傅，时桓荣已经年过六十。见面之后，深得刘秀赏识，有相见恨晚之叹，称桓荣为"真儒生"，每朝会，令桓荣在群臣前敷奏经书。建

---

[1] 范晔：《后汉书·郑兴传》，中华书局1965年版，第1223页。
[2] 范晔：《后汉书·郑众传》，中华书局1965年版，第1224—1225页。
[3] 范晔：《后汉书·杜林传》，中华书局1965年版，第935—936页。
[4] 范晔：《后汉书·儒林传》，中华书局1965年版，第2575—2576页。

武二十八年，拜为太子少傅，建武三十年为太常。明帝继位，甚见荣宠，"乘舆尝幸太常府，令荣坐东面，设几杖，会百官骠骑将军东平王苍以下及荣门生数百人，天子亲自执业，每言辄曰'大师在是'。既罢，悉以太官供具赐太常家。"[1] 桓荣的儿子桓郁复为章帝、和帝老师，显于当时，其门生杨震、朱宠皆位列三公，为东汉名臣。桓荣以世传《古文尚书》，对《古文尚书》的发展起到重要作用。《后汉书·儒林传》曰："中兴，北海牟融习《大夏侯尚书》，东海王良习《小夏侯尚书》，沛国桓荣习《欧阳尚书》。荣世习相传授，东京最盛。扶风杜林传《古文尚书》，林同郡贾逵为之作训，马融作传，郑玄注解，由是《古文尚书》遂显于世。"[2]

汉初另外一位古文学大师是贾逵（公元30年—101年），他是贾谊的九世孙，家传《左传》，宣帝时贾逵祖父从洛阳迁扶风平陵，遂占籍于此。父亲贾徽是西汉末年学者，兼通数家之学，"从刘歆受《左氏春秋》，兼习《国语》《周官》，又受《古文尚书》于涂恽，学《毛诗》于谢曼卿，作《左氏条例》二十一篇。"贾逵出生时中原已经基本安定，他少年入太学，一直专心学问，不问世事，逢人质疑问难，勤学不倦，太学诸生评之曰："问事不休贾长头。"贾逵继承父亲的学业，擅古文，兼通五家《榖梁》之说，尤明《左氏传》《国语》，为之《解诂》五十一篇，深为章帝所喜爱。"逵数为帝言《古文尚书》与经传《尔雅》诂训相应，诏令撰《欧阳》《大小夏侯》《尚书》《古文》同异。逵集为三卷，帝善之。复令撰《齐》《鲁》《韩诗》与《毛氏》异同。并作《周官解故》。迁逵为卫士令。八年，乃诏诸儒各选高才生，受《左氏》《榖梁春秋》《古文尚书》《毛诗》，由是四经遂行于世。皆拜逵所选弟子及门生为千乘王国郎，朝夕受业黄门署，学者皆欣欣羡慕焉。"在贾逵的身上，我们看到今文经学与古文经学融通的趋势。范晔这样评论郑氏、贾氏之学的地位和影响："郑、贾之学，行乎数百年中，遂为诸儒宗。"[3]《周礼》卷帙浩繁，向称难治，王莽托古改制，一度引人瞩目，与其他经典相比，研究者还是比较少的，郑兴父子对之深有研究，对《周官》跻身于经典之林做出重要贡献。《后汉书·儒林传》："中兴，郑众传《周官经》，后马融作《周官传》，授郑玄，玄作《周官注》。玄本习《小戴礼》，后以古经校之，取其义长者，故为郑氏学。玄又注小戴所传

---

[1] 范晔：《后汉书·杜林传》，中华书局1965年版，第1252—1253页。
[2] 范晔：《后汉书·儒林传》，中华书局1965年版，第2566页。
[3] 范晔：《后汉书·贾逵传》，中华书局1965年版，第1234—1240页。

《礼记》四十九篇，通为《三礼》焉。"

从东汉初年主要学者和学术成果的简单梳理中我们可以看出，在刘秀本人的直接支持和政策引导之下，儒学迅速迎来了一个新的繁荣时期。东汉学术是西汉末期学术发展的自然延展，王莽本人对学术的利用、干预比较大，其效应直接延伸到东汉初期。刘秀在坚持提倡谶纬方面，与王莽的学术、政治方针有着直接的关系。王莽支持古文经以及与之相应的小学，这种学术趋势在东汉初期并没有因为政权的更迭而受到影响，古文经名家都受到刘秀的礼遇，刘秀并一度立《左传》为官学，明帝、章帝对古文经学者桓荣、贾逵等都非常尊重。《左传》《古文尚书》《毛诗》《周官》《费氏易》等古文经成为当世显学，宿儒名家代不乏人，许慎、马融、郑玄等人终在汉末站在古文经的立场上，对两汉经学做总结性的注释和研究。古文经虽然没有形式上的官学地位，但有帝王实际上的重视。这也从侧面可以看出，王莽称帝以及行政固然借助《周官》，但绝不是像康有为所说的纯以古文经张目，更不是有意识地伪造《左传》《周官》为其篡位服务，至于普遍篡改与古文经发展历史有联系的《史记》《汉书》等说法，更是子虚乌有。刘歆不仅不是祸乱经典的罪臣，而且是继董仲舒之后，另开学术风向的一代宗师。东汉以来的学术走向基本上是沿着刘向、刘歆等学者创辟的道路前进的。我们看到，杜林、郑兴、孔奋（孔光孙）[1]、陈元、贾逵等古文经学的大师级人物，多出自刘歆门下，或其父辈与刘歆有密切关系，深受其学术沾溉。

（三）两汉经学的异同

东汉初年影响较大的学术争论表现在两个方面，一是坚持谶纬的刘秀与反对谶纬学者的争论。桓谭、郑兴[2]、尹敏皆公开反对图谶。"尹敏字幼季，南阳堵阳人也。少为诸生。初习《欧阳尚书》，后受《古文》，兼善《毛诗》《穀梁》《左氏春秋》。"刘秀得知尹敏博通经学，让他校订图谶，删去崔发阿附王莽所著录的内容。尹敏说"谶书非圣人所作，其中多近鄙别字，颇类世俗之辞，恐疑误后生。"刘秀对此自然不予采纳，尹敏却与帝王开玩笑，在谶书中增入"君无口，为汉辅"的内容。刘秀看后很奇怪，问其出处，尹敏说："臣见前人增损

---

[1]《孔奋传》："孔奋字君鱼，扶风茂陵人也。曾祖霸，元帝时为侍中。奋少从刘歆受《春秋左氏传》，歆称之，谓门人曰：'吾已从君鱼受道矣。'""弟奇，游学洛阳。奋以奇经明当仕，上病去官，守约乡闾，卒于家。奇博通经典，作《春秋左氏删》。奋晚有子嘉，官至城门校尉，作《左氏说》云。"范晔：《后汉书·儒林传》，中华书局1965年版，第1098、1099页。

[2]《郑兴传》："帝尝问兴郊祀事，曰：'吾欲以谶断之，何如？'兴对曰：'臣不为谶。'帝怒曰：'卿之不为谶，非之邪？'兴惶恐曰：'臣于书有所未学，而无所非也。'帝意乃解。兴数言政事，依经守义，文章温雅，然以不善谶故不能任。"范晔：《后汉书·郑兴传》，中华书局1965年版，第1223页。

图书，敢不自量，窃幸万一。"[1] 言下之意，您所看重的图谶不过是像我这样杜撰的罢了，没有什么价值。这种逆龙鳞的行为虽然没有带来什么祸患，尹敏官运也由此断送。反对图谶的意见东汉初年虽然都归于失败，但这么多的学术大家公开和皇帝叫板，也可以看出东汉初期谶纬之学已经走向偏枯，失去了生命力，只不过依赖政治的力量维持其意识形态领域的地位而已。

二是立《左传》为官学。建武四年，尚书令韩歆上书光武帝，建议立《费氏易》《左传》为博士，范升竭力反对。范升是代郡人，九岁通《论语》《孝经》，以《梁丘易》名家，兼通《老子》。建武二年，征为议郎，为《梁丘易》博士。范升反对的理由主要有：（1）经学家数甚多，立其一则他者亦争，使学术、思想愈加分歧；（2）《左传》不是解经之书，不能体现孔子本意；（3）《左传》师法不明，无传人；（4）天下草创，诸事繁多，增立博士非急务。范升反对《左传》等古文经的关键在第二条，也就是《左传》不解经，五经本之孔子，《左传》不能体现孔子思想。有人指出《史记》多引《左氏》，范升说"《左传》无师传"的观点与史书不合。范升即连《史记》一起批驳，说司马迁的思想也与五经乖谬，"上太史公违戾《五经》，谬孔子言，及《左氏春秋》不可录三十一事。"[2] 皇帝就下诏让博士们讨论此事。陈元上书对范升的观点逐一批驳，强调左丘明与孔子同时，亲身受学于孔子，《公羊》《穀梁》反倒是弟子累世传闻的结果。范升与陈元往复辩论，前后十余次。刘秀赞成陈元的观点，批准立《左传》博士，在选拔博士官的时候，陈元本来位居第一，但是刘秀考虑到陈元深深卷入争论之中，就用排名仅次于陈元的李封为博士。皇帝有了明确意见，反对者仍不罢休，"论议讙哗，自公卿以下，数廷争之"，刘秀不愿意因此产生党派分野，正赶上李封病卒，就没有再选新的博士，《左传》立官学的努力还是以失败告终。

学者之所以激烈反对《左传》立官学，除了利禄之争之外，还涉及前后汉学术方法的根本分歧，这是要害所在。西汉时期，经学转为官学主要缘自董仲舒对《公羊春秋》的阐释，董氏春秋学所奠定的西汉经学基本范式是，通过经学文本引申出孔子所立的一般原则（孔子以素王为后世立法），再以这种原则指导实践，所以是不是孔子所说，或者是不是解释经典，这是判定是否有资格立为官学的最基本原则。《诗》《书》《礼》《易》《春秋》五经都是要指导实践的，就

---

[1] 范晔：《后汉书·儒林传》，中华书局1965年版，第2558页。
[2] 范晔：《后汉书·贾逵传》，中华书局1965年版，第1229页。

如我们讨论述董仲舒时所指出的那样，通过经书，或者奠定基本的价值观，或者作为制度法律的基础和依据，或者以之为行礼乐的蓝本，用现在的话来说，侧重于经典文本的"所指"。五经的中心是《公羊春秋》，西汉公羊学的特点是从经文中延伸出义理。而以《左传》为代表的古文经则重事实、重历史、重文字，与公羊学有别。

成、哀以来，通过秘府校书以及刘向、刘歆、扬雄等大家的发掘，与五经有关的《左传》《周官》《古文尚书》引起学者普遍重视，经学的文本范围进一步向外拓展，这些未开垦的"处女地"吸引着学者的注意力。同时，今文经学已经成为熟地，发展的空间日益狭小，在政治剧烈变动的环境下，唯有谶纬之学热度不减，甚嚣尘上。古文经学同样也可以讲义理，寻求微言大义，甚至与谶纬可以相得益彰，比如马融、贾逵以《左传》弥合图谶，就是显例。但是古文经学都是以非通行文字记载的，要了解经义，得先过文字关，于是伴随经学而兴起的文字学成为专门之学，甚至有由附庸而成大国之势，通古文经学者，必通文字学。文字学与经学相互影响，古文经就显示出重研究文字、研究文本、澄清事实、厘清制度的比较朴素的特点，更加侧重通过经典本文，追求历史事实。王莽以及两汉之际政治人物对图谶的利用，使严肃的学者日渐厌倦神秘造作的图谶，今文经学的声誉日渐下降。于是，两汉之间的学术风格遂判然分途。皮锡瑞曾经专门论述过东汉西汉经学的分别：

> 治经必宗汉学，而汉学亦有辨。前汉今文说，专明大义微言；后汉杂古文，多详章句训诂。章句训诂不能尽餍学者之心，于是宋儒起而言义理。此汉、宋之经学所以分也。惟前汉今文学能兼义理训诂之长。武、宣之间，经学大昌，家数未分，纯正不杂，故其学极精而有用。以《禹贡》治河，以《洪范》察变，以《春秋》决狱，以三百五篇当谏书，治一经得一经之益也。当时之书，惜多散失。传于今者，惟伏生《尚书大传》，多存古礼，与《王制》相出入，解《书》义为最古；董子《春秋繁露》，发明《公羊》三科九旨，且深于天人性命之学；《韩诗》仅存《外传》，推演诗人之旨，足以证明古义。学者先读三书，深思其旨，乃知汉学所以有用者在精而不在博，将欲通经致用，先求大义微言，以视章句训诂之学，如刘歆所讥"分文析义，烦言碎辞，学者罢老且不能究其一艺"者，其难易得失何如也。（古文学出刘歆，而古文

训诂之流弊先为刘歆所讥，则后世破碎支离之学，又歆所不取者。）[1]

如果我们不胶柱鼓瑟地纠缠于细节，比如《禹贡》是不是就能指导治河，《洪范》是不是真能"察变"，或者"察变"是不是仅靠《洪范》等，他对两汉经学区别的概括还是比较准确的。比如今文经学"专明大义微言"，"学极精而有用"，而且皮锡瑞所概括今文经学时间主要放在"武、宣之间"，以此为典型，并没有提"成哀之世"，这也是很精到的。前文说过，今文经学的兴起主要是为了解决实际问题，为国家治理寻求大纲大法，尤其是以经文决狱，这在西汉时期有着重要意义，开启了为中国古代法律制度弥补"伦理基础"的进程，或者说对法律制度进行新的理论奠基。这难道不是"通经致用"吗？今文经学盛于元帝，也由此转衰，主要表现是开始以经学为教条剪裁现实，这种趋向在王莽时期趋于极致，也走入了死胡同。王莽时期造作的无数预言、图谶，就是以今文经寻求"微言大义"的思维逻辑中延伸出来的。王莽固然支持古文经，但并不反对今文经，对今文经的利用不亚于古文经。当一种学术、思想走向独断，就失去容纳新思想的能力，必然走向僵化，即使有国家权力的支撑，也难以挽回颓势。

刘秀时期，朝野儒生进行重新洗牌，无论是民间的还是官方的，古文经学的研究场域大为展开，焕发出强大的生命力。立古文经为官学就是在显性层面新的研究范式与传统范式分庭抗礼，并有取而代之之势。之所以争论的焦点放在《左传》，是因为今文经以《春秋》兴起，《左传》也是以解释《春秋》的面目出现，这种新研究范式到了登堂入室的地步，那些坚守今文经学壁垒的学者所以要奋起一搏，不能让出最后的防线。何休将其公羊学研究命名为《公羊墨守》，极具象征意义。毕竟今古文经学都是儒学的阐释方式，彼此虽然有矛盾，但不是非此即彼的矛盾，最后的结果是走向彼此融合，这就是东汉末年经学的一般形态，马融、郑玄乃至王肃成为这一阶段的代表人物。经学由分到合，走向了一个新阶段，而真正的外部威胁佛学，也开始走向学术史的舞台中心。

---

[1] 皮锡瑞著、周予同注释：《经学历史》，中华书局1959年版，第89—90页。

第六章　"经学时代"的燕赵家学

东汉时期，经学在学术方面占有统治地位，思想界全面进入"经学时代"。官方认定的经典范围没有扩大，毕竟古文经学最终还是失去了官学地位，但经学研究的范围和深度不断拓展，呈现出繁荣之势。"子学时代"虽然走向终结，但那种求新、求变的创造精神一定程度得以延续，学术研究依然呈现出活力。汉人重师法、家法，某一经、某一派的学术传承脉络秩然有序，学术与政治、经济因素相结合，出现了累世传经的家族，在社会上具有很大的影响力。他们对经学有传承、有发挥，对诸子之学也旁采博收，就燕赵地区经学世家而言，并不像有些清代学者所描述的那样，不敢越雷池一步，而是有着比较充沛的学术活力的。

第一节　"传经时代"与"注经时代"

所谓"传经时代""注经时代"是针对经学发展本身而言的，与前文所云"子学时代""经学时代"逻辑上是交叉关系，时间上是并列关系。征诸汉代经学发展的实际，传经与注经很大程度是并列的，有传就有注，注本身也是传。如两汉之际，《诗经》《公羊春秋》《尚书》等经典的研究已经非常成熟，学术研究以注经为主；《周官》《左传》等文本虽然西汉时期即已有流传，但尚未引起充分注意，此时仍然处于传经阶段。从经学发展的整体形势考虑，我们把汉武帝时期作为传经与注经两个阶段的分水岭，董仲舒既是传经时代的殿军，又是注经时代的先锋。

一、"传经时代"

秦始皇焚书坑儒不是一个偶然的政治事件，而是颁布了法律明文并严格执行的，是制度性的系统禁止。加上秦末战火，使包括经书在内成文典籍遭受了严重浩劫。以刘邦为首的西汉统治集团主要精力放在巩固政权、削平反侧；同时恢复社会经济秩序也是繁重的任务，无暇顾及文教。尤其是这些人多为起起武夫，出生布衣，文化事业非其所重，以至于秦代的禁书法律一直延续到汉惠帝时期。惠帝废除挟书律，但在黄老思想的竞争之下，儒家地位仍然没有实质性改善。[1]从秦始皇焚书坑儒到汉武帝即位开始重用儒生近80年，中间经历了三四代人，儒学处于被官方打压状态，其经典的传承受到严重威胁。刘歆在《移书让太常博士》中对这种状况做过概括：

> 汉兴，去圣帝明王遐远，仲尼之道又绝，法度无所因袭。时独有一叔孙通略定礼仪。天下但有《易》卜，未有他书。至孝惠之世，乃除挟书之律，然公卿大臣绛、灌之属咸介胄武夫，莫以为意。至孝文皇帝，始使掌故朝错从伏生受《尚书》。《尚书》初出于屋壁，朽折散绝，今其书见在，时师传读而已。《诗》始萌芽。天下众书往往颇出，皆诸子传说，犹广立于学官，为置博士。在汉朝之儒，惟贾生而已。[2]

可见儒家经典的传承长期处于"地下状态"，全靠儒者的信仰和坚持。经典传播基本上是原始的口耳相传的形式，即使有文本存世，也深藏固蔽以避祸。汉文帝时期立经学博士，经学传播受到官方的认可，但文帝、景帝、窦太后都崇尚黄老，儒家经学博士备员而已，并不受重视，董仲舒、公孙弘曾任博士官，都因无所展布而去官。在这种政治氛围下，能够通晓儒家经典的人寥若晨星，《史记》记载不过有数的几家："言《诗》于鲁则申培公，于齐则辕固生，于燕则韩太傅。言《尚书》自济南伏生。言《礼》自鲁高堂生。言《易》自菑川田生。言《春秋》于齐鲁自胡毋生，于赵自董仲舒。"[3] 由于多以口头传播，经典文本本身残缺不全，多有歧义。

济南伏生在秦禁学时期把《尚书》藏在墙壁的夹层中，汉朝建立后寻求旧藏只得到29篇，汉初《尚书》已经残缺不全，伏生即以此29篇在齐鲁之间传授，汉文帝派晁错向伏生学《尚书》，即今文《尚书》，此时朝野所传习《尚书》源自济南伏生。武帝时期，在孔壁中发现了古文《尚书》，比伏生所传多16

---

[1]《汉书·儒林传》："及至秦始皇兼天下，燔《诗》《书》，杀术士，六学从此缺矣……及高皇帝诛项籍……于是诸儒始得修其经学，讲习大射乡饮之礼。叔孙通作汉礼仪，因为奉常，诸弟子共定者，咸为选首，然后喟然兴于学。然尚有干戈，平定四海，亦未皇庠序之事也。孝惠、高后时，公卿皆武力功臣。孝文时颇登用，然孝文本好刑名之言。及至孝景，不任儒，窦太后又好黄、老术，故诸博士具官待问，未有进者。"司马迁：《史记·儒林列传》，中华书局1959年版，第3118页。
[2] 班固：《汉书·楚元王传》，中华书局1962年版，第1968—1969页。
[3] 司马迁：《史记·儒林列传》，中华书局1959年，第3118页。

篇，《尚书》又有了另外一个版本系统。两个版本之间经文出入很大，据刘向校勘："《酒诰》脱简一，《召诰》脱简二。率简二十五字者，脱亦二十五字，简二十二字者，脱亦二十二字，文字异者七百有余，脱字数十。"[1]《诗经》的状况稍好，因为是诗歌体，便于口头传诵，文本被禁毁，305篇内容都得以保全。对文本经意的理解彼此相差很大，形成了齐鲁韩毛四家。《礼》的状况更为复杂，古礼内容庞杂，春秋以来即受到很大破坏，所谓"礼崩乐坏"，孔子所传之礼，后代弟子也是言人人殊。鲁高堂生传《士礼》17篇，戴德、戴胜叔侄皆传高堂生礼，而形成的文本大为殊异。《周官》经河间献王献于中央，又被藏之秘府，未能流传。《春秋》经文极其简略，当时孔子修撰《春秋》又有种种不便，要臧否人物、表达自己的意见恐遭当权者的忌恨，多采取间接隐晦的方式，有的干脆不行诸文字，在弟子之间口头相传，是以《春秋》的解释也非常复杂。据《史记》《汉书》记载，解释《春秋》的共有《公羊》《穀梁》《邹》《夹》《左传》五家，彼此之间相差很大。《易经》因为是卜筮之书，不在禁止之列，但也有今文、古文之别，施、孟、梁丘三家与古文《易经》经文也有不同，或脱去"无咎""悔亡"等部分文字，民间流传的费氏《易》与古文《易经》相同。

从汉初至此七十多年间，儒家经典的传承、文本的保存与整理、缀合是儒者的重要任务，不同学者所传授、研习的经文本身尚有差异，除上面提到的《尚书》《礼》《周易》之外，《论语》的文本在各家之间也有异同，如齐《论语》与鲁《论语》有别。经学很大程度上处于认字、释义阶段，所以我们把这一阶段的儒学称为"传经时代"。即使经文相同，对经文的阐释方法、义理取向有时也大相径庭，如《公羊传》与《左传》一度就互为水火。经学在分化发展中不断走向深化，"传经时代"也是经学的选择、形成时代。

"传经时代"的学术风格有自身特点。儒生也自称此五书为经，但只是出于对孔子学术、人格权威的认可和敬仰，是民间性的，没有权力的强制，而且批判、否定儒家经典并不犯法，甚至还会得到最高权力的肯定。在这种情况下，学者一定程度上可以和经典平等对话，经典解释相对自由。如《公羊传》在解释《春秋》的过程中形成了"君亲无将，将则诛""大夫不专地、不专讨、不专封"等等不同的"义例"。这些解释并不拘泥于经文字面含义，而是赋予了新的意义以与时代契合，但总体上不背离儒家的价值观，这种方法运用得好，会对一个学派的发展起到决定性作用。董仲舒融合阴阳、法家、黄老等各派思想，彻底

---

[1] 班固：《汉书·艺文志》，中华书局1962年版，第1706页。

改变了儒家的地位和命运。罗马帝国后期，奥古斯丁吸收希腊哲学、摩尼教的因素，对《圣经》做创造性的解释，奠定了后世神学的基础。释迦牟尼之后，大乘空宗、有宗也是对原始佛教做了极大的创造性阐释，又基本符合佛教的基本教义。可以说"传经时代"既是一个文本的保存、选择、流传的时代，也是一个创造的时代。

二、"注经时代"

"注经时代"的特点主要在于经典的政治地位发生了变化，从而引起学术研究方式、表达方式的变化。通过董仲舒与汉武帝之间的"对策"交流，《诗》《书》《礼》《易》《春秋》成为国家认可的经典，被定为"大道"的载体，是一切价值的根源，具有了"宪法性"意义。在这种情况下，学术的权威与政治权威绞合在一起，学者多有禁忌，表达自己思想更为曲折，常以阐释圣贤微言大义的形式出现。

西汉"注经"的学术范式很大程度上也是由董仲舒奠定的。董仲舒的经学有两个突出的特点，一个是以经释经，以《公羊春秋》融汇六经；二是在遵守儒家基本价值观的基础上，发挥空间大，大开大合。如董仲舒解释"元年春王正月"，把每一个字都赋予相对独立的意义，由此构建了囊括天人的宇宙论，而形式上又以训诂的方式表达。这种方式有正反两方面的效应。正面效应已如上述，可以对儒学做创造性的发挥，但这需要融会贯通，有极高深的学术、思想造诣；反面效应是开任意解经、牵强附会之先河，加之利禄的诱惑，使经学迅速走向支离烦琐，甚至经之外有纬，再与图谶结合，无稽荒诞之言乘势而起。班固说："自武帝立《五经》博士，开弟子员，设科射策，劝以官禄，讫于元始，百有余年，传业者浸盛，支叶蕃滋，一经说至百余万言，大师众至千余人，盖禄利之路然也。"[1]

尽管如此，西汉的经学还是取得了很大成就，经学研究大大深化，各家各派都有长足发展。到东汉初，立于官学的就有十四家博士，民间有很大影响的经学流派还不在此列。汉代统治者对各派也能采取兼收并蓄的政策，给不同派别以流传的空间。刘歆说："往者博士《书》有欧阳，《春秋》公羊，《易》则施、孟，然孝宣皇帝犹复广立《穀梁春秋》、《梁丘易》、大小夏侯《尚书》，义虽相反，犹并置之。何则？与其过废也，宁过而立之。"[2] 当然出于统一思想的

---

[1] 班固：《汉书·儒林传·赞》，中华书局1962年版，第3620页。
[2] 班固：《汉书·楚元王传》，中华书局1962年版，第1971页。

需要，朝廷也曾借助政治力量进行过经学统一的努力，西汉有石渠阁会议，东汉有白虎观会议。

西汉末，今文经学的解释方法带来的弊端日益显现，尤其是王莽利用谶纬的种种闹剧使学界对此产生了逆反，注重字义训释、史实考证、平实朴素的古文经研究方法逐渐兴盛。郑兴郑众父子、马融、贾逵等都在古文经学方面深有造诣，影响很大。东汉末期郑玄集今古文经研究成果之大成，遍注群经，他的《周礼注》《仪礼注》《礼记注》《毛诗笺》都代表了当时最高水平的注经成就。此外，何休的《春秋公羊传注》、赵岐的《孟子注》也很精当，为后世所认可，并成为十三经注疏的重要组成部分。

三、经学世家的产生

与功名利禄挂钩，导致了经学的兴盛。西汉时期，有许多专门以传授经学为业的儒家学者，也出现了一些经学世家，最典型的是伏氏。《后汉书·伏湛传》记载："伏湛字惠公，琅邪东武人也。九世祖胜，字子贱，所谓济南伏生者也。湛高祖父孺，武帝时，客授东武，因家焉。父理，为当世名儒，以《诗》授成帝，为高密太傅，别自名学。湛性孝友，少传父业，教授数百人。"[1] "别自名学"是指伏理擅长《齐诗》，是《齐诗》的四个派别之一，并不只是靠祖传的《尚书》。《汉书·儒林传》："伏生孙以治《尚书》征。"[2] 可见，伏氏家族的10代人中，至少有5代是有名的儒家学者，可称之为经学世家。不过，经学世家的大量出现则是在东汉时期。

东汉时期，儒学是官员选拔的重要依据，经学素养高的人更容易担任要职。这就刺激了经学世家的大量出现。经学世家在官场中的影响力主要通过以下方式来维持：第一，垄断学问的传承，使得家族成员可以通过经学出仕。第二，门生获得经学知识以后，可以出仕，获得功名利禄。第三，举荐故吏，使其担任更高的职务。门生、故吏的利益与经学世家密切相关，自然会成为依附于经学世家的可靠力量。第四，汉代的地方长官由中央政府任命，但地方长官的下属则由长官自己任命。为了更好地处理地方事务，地方长官倾向于任命在当地有较大影响力的大家族为属吏。通过这些方式，经学世家就逐渐地转变为门阀士族。比较典型的经学世家是弘农杨氏和汝南袁氏。

---

[1] 范晔：《后汉书·伏湛传》，中华书局1965年版，第2569页。
[2] 班固：《汉书·儒林传》，中华书局1962年版，第3603页。

弘农杨氏来自刘邦时的杨喜，杨喜以诛杀项羽封侯。杨喜的后代杨敞是司马迁的女婿，在汉昭帝时期担任丞相。但杨氏成为经学世家，则是从杨宝开始的。杨宝是传授《欧阳尚书》的著名学者，其子杨震"明经博览，无不穷究"，被称为"关西孔子杨伯起"，后来官至太尉。杨震中子杨秉"少传父业，兼明《京氏易》，博通书传"，汉安帝太尉。杨秉之子杨赐"少传家学，笃志博闻"，以经学水平高超而成为汉灵帝的老师，后来官至司空、司徒、太尉。杨赐之子杨彪"少传家学"，后来官至司空、司徒、太尉。弘农杨氏因为"父业""家学"，四世三公，成为非常显赫的经学世家。[1] 袁绍所在的家族即为汝南袁氏，其祖先袁安、袁汤、袁逢、袁隗、袁敞均以家学渊源而担任三公的职位，人称"袁氏树恩四世，门生故吏遍于天下"，具有极大的影响力。[2]

第二节　崔氏家族的学脉传承

涿郡（今河北省涿州市）安平崔氏家族是汉代有名的儒学世家，以经学和文学著称，出过崔发、崔骃、崔瑗、崔寔等大儒。《后汉书》对崔氏家族的评价是："崔氏世有美才，兼以沉沦典籍，遂为儒家文林。"

一、崔氏家族源流

涿郡崔氏家族可以追溯到西汉中后期的崔朝。崔朝在汉昭帝时期（公元前87—前73年）曾担任幽州从事。在此期间，其上司幽州刺史受到燕王刘旦的招致，并为此犹豫不决。刘旦是汉武帝第四子，为人博学善辩，多才多艺，又野心勃勃，在公元前86年、公元前80年，两次谋反。崔朝力劝幽州刺史不要加入刘旦一伙。事后，朝廷清查刘旦党羽，崔朝因此受到朝廷的奖赏，被提拔为侍御史。

崔朝之子崔舒曾经当过四个郡的太守，所到之处都以有才能而著称。崔舒的妻子师氏博学多才，在王莽时期非常有名：

> 师氏能通经学、百家之言，莽宠以殊礼，赐号义成夫人，金印紫

---

[1] 范晔：《后汉书·杨震传》，中华书局1965年版，第1759—1789页。
[2] 范晔：《后汉书·袁安传》，中华书局1965年版，第1517—1524页。

绶,文轩丹毂,显于新世。[1]

从上述记载来看,崔朝、崔舒均不以儒学见长,崔氏家族的经学传承,应从帅氏开始。

崔舒有两个儿子,大儿子崔发、小儿子崔篆。崔发的主要事迹是以经学家的身份,通经致用,参与经学和汉代社会、政治的互动,在王莽改革的过程中,起到较为重要的作用。这在《汉书》中有一些记载:

> 王舜、王邑为腹心,甄丰、甄邯主击断,平晏领机事,刘歆典文章,孙建为爪牙。丰子寻、歆子棻、涿郡崔发、南阳陈崇皆以材能幸于(王)莽。

> 宗室广饶侯刘京上书言:"七月中,齐郡临淄县昌兴亭长辛当一暮数梦,曰:'吾,天公使也。天公使我告亭长曰:'摄皇帝当为真'。即不信我,此亭中当有新井。亭长晨起视亭中,诚有新井,入地且百尺。'……"骑都尉崔发等视说。

> 命说符侯崔发曰:"'重门击柝,以待暴客。'女作五威中城将军,中德既成,天下说符。"

> 又置师友祭酒及侍中、谏议、《六经》祭酒各一人,凡九祭酒,秩上卿。琅邪左咸为讲《春秋》、颍川满昌为讲《诗》、长安国由为讲《易》、平阳唐昌为讲《书》、沛郡陈咸为讲《礼》、崔发为讲《乐》祭酒。

> (天凤三年,16年)十月戊辰,王路朱鸟门鸣,昼夜不绝,崔发等曰:"虞帝辟四门,通四聪。门鸣者,明当修先圣之礼,招四方之士也。"于是令群臣皆贺,所举四行从朱鸟门入而对策焉。

> 崔发、张邯说莽曰:"德盛者文缛,宜崇其制度,宣视海内,且令万世之后无以复加也。"莽乃博征天下工匠诸图画,以望法度算,乃吏民以义入钱谷助作者,骆驿道路。坏彻城西苑中建章、承光、包阳、大台、储元宫及平乐、当路、阳禄馆,凡十余所,取其材瓦,以起九庙。

> (地皇二年,21年)是岁,南郡秦丰众且万人。平原女子迟昭平

---

[1] 范晔:《后汉书·崔骃列传》,中华书局1965年版,第1703—1732页。有关崔氏家族的论述,未标明出处者,均来源于此。

能说博经以八投，亦聚数千人在河阻中。莽召问群臣禽贼方略……故左将军公孙禄征来与议，禄曰：".……说符侯崔发阿谀取容，令下情不上通。宜诛此数子以慰天下！"

莽军师外破，大臣内畔，左右亡所信，不能复远念郡国，欲呼（王）邑与计议。崔发曰："邑素小心，今失大众而征，恐其执节引决，宜有以大慰其意。"于是莽遣发驰传谕邑……邑到，以为大司马。大长秋张邯为大司徒，崔发为大司空，司中寿容苗䜣为国师，同说侯林为卫将军。

（邓）晔自称辅汉左将军，（于）匡右将军，拔析、丹水，攻武关，都尉朱萌降。进攻右队大夫宋纲，杀之，西拔湖。（王）莽愈忧，不知所出。崔发言："《周礼》及《春秋左氏》，国有大灾，则哭以厌之。故《易》称'先号咷而后笑'。宜呼嗟告天以求救。"莽自知败，乃率群臣至南郊，陈其符命本末……因搏心大哭，气尽，伏而叩头。

初，申屠建尝事崔发为《诗》，建至，发降之。后复称说，建令丞相刘赐斩发以徇。[1]

上述记载可以将崔发的一生事迹大致勾勒出来。崔发在儒学方面有很高的造诣，曾被王莽任命为"讲《乐》祭酒"，曾教授申屠建《诗》，可见他在这两方面有很突出的研究。崔发还曾称引《尚书》《周礼》《左传》《周易》，可见他对儒学有较为全面的掌握。也正因如此，他才被王莽看重，"以材能幸于（王）莽"。投奔王莽之后，崔发逐渐成为王莽的心腹。天下纷纷以符瑞劝谏王莽称帝时，王莽不便亲自出面，就派崔发去"视说"，证明这些符瑞都是真实可靠的。因此，王莽册封崔发为说符侯。崔发还劝王莽建立宫室宗庙，"崇其制度"。可以说，崔发以经学家的身份，成为王莽称帝过程中的核心智囊之一，最后位至大司空。也正因如此，崔发的母亲才能受到王莽的礼遇，天下大乱的时候，崔发才会被公孙禄评价为"阿谀取容，令下情不上通"，应该被诛杀。在王莽政权逐渐崩溃的过程中，崔发一直陪在王莽的身边，为其出谋划策，当然，作为一介书生，崔发的建议往往带有经学的烙印，实用效果不佳，未能扭转局面。王莽政权失败后，崔发向自己的学生申屠建投降，并由此得以保全性命。但崔发"后复称

---

[1] 班固：《汉书·王莽传》，中华书局1965年版，第4045—4046、4093、4116、4126—4127、4144—4145、4161—4162、4170、4186—4188、4193页。

说",颜师古认为崔发此举是"妄言符命,不顺汉",这种解释恐怕是有问题的。王莽已死,崔发的性命被控制在更始帝手中,他显然不是不怕死的人,怎么会"妄言符命,不顺汉"？我们认为,合理的解释是崔发"妄言符命,以顺汉",但这种拍马屁的行为被申屠建所厌恶,反而丢掉了性命。

古人对王莽改革持强烈的否定意见,今人则能较为平和、全面地看待王莽改革。胡适先生说:"王莽是中国第一位社会主义者。"吕思勉先生说:"新莽之所行,盖先秦以来志士仁人之公意,其成其败,其责皆当由抱此等见解者共负之,非莽一人所能尸其功罪也。新莽之为人也,迂阔而不切于事情,其行之诚不能无失。然苟审于事情,则此等大刀阔斧之举动,又终不能行矣。"[1] 卜宪群先生主编的《中国通史》对王莽作基本肯定的评价:"王莽在中国古代历史中应占有一定的地位,我们还可以从斑驳的历史记忆中,从儒家恢弘的理想和怯懦的实践中,得到一些经验、一些教训。"[2]

我们认为,崔发作为王莽改革的重要成员,虽然有其缺点,但从总体上来说,他在促进经学与社会、政治的结合方面,有一定的历史贡献。

崔篆是崔舒之子、崔发之弟,以研究《周易》闻名。

崔篆和崔发不同,对王莽政权采取不合作的态度。王莽时期,崔篆担任涿郡文学,这里的文学是指精通儒家经典的人。崔篆因为明经,被政府征召。甄丰推举他担任步兵校尉,崔篆认为自己是儒生,不从事军事,明确拒绝:"吾闻伐国不问仁人,战陈不访儒士。此举奚为至哉？"王莽征召人才,一方面是要让人才为己所用,另一方面也是要将不跟自己合作、甚至是跟自己对立的人才消灭。由于崔发的缘故,崔篆没有受到迫害。

后来,崔篆被任命为建新大尹。崔篆上有老母,下有兄弟,害怕家人受到牵连,不得已而出仕。崔篆发现辖区的监狱都是人满为患。他为此痛哭流涕,说:"嗟乎！刑罚不中,乃陷人于阱。此皆何罪,而至于是！"他重新审理案件,释放了无辜者两千多人。手下劝谏他说,当局以严刑峻法控制百姓,您此举可能会有生命危险。崔篆说:"如杀一大尹赎二千人,盖所愿也。"[3]

汉光武帝建武年间,大臣们多向朝廷举荐崔篆,崔篆所在的幽州刺史又举荐崔篆为贤良。崔篆因为自己家族跟王莽关系太深,愧对汉朝,就坚决拒绝,并迁

---

[1] 吕思勉:《秦汉史》,上海古籍出版社2005年版,第174—175页。
[2] 卜宪群总撰稿:《中国通史·秦汉魏晋南北朝》,华夏出版社、安徽教育出版社2017年版,第194页。
[3] 范晔:《后汉书·崔篆传》,中华书局1965年版,第1704页。

居荥阳，闭门谢客，专心研究《周易》，著有《周易林》六十四篇，用来判断吉凶，多有应验。

崔篆的作品结集为《崔篆集》。《隋书·经籍志》称："梁有……王莽建新大尹《崔篆集》一卷……亡。"[1]可见《崔篆集》在南朝梁的时候佚失。崔篆的作品现在仅存一篇《慰志赋》，详见《后汉书·崔骃》所引及严可均《全上古三代秦汉三国六朝文》所辑。

崔篆之子为崔毅。可能是受到其伯父崔发的不良影响，崔毅称疾，终身不仕。

崔毅之子为崔骃。目前所知的崔骃之子有三人：长子崔章，为仇人所杀，无嗣。少子崔盘，生平事迹不详（《深州风土记》）。中子为崔瑗。崔瑗之子为崔寔。崔骃、崔瑗、崔寔都是一代大儒，我们将在后文介绍其事迹。

崔盘有子，名为崔烈。崔烈在北方的幽州、并州等地有很高的名声，担任过郡守、九卿等职。汉灵帝时期，政府公开卖官鬻爵。崔烈名声显赫，但也需要用五百万钱来买司徒的官位。事情暴露后，崔烈的名声受到很大的影响。其子崔钧刚直不阿，直言不讳地告诉崔烈，外界对于崔烈的司徒一职，"嫌其铜臭"。崔钧从小就结交豪杰，有一定的名声和美誉，后来担任西河太守。汉献帝时期，董卓作乱，崔钧力劝袁绍起兵反对董卓，崔烈因此被董卓关进监狱，后被乱兵所杀。崔钧擅长写作，"所著诗、书、教、颂等凡四篇。"但均已失传。

崔氏家族另有一位文学家崔琦。可能是由于此人死于权贵之手，其家人不敢声张，草草处理，所以南朝宋的范晔在写《后汉书》的时候，就已经不知道崔琦在崔氏家族的位置了，只知道他跟崔瑗是同一个时代的，也是同一个宗族的。我们从"琦"字和"瑗"字都是玉字旁，也可以看出这一点。

崔琦很小就到首都洛阳游学，以文章博通著称。河南尹（东汉首都洛阳所在地的地方长官）、外戚梁冀欣赏崔琦的才华，与之交往。梁冀仗着自己外戚的身份，经常为非作歹。崔琦多次引用古今外戚成败的例子，来劝谏梁冀，梁冀不肯接受。崔琦写了一篇《外戚箴》，继续劝谏。他在文中历数古代的贤明后妃和祸国殃民的后妃及其惨烈下场，来规劝梁冀。梁冀还是不听。崔琦又写了《白鹄赋》，继续劝谏。接二连三的忠言逆耳惹怒了梁冀。梁冀质问崔琦为何老是要讽刺自己，崔琦说，管仲、萧何都喜欢听取不同意见，所以他们才成为贤相，而梁冀一直担任周公、伊尹那样的高官，却"德政未闻，黎元涂炭，不能结纳贞良，

---

[1]魏徵：《隋书·经籍志四》，中华书局1973年版，第1057页。

以救祸败，反复欲钳塞士口，杜蔽主听"[1]，难道是想要和赵高一样指鹿为马、钳民之口吗？梁冀无言以对，只能放崔琦回家。但是，此时的梁冀却动了杀心。

梁冀任命崔琦为临济（治今山东淄博市高青县高城镇西北）县令。崔琦知道自己一旦上任，梁冀就会借故杀了自己，就不敢上任。梁冀又派刺客去追杀崔琦。当时，崔琦正在田里耕种，怀里藏着一本书，耕种累了就读书。刺客被崔琦感动了，知道崔琦是贤者，不忍心刺杀他，就把实际情况告诉他。于是，崔琦得以逃脱。但是梁冀一定要除掉崔琦，最终还是捉到并杀死崔琦。据《后汉书》记载，崔琦的作品有："赋、颂、铭、诔、箴、吊、论、《九咨》、《七言》，凡十五篇。"现在大多数已经佚失，严可均《全上古三代秦汉三国六朝文》辑有他的《七蠲》《四皓颂》《外戚箴》三篇作品。

以上就是涿郡崔氏家族在汉代的基本情况。

涿郡崔氏家族在魏晋时期发展成为有名的博陵崔氏。博陵崔氏在魏晋南北朝的地位不及清河崔氏，但到了隋唐时期就成为一流的名门望族，被唐高宗钦定为门阀最高的"七姓十家"之一，出过15名宰相。

二、崔骃与崔瑗

（一）崔骃

崔骃是崔毅之子、崔篆之孙。崔骃从小聪颖，13虚岁就能精通《诗经》《周易》《春秋》，年轻时去太学游学，跟班固、傅毅齐名。崔骃在经学方面造诣很深，而且兼具文采。元和年间（84—86年），崔骃作《四巡颂》，因为文辞典雅优美，受到汉章帝的赞叹赏识，也因此受到外戚窦宪的礼遇。章帝去世后，继位的汉和帝年仅9岁，政权掌握在窦太后和窦宪手中。崔骃多次直言劝谏："（窦）宪擅权骄恣，骃数谏之，及出击匈奴，道路愈多不法，骃为主簿，前后奏记数十，指切长短。"因此受到窦宪的冷遇，被任命为远在辽东的长岑县令。崔骃并未就任，而是选择辞官回家，最后在永元四年（92年）去世。

崔骃的作品很多，《后汉书》称："所著诗、赋、铭、颂、书、记、表、《七依》、《婚礼结言》、《达旨》、《酒警》合二十一篇。"[2]《隋书·经籍志》记载："后汉长岑长《崔骃集》十卷"[3]，今已佚。明代张溥《汉魏六朝

---
[1] 范晔：《后汉书·文苑传上》，中华书局1965年版，第2619—2622页。有关崔琦的论述均出于此，不再出注。
[2] 范晔：《后汉书·崔骃列传》，中华书局1965年版，第1703—1732页。有关崔氏家族的论述，未标明出处者，均来源于此。
[3] 魏徵：《隋书·经籍志四》，中华书局1973年版，第1057页。

百三名家集》辑有《汉崔骃集》一卷（以下简称张辑本），清代严可均《全上古三代秦汉三国六朝文》辑有《崔骃》一卷（以下简称严辑本）。两者大同小异，其区别是：张辑本有而严辑本无的篇目是：《虎贲中郎箴》《安封侯诗》《七言诗》。严辑本有而张辑本无的篇目是：《武赋》《奏记窦宪》《四皓墟颂》《扇铭》《太常箴》《司空箴》《尚书箴》。最后三篇的作者有争议。两者均有而内容有差异的是：《博徒论》（张辑本更全）、《东巡颂》（张辑本更全）、《七依》（严辑本更全）、《六安枕铭》（严辑本更全）。

我们以张辑本和严辑本为基础，对崔骃的作品和思想进行简单的总结。崔骃的作品保留至今的有38篇。从文体来说，分为诗10首（含8篇颂），铭11篇，箴9篇，信笺3篇，议论文2篇，其他类型3篇，总的来说，偏重文学。这和崔骃以文学才能受到汉章帝赏识的记载是相一致的。崔骃的文学作品文辞华丽，富有想象力，极具气势，但是思想性较差。我们以受到汉章帝赞叹的《四巡颂》中的《北巡颂》为例，进行说明：

> 元和二年正月，上既毕郊祀之事，乃东巡出于河内，纳青、兖之郊。回冀州，礼北岳，登中山，天帝观神农，将省阳谷，相天功。巡东作，圣泽流浃，黎元被德，嘉瑞并集，乃作颂。[1]

文中的"圣泽流浃，黎元被德，嘉瑞并集"云云，都是套话，并无思想性。当然，在当时，颂这种题材主要是用来歌功颂德的，即《后汉书》所说的"以称汉德"，这就限制了其思想性。相比而言，崔骃的《大将军西征赋》就要好很多：

> 于是袭孟秋而西征，跨雍梁而远踪，陟陇阻之峻城，升天梯以高翔。旗翼如游风，羽毛纷其覆云，金光皓以夺日，武鼓铿而雷震。[2]

敌人距离遥远，地势险要高耸，可谓"陇阻之峻城"。但是汉军"升天梯以高翔"，看不到困苦，反而展现出一种昂扬的战斗精神。旗帜像游动的风一样飞舞，羽毛多得可以遮住云彩，铠甲上金光闪闪，光耀夺日，战鼓轰鸣，像是响

---

[1]严可均：《全上古三代秦汉三国六朝文》第二册，河北教育出版社1997年版，第421页。
[2]严可均：《全上古三代秦汉三国六朝文》第二册，河北教育出版社1997年版，第416页。

雷。这些描写无疑极具想象力和感染力，很有气势。但是这些华丽的文字背后，缺乏对战争的深入了解，也不是站在士兵的角度看待问题，而是立足于一将功成万骨枯的"一将"的立场。这就决定了崔骃的文学作品兼具文辞优美和思想匮乏的双重特点。

对崔骃作品影响最大的，当属《诗经》，其次是《尚书》。崔骃的颂、铭的风格和用词从整体上来说，是在模仿《诗经》。箴则是模仿《尚书》的用词，化用《尚书》的典故，参照《诗经》的颂的风格而写成的。从直接引文和间接的化用来看，崔骃作品所涉及的经典次数分别为：《诗经》10处、《尚书》5处、《论语》4处、《周易》3处、《道德经》3处、《礼》1处、《孝经》1处、《春秋》1处、《太玄》1处、《墨子》1处。由此可见经学对崔骃的影响。

崔骃的铭，所描述的对象虽然是车、酒、鼎、袜、刀剑、刻漏、扇子等具体的事物，但是崔骃并不关注这些事物的本身，而是将其修身养性的君子之德投射上去，注重内在的自我修养。这就是《孟子》所说的"万物皆备于我"[1]。比如，《刻漏铭》说：

　　天德顺动，人以立信。乃作斯策，以咸渥润。封传今览，爰暨四极。[2]

刻漏用于计时，准确守时，崔骃通过刻漏来表达"人以立信"的观点。又比如，《车左铭》描述的不是车子，而是强调君子坐车时的礼仪规范：

　　虞夏作车，取象机衡。君子建左，法天之阳。正位授绥，车不内顾。
　　尘不出轨，鸾以节步。彼言不疾，彼指不躬。渊览于道，永思厥中。[3]

其实，这里化用了孔子坐车时的仪态："升车，必正立执绥。车中不内顾，不疾言，不亲指。"[4]"正位授绥"即"正立执绥"，"车不内顾"即"车中不内顾"，"彼言不疾"即"不疾言"，"彼指不躬"即"不亲指"，"尘不出轨"即《诗经·小雅·车攻》所言的"不失其驰"。

总之，崔骃的特点是文学与经学并重，而以文学闻名。通过崔骃留下的少量

---

[1] 朱熹：《四书章句集注》，《孟子·尽心上》，中华书局2012年版，第357页。
[2] 严可均：《全上古三代秦汉三国六朝文》，河北教育出版社1997年版，第426页。
[3] 严可均：《全上古三代秦汉三国六朝文》，河北教育出版社1997年版，第425页。
[4] 朱熹：《四书章句集注》，《论语·乡党篇》，中华书局2012年版，第122—123页。

作品，我们可以看出，崔骃在《诗经》（尤其是雅）和《尚书》方面造诣较深，这也让他的作品具有典雅精致的特点。崔骃的文学作品对崔瑗影响很大。

（二）崔瑗

崔瑗是崔骃的中子、崔寔之父。我们先来考察崔瑗的生卒年。《后汉书》没有记载崔瑗的生年，但是记载了崔瑗去世时的情况："汉安初，大司农胡广、少府窦章共荐瑗宿德大儒……岁余……会病卒，年六十六。" 汉安是汉顺帝的年号，这一年号只用了两年，为142年、143年。因此，我们可以断定，所谓"汉安初"就是汉安元年，142年。"岁余"之后就是汉安二年，143年。崔瑗活了66虚岁，通过计算可知，崔瑗生于汉章帝建初三年，公元78年。

崔瑗字子玉，15虚岁的时候，父亲去世，《后汉书》因此称崔瑗"早孤"。崔瑗早年由父亲崔骃亲自传授文学与经学，崔瑗"锐志好学，尽能传其父业"。18虚岁时，崔瑗去东汉首都洛阳，跟随大儒贾逵学习，受到贾逵的善待和悉心培育，他因此学会了"天官、历数、《京房易传》、六日七分"。"六日七分"是卦气说的一种。"所谓卦气，就是用阴阳说解释《周易》，用《周易》卦象解说一年节气的变化。具体是用64卦配四时、12月、24节气、72候，并进而以之推断自然社会人事的吉凶祸福……（六日七分）是以四正卦（震、离、兑、坎）之外的60卦配一年的月数，每月5卦，每卦主管6日7分，则60卦所代表的总日数为365日略余，当一年之数。"[1]简单说，崔瑗到京师学的是究天人之际的学问——天文、历法、偏占卜吉凶祸福的《周易》研究。京城是人才荟萃之地，崔瑗成为其中的佼佼者，"诸儒宗之"。崔瑗跟历史上有名的大学问家马融、张衡关系特别要好。

崔瑗的哥哥崔章被人杀害，崔瑗亲手为哥哥报仇。崔瑗此举的背后，有着深层的社会心理方面的原因。汉代影响最大、最受到官方提倡的儒家经典《公羊传》强烈主张为亲人复仇，这就是著名的"大复仇"，因此汉代社会充满着为亲人报仇的狂热。[2]崔瑗报仇后随即逃亡。后来遇到大赦，他才回家。崔瑗兄弟之间不分家，一起居住了几十年，感情非常好，对乡邻产生了一定的感化作用。到了40多岁。崔瑗才到涿郡当官。因为某种缘故，崔瑗被关进东郡发干（今山东省聊城市莘县）的监狱。崔瑗发现狱掾是研究《礼》的专家，就在被审讯期间，

---

[1] 朱彦民：《史学视野下的易学》，华南理工大学出版社2017年版，第12页。这里略作补充。"六日七分"针对的是四分历，也就是说，一年为365.25天。60卦，每卦对应6天，即360天，剩余5.25天。每天可以分为80分，每卦平均可以分到：$5.25 \times 80 \div 60 = 7$分。
[2] 宋艳萍：《公羊学与汉代社会》，学苑出版社2010年版，第38页。

经常向狱掾请教《礼》，而不在意自己处境的危险。事情查清以后，崔瑗被无罪释放，并被度辽将军邓遵征辟。过了不久，邓遵被杀（121年，当时崔瑗44虚岁），崔瑗也被免官，回到家乡。后来，崔瑗被车骑将军、外戚阎显征辟。阎显的妹妹是汉安帝的皇后，她杀死了太子刘保的母亲，并诬陷刘保，导致刘保被汉安帝废为济阴王。125年，汉安帝去世，阎显兄妹拥立年幼的刘懿为帝，阎显兄妹一时权倾天下。崔瑗认为刘懿并非汉安帝子嗣，且年幼，不符合儒家立嫡立长的原则，刘懿的继位"不正"，崔瑗想要劝说阎显改立刘保为帝。刘懿在位半年就去世了，刘保在宦官孙程的支持下，夺取政权，杀死阎显一族，阎皇后也在数月后暴卒。通过此事我们可以看出，崔瑗坚持儒家正统思想，但这种思想对阎显兄妹是不适用的：他们杀死刘保的母亲和乳母，弄丢了刘保的太子之位，双方是不可能和解的。崔瑗受到牵连，被免官。汉顺帝阳嘉四年（135年），梁商成为大将军，征辟崔瑗。崔瑗不愿意再次参与贵戚的内斗，就以有病为由，坚决拒绝。同年，崔瑗又被举荐为茂才，担任汲县（治今河南省新乡市卫辉）县令。崔瑗在任期间，多次上书兴办对百姓有利的事情，为百姓开辟了稻田数百顷。他在任七年，受到民众的歌颂。汉安元年（142年），大司农胡广、少府窦章共同向朝廷推荐崔瑗，称他是"宿德大儒"，从政期间政绩显著，不应该长期担任下层官吏。朝廷由此升迁崔瑗为济北国（治今山东长清区西南）的相。汉代名臣李固当时正担任泰山郡太守一职，欣赏崔瑗的文雅，与之交往甚密。汉安二年（143年），光禄大夫杜乔巡行郡国的时候，以贪污的罪名弹劾崔瑗，崔瑗因此被征调到中央政府的廷尉处，接受审查。其实，崔瑗为官清廉，不在意金钱，家里非常贫穷，平时吃的都是蔬菜，买不起肉，家里连一石粮食的积蓄都没有（汉代的一石相当于现在的54斤），是当时有名的清官，怎么会贪污呢？崔瑗自己上书朝廷，解释事情的由来，经过廷尉审查，崔瑗确实是被冤枉的，得到无罪释放。经过这一番折腾，年迈的崔瑗很快就去世了，享年66虚岁。临终前，崔瑗对他的儿子崔寔说：人是接受天地之气而生的，死后就会回归天地，不需要厚葬，也不需要归葬故里。因此，崔瑗被葬在洛阳。

和父亲崔骃类似，崔瑗文学与经学并重，而以文学和书法闻名，被称为"文章盖世"（《太平广记》）。崔瑗作品的流传情况是：《后汉书》将崔瑗的作品总结为："（崔）瑗高于文辞，尤善为书、记、箴、铭，所著赋、碑、铭、箴、颂、《七苏》、《南阳文学官志》、《叹辞》、《移社文》、《悔祈》、《草书艺》七言，凡五十七篇。其《南阳文学官志》称于后世，诸能为文者皆自以弗及。"《南阳文学官志》似乎是记述南阳地区官方礼乐教化的著作,在当时被认为是崔瑗的代表作,今已散佚,仅存百余字的《南阳文学颂》。《隋书·经籍志》著录的崔瑗作品为:"梁……有司马相如《凡将篇》,班固《太甲篇》《在昔篇》,崔瑗《飞龙篇》,蔡邕《圣皇篇》《黄初篇》《吴章篇》,蔡邕《女史篇》,合八卷……亡。"[1] 当时有八种常见的孩童识字书籍,其中之一是崔瑗所作的《飞龙篇》,早在唐代之前就佚失了。"后汉济北相《崔瑗集》六卷,梁五卷。"[2] 崔瑗的作品主要保存在《崔瑗集》中。唐朝初期存在两个版本的《崔瑗集》,常见的是六卷本,南朝梁的版本是五卷本。《旧唐书·经籍志上》:"《飞龙篇篆草势》合三卷 崔瑗撰。"[3]"《崔瑗集》五卷。"[4]《新唐书·艺文志》:"崔瑗《飞龙篇篆草势合》三卷。"[5]"《崔瑗集》五卷。"[6]《宋史·艺文志》没有著录崔瑗的任何作品。由此可知,崔瑗的著作散佚于宋元之间。清人严可均《全上古三代秦汉三国六朝文》辑有崔瑗的作品30篇,大都为残篇。

我们根据严可均所辑崔瑗残篇,对崔瑗的思想进行简单的总结:

第一,哲学三大终极问题。有人说,哲学有三大终极问题:我是谁,我从哪里来,我要到哪里去。儒家在这方面的讨论不多,这可能和孔子更加注重现实生活的思想有关。"子不语怪、力、乱、神。""夫子之言性与天道,不可得而闻也。""季路问事鬼神。子曰:'未能事人,焉能事鬼?'曰:'敢问死。'曰:'未知生,焉知死?'"[7] 这些记载都表明,孔子对这三大哲学上的终极问题兴趣不大。《道德经》在这方面有所探讨,简单说就是:人是天地之间的一种高贵生物,"道大,天大,地大,王亦大。域中有四大,而王居其一焉。"(第25章)人来自于道,最终又要回到道。《庄子》则指出,人从道里出来,又要回到道,这个过程不是一次性的,而是周而复始。所以,今生为人,下一次就有可能为"鼠肝"、为虫臂,存在各种各样的可能性。[8]

---

[1] 魏徵:《隋书·经籍志四》,中华书局1973年版,第942页。
[2] 魏徵:《隋书·经籍志四》,中华书局1973年版,第1057页。
[3] 刘昫:《旧唐书·经籍志上》,中华书局1975年版,第1986页。
[4] 刘昫:《旧唐书·经籍志下》,中华书局1975年版,第2054页。
[5] 宋祁、欧阳修:《新唐书·艺文志一》,中华书局1975年版,第1447页。新、旧《唐书》的书名号位置不同。由于该书已佚,未知孰是。
[6] 宋祁、欧阳修:《新唐书·艺文志四》,中华书局1975年版,第1577页。
[7] 分见《论语》的《述而》《公冶长》《先进》篇,朱熹:《四书章句集注》,中华书局2012年版,第98、79、126页。
[8] 王先谦:《庄子集解·大宗师》,中华书局1987年版,第83页。

崔瑗对这三个问题,进行了解答。他说:

> 夫人禀天地之气以生,及其终也,归精于天,还骨于地。何地不可
> 藏形骸,勿归乡里。

崔瑗认为:人是由精和骨肉两部分组成的。人是来自于天地,天给了人轻盈的精,地给了人沉重的骨肉。人死以后,最终也要回到天地——精回到天,骨肉回到地。崔瑗的解答有其独特性,和汉代常见的魂魄二元论是一致的。

第二,政治思想。一是唯才是举。举孝廉是汉代最重要的官员选拔途径之一。汉武帝在董仲舒的建议下,正式设立了举孝廉的制度,地方每年都要选拔孝者、廉者,作为特殊人才和官员的候补者,向中央推荐,统称为举孝廉。孝廉成为汉武帝以后汉朝官员的重要来源。举孝廉是有年龄限制的,要求至少30虚岁,才能被推举为孝廉。崔瑗认为,年龄限制是不合理的,"恐失贤才之士也。"[1] 真正合理的选拔方式是唯才是举,不要有各种条条框框。

二是依据人心人性制礼作乐。先秦学者曾经热烈讨论过一个问题:人性是善的,还是恶的?或者说,仁义是内在的,还是外在的?孟子曾对此有所总结。除了孟子主张的性善论之外,还有"告子曰:'性无善无不善也。'或曰:'性可以为善,可以为不善。是故文、武兴则民好善,幽、厉兴则民好暴。'或曰:'有性善,有性不善。是故以尧为君而有象,以瞽瞍为父而有舜,以纣为兄之子且以为君而有微子启、王子比干。'"[2] 后来,荀子又提出人性恶的主张。不同的主张会导致不同的政治思想。荀子认为道德是后天养成的,荀子称之为"伪",这就需要通过礼法来规范人的行为,让人通过后天的学习来成为君子,这就是"化性起伪"。孟子则认为,仁义礼智先天存在于人的内心,孟子称之为"四心",因此,只要遵循内心的良知不断进行修养,就可以成为尧舜那样的圣人。崔瑗在这个问题上的看法是:

> 昔圣人制礼作乐也,将以统天理物,经国序民,立均出度,因其利
> 而利之,俾不失其性也。故观礼则体敬,听乐则心和,然后知反其性而

---

[1] 严可均:《全上古三代秦汉三国六朝文》第二册,河北教育出版社1997年版,第428页。
[2] 朱熹:《四书章句集注》,《孟子·告子上》,中华书局2012年版,第334页。

正其身焉。[1]

崔瑗认为，礼乐制度的制定需要"因其利而利之，俾不失其性也"，和人的利、人的性相一致。这无疑可以推导出一个结论：人性是善的，正因为人性善，礼乐制度才能和人性相一致，才能让人"观礼则体敬，听乐则心和"，并在此基础上更进一步，"知反其性而正其身"。因此，在这一问题上，崔瑗和孟子的观点是一致的，礼乐制度不是凭空产生的，而是来自人心人性中的善。

三是明确对官员的要求。不同的官员有不同的职责和道德规范。崔瑗今存11篇官箴，叙述了10种官职的来源、历史、功能、所应该遵守的职责与道德规范，从而起到匡救世事的作用。崔瑗称这些官箴"规匡救，言君德之所宜，斯乃体国之宗也。"[2] 我们以《东观箴》为例，进行说明：

> 洋洋东观，古之史官。三坟五典，靡义不贯。左书君行，右记其言。辛、尹顾访，文、武明宣。倚相见宝，荆国以安。何以季代，咆哮不虔？在强奋矫，戮彼逄、干。卫巫监谤，国莫敢言。狐突见斥，淖齿见残。焚文坑儒，嬴反为汉。巫蛊之毒，残者数万。吁嗟后王，曷不斯鉴？是以明哲先识，择木而处。夏终殷挚，周聃晋黍，或笑或泣，抱籍遁走。三叶靖公，果丧厥绪，宗庙随夷，远之荆楚。麦秀之歌，亿载不腐。史臣司艺，敢告侍后。[3]

崔瑗指出，东汉时期的东观是古代的史官，最早可以上溯到三坟五典（来源），然后从正反两面罗列了跟史官有关的事迹（历史），指出史官的功能和职责是"麦秀之歌，亿载不腐。史臣司艺，敢告侍后。"麦秀之歌即相传为箕子所作《麦秀歌》，诗中表达了对商纣王的强烈不满。也就是说，史官不能直接阻止暴行的发生，但是可以将其写入史册，让人千载流芳，或者是遗臭万年。这就类似于孟子所说的"孔子成《春秋》而乱臣贼子俱。"[4]

崔瑗作官箴的目的，并不是简单叙述官职的历史和作用，而是要起到"匡救"的作用。在他看来，最重要的是官职背后的道，而不是具体的规定，或者是

---

[1] 严可均：《全上古三代秦汉三国六朝文》第二册，河北教育出版社1997年版，第429页。
[2] 严可均：《全上古三代秦汉三国六朝文》第二册，河北教育出版社1997年版，第429页。
[3] 严可均：《全上古三代秦汉三国六朝文》第二册，河北教育出版社1997年版，第430页。
[4] 朱熹：《四书章句集注》，《孟子·滕文公下》，中华书局2012年版，第277页。

君主的命令。这些官箴的指导思想实际上是荀子所说的"从道不从君"[1]。这是崔瑗的官箴高于常人之所在。

二、儒道并重的《座右铭》

座右铭是铭文的一种,放在座位的右边,用来自我警醒。崔瑗所作的《座右铭》是目前所知我国第一篇座右铭,属于这一体裁的开山之作,具有重要的历史地位。因此,我们将其单独列出,进行讨论。其文为:

> 无道人之短,无说己之长。施人慎勿念,受施慎勿忘。世誉不足慕,唯仁为纪纲。隐心而后动,谤议庸何伤?无使名过实,守愚圣所臧。在涅贵不淄,暧暧内含光。柔弱生之徒,老氏诫刚强。硜硜鄙夫介,悠悠故难量。慎言节饮食,知足胜不祥。行之苟有恒,久久自芬芳。[2]

我们先逐句分析《座右铭》思想的来源。无道人之短:《论语》记载,"子贡方人。子曰:'赐也,贤乎哉?夫我则不暇。'"[3] 子贡道人之短,孔子表示反对,说自己没那么多闲工夫来道人之短。《孟子》中也有相关记载:"言人之不善,当如后患何?"[4] 道人之短,不怕引起别人不快,遭到别人报复吗?

无说己之长:《道德经》第20章:"不自见故明,不自是故彰,不自伐故有功,不自矜故长。夫唯不争,故天下莫能与之争。"第24章:"自见者不明,自是者不彰,自伐者无功,自矜者不长。" 就算是真的有功劳,说己之长也会引起别人的反感,从而降低自己的功劳。

施人慎勿念:《道德经》第2章:"生而不有,为而不恃,功成而弗居。"有功劳,施恩于人,但是不要自认为有功劳。

"受施慎勿忘"和孔子所说的"以直报怨,以德报德"[5]是一致的。"世誉不足慕,唯仁为纪纲"来自儒家,仁是孔子的中心思想。

隐心而后动,谤议庸何伤:"隐心"即无愧于心。孔子有一句名言:"自反而不缩,虽褐宽博,吾不惴焉;自反而缩,虽千万人,吾往矣。"[6] 自我反省

---

[1] 王先谦撰,沈啸寰、王星贤整理:《荀子集解·臣道篇》,中华书局2012年版,第250页。
[2] 严可均:《全上古三代秦汉三国六朝文》,河北教育出版社1997年版,第431页。
[3] 朱熹:《四书章句集注》,《论语·宪问篇》,中华书局2012年版,第157页。
[4] 朱熹:《四书章句集注》,《孟子·离娄下》,中华书局2012年版,第296页。
[5] 朱熹:《四书章句集注》,《论语·宪问篇》,中华书局2012年版,第158页。
[6] 朱熹:《四书章句集注》,《孟子·公孙丑上》,中华书局2012年版,第231页。

一下，自己是否无愧于心，如果是，就算有千千万万的人反对自己，也要一往无前。《道德经》第13章："宠辱若惊，贵大患若身。何谓宠辱若惊？宠为下，得之若惊，失之若惊，是谓宠辱若惊。"对世间的宠辱不要看得太重要。

无使名过实：孔子的"必也正名乎"就是要让名实相副。

守愚圣所臧："臧"，赞许。"守愚"在《道德经》中有非常多的记载，是老子的核心主张之一。比如《道德经》第3章："不尚贤，使民不争"，"常使民无知无欲，使夫智者不敢为也。"第10章："爱民治国，能无知乎？"第18章："慧智出，有大伪。"第19章："绝圣弃智，民利百倍。"第20章："绝学无忧。"第65章："古之善为道者，非以明民，将以愚之。民之难治，以其智多。故以智治国，国之贼；不以智治国，国之福。"因此，这里的"圣"指的是老子。

在涅贵不淄：《论语》："不曰坚乎，磨而不磷；不曰白乎，涅而不缁。吾岂匏瓜也哉？焉能系而不食？"[1]"涅"，染黑。"淄"，黑色。洁白的物体再怎么被染黑，也是会保持自身的洁白，而不会被污染。

暧暧内含光："暧暧"，昏暗的样子。这就是《道德经》第4章所说的"和其光，同其尘"，简称和光同尘。

柔弱生之徒，老氏诫刚强：《道德经》第36章："柔弱胜刚强。"第76章："人之生也柔弱，其死也坚强。万物草木之生也柔脆，其死也枯槁。故坚强者死之徒，柔弱者生之徒。"

硁硁鄙夫介：化用孔子之言："言必信，行必果，硁硁然，小人哉！"[2]

知足胜不祥：《道德经》第33章："知足者富。"第44章："知足不辱，知止不殆，可以长久。"第46章："祸莫大于不知足，咎莫大于欲得，故知足之足，常足矣。"

通过上文分析，我们可以看出，这篇《座右铭》的特点是融合了儒道两家的思想，主要是直接引用和明显化用了孔子和老子的思想。在崔瑗看来，老子也是圣人，而且文中体现的老子思想比孔子思想还要多。《座右铭》讨论的是为人处世之道。从大的方面来说，做人最重要的准则是儒家的仁，从具体情况来说，为人处世的手段则不妨学习道家的柔弱胜刚强。崔瑗生活于东汉的中后期，我们从这篇文章也能看出，对老子的肯定和学习并未消失，那么百年之后魏晋玄学对

---

[1] 朱熹：《四书章句集注》，《论语·阳货篇》，中华书局2012年版，第178页。
[2] 朱熹：《四书章句集注》，《论语·子路篇》，中华书局2012年版，第147页。

《道德经》的推崇也就不足为奇了。

四、书法思想

崔瑗是历史上著名的书法家。崔瑗的书法学习杜度,并与之齐名,人称"崔杜"。崔瑗著有我国最早的草书理论著作《草书势》,今已佚失,仅存200字左右。我们可以从中看到崔瑗有如下书法思想:

(一)因时制宜,不必法古。崔瑗考察了文字的起源和书法的发展,指出隶书是对前代文字的简化,"草书之法,盖又简略",这是时代发展导致对文字有较高的书写速度之要求造成的,"典籍弥繁……政之多权……应时谕指,用于卒迫。兼功并用,爱日省力。"书籍越来越多,政务越来越多,导致需要书写的文字越来越多,还有一些仓促之间的需要,比如紧急记录君主的谕旨,因此草书的出现、文字简化都是历史的必然,不必事事法古,"纯俭之变,岂必古式"。崔瑗的思想无疑是非常通达的。

(二)对草书的特点进行总结。"观其法象,俯仰有仪",草书的书写是有讲究的,看起来似乎不合理,"方不中矩,圆不中规",而且龙飞凤舞的,很有气势,"远而望之,漼焉若注岸奔涯",但是仔细看就会发现,"一画不可移"。草书的书写有个性化的因素在内,不能千篇一律,而要追求艺术的微妙境界,"几微要妙,临时从宜"。

崔瑗的书法成就达到了很高的境界,唐代大书法家张怀瓘在《书断》中对崔瑗的评价是:

> 文章盖世,善章草书。师于杜度,媚趣过之,点画精微,神变无碍,利金百练,美玉天姿,可谓冰寒于水也。袁昂云:"如危峰阻日,孤松一枝。"王隐谓之"草贤",章草入神,小篆入妙。[1]

第三节 崔寔与《四民月令》

崔寔是东汉末期著名学者,为士林所推崇,于学术事功皆有成就。崔寔思想广博丰富,兼宗儒法,对农业生产也深有研究,是通经致用的典型。

---

[1] 李昉编、张国风会校:《太平广记会校》,北京燕山出版社2011年版,第3146页。

第六章 "经学时代"的燕赵家学

一、崔寔及其作品

（一）生平及其作品

崔寔字子真，一名台，字元始。崔寔从小就喜欢读书，为人深沉安静。143年，崔寔之父崔瑗去世。崔寔家里很穷，靠变卖田宅、耗尽家产，才安葬了父亲。为了谋生，崔寔只能从事酿酒、卖酒的生意。守丧三年期满，作为名门之后，崔寔得到三公的征辟，但都没有应征。147年，首都洛阳发生地震，汉桓帝"诏大将军、公、卿、校尉举贤良方正能直言极谏者各一人……又诏大将军、公、卿、郡、国举至孝笃行之士各一人。"[1]崔寔被本郡举荐，前往洛阳。由于生病，崔寔不能上朝应对，未引起政府重视，只是担任郎官。

崔寔对当时的政治看得很透彻，又有政治才干，他写了一本书叫《政论》，专门讨论政府应该做的事情。这本书切中要害，能言善辩而准确，引起了很大的轰动。汉代著名政治家、思想家仲长统非常推崇该书，认为国君应该亲自书写一遍，放在身边，以备时时观览。

后来，太尉袁汤、大将军梁冀先后征辟，崔寔都没有应征。大司农羊傅、少府何豹一同向朝廷上书举荐崔寔，称他"才美能高"，应在朝廷任职。朝廷因此任命崔寔为议郎，后来担任大将军梁冀的司马，和边韶、延笃等学者在东观撰写《汉记》（今名《东观汉记》）中的孝穆皇、孝崇皇二帝和梁太后的传记。

崔寔到地方出任五原（治今内蒙古包头市）太守。崔寔在任期间，干了两件大事。第一，五原地区的土壤适合种植可以做成衣服的麻类植物，但是当地老百姓没有掌握纺织麻的技术，冬天没有衣服穿，只能躺在草堆里取暖，出门见官吏时需要穿着草衣。崔寔卖掉政府的储备物资，购买了纺织用具，教会老百姓纺织。当地民众遂可抵御寒冷。第二，五原属于汉朝和少数民族接壤地带，局势长期动荡不安。崔寔"整厉士马，严烽候"，积极备战，使得少数民族不敢侵犯。因此，在每年的官员考核之中，崔寔都是边境地区最好的。

因为生病，崔寔重新回到朝廷，担任议郎，并和儒家学者、博士等人一起商定《五经》。此时，梁冀被杀，崔寔作为梁冀以前的下属，受到牵连，好几年不能出仕。之后，鲜卑多次侵犯汉朝边境，汉桓帝要求三公举荐有勇有谋之人。崔寔被司空黄琼举荐，担任辽东太守一职。赴任途中，崔寔之母刘氏因病去世，崔寔回家安葬母亲，并且服丧。丧满之后，崔寔被政府征召，担任尚书。崔寔意识

---

[1]范晔：《后汉书·桓帝纪》，中华书局1965年版，第289页。

到东汉政权即将大乱,自己无能为力,就一直称病,不肯做事,过了几个月,就被免官了。

汉灵帝建宁年间,崔寔因病去世。由于为官清廉,喜欢施舍,他去世后家徒四壁,连棺椁都买不起,靠着光禄勋杨赐、太仆袁逢、少府段颎等人出资,才得以安葬。

崔寔的作品有:"所著碑、论、箴、铭、答、七言、祠、文、表、记、书凡十五篇。"[1]《隋书·经籍志》记载:"《正论》六卷,汉大尚书崔寔撰。"[2],"《四人月令》一卷,后汉大尚书崔寔撰。"[3]"梁……五原太守《崔寔集》二卷,录一卷……亡。"[4]《崔寔集》在唐朝初期就佚失了。《旧唐书·经籍志下》记载:"《崔氏政论》五卷,崔寔撰。"[5]"《四人月令》一卷,崔寔撰。"[6]《新唐书·艺文志》记载:"《崔氏政论》六卷,崔寔。"[7]"崔寔《四民月令》一卷。"[8]郑樵《通志二十略·艺文略》:"崔寔《四民月令》一卷。"[9]从这些记载来看,《政论》在宋代佚失,《四民月令》在宋元之际佚失。不过,《四民月令》在北魏贾思勰《齐民要术》、北周杜台卿《玉烛宝典》中有较多的摘录,因而保存情况尚可。清代严可均《全上古三代秦汉三国六朝文》辑有《崔寔》两卷有余,主要内容是《政论》和《四民月令》。石声汉所辑《四民月令校注》是目前有关《四民月令》的最佳版本(中华书局1965年出版)。

(二)《政论》的政治思想

第一,法后王和王霸并用的思想。国君行政时,应取法何人?先秦诸子在这个问题上有不同的意见。以孔子、孟子为代表的儒家学派主张法先王,即向尧、舜、禹、商汤、周文王、周武王、周公等先圣学习。荀子和法家学派则主张法后王,即由当今的国君根据现时情况制定制度,不必拘泥于古人的陈迹。这是因为先圣的事迹和制度都已残缺不全,也未必符合当今社会的实际情况,因此应该根据现实情况来行政。崔寔的主张是法后王。他在《政论》中说:

---

[1] 本文所述崔寔的情况,如无特殊说明,均出自范晔:《后汉书·崔骃传》,中华书局1965年版,第1725—1731页。
[2] 魏徵:《隋书·经籍志三》,中华书局1973年版,第1004页。
[3] 魏徵:《隋书·经籍志三》,中华书局1973年版,第1010页。
[4] 魏徵:《隋书·经籍志四》,中华书局1973年版,第1058页。
[5] 刘昫:《旧唐书·经籍志下》,中华书局1975年版,第2031页。
[6] 刘昫:《旧唐书·经籍志下》,中华书局1975年版,第2035页。
[7] 宋祁、欧阳修:《新唐书·艺文志一》,中华书局1975年版,第1531页。
[8] 宋祁、欧阳修:《新唐书·艺文志三》,中华书局1975年版,第1538页。
[9] 郑樵撰、王树民点校:《通志二十略·艺文略》,中华书局1995年版,第1498页。

第六章 "经学时代"的燕赵家学

> 济时拯世之术,岂必体尧蹈舜然后乃理哉?期于补绽决坏,枝柱邪倾,随形裁割,要措斯世于安宁之域而已。故圣人执权,遭时定制,步骤之差,各有云设。不强人以不能,背急切而慕所闻也。盖孔子对叶公以来远,哀公以临人,景公以节礼,非其不同,所急异务也。是以受命之君,每辄创制;中兴之主,亦匡时失。昔盘庚愍殷,迁都易民;周穆有阙,甫侯正刑。[1]

崔寔认为,"济时拯世"的方法,不必非要到尧舜等先王那里去找。主要原因有:首先,所处的时代不同。君主应该"遭时定制",根据当今的时代,制定属于今天的制度。其次,面临的问题不同。君主应该根据现在的问题,"补绽决坏,枝柱邪倾,随形裁割",制定相应的解决方案。只要能够"措斯世于安宁之域",解决问题,也就可以了。再次,问题的急迫程度不同。崔寔举例说,同样是向孔子求教政治,孔子对叶公的回答是"近者说,远者来。"对鲁哀公的回答是:"政在选贤。"对齐景公的回答是:"政在节财。"[2] 这是因为各国都面临着不同的急迫问题。第四,难易程度不同。先圣的水平和境界太高,不是当今的人们所能比拟的,想要强迫君主达到先圣的程度,未免是"强人以不能",不具备可行性。因此,受命之君和中兴之主都根据实际情况来制定政策。

崔寔的观点是有道理的。有一个问题是:崔寔的观点是受到法家思想影响,还是受到荀子的影响?崔寔随后论述不可听从俗人的意见,不顾实际情况而法先王。他说:

> 俗人拘文牵古,不达权制,奇伟所闻,简忽所见,乌可与论国家之大事哉!故言者,虽合圣德,辄见掎夺。何者?其顽士暗于时权,安习所见,不知乐成,况可虑始,苟云率由旧章而已。其达者或矜名妒能,耻策非己,舞笔奋辞,以破其义,寡不胜众,遂见摈弃。虽稷、契复存,犹将困焉。斯贾生之所以排于绛、灌,屈子之所以摅其幽愤者也。夫以文帝之明,贾生之贤,绛、灌之忠,而有此患,况其余哉!

我们将这段记载和商鞅的观点进行比较:

---
[1] 范晔:《后汉书·崔骃传》,中华书局1965年版,第1726页。
[2] 这三个回答都见于《韩非子》。王先慎撰、钟哲点校:《韩非子集解·难三》,中华书局2013年版,第407页。

公孙鞅曰："臣闻之：'疑行无成，疑事无功。'君亟定变法之虑，殆无顾天下之议之也。且夫有高人之行者，固见负于世；有独知之虑者，必见骜于民。语曰：'愚者暗于成事，知者见于未萌。'民不可与虑始，而可与乐成。郭偃之法曰：'论至德者不和于俗，成大功者不谋于众。'法者所以爱民也，礼者所以便事也。是以圣人苟可以强国，不法其故；苟可以利民，不循其礼。"

公孙鞅曰："子之所言，世俗之言也。夫常人安于故习，学者溺于所闻。此两者，所以居官而守法，非所与论于法之外也。三代不同礼而王，五霸不同法而霸。故知者作法，而愚者制焉；贤者更礼，而不肖者拘焉。拘礼之人不足与言事，制法之人不足与论变。君无疑矣。"[1]

两者之间存在非常多的相似之处：首先，观点相同，都是主张变法，忽略不同大众的意见。其次，理由相同。商鞅说"愚者暗于成事"，"常人安于故习，学者溺于所闻"，崔寔说"俗人拘文牵古，不达权制，奇伟所闻，简忽所见"。商鞅说"拘礼之人不足与言事"，崔寔说"乌可与论国家之大事哉"。商鞅说"民不可与虑始，而可与乐成"，崔寔说"不知乐成，况可虑始"。商鞅说"有高人之行者，固见负于世；有独知之虑者，必见骜于民"，崔寔举屈原、贾谊的例子则是对这句话的说明。商鞅说"三代不同礼而王，五霸不同法而霸"，和崔寔法后王的理由是一致的。因此，我们在崔寔的论述中可以明显看到法家的影子。崔寔在《政论》中也明确提出，要参用法家的霸道，用严刑峻法来整治东汉社会：

今既不能纯法八代，故宜参以霸政，则宜重赏深罚以御之，明著法术以检之。自非上德，严之则理，宽之则乱。何以明其然也？近孝宣皇帝明于君人之道，审于为政之理，故严刑峻法，破奸轨之胆，海内清肃，天下密如。荐勋祖庙，享号中宗。算计见效，优于孝文。及元帝即位，多行宽政，卒以堕损，威权始夺，遂为汉室基祸之主。政道得失，于斯可监。

《政论》这种儒法并行、王道霸道兼用的政治思想，是《政论》被《隋

---
[1] 蒋礼鸿：《商君书锥指·更法》，中华书局1986年版，第2—4页。

书·经籍志》《旧唐书·经籍志》《新唐书·艺文志》列入法家的重要原因之一，被司马光认为是"崔寔之论以矫一时之枉，非百世之通义也。"[1]

第二，重视人才。崔寔说"自尧舜之帝，汤武之王，皆赖明哲之佐，博物之臣。故皋陶陈谟而唐、虞以兴，伊、箕作训而殷、周用隆。及继体之君，欲立中兴之功者，曷尝不赖贤哲之谋乎！"崔寔以皋陶、伊尹、箕子为例，说明能否得到人才，是国家兴衰的重要原因。但是，就算有孔子、孟子那样的人才出现，国君"卒然获之，未必珍也"，原因是大部分国君都不能识别人才，"世主凡君，明不能别异量之士，而适足受谮润之诉。"这就是韩愈《马说》中所总结的"千里马常有，而伯乐不常有。"

第三，居安思危，不断革新。崔寔指出，一个朝代承平日久，会不知不觉地发生"俗渐敝""政浸衰"的问题。一般人很难察觉到这些问题，这正是其危险所在。崔寔所处的时代就是如此，"政令垢玩，上下怠懈，风俗凋敝，人庶巧伪，百姓嚣然"，到了这个时候，必须实现自我革新，以追求汉朝的中兴。

第四，人性恶。"夫人之情，莫不乐富贵荣华，美服丽饰，铿锵眩耀，芬芳嘉味者也。昼则思之，夜则梦焉。唯斯之务，无须臾不存于心，犹急水之归下，下川之赴壑。"崔寔认为，人的本性是追求荣华富贵、衣食等追求，这种本性就像奔流之水一样，是难以遏制的。因此，必须用法律来强行控制人的恶。这和荀子、和法家思想是一致的。

二、《四民月令》的地位与影响

我国现存最早的两部农学著作是：西汉氾胜之的《氾胜之书》、东汉崔寔的《四民月令》。它们均已失传，靠后人的辑佚，才保存下来少量文字。《氾胜之书》今存3000余字，《四民月令》则仅存2300字。即便如此，它们仍然是研究我国古代农业的重要材料。

《四民月令》沿用传统月令的体裁，逐月罗列"四民"家庭的例行活动。"四民"指的是士、农、工、商等不同的阶层。《四民月令》的内容非常广泛，包括农业、手工业、商业等不同的产业，涉及的具体事务则包括祭祀、礼节、教育、除草、施肥、种植、酿造、建筑、铸造、制药、婚配、水利、养蚕、纺织、制衣、军事训练、救济贫民、买卖以及各种禁忌等。我们从农业活动、产品加工、经济活动、自助和宗族互助、学校教育、宜忌类等六个方面，对《四民月

---

[1] 司马光：《资治通鉴》卷五十三，中华书局2013年版，第1761页。

令》的内容总结如下：

（一）农业活动

农业活动是《四民月令》的重要内容，占现存《四民月令》篇幅的五分之一多。农业活动讲究季节性，不同的季节有不同的活动，可以概括为：

正月：种植竹子、漆树、梧桐树、梓树、松树、柏树和各种杂树，如果是有果实的树，就只能在上半月种植，修剪树枝。耕地，施肥。种植春麦、豌豆、瓜、葫芦、芥菜、冬葵、薤、小葱、大葱、蓼、紫苏、苜蓿、蒜、韭菜。其中，苜蓿和蒜最好是在秋天种植。春麦、豌豆可以种到二月底。

二月：松土。插枝栽培树木。种植早熟谷、大豆、大麻、芝麻、地黄。采摘桃花、染绛草、瓜蒌、土瓜根、乌头、天雄、天门冬、苍术。

三月：种瓜、粳稻、早熟谷、大麻、胡豆、芝麻、大豆、蓼蓝，培育姜苗，移栽小葱。采集艾、乌韭、瞿麦、柳絮。养蚕。

四月：种姜、黍、谷子、大豆、小豆、芝麻。收获芜菁、芥、葶苈、冬葵、莨菪的果实。收获小葱。移栽小葱。

五月：种植芝麻、谷子、杜麻、黍。移栽水稻和蓼蓝。耕田。收割小麦。

六月：耕田，锄地。种植冬葵、芜菁、冬蓝、小蒜、瓠。移栽大葱。采集芥菜种子。

七月：种植芜菁、芥、苜蓿、大葱、小葱、小蒜、胡葱。移栽薤。除草。采集柏树的种子。

八月：种植大葱、小葱、芥、大麦、小麦、苜蓿。采集车前子、乌头、天雄、王不留行、韭菜花。收获葫芦。收割芦草。

九月：修缮储存粮食的器具和仓库。采集菊花、枳的果实。储藏生姜、蘘荷。

十月：修缮房屋。收获庄稼。收获芜菁。移栽大葱。采集瓜蒌。

十一月：挑选粮食种子。砍树，砍竹子。

十二月：修缮农具，养好耕牛，准备来年的农业生产。

《四民月令》记载的农业活动繁多，包括种植、采集、农作物收获、割草、砍伐、修缮器具、移栽等各个方面，涉及7种树，30种农作物，20多种药材，而且充分考虑到农作物的季节习性。崔寔显然对农业生产是非常熟悉和重视的。如此大规模的农业生产，不是普通百姓所能胜任的，学界一般认为《四民月令》所反映的是大地主的庄园经济。需要指出的是，《四民月令》是我国最早记载移栽水稻和插枝栽培树木的书籍，具有重要的历史价值。

（二）产品加工

正月：酿酒。酿造豆酱、鱼酱、肉酱、清酱。

二月：清洗衣物，做秋衣。采摘榆仁，做酼酱，或者是存到冬天酿酒。

三月：晒制草药。

四月：制作乌鱼酱、枣泥和米屑做成的干粮。酿醋。将蚕丝纺织成丝绸。

五月：酿醋、榆仁酱、肉酱。制作止利黄连丸、霍乱丸等药物。采集苍耳，捕捉蟾蜍、蝼蛄以制作药物。制作干粮。

六月：腌瓜或酱瓜。纺织丝绸。制造染料、酿酒的麦曲。

七月：制作酿造用的曲、药丸、蜀漆丸、干粮。采集苍耳的种子。腌制韭菜花。

八月：缝制新衣服，拆洗旧衣服。晒制干地黄、冬葵。酿豆酱。

九月：晒制或腌制冬葵。

十月：腌制或酱制瓜类。制作酿造用的曲、饴糖。腌制腊肉。编鞋。

十一月：酿肉酱。

《四民月令》记载的食品加工主要是对农产品进行腌制、酱制和酿制，另外还有制造衣服、药品等。这么处理的目的，主要是为了让食物保存更加长久和满足庄园内部人员的需求。容易看出，大地主的庄园经济的自给自足的能力很强，基本上能够满足自身的需求。我们还可以看到，崔寔确实掌握了利用麻来制作衣服的工艺。崔寔担任五原太守期间，教会当地百姓纺织麻以制作衣服的技术，也就不足为奇了。

（三）经济活动

二月：出售粟、黍、大豆、小豆、麻和麦子的种子。购买木柴和木炭。

三月：出售黍，买入布。

四月：买入元麦、大麦、旧棉絮。

五月：储存米、谷、木柴和木炭，以备淋雨。出售大豆、小豆、芝麻，买入元麦、大麦、小麦、旧丝绸、旧布匹、麦糠。

六月：出售大豆，买入元麦、大麦、丝绸。

七月：出售大豆、小豆，买入麦子、生丝、熟丝。

八月：出售麦种，买入黍。买入皮毛制成的鞋子，以备寒冬。

十月：出售丝织品，买入谷子、大豆、小豆、麻子。

十一月：买入粳米、大豆、小豆、麻子。

《四民月令》的经济活动的特点是：以庄园的农业生产和产品加工为基础，主要是为农庄经济服务的，而不是职业商人的商业活动。买卖的原则是：买贱卖贵。比如，冬天的时候，马饲料很贵，就在夏天收购麦糠，用作冬天的马饲料。二月是种植的季节，种子价格高，就出售种子。三月青黄不接，粮食很贵，就出售粮食。物品使用的原则是：未雨绸缪，精打细算，节俭爱物。比如，为了防止弓箭的弦长时间紧绷，导致失去弹性，需要更换弓弦，就在太平无事的五月份拆卸弓弦，以延长弓弦的使用寿命。五月可能会有淋雨，就需要储存食物和燃料。通过这些经济活动可以看出，大地主庄园经济具有相当程度的自给自足的能力，商业往来只是一种有限的补充，并非必要。如此，地主庄园经济就具有一定的封闭性和对国家的独立性。甚至有人认为，东汉末期地方势力能够割据的经济基础，就是这种大地主庄园经济。

（四）自助和宗族互助

二月：练习射箭，以防备盗贼。

三月：此时青黄不接，有钱人要从亲人开始，救济贫困百姓，不要因吝啬而眼睁睁看着别人受苦受饿。家家户户都应该量入为出，不要大手大脚。加强警戒，以防有人因饥饿而铤而走险。

八月：安装弓弩，练习射箭。

九月：修缮武器，练习射箭，防备盗贼。救助同族中的贫困之人。

十月：粮食收获后，有了较为充裕的财物，帮助长久得不到安葬的族人。

《四民月令》记载的社会互助主要是宗族之间的互助，通过这种方式，大地主可以将贫穷的宗族团结在自己身边，聚族而居，形成一支强大而可靠的力量。这是东汉末年诸侯割据的人力基础。曹丕《典论》叙述东汉末年的乱局时，说："初平之元，董卓杀主鸩后，荡覆王室。是时四海既困中平之政，兼恶卓之凶逆，家家思乱，人人自危。山东牧守，咸以春秋之义……言人人皆得讨贼。于是大兴义兵，名豪大侠，富室强族，飘扬云会，万里相赴。"[1]可见宗族在当时是普遍存在的重要军事力量。当然，在太平时期，宗族是帮助宗主实现自保的依靠力量，他们练习弓箭，帮助宗主防备盗贼。

（五）学校教育

研究汉代教育史的学者们普遍注意到，《四民月令》对东汉普通受教育者所

---

[1]陈寿：《三国志·魏书·文帝纪》，中华书局1959年版，第89页。

学知识有较为详细的介绍，其文为：

> （正月）农事未起，命成童（本注：谓十五以上至二十）以上入大学，学五经；师法求备，勿读书传。研冻释，命幼童（本注：谓十岁以上至十四）入小学，学篇章（本注：谓《六甲》《九九》《急就》《三仓》之属）。
>
> （八月）暑小退，命幼童入小学，如正月焉。
>
> （十月）农事毕，命成童以上入大学，如正月焉。
>
> （十一月）研水冻，命幼童读《孝经》、《论语》、篇章、小学。[1]

从中可以看出，当时的教育分为"小学"和"大学"两种。"小学"学的是《六甲》《九九》《急就篇》《三仓》《论语》《孝经》等。据张政烺先生研究，《六甲》的意思是六十甲子。[2]《九九》是先秦秦汉时期较为常见的概念，又称九九数、九九之数、九九之术、九九歌等，即今日的九九乘法表（顺序与今日的九九乘法表相反，且缺少跟1有关的9条）。《急就》的全称是《急就篇》，是西汉史游所著的儿童识字书。汉初，将三种识字书——李斯《仓颉篇》、赵高《爰历篇》、胡母敬《博学篇》——合在一起，称为《三仓》。"大学"学的是五经。

这是有关东汉教育的最原始、最详细、最重要的记载之一。要想研究汉代教育史，就绝对不能忽略这段记载。

（六）宜忌类

正月：男子可以冠字。向神灵祈求丰年。从一月到六月，不可以砍树、砍竹子，原因是容易产生蛀虫。

二月：宜娶妻。

五月：不吃肥腻的食物，不吃汤煮和没发酵的面食。

八月：宜娶妻。

宜忌类是以庄园经济的实际情况为基础而制定的。比如，春夏是树木的生长季节，不宜砍伐。二月还没到农忙季节，八月"暑小退"，不会中暑，因此是儿童入学和成人结婚的时间。农历五月天气热，吃油腻的东西容易胃口不好。

---

[1] 崔寔著、石声汉校注：《四民月令校注》，中华书局1965年版，第9、60、68、71页。
[2] 张政烺：《张政烺文史论集·六书古义》，中华书局2004年版，第218—219页。

一般认为，《四民月令》反映的是东汉时期地主庄园经济的情况，针对的地理环境则是东汉首都洛阳附近。因此，《四民月令》可谓是有关东汉洛阳一带农庄经济的百科全书。

从《氾胜之书》到《齐民要术》之间的五百年里，我国只出现了《四民月令》这一部农书。它反映了汉代（尤其是东汉）的农业技术和地主庄园经济的真实情况，对我们了解东汉民间社会和豪强地主的经济情况也有一定的参考价值。《四民月令》虽然后来失传了，但是它的很大一部分内容都被北魏贾思勰的《齐民要术》传承，对《齐民要术》这一世界农学史上的名著产生了一定的影响。

第四节 卢植的学术思想与卢氏家族

卢植是东汉末年著名将领，他品端学粹，为当时后世所敬仰，为其家族奠定了良好家风，其后世子孙代有兴者，从东汉到唐代，为北方著名大族。

一、卢植生平事迹

卢植（？—192年），字子干，涿郡涿县（治今河北省保定涿州市）人。卢植身长八尺二寸（合今1.9米），音声如钟，特别擅长饮酒，能喝一石（合今40斤）。年少时，卢植和郑玄都拜大儒马融为师。卢植兼通今古文经学，喜欢深入钻研而不恪守章句。马融出生于外戚之家，是汉明帝皇后的堂侄，生活奢侈，家里有很多歌女、舞女。卢植跟随马融学习多年，从来没有被女色、音乐吸引，连看都不看，因此受到马融的敬重。学成回家以后，卢植并不出仕，而是在家安心教书。卢植不喜欢文学，而喜欢经学，性格刚毅有大节，常怀救世之志。

永康元年（167年），汉桓帝去世，窦皇后与其父窦武商议，选择刘宏为帝，这就是汉灵帝。窦武有拥立之功，朝议想要给窦武封爵，卢植写信劝谏窦武不要接受，未被理睬。当地政府多次征召卢植，卢植都没有出仕。建宁年间（168—171年），朝廷任命卢植为博士，这是他第一次出仕。熹平四年（175年），九江地区的少数民族造反，卢植因为文武双全，被任命为九江太守。平叛后以病辞官。同年，卢植参与正定五经文字，将订正后的文字刻石存世，这就是历史上有名的熹平石经。这时，庐江地区的少数民族叛乱，由于卢植曾经很好地平定了九江的少数民族叛乱，在南方少数民族中间有威望，就被朝廷任命为庐江太守。卢植知道，少数民族的叛乱来自地方政府的侵害，为政以清静无为为主，只是抓大的方面而已。这场叛乱很快也被平定了。过了一年多，卢植被征召到朝廷，担任议郎，谏议大夫马日䃅、议郎蔡邕、杨彪、韩说等并在东观，校正皇宫所藏的《五经》记传，补续《汉记》（今称《东观汉记》）。汉灵帝认为卢植文武双全，是朝廷急需的人才，而校书并不紧急，有点浪费人才，就让卢植担任侍中，又升迁为尚书。光和元年（178年），卢植趁着发生日食，上书汉灵帝，要求改良政治，未被采纳。

中平元年（184年），黄巾军起义，天下震动。朝廷发天下诸郡兵征之。其中，卢植被任命为中郎将，以护乌桓中郎将宗员担任副手，率领北军五校（屯骑、越骑、步兵、长水、射声）的将士，进攻黄巾军主帅张角，斩获万余人。张角撤退到广宗（治今河北省邢台市威县方家营镇方家营村），据城防守。卢植围困张角，深挖沟堑，制造云梯，大举进攻，形势对卢植很有利，取胜在望。这时，汉灵帝派遣的小黄门左丰在卢植军中观战，有人劝卢植收买左丰，被卢植拒绝了。左丰向汉灵帝汇报说：广宗的黄巾军很容易击破，卢植坚壁不出，是等着上天来诛杀张角。汉灵帝大怒，将卢植用狱车征调回京，判罪为减死罪一等。幸亏接替卢植的车骑将军皇甫嵩主持正义，在讨平黄巾军后，极力赞扬卢植的用兵方略，自称都是靠着卢植规划和谋略，自己才能取得成功。所以，第二年，卢植被免罪，任为尚书。

中平六年（189年），汉灵帝去世。大将军何进想要诛杀太监，遭到太后的反对。何进就召并州牧董卓进京，来恐吓太后。卢植知道董卓凶悍难制，一旦进京，必生后患，就坚决制止，但是何进不听。董卓进京后，果然陵虐朝廷，甚至在朝堂上大会百官，商议要废掉少帝刘辩（190年被董卓杀死），立陈留王刘协为帝（即后来的汉献帝）。文武百官无人敢开口，只有卢植坚决反对。董卓非常生气，会后想要诛杀卢植。卢植的好友蔡邕受到董卓的信任，为卢植劝解，议郎彭伯也以卢植是海内大儒为由，进行劝谏，卢植才只是被撤职，免于一死。卢植自称年老多病，请求还乡。他害怕董卓不会放过自己，就抄小路回家。董卓果然派人去追杀，未果。此后，卢植就隐居在上谷，不跟外界往来。后来，袁绍请求卢植担任军师。初平三年（192年），卢植去世。去世前，他要求儿子埋葬自己时，挖土埋葬就行，不用棺椁，身上只有单件帛衣而已。

建安十二年（207年），曹操征讨乌桓，路经涿郡，对当地官员说："故北中郎将卢植，名著海内，学为儒宗，士之楷模，国之桢干也……《春秋》之义，贤者之后，宜有殊礼。亟遣丞掾除其坟墓，存其子孙，并致薄酹，以彰厥德。"给予卢植很高的评价，并要求官府保护卢植的坟墓，照顾卢植的子孙。《后汉书》则评价卢植反抗董卓之举是"风霜以别草木之性，危乱而见贞良之节……君子之于忠义，造次必于是，颠沛必于是也。"[1]

卢植是一名成功的教师，三国时期的著名人物刘备、公孙瓒都是卢植的学生。魏晋隋唐时期的名门望族范阳卢氏，就是来自卢植。

二、经师与儒臣

卢植学称经师行为醇儒，为汉末名臣，现就其学术造诣及行事风格略述如下。我们分别论述。

（一）经师

卢植是大儒马融的得意门生，也是两汉经学集大成者郑玄的同学，经学素养极高，被称为"儒宗""海内大儒"。作为经师，卢植在历史上有较大影响的成就有：参与熹平石经的正定工作，撰写《礼记解诂》《尚书章句》等。此外，《后汉书》称卢植的作品有"所著碑、诔、表、记凡六篇"。这应该就是《隋书·经籍志》所称的《卢植集》。

熹平石经的刊刻原因是"经籍去圣久远，文字多谬，俗儒穿凿，疑误后学"。也就是说，汉代经学分为今古文经学，今文经学内部又分为多家，彼此之间的经文有不少文字差异，加上当时的经文又是通过手写传播的，难免会有文字谬误。以这些有谬误的经文来传授弟子，就会误人子弟。在这种情况下，熹平四年（175年），蔡邕联合五官中郎将堂谿典，光禄大夫杨赐，谏议大夫马日䃅，议郎张驯、韩说，太史令单飏等人，向汉灵帝上书，建议颁布官方权威版本的《六经》文字，得到汉灵帝的许可。卢植深知这是经学史上的大事，于是上书汉灵帝：

> 臣少从通儒故南郡太守马融受古学，颇知今之《礼记》特多回冗。臣前以《周礼》诸经，发起秕谬，敢率愚浅，为之解诂，而家乏，无力供缮写上。愿得将能书生二人，共诣东观，就官财粮，专心研精，合《尚书》章句，考《礼记》失得，庶裁定圣典，刊正碑文。古文科斗，近于为实，而厌抑流俗，降在小学。中兴以来，通儒达士班固、贾逵、

---

[1] 范晔：《后汉书·卢植传》，中华书局1965年版，第2113—2120页。有关卢植的生平事迹，未标注者均出于此。

第六章 "经学时代"的燕赵家学

郑兴父子，并敦悦之。今《毛诗》《左氏》《周礼》各有传记，其与《春秋》共相表里，宜置博士，为立学官，以助后来，以广圣意。

通过这段文字，我们可以看出，卢植参与的主要是《尚书》和《礼记》的文字正定。卢植这次上书还有一个重要目的：呼吁汉灵帝将古文经学立为官学。理由有五个：第一，通儒马融、班固、贾逵、郑兴父子都推崇古文经学，可见古文经学是有相当水准的。第二，今本《礼记》相比古文经学的《周礼》来说，"多回冗"。第三，古文经学的蝌蚪文更接近经学的原貌。第四，古文经学擅长文字训诂的"小学"，对经学的解释更好。第五，古文经学的《毛诗》《左氏》《周礼》各有传记，而且可以"与《春秋》共相表里"，互相阐发。这一呼吁未被采纳。

熹平石经是我国最早的官方儒家经典刻石，在经学史上具有重要地位。《后汉书》记载，卢植撰写《三礼解诂》，但是《三国志·卢毓传》的裴松之注却写卢植"作……《礼记解诂》"[1] 如果是《三礼解诂》，那就包括《礼记解诂》《周礼解诂》《仪礼解诂》三种。因此，两种记载有本质的不同。到底应以何者为准，学者有不同的看法，但由于卢植的著作早已失传，学者们缺乏立论的依据。[2] 我们认为，要想搞清楚这个问题，应该扩大视野范围，通过查看卢植礼学著作尚未失传的时候，各种文献对其引用的情况来进行考察。

《南齐书·礼志》："《郊特牲》云：'郊之用辛，周之始郊也。'卢植云'辛之为言自新絜也。'"[3]《郊特牲》是《礼记》的一篇。

《魏书·刘芳传》："《孟春令》云'其数八'，又云'迎春于东郊'。卢植云：'东郊，八里之郊也。'……《孟夏令》云'其数七'，又云'迎夏于南郊'。卢植云：'南郊，七里郊也。'……《中央令》云'其数五'。卢植云：'中郊，五里之郊也。'……《孟秋令》云'其数九'，又曰：'迎秋于西郊'。卢植云：'西郊，九里郊。'……《孟冬令》云'其数六'，又云'迎冬于北郊'。卢植云：'北郊，六里郊也。'"[4] 这里的《孟春令》《孟夏令》《中央令》《孟秋令》《孟冬令》指的都是《礼记·月令》的内容[5]。

---

[1] 陈寿：《三国志·卢毓传》，中华书局1959年版，第650页。
[2] 潘斌先生的总结。潘斌：《卢植〈礼记解诂〉探微》，《青海社会科学》2007年第3期。潘先生认为，卢植的著作为《三礼解诂》。我们的观点与之相反。
[3] 萧子显：《南齐书》卷九《礼志上》第一，中华书局1972年版，第120页。
[4] 魏收：《魏书》卷五十五《刘芳传》第四十三，中华书局1974年版，第1223—1224页。
[5] 阮元校刻：《十三经注疏·礼记正义》，中华书局2009年版，第2947—2998页。

《隋书·音乐志》："今梁、陈雅曲，并用宫声。按《礼》：'五声十二律，还相为宫。'卢植云：'十二月三管流转用事，当用事者为宫。宫，君也。'"[1]这里的《礼》指的是《礼记·礼运篇》，原文为："五声、六律、十二管，还相为宫也。"[2]

《隋书·经籍志》记载："《礼记》十卷，汉北中郎将卢植注。"[3]

《旧唐书·礼仪志》记载："《礼记·祭法》曰：'有虞氏、夏后氏俱禘黄帝，殷人、周人俱禘喾。'又不言祭昊天于圆丘，四也。《礼记·大传》曰：'不王不禘。王者禘其祖之所自出，以其祖配之。'……卢植云：'禘，祭名。禘者谛也，事尊明谛，故曰禘。'"[4]

《旧唐书·经籍志》记载："《礼记》二十卷，卢植注。"[5]

《旧唐书·元行冲传》记载："客问主人曰：'小戴之学，行之已久；康成铨注，见列学官。传闻魏公，乃有刊易；又承制旨，造疏将颁。未悉二经，孰为优劣？'主人答曰：'小戴之礼，行于汉末，马融注之，时所未睹。卢植分合二十九篇而为说解，代不传习……'"[6]

《新唐书·艺文志》记载："卢植注《小戴礼记》二十卷。"[7]

之后的目录书再无著录卢植礼学著作的情况，所以我们可以认为卢植礼学著作在《新唐书》成书年代的宋代中后期以后失传。

通过上述记载，我们可以得出如下结论：

第一，上述文献对卢植礼学著作的引用，均为卢植的《礼记》注释。我们在《十三经注疏》中，也没有找到对卢植《周礼》或《礼仪》研究成果的注释。

第二，除了《后汉书》之外，所有的目录书都记载，当时存世的只有卢植的《礼记》注。而这些目录书的作者都是看过卢植原著的。

因此，卢植的作品应该是《礼记解诂》，而不是《三礼解诂》。这在卢植给汉灵帝的上书中可以找到确证："颇知今之《礼记》特多回冗。臣前以《周礼》诸经，发起粃谬，敢率愚浅，为之解诂。"这里明确记载，卢植在熹平四年之前，就已经参照"《周礼》诸经"，完成了《礼记解诂》的撰写。不过，此时

---

[1] 魏徵：《隋书·音乐志上》，中华书局1973年版，第292页。
[2] 阮元校刻：《十三经注疏·礼记正义》，中华书局2009年版，第3081页。
[3] 魏徵：《隋书·经籍志一》，中华书局1973年版，第922页。
[4] 刘昫：《旧唐书·礼仪志一》，中华书局1975年版，第836—837页。
[5] 刘昫：《旧唐书·经籍志上》，中华书局1975年版，第1973页。
[6] 刘昫：《旧唐书·元行冲传》，中华书局1975年版，第3178—3179页。
[7] 宋祁、欧阳修：《新唐书·艺文志一》，中华书局1975年版，第1430页。

成书的《礼记解诂》尚为初版，卢植打算"共诣东观，就官财粮，专心研精"，进一步完善。卢植在东观的工作是"合《尚书》章句，考《礼记》失得"，写成的著作显然应该是《尚书章句》和《礼记解诂》，应该不包括《周礼》和《仪礼》。

当然，我们还要回答一个问题：卢植明明认为《礼记》有问题，"特多回冗"，不如《周礼》，那么卢植为什么只给《礼记》做注，而不给《周礼》做注？其实，卢植在给汉灵帝的上书中，已经有所说明："家乏，无力供缮写上"，需要得到"书生二人"的帮助，还需要"就官财粮"，有人提供钱财，才能够"专心研精"，完成这一工作。但是，立为官学的只有今文经学，古文经学《周礼》不受政府支持，所以卢植无法写成《周礼》的注释工作。

卢植的《尚书章句》情况不详，史书并无记载。卢植的其他作品结集为《卢植集》。《隋书·经籍志》记载："梁……又有……《卢植集》二卷……亡。"[1]可见南朝梁本的《卢植集》唐朝之前就失传了，并无其他版本的《卢植集》。因此，学者一般认为，《卢植集》很早就失传了。但是《旧唐书·经籍志》又记载："《卢植集》二卷。"[2]《新唐书·艺文志》也记载："《卢植集》二卷。"[3]与《隋书》记载冲突。由于唐朝著名学者李善曾用《卢植集》注释《文选》，所以我们认为《隋书》记载的仅仅是南朝梁本的《卢植集》失传，当时尚有其他版本的《卢植集》存世。新、旧《唐书》之后，再无其他书籍记载《卢植集》，所以我们认为《卢植集》应在宋朝中期以后失传。

（二）儒臣

卢植还是敢于坚持仁义思想的儒臣。我们介绍两件事情。178年，有日食发生。卢植趁机上书汉灵帝，提出"一曰用良，二曰原禁，三曰御疠，四曰备寇，五曰修礼，六曰遵尧，七曰御下，八曰散利"等8项主张。即：任命贤才，解除党锢，为被杀的宋皇后家属收尸，增加王侯之家的待遇，重用郑玄等人，严格官员考核，严禁不按照规章制度提拔官员，不与民争利。这些主张主要是针对党锢之祸带来的混乱局面而阐发的，具有很强的针对性。

中平六年（189年），董卓进京，引起天下大乱。董卓想要废掉少帝刘辩，立陈留王刘协为帝，理由是："皇帝暗弱，不可以奉宗庙，为天下主。今欲依伊

---

[1] 魏徵：《隋书·经籍志四》，中华书局1973年版，第1058页。
[2] 刘昫：《旧唐书·经籍志下》，中华书局1975年版，第2055页。
[3] 宋祁、欧阳修：《新唐书·艺文志四》，中华书局1975年版，第1578页。

尹、霍光故事,更立陈留王,何如?"文武百官无人敢开口。董卓又以霍光废掉昌邑王刘贺为例,声称敢发表反对意见的,都要被杀头。这时,卢植独自起来反对,他说:"今上富于春秋,行无失德,非前事之比也。"这引起董卓的怨恨,差点被杀。《后汉书》因此称之为坚守仁义的君子。[1]

另外,卢植还是镇压黄巾军起义的重要人物之一,这里不再赘述。

三、"范阳卢"家族的传衍

范阳卢氏是魏晋至唐末最有声望的世家大族之一,人才辈出,出现过22位丞相,840多人在正史中留名。范阳卢氏出自卢植,最初指的是卢植的直系子孙。我们简单叙述"范阳卢"家族的传衍

卢植之子卢毓(?—257年),魏司空,以儒学和德行闻名。卢毓在睢阳(治今河南省商丘市)、安平(治今河北省衡水市)、广平(治今河北省邯郸市鸡泽县鸡泽镇东南)等地为官时,都给老百姓做了很多好事。卢毓之子卢钦(?—278年),为人清廉,秉公执法,不避权贵,擅长识人,曾担任西晋尚书仆射。卢钦一直身居高位,死后家无余财。卢毓之孙卢志(?—312年),西晋尚书,师从钟繇,擅长书法,"世有能名",是范阳卢世代以书法见长的关键人物。卢志之子卢谌(284—351年),好《老》《庄》,善属文,早有声誉,才高行洁,为一时所推。

北魏是范阳卢氏发展的鼎盛时期,这是从卢谌曾孙卢玄开始的。神䴥四年(431年),北魏太武帝征召天下儒俊,卢玄被定为第一名。卢玄及其子孙成为真正的门阀士族。卢玄之子卢度世(419—471年),北魏齐州刺史。卢度世有四个儿子:卢渊、卢敏、卢昶、卢尚之,均在北魏出任要职,位高权重,子孙众多,号称四房卢氏。此外,卢氏中的卢溥、卢辅等支系也兴盛起来。范阳卢氏正式进入鼎盛时期。孝文帝时,范阳卢氏、清河崔氏、荥阳郑氏、太原王氏被正式确定为四大高门。

进入唐代,政府有意打压门阀制度,范阳卢氏有所衰落,还是出了9位宰相,以及初唐四杰之一的卢照邻、禅宗六祖慧能等杰出人物。范阳卢氏在唐末五代的军阀混战中被摧毁,不再以名门大族的形象出现在历史舞台上。

---

[1]范晔:《后汉书·董卓传》,中华书局1965年版,第2324页。

第五节　高诱的注疏学成就

　　高诱（约165—？）[1]，东汉末期涿郡涿县（今河北省涿州市）人。高诱从小跟随同县卢植学习，学习内容包括《淮南子》，打下了非常好的经学基础。建安十年（205年），高诱被曹操任命为司空掾，后来又担任东郡濮阳（今河南省濮阳县）县令，建安十七年（212年）任职河东监。高诱注释了很多经典著作，包括《吕氏春秋注》二十六卷（《吕氏春秋》的最重要注本，被四库馆臣称赞为"自汉以来注者，惟高诱一家"）、《淮南子注》二十一卷（与许慎注混杂）、《战国策注》三十二卷（残缺）、《孝经解》（已佚）、《孟子章句》（已佚）等。由于高诱没有自己的著作，他的经典注释又以贴近古意、引用博洽著称，反映的未必是高诱自己的思想，因此我们无法研究高诱的思想，只能考察其注疏学成就。这里只介绍其较为重要的注疏学成就：

　　第一，实事求是、不牵强附会，遇到史实错误，就广泛引用可靠材料，进行说明。《四库全书总目提要》对此有很高的评价：

　　　　于引证颠舛之处，如《制乐篇》称成汤之时谷生于庭，则据《书序》以驳之；称南子为厘夫人，则据《论语》《左传》以驳之；称西门豹在魏襄王时，则据《魏世家》《孟子》以驳之；称晋襄公伐陆浑，称楚成王慢晋文公，则皆据《左传》以驳之；称颜阖对鲁庄公，则据《鲁世家》以驳之；称卫逐献公立公子黚，则据《左传》《卫世家》以驳之；皆不蹈注家附会之失。[2]

　　第二，引用博洽，保留了部分已经失传的古书或古书的不同版本。据统计，高诱的《吕氏春秋注》引用了63种古籍，约一万余字。其中，《酒正》《五行传》《名书》《道书》《上至经》等均为已经佚失的书籍。《四库全书总目提

---

[1] 学界都称高诱生卒年不详，我们认为高诱生年当在165年左右。论证如下：高诱的生平事迹靠高诱在《淮南子注·叙》中的自述，才保留下来零星信息。文中说："自诱之少，从故侍中同县卢君受其句读，诵举大义。会遭兵灾，天下棋峙，亡失书传。废不寻修，二十余载。建安十年，辟司空掾。"假设高诱跟随卢植学习的少时为15岁左右，建安十年之前，高诱有25年左右无法求学，那么高诱的出生年为165年左右。这个数字不是完全准确，但可供参考，误差不会很大。

[2] 纪昀总纂：《四库全书总目提要》，河北人民出版社2000年版，第3035页。

要》举了两个不同版本古籍的例子："引《诗》庶姜孽孽作巘巘，鼍鼓逢逢作韸韸，则经师异本。"

第三，注重解释文义、句义，为读者读懂原文，扫清障碍。解释文字时，高诱既注意解释文字的本义和引申义、较难理解的名物制度，又注意释读古今字。高诱注意到，经典古籍的字体发生过变化，比如先秦的古文和汉代的隶书有明显区别，需要提醒读者。比如，《吕氏春秋·孝行览·本味》"流沙之西，丹山之南，有凤之丸，沃民所食。"高诱注释说："丸，古卵字也。"[1] 解释句义则是从串讲整句话的大体意思和标记句读两方面来进行的。

第四，注音方式灵活多变，有"读（若、如）某""音某""读若（如）某某之某"等。最值得注意的是，高诱首创"急气言""缓气言"等注音方式，这有助于当时的人更准确地诵读经典，而且由于"急气言""缓气言"的具体情况已经失传，这些记载又成为了解中国古代音韵史的珍贵线索，"这是把声调史上溯到五世纪沈约等发现四声以前的宝贵材料。"[2]

---

[1] 本文所述高诱《吕氏春秋注》均取自《景印文渊阁四库全书》本。
[2] [日] 平山久雄著、曲翰章译：《高诱注〈淮南子〉〈吕氏春秋〉的"急气言"与"缓气言"》，《古汉语研究》1991年第3期。

第七章　秦汉时期的燕赵方术思想与道教、佛教的兴起

战国以来，燕齐海上方士非常活跃，在民间以及政治领域产生很大影响。方士所操之术一般被统称为"方术"，它植根于中国传统巫术、宗教思想。国外学者或将中国传统巫术统归为"萨满巫术"。从其内容、运作方式而言，张光直先生称其为"交感巫术"。就先秦时期的文献来看，中国巫术已经呈现出明显的地域特点，尤其是吴楚之地，有自己独特的操作方式和神祇系统。燕齐地区深受海洋文化影响，在邹衍"五德终始说"的刺激下，"长生不老"成为一个突出的主题。巫术在西周时期本是上层社会意识形态的重要组成部分，春秋以来，随着诸子理性精神的兴起，在主流思想中的地位逐渐降低，向民间下沉，形成自己相对独立的系统。但主流思想与民间思想的互动从来没有停止过，而且巫术思想也以宗庙祭祀等形式存在于主流学术思想之中，邹衍"五德终始说"、董仲舒的"天人感应学说"都是巫术思想与主流学术融合的体现。西汉末年，方术思想再一次在政治思想中产生巨大影响。东汉末年，道教兴起，燕赵方术思想也成为其主要思想来源之一，张角的"太平道"在燕赵地区拥有很大势力，是道教的直接源头。公元前后，佛教传入中国，方术思想与佛教也多有交融。

第一节　秦汉间的燕赵方士

燕齐滨海地区绮丽风光以及神奇变幻的海市蜃楼景象刺激人们无穷想象，认为那里有另外一个世界，犹如天堂，在那里生活的人可以不死，这是较早的神仙思想。秦始皇统一六国后，致力于寻求万年永存的办法，燕齐方士受到重视，他们的思想逐渐在全国传播开来。

一、邹衍与神仙思想传统

"长生不老思想"有着久远的历史渊源，无论是民间还是知识阶层，都幻想人能脱离生死桎梏，求得永生。或者想象人间之外的另一个世界，那里没有生死

烦恼。《庄子·大宗师》描述"古之真人"具有特异功能："登高不栗，入水不濡，入火不热"，庄子说这是人"得道"的状态。《逍遥游》描写的绰约仙子不食五谷、餐风饮露的神奇故事也足以启发人们超脱凡俗的遐想。神仙思想在理论上也受到邹衍的直接影响，邹衍构想了一个时空无限广袤的世界：

> 其语闳大不经，必先验小物，推而大之，至于无垠。先序今以上至黄帝，学者所共术，大并世盛衰，因载其禨祥度制，推而远之，至天地未生，窈冥不可考而原也。先列中国名山大川，通谷禽兽，水土所殖，物类所珍，因而推之，及海外人之所不能睹。称引天地剖判以来，五德转移，治各有宜，而符应若兹。以为儒者所谓中国者，于天下乃八十一分居其一分耳。中国名曰赤县神州。赤县神州内自有九州，禹之序九州是也，不得为州数。中国外如赤县神州者九，乃所谓九州也。于是有裨海环之，人民禽兽莫能相通者，如一区中者，乃为一州。如此者九，乃有大瀛海环其外，天地之际焉。其术皆此类也。[1]

邹衍从人们日常习见习闻的事物和道理比拟、生发开来，把中原之国放在广大的世界舆图之中，认为大禹所开辟的九州只是赤县神州的九分之一，赤县神州是大九州，另有八个如赤县神州一样大的州，这样，中国只是整个世界的八十一分之一。九个大州之间有"裨海"相隔，大九州之外又有"大瀛海"包围，"大瀛海"之外是天地交接的地方。邹衍描摹了中国之外的世界，其中有人、有禽兽，但尚未与中国沟通，是另外一个神秘的世界，这极大地刺激了人们的想象力。邹衍还承诺，他不仅知晓天地剖判的机理，而且掌握了王朝更替的"密钥"，上至宇宙运行、中到国家兴衰、下及人生寿夭，可谓无所不知、无所不能。明智的人知其"闳大不经"不足为训，但总有人对这种玄妙的东西感兴趣，愿意相信。当时，燕国被齐国攻破，险些亡国，在这场政治危机之后继位的燕昭王对邹衍极其尊重，用扫帚亲自为邹衍扫地，身列邹衍门墙，尊之为师，专门为他修筑了"碣石宫"。邹衍在燕国写成了《主运》一书。邹衍居赵，在列国很有声望的权臣平原君也对邹衍优礼有加，行则在其旁侧不与并列；坐则避开主人之位，为邹衍掸去席土以示尊敬。看到邹衍如此受王公贵胄重视，轻取富贵，一般人纷纷效仿，以期能分得一杯羹。他们按照自己的理解，把邹衍的理论与长生之说相

---

[1] 司马迁：《史记·孟子荀卿列传》，中华书局1959年版，第2345页。

附会，形成了奔走权门、兜售长生不老秘术的方士群体。《史记》记载："燕齐海上之方士传其术不能通，然则怪迂阿谀苟合之徒自此兴，不可胜数也"，宋毋忌、正伯侨、充尚、羡门高，都是燕人，他们"为方仙道，形解销化，依于鬼神之事"。[1] "方仙道"，《史记集解》引用韦昭之说曰："皆慕古人名效神仙者"，也就是说这些人从事如何做神仙的研究。唐人撰写的《史记索引》把宋毋忌、正伯侨都当做上古的仙人，羡门高在秦代就被描述为海上仙人。"形解销化"，《史记集解》引用服虔说释作"尸解"，张晏解释为：人老死成仙而去，只留下一堆枯骨。可见燕国方士是道教长生久视思想的重要源头，也是修炼成仙活动的实践者。邹衍本人也被认为是有方术、甚至能改变自然节律的人。《艺文类聚·水部下·谷》载："刘向《别录》曰'《方士传》言：邹衍在燕，燕有谷，地美而寒，不生五谷。邹子居之，吹律而温气至，而谷生，今名黍谷。'"王充在《论衡·寒温篇》也有类似的记载。燕昭王对神仙之术也很痴迷，数次派人到海上寻求仙药而不得。秦始皇到东海巡游之后，燕齐一代的海上方士又把他当做兜售自己秘术的主要对象。

二、秦始皇的求仙活动与徐福东渡

秦始皇（公元前247年即秦王位）统一六国，雄心勃勃，自认为功盖三皇、德过五帝，天下事情无不成者，于是他开始向自然法则挑战，寻求长生不老的办法。二十八年（公元前219年）东行郡县，上邹峄山，到泰山封禅，过黄、腄，穷成山，登之罘，南登琅邪，周游山东半岛。秦始皇长期生活于内地，深深地为滨海风物所吸引，畅快异常。在此逗留三月，其间齐人徐福给他讲了仙人的故事。秦始皇信以为真，多次派人寻找仙人、仙药，幻想着与天同寿。

始皇三十二年（公元前215年），嬴政再次东巡到达碣石（今秦皇岛市行宫附近），在此地刻石立碑，称颂自己功德。派燕人卢生入海寻求仙人羡门、高誓，"羡门"就是《封禅书》中所说的"羡门高"。同时还派韩终、侯公、石生寻求长生不老之药。始皇本人则沿北部边境继续巡视，从上郡（治所在今陕西绥德县）回到咸阳。卢生到海上寻找一圈，自然是没有找到仙人和长生之药，但他给皇帝带回了"图书"，上云："亡秦者胡也"。所谓"图书"就是配图的文字，专指神秘性的预言，也叫图谶。卢生给秦始皇的"图书"被认为是最早的图谶，称为"秦谶"。卢生没有找到仙人、仙药，以此模棱之语搪塞，并神乎其神

---

[1] 司马迁：《史记·封禅书》，中华书局1959年版，第1368—1369页。

地大谈鬼神故事,是一篇地地道道的"鬼话"。但秦始皇对此却很认真,他以为"胡人"将会灭亡秦朝,于是派蒙恬率领三十万大军北击匈奴,夺取河套以南的地区(时称"河南地")。第二年又进一步拓展疆土,从甘肃兰州榆中县沿黄河东走,到内蒙古五原一带,设置了四十四个县,迁徙内地居民到此屯垦实边,又在黄河以北筑建亭障要塞。

三十五年(公元前213年),卢生再次寻仙未果,他向秦始皇传授求仙的"法门":

"臣等求芝奇药仙者常弗遇,类物有害之者。方中,人主时为微行以辟恶鬼,恶鬼辟,真人至。人主所居而人臣知之,则害于神。真人者,入水不濡,入火不爇,陵云气,与天地久长。今上治天下,未能恬倓。愿上所居宫毋令人知,然后不死之药殆可得也。"于是始皇曰:"吾慕真人,自谓'真人',不称'朕'。"[1]

卢生所谓的求仙之方具有非常突出的巫术色彩,秦始皇听其谎言,增扩宫室,以复道相连,让身边的人严格保守其行踪秘密,为此不惜大开杀戒,由此产生了自己行踪他人不得过问的禁令,实际上也为身边近侍操控其行为提供了可能。秦始皇病危之际、病死之后,赵高、李斯隐匿诏书不发,废扶苏而立胡亥,他人莫敢问其所以,这为赵高弄权、秦朝内部分崩离析埋下祸根。但是卢生这段话也反映了当时及后世修仙、养生思想的若干要点。如关于真人的描述就是出自主流知识界庄子的说法,避恶鬼是民间巫术所为,摒弃闲人杂事,而求其恬淡,由此就得真神复归,这在《管子》的《白心》《庄子》内篇《养生主》以及外篇当中都多有记述,《淮南子》中也有许多关于清净修身的记载。老子清净无为的思想被道家以及黄老一派发展为"全性葆真"的身心修养之术,也期望能够达到"长生久视",但老庄并未直接承诺有让人不死的方药。燕国方士则与民间巫术结合起来,要把这种理想变成现实。

谎言终究会被戳穿,卢生最后畏罪逃走。秦始皇严厉追究,博士们相互告发,引发了有名的"焚书坑儒"悲剧。

秦代影响最为深远的求仙事件是徐福的东渡。徐福又名徐市,齐人,秦始皇二十八年因进呈海上有仙山、神药之事而引起嬴政的极大兴趣,多次被委派入海寻访仙人,一直持续到三十七年秦始皇去世。这也是秦代规模巨大、影响深远

---

[1] 司马迁:《史记·秦始皇本纪》,中华书局1959年版,第257页。

的航海活动。每次出海归来,都有一套没有成功的理由和再次出行的方案呈奏皇帝,下次依然是以失败告终。

徐福的直接目的没有达到,但其文化影响却很大。他的庞大船队多次东渡,极大地扩大了人们对于海洋的认识,给中国这个内陆农业文明为主的民族留下了许多关于大海的印痕。不少中外学者认为徐福率领众多的童男童女到达了日本。

《史记·淮南衡山列传》云:"徐福得平原广泽,止王不来。"《史记正义》引《括地志》曰:"亶州在东海中,秦始皇遣徐福将童男女,遂止此州。其后复有数洲万家,其上人有至会稽市易者"。《后汉书·东夷列传》:"会稽海外有东鳀人,分为二十余国。又有夷洲及澶洲。传言秦始皇遣方士徐福将童男女数千人入海,求蓬莱神仙不得,徐福畏诛不敢还,遂止此洲,世世相承,有数万家。人民时至会稽市。会稽东冶县人有入海行遭风,流移至澶洲者。所在绝远,不可往来。"[1]《三国志·吴书·吴主传》关于徐福的记载与《后汉书》基本一致,只有个别字句的出入。[2] 西晋陈寿、南朝范晔说徐福逃离中原,率领上千的童男女及大量的工匠在"澶洲"居住下来,但他们的说法都留有余地,是得自"传言",并不是直接肯定。唐代张守节即省去了"传言"二字,直接说徐福到了东海中的亶州。五代后周僧人义楚所撰《释氏六帖》(又称《义楚六帖》)是说徐福向东航行到达日本:

> 日本国亦名倭国,东海中。秦时,徐福将五百童男、五百童女,止此国也。今人物一如长安。……又东北千余里有山,名富士,亦名蓬莱。其山峻,三面是海,一朵上耸,顶有火烟,日中上有诸宝流下,夜则却上,常闻音乐。徐福止此,谓蓬莱,至今子孙皆曰秦氏。[3]

文中说"富山"也叫"蓬莱山",与徐福因求蓬莱仙山而漂流海外的记载相合。徐福所率领的不是三千童男女,而是五百,这与《史记》有所不同。如此说来,"亶州"就是日本的本州岛。这是中国文献第一次肯定徐福来到日本的记载。宋初修撰的《太平御览》也说徐福到了日本。欧阳修的《日本刀歌》曰:"其先徐福诈秦民,采药淹留丱童老。百工五种与之居,至今器玩皆精巧。"与

---
[1] 范晔:《后汉书·东夷列传》,中华书局1965年版,第2822页。
[2] 陈寿:《三国志·吴书·吴主传》,中华书局1965年版,第1136页。
[3] 释义楚:《释氏六帖·国城州市部》,浙江古籍出版社1990年版,第433页。

汉代资料相比，唐宋及之后的资料反说得更为肯定，并且相关的记载越来越多。1950年，卫挺生教授出版了《徐福日本建国考》一书，认为徐福不仅到了日本，而且建立了国家，徐福就是日本的"神武天皇"。20世纪80年代，彭双松先后八次到日本搜集材料，对徐福东渡留居日本做进一步的论证，指出日本关于徐福的遗迹有56处，相关传说有32种，记载此事的书籍多达46部。佐贺《金立神社由来记》碑文中有"本神社系神武朝振兴时创设"的记载，此神社奉祀的大神就是徐福。

首次把秦始皇求仙活动与日本联系起来的日本文献，是著于1339年的《神皇正统记》。该书引用了日本第七代孝灵天皇的话："四十五年乙卯，秦始皇继位。此始皇好神仙，求长生不死药于日本。日本欲得彼国之五帝三皇之遗书，始皇悉皆送之。"[1]此后关于徐福留居日本的记载就逐渐增多。义楚《释氏六帖》中关于徐福东渡日本的说法来自日本僧侣弘顺，他于五代后期（958年）来到中国，拜访了齐州开元寺的义楚，向义楚谈及蓬莱山、富士山以及徐福东渡的事，可见日本人最晚在十世纪中叶即有此说法。

综上可见，无论是唐代以来的中国文献还是日本本土文献，把《史记》中汉人伍被所云"得平原广泽"与日本联系起来，中间都有材料缺环，难以得出确切无疑的结论。中日民间却存留着大量徐福东渡的文化遗存及传说。中国江苏省有徐福村，山东、河北有大量的徐福渡海传说及与之相关的风俗文化活动。有的日本人把徐福当作真武天皇，作为重要的神祇来崇拜，徐福也是农神、药神。日本佐贺市、新宫市、熊野市、山梨县、长野县居民自认是徐福后裔，新宫市有徐福墓地，传说徐福登陆的地点也言之凿凿，徐福入海寻仙事件已经成为中日两国共有的文化传统。这些文化传统中，自然有后人不断层累附益的成分。而在寻求长生梦想杠杆的撬动下，秦王朝举全国之力，三十多年来，不断地进行大规模的航海活动，无疑加深了对海洋的认识，也进一步密切了东亚地区朝鲜、日本与中国内陆的联系，促进了三地之间的物质、文化交流。日本在公元前3世纪之后文化突然发生了跃进，这也不能说与徐福的航海活动全无关系。如此看来，徐福的历史作用也不能低估。

三、燕赵方士在汉代的活动

刘邦代秦而兴，制度礼乐皆袭前朝，以斩蛇之瑞自命为火德，色尚赤，因秦

---

[1][日]壹岐一郎：《徐福集团东渡与古代日本》，天津人民出版社1996年版，第112页。

四时立北畤，形成了祭祀五帝的郊祀体系。秦汉两朝都接过邹衍的五德终始说，构筑本朝的意识形态系统，尤其是西汉初期探索本朝到底是继秦为水德还是代秦为土德，成为朝野争论的焦点。这种政治思想背景为方士提供了发挥作用的历史舞台。赵人方士新垣平汉文帝时期把改正朔、易服色、制礼作乐的活动推向高潮。文帝十六年，新垣平以善于望气一度得到皇帝的信任。在新垣平的鼓动下，文帝召集博士儒生研究盛世天子应行礼乐制度，综合六经中的相关记载，编辑成《王制》一书，准备巡狩封禅之事，以此向天下宣告汉朝获得天命，要进行一系列的改制活动。文帝并在渭河之阳（北岸）、灞河汇入处建五帝庙，青赤黄白黑五帝每帝一殿，五殿相接，共一屋宇。这是汉代继刘邦立北畤之后，建立的第二批大规模祭天场所。正当改制活动轰轰烈烈进行的时候，新垣平的骗术被揭破，文帝将新垣平下狱审问，他承认所谓的献宝之类都是预先安排好的，自己并无那种神奇的预言功能。文帝懊恼震怒之下，诛灭新垣平家族，此后再不提易服色、改正朔之事。[1]

汉武帝本人好大喜功，求仙问鬼的热情与秦始皇相比有过之而无不及，各路方士又活跃在长安的宫廷内外，燕赵地区的李少君就是其中之一。李少君是深泽侯的舍人，掌管医药之事，长期活跃于燕赵地区。李少君自称善于祭祀灶神、精通"谷道"、能驱使鬼物，当然也有长生不老的秘术。汉武帝被李少君的描述深深吸引，开启了他一生不辍的求仙活动。武帝在全国各地建立各种祠庙，多次封禅泰山，到东海寻求仙药不下八次，秦始皇"未尽事业"被汉武帝接过来了，并且乐此不疲。自称数百岁的李少君最终还是死了，但汉武帝却宁可相信他成仙而去，求仙的渴望并没有因此而动摇半分，秦始皇东下蓬莱求仙的故事在汉武帝身上又重复了一遍。燕齐海上方士再次有了"用武之地"，齐人少翁被封为"文成将军"，栾大为"五利将军"，封乐通侯，食邑两千户，赐金万斤。汉武帝还把自己的女儿嫁给栾大，亲自到其府邸以荣宠之。几个月后，栾大就不是一般的臣子了，而是替皇帝通神的使者，佩六种高官之印，去蓬莱寻仙人、找仙药。由此，"海上燕齐怪迂之方士多相效，更言神事矣"，"海上燕齐之间，莫不搤捥而自言有禁方，能神仙矣"。[2]

---

[1] 司马迁：《史记·封禅书》，中华书局1959年版，第1381—1383页。
[2] 司马迁：《史记·孝武本纪》，中华书局1959年版，第455、464页。

四、方士与儒学的结合及其影响

汉武帝任用董仲舒、尊崇儒术以来，方士与儒生进一步结合起来，儒学的方术化日益突出，方士也多通习儒家经典。如果说李少君之流不过是以长生不老等"技术性"的东西"货卖帝王家"，那么儒学化的方士则直接对政权的转移发表意见了。

上文谈到齐地的甘忠可撰造《天官历》《包元太平经》，托名真人赤精子传言上天的旨意：汉朝气运将终，应该选择别的皇帝，改朝换代。他的弟子广泛分布在今山东、江苏、河北地区，其中重平（今河北省吴桥）夏贺良游说哀帝进行"再受命"，竟然得到朝廷认可。哀帝虽然很快取消了"再受命"活动，但这种思想却深深地植根于朝野人士的内心深处，王莽的篡位活动很大程度上借助于夏贺良的预言。随着王莽的泥古不化、搅乱天下各种政策的推行，新一波"再受命"、寻找新天子的活动随之展开，燕赵大地此时在政治上走向了舞台中央。刘秀以图谶为自己的心理支持和号令天下的有力凭借，最终也是在同学彊华的谶言之下，登上皇帝宝座。刘秀在河北遇到的劲敌也是方术之士（王郎）。《后汉书》本传："王昌一名郎，赵国邯郸人也。素为卜相工，明星历，常以为河北有天子气"，则王郎本为邯郸方士[1]。王郎诈称自己是成帝流散在民间的儿子，欲在混乱的环境下捞取政治资本。前赵缪王的儿子刘林与赵地豪族李育、张参等谋划起兵争天下，于是顺水推舟，立王郎为皇帝。王郎以此为号召，一时河北、辽东等地望风归顺，只有信都等极少郡县仍然支持刘秀，这是刘秀遭受的第二次严重的政治危机。

刘秀击败王郎后，曾经支持刘秀的真定王刘扬也以图谶宣扬于世，暗中与刘秀争夺政治利益。刘扬生有一个瘿瘤，即以"赤九之后，瘿扬为主"的谶言自况[2]，希图将当时甚有影响的"赤九"图谶落实到自己身上。以此谶言为号召，刘扬暗中联系周边武装力量，欲与刘秀一争高下。刘秀对此非常忌惮，派人征召刘扬，结果吃了闭门羹，于是派耿纯设计制服刘扬。耿纯为真定王之女所生，他以犒劳当地王侯的名义与刘扬相见，刘扬中计，结果包括他在内的刘氏三兄弟皆为耿纯所杀。

由此我们可以看到，秦汉燕赵方士是一个非常活跃的群体，他们深深植根于

---

[1]范晔：《后汉书·王郎传》，中华书局1965年版，第492页。
[2]范晔：《后汉书·耿纯传》，中华书局1965年版，第763页。

民间，又与上层精英文化有着密切的联系。先秦、秦汉时期，主流文化是诸子思想，诸子思想往往涉及宇宙论、本体论、历史观等问题，侧重于"道"的层面的问题；方士长于操作，其思想侧重于"术"的层面。秦代及西汉前期，方士与阴阳家邹衍的思想产生了密切的互动关系；西汉后期及两汉之际，董仲舒的思想体系吸收了邹衍的阴阳五行学说，"天人感应""更始""再受命"等谶纬、迷信思想一时大兴。在官方意识形态方面，方士与儒生进行了深度结合，极大地影响了两汉思想史的走向。

从民间的角度来看，方士、方术一直处于被打压与被利用的两极之间。儒家主流思想是排斥"怪力乱神"的，方术也一直被视作"旁门左道"。另一方面，儒家也看中神秘思想在动员百姓方面的力量，所以始终没有对其做彻底的否定，保留有"神道设教"这个缺口。从统治者的层面而言，他们或出于政治利益的需要，或是真的就被方术、方士所迷惑，也往往主动与方士结合，而且包括皇帝在内的高层人士，信从方士者代不乏人。相应地，为了证明其效用和获取自身利益，方士阶层也期望得到权贵的青睐，奔走豪门乐此不疲。凡此种种，都为方术思想提供了丰厚的社会土壤。儒学的方术化、方术与儒学相结合，成为两汉思想的一个显著特色。

秦汉时期燕赵方士及其所操方术的一个核心观念就是"长生不老"和"肉体成仙"，与之相应的技术有服食仙药、辟谷、避恶鬼以清净修炼、丹砂化炼黄金、驱使鬼物、膜拜神仙、尸解、飞升等，这些内容实际上就是后世道教的基本理论和方法。人如何不死是道教不同于其他宗教的突出特点，而秦皇汉武浩大的求仙活动极大地助推了这种思想的发展，燕、齐、赵一带的方士在这一思想演进过程中扮演着重要角色，或者就是主要实践者。宗教的核心要素有信仰、仪式、组织、情感等，除了组织形式与成熟的道教尚有差距外，其他方面的要素在三地方士的法术中已基本都具备，尤其是关于长生不老的种种理论、方法有着丰富的实践。燕赵地区以及东部沿海地带因之成为早期道教的发源地。陈寅恪先生指出沿海地区与"天师道"有着密切的联系，是天师道的"大本营"和主要发生、发展的地域，确实是独具慧眼。[1]

这里，我们对燕赵方士的历史作用略做评价。方术活动多是荒诞不经，充满了迷信、欺骗，中国历史上雄才大略的两位皇帝因此留下千载笑柄，所以，文化越发达方士的地位越低，江湖术士与江湖骗子相关联，成为不折不扣的贬义词。

---

[1] 陈寅恪：《天师道与滨海地域之关系》，《金明馆丛稿初编》，生活·读书·新知三联书店2001年版，第1页。

任何思想都是现实的反映，何况是方术这样影响深广的思想呢？只不过它是对现实歪曲的反映。作为一种文化现象，方士、方术的历史作用也不能一概否定。

首先，他们代表古代先民探索自然的努力，展示了丰富的想象力。秦汉两朝是中国历史上蓬勃向上的时期，成功的实例不胜枚举、可歌可泣，即使失败也展示着宏伟的气魄与探索精神。秦始皇一生都在尝试突破人力的极限，王莽试图把经典中理想的世界搬演到现实中。从他们的失败中，我们看到的是悲壮，而不是凄风苦雨的凄切哀婉，胜败都有盛世气象。秦汉方士某种程度上也可作如是观。他们面对无穷浩瀚的海洋，想象着其中到底有什么奥秘；面对有限的人生，总在寻求突破有限的办法。由求仙导致的大规模航海活动无疑是人类探索自然的壮举，虽然这种壮举的背后有着无数平民家庭离散的悲剧。无数中国、日本关于徐福东渡的遗迹、传说，从侧面反映了人们对这种探索海洋壮举的怀念。即使徐福真的没有到达日本，那也说明徐福及其以后的时代，有大批的中国人曾经到达日本，他们以徐福作为其自身经历的精神符号。

其次，方术是传统科学技术研究的一种形式。科学是解释自然现象及其运动规律的理论，技术是在"科学"的指导下对自然的改造与利用。我们对自然的认识不是一蹴而就的，总是通过各种"猜想"慢慢逼近真相本身，所以科学的理论也是不断修正、渐进的，如牛顿的世界体系与爱因斯坦的世界体系就有区别。古代科学理论离世界真相远一些，甚至采取了神话的形式解释世界，但有些理论仍然对逼近真相、推动技术进步有指导意义。比如以地球中心说理论为指导，也可以比较准确地预测日月食，上帝创造世界的思想下也可以产生哥白尼、牛顿的自然科学体系等等。燕赵方士追求长生不老，其目的终究不能达到，也与生命规律相违背，而其采取包括清净修养、服用药物等手段尽量延长生命、提高生活质量是有可能的，在此理论指导之下，医学就不断有所发展。东汉著名医学家华佗就被史学家列入《方技传》，认为他所操之术就是方术。此外，像李少君用丹砂炼黄金，其直接目的肯定是达不到的，但他们进行化学反应的实验则是事实，在一系列的炼化过程中，物质之间的化学变化现象不断地被认识到。此外，凡方士多与《周易》有联系，《周易》符号系统包含着数学的内容，也可以作为计数以及标记量变的标志，像传统的阴阳范畴与五行、干支、八卦相结合，其重要一项职能就是对世界中数量关系的标识以及对各种自然现象的模拟。

再次，燕赵方术是道教的直接源头，前文已经提及。道教是土生土长的宗教，在东汉时期大致定型，它吸收了中国传统巫术、方术思想，并以宗教的形式将其组织、传衍下来。其中的方药实践启迪现代科学家发现青蒿素,因此取得当代医疗技术的巨大突破,已经广为世人所知。

最后,方术刺激、哺育了艺术的发展。方术思想一般都是突破常规思维,营造神奇瑰异的世界,为艺术家提供了无穷大想象空间。汉代墓葬当中出土了大量的画像石、画像砖、帛书,这些"美术世界"就是在方术思想引导下营构出来的。文学艺术中,"游仙诗"成为诗歌的一个门类,至于集建筑、绘画、雕塑等各种艺术于一体的寺庙宫观则更是传统艺术的集中体现。

第二节 道教与佛教在燕赵地区的兴起

道教与方术、谶纬传统有着直接的关系,方术与巫术关系融汇交织,而巫术的源头几乎与中国历史同样悠久。不同的时期有不同的形态,方术在什么条件下就成为宗教,这是判定道教起源的重要指标。燕赵地区神仙方术是巫术的一种发展形态,它与谶纬思想相结合,构成道教的直接源头。目前关于道教的起源还有不同的看法,以燕赵为中心的太平道则被公认为道教比较成熟的形态,它与西南地区的五斗米道同源,经过一段时间相对独立的发展之后,曹魏时期又在邺城实现了汇流,以"天师道"的形态继续发展。佛教于两汉之际传入中国后,在燕赵地区也有较为广泛的传播,佛塔及相关遗存比较丰富,始建于东汉时期的柏林寺至今仍然是佛教重要丛林。儒学及道教、佛教在秦汉时期都以燕赵地区为重要发展基地,充分显示了该地区在当时作为"文化高地"的历史地位。

一、道教产生的标准问题

传统观点认为道教形成于东汉末期,有多个源头,东南地区的于吉、左慈,燕赵地区的张角以及汉中、四川一带的张鲁家族都是道教的创始人物。三派地域相距渺远,究其源头则都可以追溯到燕赵及东方滨海地区。近年来,学界在道教产生问题上又提出新说,认为早在战国时期就出现了成熟的道教。观点分歧的原因主要是判定道教的标准发生了变化,但不同标准下,都认为燕赵地区是道教的发源地之一。可见讨论秦汉燕赵地区的道教文化,道教的产生是一个不容回避的问题。

在重新探讨道教起源方面,熊铁基的思考颇有启发性。他在《略论道教的名与实——再论道教的产生问题》[1]一文中说，"道教"是一个泛称，考察道教的产生不能以"道教"二字的出现为主要衡量标准，而且汉魏时期乃至唐宋之后，"道教"都是一个多义词，并不专指现代意义上的"道教"，而是在现代意义上的"道教"已经产生后，对多种不同流派、不同形态道教的统称。道教产生之初，往往名曰"××道"，是特称，如"方仙道""黄老道""太平道"等等。初期道教不是创生性的宗教，没有一个确切的创教之主，如佛教的创始者为释迦牟尼，而张道陵、张角、于吉等都不是创教之主。道教是原生性宗教，道教创立是一个渐进的过程，"道祖老君是后来加封的，东汉末年以后直到唐代之前，地位还并不高"，汉以后的道教派别才显示出创生性的特点，如王重阳创立"全真道"。人们之所以把道教的产生定为东汉末期，某种程度上是以"创生性"宗教的标准来衡量道教这种"原生性"的宗教。"在西汉和东汉前期，找不到教主或突出的领袖代表人物，就不肯定其为道教，主要原因应该是没有从道教形成的原生性特点来考虑和认识。"这种思路抓住了道教自身的特点，指出了判别道教产生过程中所产生的误区，因难以找到"合适"的创始人，因而把道教产生的时间人为地推后。李远国也非常赞成熊铁基此种判定道教产生的思路，他认为道教的产生应该在战国，方仙道就是较早的道教。[2]

"方仙道"一名出现在《史记·封禅书》中："宋无忌、正伯乔、充尚、羡门子高最后皆燕人，为方仙道，形解销化，依于鬼神之事。"这些人都是战国时期的。熊铁基等判定方仙道已经是宗教的理由是："方仙道已经具备了宗教的特点，它们有信仰、有信众、有证道方式、有祭祀仪式，具备了宗教的一些基本因素。"我们认为，方仙道具备了上述特点与史实相合，但它是不是一种成熟的宗教，还有讨论的必要。大量的史料说明，战国燕齐地区有着非常突出的神仙信仰，在秦汉时期也产生了持续的影响，从皇帝到燕齐地区的方士、百姓，信从以及操此术者有上万人之多，以成仙为目的各种方术、仪式则是丰富多彩、层出不穷。但熊先生在这里并没有提到方仙道已经有后世道教那样的严密组织，没有严格的组织形式，尚不足以把《史记》所云的方仙道与传统的巫术、方术区别开来。说方仙道具备了宗教的一些基本因素是可以的，要说它已经是成熟的宗教，则理由还不够充分。这些从事方仙道的人士有师承是没有问题的，汉武帝时期的李少君、少翁、栾大都有师承，这种师承与一般的学术、技艺传授还没有根本

---

[1]熊铁基：《略论道教的名与实——再论道教的产生问题》，《世界宗教研究》2015年第5期。
[2]李远国：《道教成立战国论——论方仙道即道教》，《世界宗教文化》2017年第5期。

区别，很难说就是严格意义上的道教。比如商周以及春秋以来的巫师，他们在师承、仪式、信仰者等方面都没问题，其背后也有种种理论，比如占星术的"分野理论"等，但并没有人将其称之为现代意义上的"宗教"，顶多被命名为与现代严格意义上宗教相区别的"原始宗教"，国外也称之为"萨满教"。汉武帝时期方士也有自己的祠庙，但只是一代而终，没有传承不断的统系："方士各兴祠，各自主，其人终则已，祠官不主"。[1] 李远国指出，方仙道、黄老道他们有师承，有理论与方法，有组织系统，当然可以称为制度道教。尤其重要的是秦国时的方士徐福，他奉秦始皇之命，率领数千童男童女远涉海外，寻找蓬莱仙山。如此庞大的方士组织，证明方仙道已有宗教组织，方仙道即道教。"[2] 徐福的组织更多表现为一种为了完成求仙任务的行政组织，即使上千的童男女都信仰了神仙，但如此庞大的组织并没有作为宗教延续下来，这就与张角、张道陵有了区别。在日本，人们更倾向于把他当作"真武大帝"，徐福主要是一种传说中的人物。

我们所说的"道教"就是现代严格意义上的宗教，起码应该是南北朝以来宗教界自认的道教。此种意义上的宗教应该有信仰、有信徒、有宗教理论，还需有连续不断的宗教组织。严格而绵延不断的组织正是把传统方士与后起宗教区别开来的关键要素。我们不否认道教有早于东汉晚期产生的可能性，尤其是长生不老的基本理论追求和实践已经有了充分的积淀，比如淮南王刘安门客中就有以丹砂等矿物质炼黄金的大规模实践，而且有典籍（《淮南鸿烈》内篇），这是道教丹鼎派的主要修道方法。但是刘安门下之人也没有形成延续不绝、严格的组织形式，《淮南鸿烈》内篇也没有保存下来，缺乏作为宗教的必要条件，或者说现有历史资料不足以提供方仙道就是严格意义上宗教的充足证据。刘向曾经得见淮南王有关炼制黄金的书籍和资料，他也有过炼制黄金的实践，并且编辑了《列仙传》，但我们不会把刘安、刘向当作道士。秦始皇、汉武帝对长生的信仰不可谓不诚笃，他们也并非道士，因为不管信仰多么虔诚、方术多么繁复，他们并没有一个严格的宗教性组织，不过是世俗人的一种兴趣、追求而已。因此我们仍然采取传统的说法，认为燕赵地区道教的早期组织为"太平道"。

---

[1] 司马迁：《史记·封禅书》，中华书局1959年版，第1403页。
[2] 李远国：《道教成立战国论——论方仙道即道教》，《世界宗教文化》2017年第5期。

二、太平道与天师道的因缘关系

太平道与五斗米道关系密切,黄巾起义爆发,前者失去合法地位,后者则在西南地区有了很大发展。曹操平定汉中,五斗米道领袖人物又被迁到邺城,与寄托于曹操集团中的太平道再次发生联系,融汇而成天师道。燕赵地区成为两支道教派别分化离合的舞台。

(一)太平道是道教产生的标志

太平道在汉代典籍中也被称为"黄老道"。它除了具备上文所说的各种宗教要素之外,尤其是具有严密的组织形式。依靠这种组织,张角发动了大规模的起义,产生重大影响,并且其信仰及组织形式一直延续下来。

首先,历史典籍明确地说张角信奉黄老道,有其特定的宗教仪式、法术以及理论。"跪拜首过,符水咒说以疗病,病者颇愈"是其法术、仪式;"以善道教化天下"[1],这是宗教的伦理观,也是宗教理论的集中体现。在黄巾起义爆发之前,张角所奉之道多被称为黄老道,起义爆发后,因其奉《太平经》为经,又被称为太平道。如《三国志·魏书·张角传》,裴松之注引《典略》就说"(张)角为太平道",是以三国时期即被称为太平道。鉴于传统文献的习称,出于论述方便,我们也将其称为太平道。其次,太平道有着严密、有效的组织形式,这是与之前方仙道最突出的差别,而且这种组织形式在黄巾起义爆发之前已经有十多年的历史,黄巾余部奋战二十多年,影响范围极其广泛、深远。张角起义时八州之广的范围内同时响应,并且能够延展到国都,深入皇宫,以皇帝身边的人为内应,可见其深入社会的程度。"畜养弟子"不是单纯地以传承学术为目的,而是借师徒之名构建特殊的社会组织,其地方性的组织称为"方",每方的人数从六七千到万人不等,张角通过方的渠帅和使者对地方组织进行有效的管控。张角自称"大贤良师",也就是最大的老师,实际上就是太平道的教主。第三,在百姓中有着强大的号召力。"百姓信向之""转相诳惑",说明太平道在其传播范围内深得百姓信从,体现出生死以之的宗教情怀。《后汉书·杨赐传》:"黄巾帅张角等执左道,称大贤,以诳燿百姓,天下缧负归之"[2],也就是说扶老携幼,把全家命运都寄托在张角身上。《通鉴》灵帝光和六年条:"八州之人……或弃卖财产,流移奔赴,填塞道路,未至病死者亦以万数。郡县不解其意,反言

---

[1]范晔:《后汉书·皇甫嵩传》,中华书局1965年版,第2299页。
[2]范晔:《后汉书·杨赐传》,中华书局1965年版,第1784页。

角以善道教化，为民所归。"[1] 八州已经占当时东汉王朝的大部分土地，尤其是中原核心地域成为信徒的集中地。此外长江流域的荆州以及东南地区的扬州，也都虔诚地信奉张角之道。《搜神记·赤厄三七》："小民相向跪拜趋信，荆扬尤甚。乃弃财产，流沉道路，死者无数。"[2] 第四，再次以"天命""更始"的方式打起"改朝换代"的旗帜，以长期持续而又组织严密的宗教形式结合起来。大规模的起义虽然一年之内就被镇压，但是"苍天""黄天"（张角起义的口号是"苍天已死，黄天当立，岁在甲子，天下大吉"）的更替最终以汉魏嬗代的结果而得到"验证"。董卓入京挟制朝廷之后，地方豪强以及朝中政要也产生了汉祚将尽的观念，实际上也是群雄并起，酝酿着建立新王朝，觊觎"神器"者所在多有。当然传统的忠君、维护汉室的思想也仍然是强大的势力，不少人以兴复汉室为旗帜。张角所倡导的"太平道"已经处于汉末政治、思想的核心地位。

可见，太平道是一个有着深广理论体系的组织，从伦理思想、政治思想到个人修持方式，形成一个足以与当时主流意识形态抗衡的系统，这也是之前的方仙道以及其他方士所不能比拟的，这些思想主要体现在其所奉经典《太平经》之中（详后）。太平道的盛衰传变与当时政治、军事形势直接相关。由于因叛徒告密仓促而起，广大地域的太平道信徒还没来得及集中起来，力量分散，主要集中在冀州、东郡、颍川、南阳等地。颍川、南阳由于靠近国都洛阳，战事尤其激烈。四月，颍川黄巾军在波才的率领下一度击败悍将朱儁，并将皇甫嵩围困起来，但是皇甫嵩深夜纵火，义军阵营大乱，皇甫嵩与赶来救援的曹操合兵，波才被击败。之后，朱儁到南阳与黄巾军作战，互有胜负。十一月，宛城陷落，南阳地区黄巾军失败。

（二）太平道依托曹操集团曲折发展

黄巾军余部大都被击败，也有投入袁绍、曹操等军阀麾下的。尤其值得注意的是青州黄巾军甚至成建制地归于曹操这一事实。初平三年（192年）四月，青州黄巾军进入兖州，杀刺史刘岱，兵锋甚健。济北相鲍信等迎曹操为兖州刺史，全力与青州黄巾军作战。这本是一场实力悬殊的战斗，曹操兵少，且多为新兵，不习战斗，跟随曹操投入战场的只有一千多人。青州黄巾加上家属不下百万，为新胜之师，且久历战阵，"兵皆精悍"。曹操亲临前线鼓舞士卒，将士用命，鲍信力战身死，扭转了战局，曹军取得初步胜利，由寿张进兵至济北，相持至

---

[1] 司马光：《资治通鉴·汉纪》，中华书局1956年版，第1864页。
[2] 干宝撰、汪绍楹校注：《搜神记》卷六，中华书局1979年版，第84页。

十月,黄巾军向曹操投降,受降士卒30多万。曹操裁汰老弱,将精壮力量编入军队,名之曰"青州兵",成为其军队的基干力量。黄巾军与官军及各地军阀长期战斗,经历了无数次大仗、恶仗,成千上万牺牲者有之,集体自杀者有之,以精锐之师如此大规模投降却是不多。此次归顺曹操,除了军事失利之外,还有黄巾军在宗教及政治上对曹操认可的因素。兖州对峙过程中,黄巾军曾致信曹操:"昔在济南,毁坏神坛,其道乃与中黄太乙同,似若知道,今更迷惑。汉行已尽,黄家当立。天之大运,非君才力所能存也。"[1]"毁坏神坛"指曹操任济南相时拆毁当地以祭祀汉城阳景王刘章为主的各类祠庙。这些祠庙历史悠久,多达六百余座,岁时供奉,民众大受其困,曹操在任时皆予清除。青州黄巾军认为曹操不信淫祀,与黄巾军奉祀"中黄太乙"之道有相通之处,因此以"黄家当立"规劝曹操不要为汉室效力。"天之大运"到底是归于曹还是属于黄巾,这里没有明确,曹操表面对黄巾此信大为"呵骂",实际上大力招降黄巾,其内心或存有借黄巾军对"天命"新解释的强大宗教、政治影响力为自己制造舆论的动机。曹操对接纳黄巾余部表现得比较积极,而黄巾军也倾向于归顺曹操。"汝南、颍川黄巾何仪、刘辟、黄邵、何曼等,众各数万,初应袁术,又附孙坚",最后被曹操击败并收编。建安九年(204年)四月,黑山黄巾军骁将张燕率领十万余众归降曹操。同年八月,曹军击败袁尚,占据邺城(今河北临漳西南),从此邺城成为曹操的政治中心。可见,黄巾余部重要的几支颍川、黑山、青州等皆托身于曹操军中,而曹操众多的精兵猛将中,却基本没有黄巾军的身影。且据史籍,青州兵战绩泛泛,青州归降不久,曹操与吕布作战,青州兵率先溃退,曹操因此受伤;[2]曹操攻打张绣,青州兵趁机抢掠;但这支队伍却伴随曹操一生,曹操去世之后,"青州军擅击鼓相引去"。有人主张予以惩办,贾逵则以曹操新故,嗣王未立,应予以安抚,"为作长檄,告所在给其廪食"。[3]从初平三年归降到曹操去世,时间有三十年之久,"青州兵"建制始终存在,这支队伍应该经历了两代人,这说明黄巾军及太平道的传统始终"寄生"曹操集团之中,曹操生前及死后都受到宽待。曹操保有这一集团的目的固然有青州兵在其发迹初期归降、不同于他者的因素[4],更多的应该是借助黄巾集团是"天运更替"舆论造作者,为

---
[1] 陈寿:《三国志·魏书·武帝纪》,中华书局1959年版,第10页。
[2] 陈寿:《三国志·魏书·武帝纪》,"布出兵战,先以骑犯青州兵。青州兵奔,太祖阵乱,驰突火出,坠马,烧左手掌"。中华书局1959年版,第11页。
[3] 陈寿:《三国志·魏书·贾逵传》注引《魏略》,中华书局1959年版,第482页。
[4] 陈寿:《三国志·魏书·于禁传》,中华书局1959年版,第522页。

其家族代汉服务。掌握了太平道，一定程度上就控制了"天命所归"的舆论主动权。曹丕以禅让的形式取代刘汉政权，其年号是"黄初"，这是接过了"太平道""苍天已死，黄天当立"的说法。曹丕以"黄初"为年号，而自认是"黄天第一世"，类似秦朝的一世、二世的说法。姜生曾就这一问题作过专门论述，可谓深中肯綮。[1]"太平道"借助曹操势力得以长期传衍，曹操借助太平道实现其政治目的。黄巾起义时间虽短，但太平道凭借军事力量以及政治影响力得以长期存在，并以曲折的形式继续发挥其影响力，在这一过程中，自身也不断演变。这再一次说明，太平道具备了方仙道所缺乏的严格的宗教组织形式，这种组织形式被长期保持下来，太平道应该是真正意义上的宗教，也是中国道教产生的下限。

曹操具有卓越的军事才能，更是一位高明的政治家，他最终控制了黄河流域，并且赢得了"正统"的地位，除了其政治、军事方面显性"硬实力"之外，还特别注重利用舆论等"软实力"。他一方面善于剔除浮华，不被儒家名教所羁绊，采用黄老刑名之术，不唯名节，唯才是举；另一方面又在关键的地方不出"名教之外"，终其一生没有称帝。曹操这种行为不是把儒家君臣伦理当作目的，实际上他是将此当作"手段"，出于政治实用主义，不愿意像袁术因称帝而造成"政治负担"，被人放在火上烤。他对于道教也采取实用主义的态度。尽管曹操也向往长生不老，其诗作中有不少向往仙人、真人的内容，其家族也有奉祀黄老道的传统，曹操晚年的宫殿里头还有专祠黄老的"濯龙祠"[2]；但曹操并不像秦始皇、汉武帝那样笃信神仙之术、为此耗费极大精力，他只是看中道教以及方士对"天命"言论的掌控。太平道这样的黄巾军余部在与曹操集团合作中得到延续。

（三）太平道五斗米道同出一源

在收服黄巾余部的同时，曹操也成功地得到了张鲁及其五斗米道的认可。建安二十年（215年）三月西征张鲁，七月进占汉中。十一月，张鲁率领其部众投降。张鲁受到曹操优待，父子五人封侯，曹操将自己的女儿嫁与张鲁之子为妻，两家成为姻亲。张鲁一族被安置在邺城，汉中百姓也被大规模迁到洛阳、邺

---

[1] 姜生：《曹操与原始道教》，《历史研究》2011年第1期。
[2] 杨宽在《论黄巾起义与曹操起家》中说：桓帝"祀黄老于北宫濯龙中"，而"曹腾是汉桓帝的亲信宦官，必然也参与其事，信奉了'黄老道'。曹操早年就信奉'黄老道'，该是出于家学渊源。曹操一直到死，并没有完全摆脱这种'道'的信仰，在他晚年所居的洛阳宫殿里，也还有专祠黄老的'濯龙祠'"。《曹操论集》，生活·读书·新知三联书店1960年版，第392页。

城一带，这样的人口迁移前后有三次，不下万余家，八万余口[1]。张氏自称"天师"，五斗米道演化为天师道，邺城成为天师道的中心。至此，东西两大道教派别又汇聚于燕赵地区，开始了新的发展历程。其实，五斗米道与太平道本出一源，都信奉经典《太平经》。

《三国志·张鲁传》裴松之注中有这样一段话：

> 典略曰：熹平中，妖贼大起，三辅有骆曜。光和中，东方有张角，汉中有张修。骆曜教民缅匿法，角为太平道，修为五斗米道。太平道者，师持九节杖为符祝，教病人叩头思过，因以符水饮之，得病或日浅而愈者，则云此人信道，其或不愈，则为不信道。修法略与角同，加施静室，使病者处其中思过。又使人为奸令祭酒，祭酒主以《老子》五千文，使都习，号为奸令。为鬼吏，主为病者请祷。请祷之法，书病人姓名，说服罪之意。作三通，其一上之天，著山上，其一埋之地，其一沉之水，谓之三官手书。使病者家出米五斗以为常，故号曰五斗米师。实无益于治病，但为淫妄，然小人昏愚，竞共事之。后角被诛，修亦亡。及鲁在汉中，因其民信行修业，遂增饰之。教使作义舍，以米肉置其中以止行人；又教使自隐，有小过者，当治道百步，则罪除；又依月令，春夏禁杀；又禁酒。流移寄在其地者，不敢不奉。[2]

在熹平（172—178年）、光和（178—184年）年间，骆曜、张修、张角皆为道门领袖（书中称之为"妖"），而各自名号不同。张修与张角的教法大致差不多，但是增加了要修习《老子》一书的内容，尤其是要信众出五斗米，这是突出的特点，可见张鲁的五斗米道很大程度是接续张修而来。张角与张修在修道方式方面的相同应有其内在联系，不是出自偶然。张角是大贤良师，其下各方有"渠帅"，张修的组织中有"奸令祭酒""鬼吏"等，似乎张角的规模层次要高于张修。尤其是张修在张角发难之后，也于同年七月在巴郡起兵。[3] 也许张修是张角的一个地方组织，至少张修与张角有同一个思想、组织源头。张鲁后来杀掉张

---

[1] 陈寿：《三国志·魏书·杜袭传》，中华书局1959年版，第666页。
[2] 陈寿：《三国志·魏书·张鲁传》，中华书局1959年版，第264页。
[3] 《后汉书·灵帝纪》（第349页）说："中平元年（184年）秋七月，巴郡妖巫张修反，寇郡县。"李贤注引刘艾《纪》曰："时巫人张修疗病，愈者雇以五斗米，号为五斗米师。"

修，并其部下，但却接过张修的宗教，[1] 在此基础上做了一些增饰，主要是修建义舍，准备食物以为来往行人提供方便。则张鲁之教有两个源头，一是其祖父、父亲所传之道，二是对张修的继承。张鲁的祖父张道陵是沛国丰人，此处正是海上方士活跃之地，张角太平道也与东部沿海地区有极深渊源，张角所奉《太平经》也是出自东部沿海地区。从上面的记述来看，五斗米道与太平道一样，都以《太平经》为经典，或者说是在《太平经》指导下形成的道教流派。

《太平经》把消灾去病当做独一无二的秘术要诀，代上天传递给"得道"的人："是故天上算计之，今为文书，上下极毕备足，乃复生圣人，无可复作……是故天使吾深告敕真人，付文道德之君……记之以为经书，如是乃后天地真文正字善辞悉得出也。邪伪毕去，天地大病悉除，流灾都灭亡，人民万物乃各得居其所矣，无复殃苦也。"[2]《太平经》卷一百十四："今世之人，行甚愚浅，得病且死，不自归于天，首过自搏叩头，家无大小，相助求哀。积有日数，天复原之，假期日月，使得苏息。后复犯之，叩头无益。"这种叩头思过的做法，五斗米道与太平道都是经常采用的。五斗米道长期在民间流传，对于升斗百姓而言，没有比能够消灾祛病更有吸引力的了，灾难病痛也是他们日常面临的较大问题，所以各种方式的治病、去病法术就成为极有号召力的要诀。

《典略》提到的"依月令，春夏禁杀"，则更是《太平经》一以贯之的思想主调。《太平经》以顺应自然为要义，人事的政令也要适应自然规律。丙部卷四十四《案书明刑德法》专门讨论刑德关系，观点自然是德主刑辅，其以四季节令为刑德运用依据的论述，与《黄帝四经》非常相似，但不同于《黄帝四经》"刑德并用"的倾向，而倾向于纯用德不用刑，这显然是儒家占主导地位的时代特点的体现。第四十八章《三合相通诀》就是对《月令》依照自然节律行政的翻版：

> 夫帝王乃承天心而治，一当称天心，不称天心为过。故其治无善放应，当退使思过。如此则天已喜，而天下莫不尽忠信，尽其能力者也。幽隐远方闻之，无藏其能者也。其上书急者，人命至重，不可须臾。人且复啼呼冤，今复结增怪变，疾解报之。其事可忍者须秋冬，何必须秋

---

[1]《三国志·张鲁传》（第263页）中说："益州牧刘焉以鲁为督义司马，与别部司马张修将兵击汉中太守苏固，鲁遂袭修杀之，夺其众。"《后汉书·刘焉传》（2432页）说："（刘焉）遂任鲁以为督义司马，（鲁）遂与别部司马张修将兵掩杀汉中太守苏固，断绝斜谷，杀使者。鲁既得汉中，遂复杀张修而并其众。"
[2] 王明：《太平经合校》，中华书局1960年版，第86页。

冬乎？然秋者物毕成，冬者物毕藏，天气定也。物以仲秋八月成熟，其实核可分别，故当顺天地之法，始以八月分别视之。九月者，天气之究竟也，物到九月尽欲死，故当九月究竟视之，观其善恶多少。十者，数之终也，故物至十月而反初。天正以八月为十月，故物毕成；地正以九月为十月，故物毕老；人正以亥为十月，故物毕死。[1]

秋冬处决犯人，顺应秋冬肃杀之气，此外不能杀人，以顺春夏生长之气。"物毕成""物毕藏"这样的说法也出现在《礼记·月令》中。这里把"天"更为人格化，突出了数字的意义，八九十都有特定的含义。

《太平经》卷六十九《天谶支干相配法》集中论禁酒的原因：

> 天之谶格法，太阳虽为君者，反大畏太阴，水之行也。水之甘良者，酒也。酒者，水之王也，长也，浆饮之最善者也，气属坎位，在夜主偷盗贼。故从酒名为好纵，水之王长也，水王则衰太阳。真人欲乐知天谶之审实也，从太古以降，中古以来，人君好纵酒者，皆不能太平，其治反乱，其官职多战斗，而致盗贼，是明效也。是故太平德君方治，火精当明，不宜从太阴，令使水德王，以厌害其治也，故当断酒也。[2]

这里主要从以五行为工具说明禁酒的必要性。酒属是水之王，水盛则火衰，火属阳，《太平经》崇尚阳，阳被克制，则非吉象。又历代君臣好酒者皆易致乱，不能太平，所以宜禁酒。另，《太平经钞》："酒者，水之王。水王当克火。火者，君德也，急断酒以全火德。"[3] 说得更简洁明了。《太平经》及《太平经钞》中还有许多有关禁酒的文字，这里不一一罗列。

五斗米道颂习《老子》五千文，张道陵对《道德经》作了神仙化、宗教化的解释，名为《老子想尔注》。唐玄宗御制《道德真经疏外传》列古今笺注《道德经》第二种《想尔》，云"三天法师张道陵所注"。在《老子想尔注》中也有着浓厚的"致太平"思想，"治国之君务修道德，忠臣辅佐务在行道，道普德溢，太平至矣。""上圣之君，师道至行，以教化天下，如治太平符瑞，皆感人功所

---

[1] 王明：《太平经合校》，中华书局1960年版，第153—154页。
[2] 王明：《太平经合校》，中华书局1960年版，第268—269页。
[3] 王明：《太平经合校》，中华书局1960年版，第269页。

积，致之者，道君也。"饶宗颐先生指出："《想尔》此注，其义实多因《太平经》之说。"[1]《太平经》在论述以"一师四辅"为核心的神仙谱系结构之后说："其余公卿有司仙真圣品大夫官等三百六十一，从属三万六千人，部领三十六万，人民则十百千万亿倍也。常使二十四真人密教有心之子，皆隶方诸上相，不可具说。"[2] 姜生根据这条文献记载提出自己的看法，"张角太平道黄巾起义时的'三十六方（万）'、五斗米道的'二十四治'，在这里都可找到其共同的经典依据。足见《太平经》本是太平道和五斗米道的共同经典，盖起初之原始道教乃一体，后逐渐在传播中在不同地域发生适应性演变，始有太平道、五斗米道之分。"[3] 笔者认为这种看法揭示了东西两个教派之间的历史渊源与内在联系，不仅张修与张角之法"略同"，张鲁之道也"大都与黄巾相似"[4]。

与太平道在黄巾起义被镇压后的隐秘、曲折存在方式不同，五斗米道虽然也一度背负着"叛逆""米贼"的名号，但张修、张鲁先依附刘焉在四川取得合法活动的地位。后来张鲁割据汉中，行政教合一之政，更是以公开形式传播。归顺曹操之后，张鲁及其后人世代为天师，五斗米道也被称为天师道，由割据一隅的地方势力成为居于政治中心的教派。张鲁父子得到曹操的优待，坐享高官厚禄。天师道也投桃报李，曹操去世之后，张鲁的部将李伏即以本道门的名义上书，劝进曹丕称帝。[5] 天师道与皇权的结合达到最高点。通过曹氏政权，太平道与天师道在邺城相遇并融合。曹丕称帝后，秉承乃父一贯的"实用主义"方针，利用道教获取政权后，开始对其采取严格的控制政策，天师道的发展受到很大制约，道门一度出现衰败迹象，于是有后来寇谦之等人"整顿三张伪法"的举措。

三、佛教在燕赵地区的流传

佛教传入中国有各种不同的传说，比较可靠的是鱼豢《魏略·西戎传》

---

[1] 饶宗颐：《〈想尔注〉与〈太平经〉》，见《老子想尔注校证》，上海古籍出版社1991年版，第89页。
[2] 王明：《太平经合校》，中华书局1960年版，第6页。
[3] 姜生：《东汉原始道教与政治考》，《社会科学研究》2000年第3期。
[4] 陈寿：《三国志·魏书·张鲁传》，中华书局1959年版，第263页。
[5]《魏书·文帝纪》注引《献帝传》：昔先王初建魏国，在境外者闻之未审，皆以为拜王。武都李庶、姜合羁旅汉中，谓臣曰："必为魏公，未便王也。定天下者，魏公子桓，神之所命，当合符谶，以应天人之位。"臣以合辞语镇南将军张鲁，鲁亦问合知书所出？合曰："孔子《玉版》也。天子历数，虽百世可知。"是后月余，有亡人来，写得册文，卒如合辞。合长于内学，关右知名。鲁虽有怀国之心，沉溺异道变化，不果痛о之言。后密与臣议解质，国人不协，或欲西通，鲁即怒曰："宁为魏公奴，不为刘备上客也。"言发恻痛，诚有由然。合先迎王师，往岁病亡于邺。自臣在朝，每为所亲宣说此意，时未有宜，弗敢昌言。殿下即位初年，祯祥众瑞，日月而至，有命自天，昭然著见……今洪泽被四表，灵恩格天地，海内禽习，殊方归服，兆应并集，以扬休命，始终允臧。臣不胜喜舞，谨具表通。《三国志》第62—63页。

的记载:"汉哀帝元寿元年(公元前2年),博士弟子景卢受大月氏王使伊存口受《浮屠经》,曰复立者其人也。"《魏略》已佚,上文见《三国志》裴注引。[1] "浮屠"就是"佛"的音译。东汉明帝曾派人到天竺求佛法,使者归来后,朝廷中王公贵族描画佛像以供奉之。据传明帝使者从印度用白马驮经而返,遂在洛阳建白马寺。楚王刘英信奉佛教,信徒转盛,"桓帝好神,数祀浮图、老子,百姓稍有奉者。"[2] 中土第一部汉译佛经为《四十二章经》,据汤用彤先生考证,该经出自东汉桓帝以前,襄楷曾引用本经,是其在东汉年间颇有流传。汉代所译《四十二章经》没有流传下来,传世最早的本子是三国吴人支谦所译,行文优美,传播甚广。[3] 东汉时期,上层贵族信奉佛教,常与黄老、谶纬杂糅,甚至佛老一起供奉,可见,在佛教传入中土初期,即与道教、黄老之学有了融通,彼此相互影响;佛教赖本土黄老之术而传,黄老之术借助佛教也不断发展自身。汉桓帝建和二年(148年),安息国(即帕提亚国,Parthia)王子安清(字世高),辞王位来到中国,在中土二十余年间,译出佛经30余部,为当时中国佛学巨擘。桓灵以来,在洛阳译经的僧人有支谶、朔佛、昙果、支曜、康巨、严浮调等[4],译经事业兴盛一时。

燕赵地区是刘秀发迹的地方,该地区留下许多刘秀为"天命天子"的故事。汉明帝刘庄出生于河北元氏县,刘秀、刘庄父子推崇图谶,而佛教与黄老图谶当时很大程度上被混为一谈。皇帝认可佛教,燕赵地区也受到影响。明嘉靖年间修撰的《南宫县志·地理志·古迹》记载:"普彤塔,在废县。汉明帝永平十年建,贞观四年重修。有唐时断碑。大耳禅师重建。"据此,则永平十年(67年)在南宫就有佛塔,佛教在此已经比较活跃了。现存南宫普彤塔是明代嘉靖十五年(1536年)重修,原塔建于汉代说法得到当地出土资料的支持。1966年邢台大地震,震落了普彤塔顶的三尊明代铜佛,其中较大一尊背部有铭文:"永平十五年正月十五摄摩腾建,竺法兰,大耳三藏公,至元和四年正月初五海和尚重修,至嘉靖十五年七月十五重修……""元和"是曹魏年号,元和四年为230年,摄摩腾、竺法兰是成书于南朝梁代的《高僧传》所记载的随汉明帝求法团回国的西域胡僧,据说他们翻译了《四十二章经》,汉明帝为其建白马寺。《南宫县志》卷四《杂物志·仙释》记载,唐贞元年间(785—805年)大耳禅师居普彤寺,建浮

---

[1] 陈寿:《三国志·乌丸鲜卑东夷传》,中华书局1959年版,第859页。
[2] 范晔:《后汉书·西域传》,中华书局1965年版,第2922页。
[3] 汤用彤:《汉魏两晋南北朝佛教史》,《汤用彤全集》第一卷,河北人民出版社2000年版,第25、27、28、32页。
[4] 汤用彤:《汉魏两晋南北朝佛教史》,《汤用彤全集》第一卷,河北人民出版社2000年版,第48页。

屠，高十余丈。1990年，河北省古建筑研究所对普彤塔进行维修时，发现一块带有铭文的石板残片，有"汉明帝永平十年始建，永平十五年正月十五竣工"字样，同时在塔内发现了四十一尊明代嘉靖十五年重建时装入的佛像，其中有两尊佛像的背部有铭文："永平十五年正月摄摩腾建"字样。1995年，"在南宫垂杨镇发现南北朝时期汉白玉佛教造像残片数百件。2006年，在普彤塔侧畔的群英湖湖底，发现北齐时期汉白玉佛教造像残件近百件。"[1]另外隋朝、清朝时期的有关碑刻文字也有汉代肇建普彤塔的记载。后代的碑刻对普彤塔建造的时间说法不一，或云永平十年，或云十五年，与洛阳白马寺齐云塔建造时间（始建于永平十二年）大体相当。上述材料说明，汉明帝时期，河北南宫就有了佛寺佛塔，曹魏时期重修，历经南北朝隋唐，历代均有修缮。从东汉以来，佛教在此就传承不绝。

建安年间（196—220年）在平棘（今河北赵县赵州镇固城村）建有观音院，宋更名为"永安院"，金代更名为"柏林禅寺"，寺名沿用至今。唐代丛谂和尚从南方到此任住持，开著名的"赵州禅风"。时至今日，柏林寺乃为著名的佛教丛林及佛学研究中心。此外，据有关文献记载，涞源的阁院寺、内丘的慈仁寺、涉县的清泉寺、蔚县的南安寺等，都始建于东汉时期。

明帝以外，东汉另外一个与佛教有较深渊源关系的皇帝是桓帝刘志。《后汉书·桓帝纪》的论赞，对桓帝的评论是"前史称桓帝好音乐，善琴笙。饰芳林而考濯龙之宫，设华盖以祠浮图、老子"[2]，则桓帝将黄老与佛教并奉。由于皇帝的信从，使东汉后期佛教有了较大发展，西域名僧联翩而至，佛经翻译事业走向兴盛，佛教在汉代的发展于此有了跃进。桓帝12岁继位，之前他在河北地区做藩王，是东汉第三个皇帝章帝的曾孙。刘志的祖父刘开被封为河间王，于延平元年（140年）就国，国都在乐城（治今河北献县河城街镇河城街村村南）。河间王诸子中，刘翼甚为和熹邓太后所喜，太后主持立其为河间王继承人。但后来被中常侍江京陷害，失去世子资格，被贬为都乡侯。刘开上书朝廷，从河间国分出蠡吾县（治今博野县博陵镇西北里村）作为刘翼的封地，因此刘翼被改立为"蠡吾侯"。刘翼去世后，其子刘志继承封爵。本初元年（146年），在梁太后的主持下，刘志娶太后之妹为妻。同年梁冀毒死质帝，立刘志入继大统，是为桓帝。桓帝继位的时候只有12岁，他从小在河北长大，继皇帝位之后，信从佛教，与家乡

---

[1] 张志军：《河北佛教史》，宗教文化出版社2016年版，第10页。
[2] 范晔：《后汉书·桓帝纪》，中华书局1965年版，第320页。

河间国的氛围不无关系，于此也可见当时河间地区佛教信仰有一定的基础。

第三节 《太平经》的基本思想

《太平经》是现存道教最早的一部经书，但长期以来研究者少，几乎湮没不闻。20世纪30年代以来，陈寅恪、汤用彤诸先生开始关注，后来王明对其进行点校整理，把残存的经文与钞文排列在一起，使原来缺讹严重的文本以较为整齐的面貌呈现出来，为进一步的研究提供了便利。20世纪50年代以来，结合张角起义、道教史等问题，《太平经》受到广泛关注，但新的问题和争议随之而来，主要是现存《太平经》是否汉代之旧；《太平经》与张角起义有无关系，是否代表"农民阶级"的思想；《太平经》与早期道教、佛教的关系等。这些问题有的是在特定的思想认识情境下产生的，有的是学术研究走向深入过程中所留下的印痕。这里结合前人研究成果，对《太平经》略作介绍。

一、《太平经》的由来

最早提到有关《太平经》的资料是《汉书》，《李寻传》云："齐人甘忠可诈造《天官历》《包元太平经》十二卷，以言汉家逢天地之大终，当更受命于天，天帝使真人赤精子，下教我此道。"[1] 对于这段话，有人认为"天官历包元太平经"是一本书，也有人说是两本，中华书局标点本《汉书》持后一种观点。《天官历》《包元太平经》今无从得见，但与流传下来的《太平经》也并非绝无关系。今传《太平经》及其抄本没有汉运当终的直接断言，而上天派人传授真言则是《太平经》通篇主旨，《太平经》就是通过"天师"与"真人"对话展开的，这说明二者有渊源关系。顺帝时（125—144年在位），琅邪人宫崇向朝廷进献《太平清领书》一百七十卷，文字写在青白色的缣帛之上，画出红色的竖直界道，青色标首，用红色书写题目。据宫崇说，此书是神仙所传，其师干吉得之于曲阳泉水之上。章怀太子注曰，当时名为曲阳者有四处："润州有曲阳山，有神溪水；定州有曲阳山，有神溪水；海州有曲阳城，北有羽潭水；寿州有曲阳城，又有北溪水。"因干吉、宫崇皆为琅邪人，章怀太子将此曲阳定为东海曲阳，即现在江苏连云港市。因其中多巫觋杂语，有司以为荒诞不经，即藏在秘

---
[1] 班固：《汉书·李寻传》，中华书局1962年版，第3192—3193页。

府，禁其流传，但后来张角不知通过什么渠道，还是获得此书。桓帝延熹九年（166年）襄楷再次向朝廷上奏此书，依然没有得到采纳。襄楷上书明确提到他所上之书就是前此宫崇所上"神书"，章怀太子注谓此书就是《太平经》。灵帝（168—189年在位）即位，对襄楷的上书及《太平经》却颇为赞赏（及灵帝即位，以楷书为然）[1]。从顺帝到灵帝近五十年的历程中，《太平经》两次上达朝廷，除此书持有者在民间传布之外，皇帝及相关官员都接触过，并且灵帝甚为首肯，在黄老、浮屠颇为流行的汉末，皇帝近侍及中央官员传抄流布此书的可能性是非常大的。

《太平经》共一百七十卷，分为甲乙丙丁戊己庚辛壬癸十部，每部十七卷，流传下来的版本只有明英宗正统九年（1444年）《道藏》本，该本残缺不全，仅有五十七卷，甲乙辛壬癸五部全部亡佚，其他各部也都有散失。《道藏》另有《太平经钞》十卷，也以天干为序，分为十个部分，唐末人闾丘方远钞辑而成。今人王明据正统道藏本及钞本，搜集其他征引《太平经》的文献二十七种，予以校补，编辑成《太平经合校》，这是目前最为完备的版本。钞本十部是对《太平经》的节录，据王明研究，甲部文字与《灵书紫文上经》有的地方大同小异，应是"从《灵书紫文》来的"，另《太平经钞》甲部也袭取了《上清后圣道君列传》的材料[2]，其他部分是对《太平经》的钞录。另，杨寄林先生著有《太平经今注今译》一书，对《太平经》做了注释和翻译，该书沿用了王明经、钞合并的结构，但根据敦煌《太平经目录》，对部分卷下小标题起止做了调整，在断句和标点方面也与王明合校本有所不同，纠正了一些讹误。对各卷每一目下的主要内容都有简要概括，使杂乱的《太平经》各部分眉目更加显豁，对全面、深入理解《太平经》甚有帮助。

从比较可靠的文献记载及汉代思想特点来考察，现存《太平经》残本以及《太平经钞》（甲部除外），应该就是东汉末期襄楷所提到的《太平经》之遗存。据汤用彤先生考证，唐章怀太子李贤注《后汉书》所引《太平经》文字，大部分在《经》《钞》中都能找到原文。如李贤引《太平经》《兴帝王篇》一段：

> 真人问神人曰："吾欲使帝王立致太平，岂可闻邪？"神人言："但顺天地之道，不失铢分，则立致太平。元气有三名，为太阳、太

---

[1] 范晔：《后汉书·襄楷传》，中华书局1965年版，第1075—1085页。
[2] 王明：《太平经合校》，中华书局1960年版，"前言"第13页。

阴、中和。形体有三名,为天、地、人。天有三名,为日、月、星,北极为中也。地有三名,为山、川与平土。人有三名,为父、母、子。政有三名,为君、臣、人。此三者,常相得腹心,不失铢分,伸其同一忧,合成一家,立致太平,延年不疑也。"

又问曰:"今何故其生子少也?"天师曰:"善哉子之言也,但施不得其意耳。如令施其人欲生也,开其玉户,施种于中,比若春种于地也,十十相应和而生。其施不以其时。比若十月种物于地也,十十尽死,固无生者。真人欲重知其审,今无子之女,虽日百施其中,犹无所生。不得其所生之处,比若此矣。是故古者圣贤不妄施于不生之地也,名为亡种,竭气而无所生成。今太平气到,或有不生子者,反断绝天地之统,使国少人。理国之道,多人则国富,少人则国贫。今天上皇之气已到,天皇气生物,乃当万倍其初天地。"[1]

此段文字见于《太平经钞》乙部,只是文字表达有个别不同:

通天地中和谭,顺大业,和三气游,王者使无事,贤人悉出,辅兴帝王,天大喜。真人问神人曰:"吾欲使帝王立致太平,岂可闻邪?"神人言:"但大顺天地,不失铢分,立致太平,瑞应并兴。元气有三名,太阳、太阴、中和。形体有三名,天、地、人。天有三名,日、月、星,北极为中也。地有三名,为山、川、平土。人有三名,父、母、子。治有三名,君、臣、民,欲太平也。此三者常当腹心,不失铢分,使同一忧,合成一家,立致太平,延年不疑矣。故男者象天,故心念在女也,是天使人之明效也。臣者为地通谭,地者常欲上行,与天合心。"[2]

上列李贤引《太平经》第二段文字主要是所谓"广嗣之术",也就是房中术的内容。《太平经钞》阙载,但提到男女像天地,也有男女合和的意思,文意转向夫妻、父子、君臣之间的伦理关系。

另外,李贤引《太平经》"吾书中,善者悉使青下而丹目,合乎吾之道,乃丹青之信也。青者,生仁而有心。赤者太阳,天之正色也"一段,见于《太平

---

[1] 范晔:《后汉书·襄楷传》,中华书局1965年版,第1082页。
[2] 王明:《太平经合校》,中华书局1960年版,第18—19页。

经钞》丁部,原文作:"吾书中善者,悉使青首为下而丹字,何乎?吾道乃丹青之信也。青者生仁而有心,赤者太阳,天之正色也。"[1]李贤注引神咒一段:"天上有常神圣要语,时下授人以言,用使神吏应气而往来也。人众得之谓神咒也。咒百中百,十中十,其咒有可使神为除灾疾,用之所向无不愈也。"见于《太平经》丙部:"天上有常神圣要语,时下授人以言,用使神吏应气而往来也。人民得之,谓为神祝也。祝也祝百中百,祝十中十,祝是天上神本文传经辞也。其祝有可使神伇为除疾,皆聚十十中者,用之所向无不愈者也。"[2]

可见,东汉末襄楷所透露出的有关《太平经》的内容与唐人所见《太平经》高度相符,其"兴国广嗣之术",也在今传本《太平经》有着充分的体现。《太平经》文辞朴陋繁复、相同甚至类似的观点反复出现,且多相互矛盾,与今传汉代学者简洁、精要的写作方法迥然有别,体现了下层人士的笔法。《太平经》多袭董仲舒天人感应思想,但与董仲舒微妙精练的文风有天壤之别,这与《后汉书》所说的"其文易晓""杂巫觋语"的行文特点一致。尤其是《太平经》的哲学架构以阴阳五行为主要工具,以天人相参、天人感应为主要架构,元气说贯穿始终,是典型的汉代思想风格。襄楷所奏之"神书"及范晔称说之《太平青领书》就是今传《太平经》。以下讨论《太平经》思想即将《经》与《钞》都视作汉代《太平经》的组成部分,引文悉本王明编《太平经合校》,在引文阐释方面参考了杨寄林先生的《太平经今注今译》,个别地方有不同理解,则予以说明。

二、《太平经》的宇宙论思想

《庄子》提出"通天下一气耳",西汉正是元气宇宙论进一步完善的时期。元气由一分为二、三,与《道德经》"道生一,一生二,二生三,三生万物,万物负阴而抱阳冲气以为和"的思想一致。"自然"是宇宙的根本属性,这是《太平经》坚持一贯的原则。在宇宙论上,老子的天道自然论与汉代元气化生论被结合在一起,既体现了时代特点,又秉持老子的思想。

(一)元气化生的宇宙生成论

在宇宙生成的问题上,《太平经》持元气论的观点。元气是构成宇宙的材料,元气运动不居,自然化生而为阳气,阳气产生天;阳气极而生阴,阴气生成地;阴阳和合而生人、生万物:"元气恍惚自然,共凝成一,名为天也;分而生

---

[1] 王明:《太平经合校》,中华书局1960年版,第219页。
[2] 王明:《太平经合校》,中华书局1960年版,第181页。

阴而成地，名为二也；因为上天下地，阴阳相合施生人，名为三也。三统共生，长养凡物"。[1] 元气化生宇宙万物之后，即寓于其中，从其源头而言为一，就其散为万殊而言，统归为三，可称之为天地人，也可称之为"太阳、太阴、中和"[2]。《太平经钞》丁部有以下一段比较集中论阴阳的文字：

> 元气，阳也，主生；自然而化，阴也，主养凡物。天阳主生也，地阴主养也。日与昼，阳也，主生；月星夜，阴也，主养。春夏，阳也，主生；秋冬，阴也，主养。甲丙戊庚壬，阳也，主生；乙丁己辛癸，阴也，主养。子寅辰午申戌，阳也，主生；丑卯巳未酉亥，阴也，主养。亦诸九，阳也，主生；诸六，阴也，主养。男子，阳也，主生；女子，阴也，主养。万物：雄，阳也，主生；雌，阴也，主养。君，阳也，主生；臣，阴也，主养。天下凡事，皆一阴一阳，乃能相生，乃能相养。一阳不施生，一阴并虚空，无可养也；一阴不受化，一阳无可施生统也。阳气一统绝灭不通，为天大怨也。一阴不受化，不能生出，为大咎。天怨者，阳不好施，无所生，反好杀伤其生也。地所咎，在阴不好受化，而无所出养长，而咎人，反伤其养长也。天不以时雨，为恶凶天也；地不以生养万物，为恶凶地也。男不以施生为断天统，女不以受化为断地统。阴阳之道，绝灭无后，为大凶。比若天地一旦毁，而无复有天地也。[3]

空间中的天地日月星辰以及万物，时间中的四季都分为阴阳，并按照阴阳的规律运行，阳主施生，阴主受化。阴阳之间的消长作用，使宇宙有规律地运行，独阴、独阳皆不能使天地运化、万物滋生。在一定的时空条件下，阴阳势力超过其应有的界限也会使宇宙错行，带来灾难。有生命的物质，雄为阳雌为阴，人类亦然；雌雄相接，万物传衍不息。人类社会中，地位高者、居主动者为阳，反之则为阴。《太平经》类似的阴阳与时空范围内事务及事件的配属俯拾即是，不一一枚举。这种阴阳配属与马王堆汉墓出土的《黄帝四经》在思想、行文方面都很类似，尤其突出的是以阴阳配刑德，说明德主刑辅，也与《黄帝四经》、

---

[1] 王明：《太平经合校》，中华书局1960年版，第305页。
[2] 王明：《太平经合校》，中华书局1960年版，第19页。
[3] 王明：《太平经合校》，中华书局1960年版，第220—221页。原文作："女子，阴也，主养万物。雄，阳也，主生。"笔者根据文意，对标点作了调整。

董仲舒《春秋繁露》一脉相承，这都显示了《太平经》深深植根于汉代思想土壤的事实。与《黄帝四经》不同的是，把天干地支也纳入阴阳序列之内，或者说以天干地支为工具，把阴阳作进一步细分。同时，也以《周易》特有的术语"九""六"来配属阴阳，体现了《太平经》与《周易》思想的密切关系，它接纳《易传·说卦》[1]八卦与空间方位相配的框架，将阴阳、五行、干支、四方、四季等要素综括起来，描绘出囊括时空、包罗万象的宇宙图式。

（二）"尚火"的五行、干支思想

与阴阳一样，五行是《太平经》认识、解释自然的重要工具，阴阳是偶数序列的二分法，能较好地解释事物之间的相反相成的对立关系，侧重于说明宇宙运行的动因。五行属奇数序列，侧重于表征事物的属性，五行生克更善于表述事物之间的纷繁复杂的作用关系，尤其是五行与东南西北中"五方"相配，构成空间框架，而阴阳在此框架中由东南顺时针运行，彼此消长，构成四季循环模式。时间与空间通过五行很好地结合起来，因而五行成为不可取代的思维工具。五行思想在《太平经》被充分运用，达到了烂熟的程度，"四时五行"并举的说法出现了70次之多，"五行四时"一词出现了9次，五行单独应用则更多，俨然成为"口头禅"。

《太平经》戊部比较集中论述了五行与自然及人事相关的问题，由此可见五行被广泛运用之一斑。戊部第一部分开篇即指出，"夫皇天廼以四时为枝，厚地以五行为体，枝主衰盛，体主规矩。部此九神，周洂天下，上下洞极，变化难睹。为天地重宝，为众神门户。"[2]"枝"《太平经钞》作"肢"，二者相通。此时天地、四时五行互文，意即四时五行是天的根本规律，后文说"上下洞极"都是说此规律的重要性。五行为地之"体"，"体"主规矩，这里也显示出作为人为概括出的哲学范畴"五行"体现自然的四时规律的古老观念。[3]东方为少阳，五行属木，其色苍，四时属春，为天之始生之地，二十八宿中主心宿，为《周易》乾卦"九二，见（现）龙在田""天下文明"之象。南方为太阳，五

---

[1]《说卦》："帝出乎震，齐乎巽，相见乎离，致役乎坤，说言乎兑，战乎乾，劳乎坎，成言乎艮。万物出乎震，震，东方也。齐乎巽，巽，东南也。齐也者，言万物之洁齐也。离也者，明也。万物皆相见，南方之卦也。圣人南面而听天下，向明而治，盖取诸此也。坤也者，地也，万物皆致养焉，故曰致役乎坤。兑，正秋也，万物之所说也，故曰说言乎兑。战乎乾。乾，西北之卦也，言阴阳相薄也。坎者，水也，正北方之卦也，劳卦也。万物之所归也，故曰劳乎坎。艮，东北之卦也，万物之所成终而所成始也，故曰成言乎艮。"十三经注疏整理委员会：《周易正义》，北京大学出版社2000年版，第385—386页。
[2] 王明：《太平经合校》，中华书局1960年版，第262页。
[3] 详见武占江：《四时与阴阳五行》，《河北师范大学学报》（哲学社会科学版）2003年第2期。

行属火，其色赤，四时为是盛夏，为天地最盛之象、众光之长，南方为君位，东方为君之父母；圣君治天下当法南方。西方为少阴，五行属金，其色白，四时属秋，为臣象、主兵戈，故西方当从属于东方，南方。北方为太阴，五行属水，其色黑，四时属冬，周流不息，为万民之象，应该像水滋养草木一样供养君王。五行配四时，存在数字的差别，汉代比较流行的有三种配属，第一种是"土不主时"居中，为帝王之象；另一种是"土王四季"，四季中各有一部分时间为"土"所主；第三种说法是在夏与秋之间加一个"长夏"，相当于三伏天，实际上是五季。《太平经》戊部则把土笼统归于金、水二行之内："天地之格谶，西方北方，下属于地。故万物至秋冬，悉落下归土也。人民蚑行至秋冬，悉入穴而居。故地之为色也，外黄白象土金，内含水而黑，象北行也。"[1] 这里，五行实际上被分为两组，第一组为"木火"，第二组是"土金水"，两部分各象征天地、君臣、尊卑。这与《太平经》"尚火"的独特思想密切相关。

《太平经》的核心思想也是一种二分法，它主要处理的是人神关系，讨论人如何顺从天，也就是顺从神从而成仙的问题；退一步，成仙是少数人的事，大多数人不能成仙，那么就追求如何尽其天年，不半途夭亡，因而消灾去病是《太平经》的一个非常重要的主题，也是其能够吸引普通百姓的重要原因。所消之"灾"分为天灾与人祸，要避免人祸，就要探讨社会治理问题，因而君臣上下关系也是《太平经》的重要主题，这就是它的社会思想、伦理思想。此处五行思想分为两类，也出于利用五行为工具，论述合理的社会关系的考虑。

"火"在五行中居主宰性地位，五祀（户、灶、室中、门、井神）中以灶为君，五脏以心为君，灶、心五行中皆属火。日在南方火位最盛，四时为盛夏，东方木主生，南方火主养，火属太阳，为人君之象；是以太阳有所变故，皆应人君，不应于其他"四行"。《太平经》还指出，"火能化四行自与五，故得称君象也。木性和而专，得火而散成灰。金性坚刚，得火而柔。土性大柔，得火而坚成瓦。水性寒，得火而温。火自与五行同，又能变化无常，其性动而上行。"[2] 火在五行中有至高无上的地位，这是《太平经》的独创。东方少阳，为火之父母，木与火主生、主养，火性明，人君当以仁为心，以明为德，以"文德"治理天下，化成万物，为万民法式。金属少阴，"随火屈折"如臣应顺于君，应为臣，为后宫，佐君以治理天下，是为义。土与水是万民之象，当以供养君王为职

---
[1] 王明：《太平经合校》，中华书局1960年版，第265页。
[2] 王明：《太平经合校》，中华书局1960年版，第20页。

责。臣民与君王的秩序不能颠倒，否则会生灾变。

> 天之谶诀，金玉兴用事。人大兴武部者，木绝元气，土得王。大起土者，是太皇后之宫也。气属西北方，太阴得大王，则生訞臣，作后宫，失路腾而起，土王则金相，复相随腾而起，巳与辛之气俱得兴王，腾而大起。天之格法，则生后宫多訞，此非后宫之过也，此乃名为治失天谶，失其大部界，反使灾还反相覆也。是乃天地开辟以来，先师天时运未及，得分别具说天之大部界也。令帝王便失天之法治，令生此灾变。[1]

"谶诀""谶格"是《太平经》的专门术语，"谶"有语言的意思，"天谶"自然是权威的语言，相当于天所定之规则。"金玉兴用事"，"玉"盖为"王"之误。金克木，金气大盛，木被过分克制（这在五行生克关系中称为"乘"），陷于绝境，受木克制的土超常兴盛，反克木而王（五行生克关系中称为"侮"），金为相辅；相应地，与土相配的天干"己"[2]、与金相配的"辛"随之兴盛；原来以火为中心的秩序被打乱，臣下、后宫反凌驾于君王之上，这就颠覆了天定之秩序，人间秩序大乱，天也会降下灾难。这里五行的相生、相克、乘侮的关系都运用得很纯熟。

在《太平经》中，天干地支基本上是与五行相并列的逻辑工具，[3] 在戊部第一部分紧接此段文字之上，有一段天干之间父子、夫妻相配的文字，这段文字在《太平经》与《太平经钞》中都有。

> "天之格谶，丙为火之长，最其大明者也，君之位也。辛者属丙，辛者，丙之后宫也。真人知之耶？""唯唯。""行，子已知之矣。""今已亦为皇后，辛亦为皇后，何谓也？""善哉，子之难也，得天谶诀意。然己配甲，甲者，丙之父也，故己乃太皇后之宫也。

---
[1] 王明：《太平经合校》，中华书局1960年版，第270页。
[2] "巳"当是"己"之误。因为这里说的是天干，而且上文紧接着有己为甲之皇后，为太皇后；辛为丙之后，丙为甲之适子，辛为小皇后。此处主要说后宫，是己当为天干之"己"，不是地支之"巳"。
[3]《太平经》也以天干地支作为构建天地运行模式的工具，如己部一百〇二卷《经文部数所应诀》一百六十七云："天数之始也，是故天地未分之时，积气都合为一，分为二，成夫妇。天下施于地，怀妊于玄冥，字为甲子。布根东北，丑与寅。始见于卯，毕生东南，辰与巳。垂枝于南，养于午。向老西南，未与申。成西方，日入西。毕藏西北，戌与亥。故起数于一，十而止。十者，十干之始，五行之本也。数以一乘十，百而备是也。故天生内百日故毕终。是故斗建于辰，破于戌。建者，立也，故万物欲毕生。破者，败也，万物毕死于戌。数从天地八方，十而备，阴阳建破，以此往来复其故，随天斗所指以明事。吾书乃为除害气，故象天为法。"见《太平经合校》，中华书局1960年版，第463—464页。

辛者配丙，丙者，甲之子也。故辛者，小皇后之宫也；丙者，乃甲之适子，受命皇之君也。真人知之耶？""唯唯。""行，真人已知之矣。""庚者属乙，是国家诸侯王之婿也。壬者属丁，是帝王女弟之婿也。癸者属戊，是国家太皇后之妇家也。"[1]

以天干配皇室、外戚是非常特殊做法，同时又以十二地支分别为十天干之"家"，戊之家为辰、戌，己之家为丑、未，其余八地支分别为八天干之家。[2] 通过这种配属，把宗室及其姻亲关系神秘化，这种配属形式上是非常任意的，这体现了《太平经》鄙陋的一面，其中许多文字繁复重叠、琐屑细碎，尤其是以十二地支为十天干之家，只是一种简单的联系，没有说明内在原因，有让人难以卒读之感。但细考十天干之间的"父子姻亲关系"，又可见作者之"苦心"。

把丙当作君，可见是为了适应以火为尊的五行说，流行的五行说以丙丁配火，以甲乙配木，《太平经》则对这种配属又作了拆分：丙为皇帝，甲为其父，乙没有着落，则被界定为诸侯，也就是皇帝的兄弟，则丁为帝王之姐妹或女儿。甲乙丙丁属于皇室，己庚辛壬分别是他们的配偶，也就是己是皇太后，庚是诸侯之外家，辛是皇后，壬是驸马之属。尤其有意思的是把"癸"界定为"太皇后之妇家"，也就是太皇后的娘家人，是戊的配偶，而戊代表什么身份，则没有交代。同卷，十二地支之间也有类似的配属。

这种配属方案中最为突出的就是皇后一族，以丙而不以甲为皇帝，丙为甲之嫡适，则有了小皇后、太皇后，皇帝在位，皇帝之父则是虚位，小皇后则服从于太皇后，此外还专设"太后妇家"一项，这正反映了东汉中期以来太后专权的历史现实。和帝去世后，和熹邓太后秉国之政，直至去世，开了太后专权恶例，此后太后专权即成为东汉痼疾。为了长期把持政权，或立幼帝，或立平庸之帝，皇帝或被毒杀，或利用宦官诛灭外戚，则权力又落入宦官之手，如此恶性循环，直至东汉灭亡。《太平经》作者看到这一点，借助五行干支，对外戚专权进行了严厉谴责，谓为"后宫多訞"，"治失天谶"，逆天而行，终将覆灭。这又是此书产生于东汉的明证。此外，《太平经》还指出，西北方属金，主兵戈，金盛则威胁东方火、木之帝位，又是东汉中期以来，西北地区羌族反抗、战争不息的时代写照。

---

[1]王明：《太平经合校》，中华书局1960年版，第266页。
[2]王明：《太平经合校》，中华书局1960年版，第273、274页。

同时，在五行两组对抗的框架下，《太平经》还提出禁酒的主张："酒者，水之王。水王当克火。火者，君德也，急断酒以全火德。"[1] 五斗米道禁酒，实本于此。

三、天道自然与神仙主宰

包括长生不老的方术在内，各种"技术性"的法术基本上是上古巫术的孑遗，其背后没有一个自觉的、系统的宇宙论、神学体系，因而不能称为严格意义上的宗教。《太平经》厘清了宇宙论与神仙系统的关系，形成了比较成熟的"顶层设计"，是东汉末年蓬勃兴起的太平道、五斗米道的理论依据，所以《太平经》这一思想体系与太平道、五斗米道宗教组织的形成，标志着道教的正式产生，《太平经》的意义在道教史上是非常重要的。

（一）奠定了道教独特的信仰体系

"道"是《太平经》的一个重要概念，相当于宇宙生成、运行的规律，天地万物与人类社会均服从此规律。《太平经钞》乙部《守一明法》一段文字论道比较集中：

> 夫道何等也？万物之元首，不可得名者。六极之中，无道不能变化。元气行道，以生万物，天地大小，无不由道而生者也。故元气无形，以制有形，以舒元气，不[2]缘道而生。自然者，乃万物之自然也。不行道，不能包裹天地，各得其所，能使高者不知危。天行道，昼夜不懈，疾于风雨，尚恐失道意，况王者乎？三光行道不懈，故著于天而照八极，失道光灭矣。[3]

元气是宇宙的基本物质，其运行形成人与天地万物。宇宙无限繁杂，但运行有条不紊，是因为有一个总的规律在决定着这个运动过程，此规律即为"道"。世间无一物不受道的支配，昼夜交替、日月星辰次第出没，概莫能外，人类社会也必须服从道的规律。从道"万物之元首"的表述来看，道在无形的规律之外，尚有"有形实体"、万物源头的含义，它生出天地，在这个意义上，元气与道是二

---

[1] 王明：《太平经合校》，中华书局1960年版，第269页。
[2] "不"前当有"无"字，与上文"无道不能变化""无不由道而生"相应，否则与整段文意矛盾。
[3] 王明：《太平经合校》，中华书局1960年版，第16页。

而一的。总之,宇宙在物质与规律方面都是统一的,坚持了一元论的宇宙观。道的根本属性是自然,宇宙自然创生,其运行规律来自内部,没有一个创造天地的神,这也是《道德经》"人法地,地法天,天法道,道法自然"思想的翻版。但《太平经》主张有神论,否则即不成其为宗教经典,那么神的位置在哪里呢?《太平经》构建了人神"同源异流"的关系框架:

> 天下人本生受命之时,与天地分身,抱元气于自然,不饮不食,嘘吸阴阳气而活,不知饥渴。久久离神道远,小小失其指意,后生者不得复知,真道空虚,日流就伪,更生饥渴,不饮不食便死,是一大急也。天地怜哀之,共为生可饮食,既饮既食。天统阴阳,当见传,不得中断天地之统也,传之当象天地,一阴一阳,故天使其有一男一女,色相好,然后能生也。何乃正使一阴一阳,夫阳极者能生阴,阴极者能生阳,此两者相传,比若寒尽反热,热尽反寒,自然之术也。故能长相生也,世世不绝天地统也。如男女不相得,便绝无后世。天下无人,何有夫妇父子君臣师弟子乎?以何相生而相治哉?天地之间无牝牡,以何相传,寂然便空,二大急也。[1]

神也是元气所生,元气化生天地之后,依照自然之律运行,产生了"第一批人",他们呼吸阴阳之气而生,无须饮食,这与庄子《逍遥游》"不食五谷,吸风饮露","乘天地之正,而御六气之辩(变),以游无穷"的"真人""神人"的构想一致。"第一批人"之后化生的人(后生者)失去天地自然之真道[2],不能再过"嘘吸阴阳气而活"的生活,须依赖寻常饮食而生存;天地哀怜他们,又创造了动植等物,使其免于饿死。也就是说,神人是不死的,由自然化生;普通的人是有死的,需要饮食维持性命,男女相配方能传衍后代,不致灭绝。

这段文字非常重要,提示了《太平经》的核心思想,也奠定了中国道教的基本观点。首先,它构建了道教真正意义上的宇宙论、本体论,在思想体系方面标志着道教成为一种成熟的宗教。一种成熟的宗教必然要对宇宙起源、神是什么、人的由来进行交代。如基督教的上帝创世说、佛教的缘起说等,对这种终极问题有了回答,才能使信仰建立在坚实的基础之上。巫术也有各种超自然的

---

[1] 王明:《太平经合校》,中华书局1960年版,第43—44页。
[2] 《太平经钞》作"渐失根本,后生者复不知真道",文字更为简洁,意思也更显豁。

"神",甚至能够左右超人的力量,但缺乏系统、成熟的宇宙论,只有"技"的层次,而没有"道"的层次。董仲舒"天人感应"之"天"很大程度上是道德性之天,"天人感应"的"媒介"是气;而没有一个神的谱系,也没有说明神与宇宙产生的关系问题,是以不是成熟的宗教,且多有巫术的孑遗。秦皇汉武所求之仙也是一种"偶发"的存在,背后没有系统的体系支撑。《太平经》回答了宇宙的来源、神的本质、人神关系问题,所以说它构建了比较完整的神学体系。有了这样一个"顶层设计",各种零散的巫术、法术以及方技就逐渐被统一起来,成为道教各个层次的仪式化组成内容。其次,它奠定了道教的基本特点,体现了中国本土宗教与其他宗教迥然不同的品格。犹太教、基督教、伊斯兰教等西方宗教系统是神创造世界,为世界订立规则,神即是道。道教则主张宇宙自然生成,有自身的规律,神由道成,反过来维护道,"得道"方为神。佛教主张宇宙由缘而生,没有一个创生的神,但否定宇宙的实体性存在,这与道教不同。同时,西方宗教系统以及佛教,都追求精神的超脱,通过设定"人死后如何"以指示现实的人生;道教直接追求"人如何不死"(成仙),依然以自然宇宙论的哲学观点指导人生,神不过是"道"的"护法"。再次,通过把"道""神格化"将"道家思想"与"道教"区别开来,并构建了神仙体系。"守道不失"即为仙,凡人"得道"也可为仙,这就把哲学范畴的"道"神格化,把哲学思想与宗教区别开来。《老子想尔注》主要就是围绕这一问题展开,所以说《老子想尔注》是《太平经》的简化和支流,是有深刻的思想依据的。又次,形成了不同于儒家的人性论。上面引文中提出了人有"两大急",即饮食需求和两性之间的基本需求,后文还提到"一小急",也就是对衣服的需求。既然此"两大急""一小急"是神分化为人过程中所产生的,是人赖以生存、维系的基本需求,那就是人性所必需的,这样,《太平经》就形成了一种自然人性论,这是对老子、庄子、杨朱等先秦思想家"贵生""全性葆真"思想的继承和发挥,也是道教神仙、养生理论的基础,形成了有别于儒家以"性善论"为基本倾向的人性论思想。

(二)神仙谱系与《太平经》思想的"革命性"

从形式上看,《太平经》包含了两套世界运行系统,一套是自然系统,通过天道、阴阳五行、干支等范畴体现和表达;另一套是神仙系统,以人格化的群神为表现形式,实际上是第一套系统的神格化,第二套系统服从、维护第一套系统。两套系统相辅相成,以天为最高:

> 天者,众道之精也。……神者,上与天同形合理,故天称神,能使神也。神也者,皇天之吏也。神人者,皇天第一心也。……今神人真人仙人道人圣人贤人民人奴婢皆何象乎?然神人者象天,天者动照无不知。真人者象地,地者直至诚不欺天,但顺人所种不易也。仙人者象四时,四时者,变化凡物,无常形容,或盛或衰。道人者象五行,五行可以卜占吉凶,长于安危。圣人者象阴阳,阴阳者象天地以治事,和合万物,圣人亦当和合万物,成天心,顺阴阳而行。贤人象山川,山川主通气达远方,贤者亦当为帝王通达六方。凡民者象万物,万物者生处无高下,悉有民,故象万物。奴婢者衰世所生,象草木之弱服者,常居下流,因不伸也,奴婢常居下,故不伸也,故象草木。故奴婢贤者得为善人,善人好学得成贤人;贤人好学不止,次圣人;圣人学不止,知天道门户,入道不止,成不死之事,更仙;仙不止入真,成真不止入神,神不止乃与皇天同形。故上神人舍于北极紫宫中也,与天上帝同象也,名天心神,神而不止,乃复踰天而上,但承委气,有音声教化而无形,上属天上,忧天上事。神人已下,共忧天地间六合内,共调和无使病苦也。[1]

神人、真人分别象天地,也是天地的代表,仙人、道人、圣人、贤人、凡人、奴婢,分别象四时、五行、阴阳、山川、万物、草木,等级依次递减。我们看到这种等级分类标准也比较奇特,天地、山川、草木、万物是自然物,四时是客观存在的自然节律,阴阳五行是人为创造的范畴,可能当时也把阴阳五行看作实体性的存在吧。圣人以下,是人与神的"结合部",圣人"象阴阳","阴阳者象天地以治事,和合万物,圣人亦当和合万物,成天心,顺阴阳而行"。我们看到这样的表述类似于汉代对丞相职能的认识。汉代丞相一项重要的职能是协助帝王"燮理阴阳",在因应天地祥瑞、灾变方面丞相是皇帝的副手和替身:有祥瑞是皇帝的德政,有灾变丞相就要担负责任,轻者免职,重者自尽以消灾变。在董仲舒儒学"天人感应"思想氛围中,帝王、丞相是因应天地最高的角色。"天人感应"的另一面是"奉天法古",天也是一个超越的存在,但"奉天法古"的重心在"法古",所法之"古"是圣人,圣人以合民心来合天心,因而最终判断的标准还是对民众的治理,所以董仲舒思想的中心还是"人本主义"。西汉后期,伴随着王莽借祥瑞、灾变称帝闹剧的展开,谶纬迷信大流行。东汉光武帝推广

---

[1] 王明:《太平经合校》,中华书局1960年版,第221—222页。

图谶,谶纬与各种民间巫术思想结合,不断发展,在东汉中后期形成了以《太平经》为代表的宗教思想系统,这个系统反过来与儒家系统分庭抗礼,形成了自己的一套价值体系。

最为关键的就是把"圣人"贬低为神仙系统之下,儒家的价值系统因而被纳入道教系统之内。如上文所说,在董仲舒"奉天法古"的思想框架中,圣人就是天意的代表,圣人包括王,也包括王以外的精英,也就是说君统与道统可以合一,也可以分开,道统是最高价值代表。这种价值的根本标准从事实上说来自民心;从知识、文化传承上说,来自历史,历史的凝聚体就是儒家经典。《太平经》把最高价值源头归结为二元一体的天与神,以道家自然化的天、道直接垂示人间,以超人的神直接设计宇宙、社会秩序。所"奉"之"天"被做了重新阐释,"法古"则直接被抹掉,儒家经典、历史统绪的价值源头作用也被消解,人与天(神)直接对接,这是对汉武帝以来形成的君统、道统观的直接颠覆,也就是在通行的儒家意识形态系统之外另建一套意识形态系统,这就是《太平经》"革命性"的最突出体现。

20世纪50年代以来,学界从黄巾军起义与《太平经》相联系的历史记载出发,一直在"寻找"《太平经》的革命性内容,但是却发现《太平经》当中充满了辅佐帝王、承认现实王权的内容。这确实是事实,如在论述神仙、圣人关系时,把百姓归结为万物,奴婢比拟为草木,这与专制王朝等级制绝无二致,这怎么能代表"农民革命"思想呢?因此有人就说《太平经》与汉末农民起义根本没有关系。实际上这是先拟定了一个农民起义的"现代化"标准,去历史寻找相应的材料和事实,找不到、对不上,就认为没有关系。那个时代的农民反抗活动中,顶多有一些朴素的平等思想,寻求等级制下的"差别性"平等,不可能提出否定等级制的方案,也不可能在现实中实现自由平等的新制度体系,历代农民起义就是证明。李自成被认为是农民起义领袖,朱元璋是地地道道的无产者,连自己的名字都不配有,但他们建立的依然是等级制的政权,连近代太平天国也不例外。但是如果我们从否定既定的汉代意识形态角度看问题,则《太平经》的价值体系相对于既定王朝完全是颠覆性的,天上人间的价值体系被重新排定:"故天第一,地次之,神人次之,真人次之,仙人次之,道人次之,圣人次之,贤人次之",贤人之后是百姓、奴婢,而且成仙的标准也换成了长生、顺从自然之天道,儒家实际上的民本变成了"神本"。人神之间有区别,但不存在不可逾越的鸿沟,从奴婢到天神也可以顺次升级:"奴婢顺从君主,学善能贤,免为善人良民，良民善人学不止成贤人，贤人学不止成圣人，圣人学不止成道人，道人学不止成仙人，仙人学不止成真人，真人学不止成大神人，大神人学不止成委气神人。"[1] 这种思想落实到现实中，君统、道统被替代，也就意味着皇帝、宰相、儒家的权威被替代，现实的权威受到新的挑战，这就是"革命性"的表现。

另外，《太平经》也有自己的一套伦理及在此基础之上的政治思想体系，而以"太平"一词概括之，这也是"革命性"的体现。

四、《太平经》的伦理政治思想

构建起神仙系统之后，必然涉及人神关系；人神关系主要是帝王与神的关系、一般人与神的关系。在帝王与神的关系方面，把帝王及其辅佐者置于神仙之下，天下治乱、帝王作为要由神来指导、评判，在这种关系框架下，《太平经》提出了"太平"的理想治理模式，与汉代以来或以黄老法家、或以儒家为指导的治理模式形成对峙。所以在其付诸实践之初，《太平经》指导下的道教活动就体现出了强烈的介入政治的倾向，东方掀起了轰轰烈烈的黄巾军起义，西方的五斗米道是一种类似政教合一的存在形式。曹操把这两股势力控制起来，以世俗权力压制、改造宗教权力，早期道教在政治属性方面做了大幅转型，也开始了被世俗权力"驯服"的过程。这也就解释了作为道教发轫时期的奠基性经典为什么在此后较长一段时间处于一种近乎隐没的尴尬境地。经过魏晋时期的改造，在北朝寇谦之时期，道教在政治上转化成为王权的补充角色，道教也成为社会性的宗教，侧重于如何使个人得道成仙，而不是指导帝王、指点江山。

（一）顺应自然的和谐思想

人与神仙都是自然的一部分，他们都来源于自然，或者是自然规则的体现者，或者是自然规律的维护者。《太平经》经常提到的三个关键要素就是天、地、人。地顺应天、人顺应地，三者和谐，则天下太平；三者失衡则世界秩序陷入混乱。显然这是对老子"道法自然"思想的继承，从更为深远的历史渊源来看，也是植根于中华文化根脉、有别于世界其他文化体系的独特思想。中华文明是一种农业文明，黄河流域的文明率先发展起来，先民很早就认识到四季的规律，农业生产必须遵循这一规律。对这一规律的认识，在上古思想史中留下深刻的印痕，商武丁时期四方风刻辞就是以四风表征四季的体现。"《月令》文献系统"典型地体现了这一传统观念。《太平经》中顺季节行政令、排农时、养

---

[1] 王明：《太平经合校》，中华书局1960年版，第222页。

身心、尽天年的思想贯穿始终，与"《月令》文献系统"相关的材料俯拾即是，无须一一列举。有意思的是《太平经》提出了开矿、打井的禁忌。《太平经》把大地看作一个有生命的肌体，打井汲水、开山采石、取土制陶、穿渠引水等都是对大地的伤害，扰乱其血脉、戕伤其躯体，人的这些行为犹如在母亲身上取肉穿孔，是大不孝。尤其是不顺水脉、不察山势的造作，会阻遏大地之气，不使畅通，形成疮痈，必然导致"王治不和，地大病之"的不良后果。"无肯言其为疾病痛者。地之精神，上天告愬不通，日无止也。天地因而俱不说喜，是以太和纯气难致也。"[1] 凿井为人所必须，但一定要有节制，不用的井要及时填塞，以全大地之体。相应地，天对人也报以善意："夫天将兴雨，必先有风云，使人知之。所以然者，欲乐其收藏也，所以先示者，乐其为善者日兴，为恶者日止也。"[2] 作为宗教禁忌，有其神秘性的一面，结合其背后的思想，我们也可以看到先民思想中朴拙可爱的一面。[3]

（二）解"承负"的修养论

当然，天人和谐是一种价值追求，但现实中天人却在很大程度上表现为"不和谐"，这是人在初生时期就伴随而来的"原罪"。元气流行、人仙揖别之后，人就进入"两大急一小急"的境遇中，也就是人必须依物质资料生存、赖牝牡之合以延续。在寻求基本欲望满足的过程中，人就会作恶："三统共生，长养凡物名为财，财共生欲，欲共生邪，邪共生奸，奸共生猾，猾共生害而不止则乱败，败而不止不可复理，因穷还反其本"，[4] 这种源生性的罪，《太平经》名之为"承负"。当然，人的基本需求本身不是恶，恶是在采用不当方式满足需求过程中产生的。继元气论、神仙论之后，"承负说"成为另外一个核心的、独特的、基本的概念，可以说《太平经》伦理观、修养论基本上就是建立在"承负说"之上的。

学界对这一重要的思想也给予充分关注，汤一介先生对"承负"的种类做了概括，主要有五种，[5] 本之于《太平经》丙部的《五事解承负诀》。《五事解

---

[1] 王明：《太平经合校》，中华书局1960年版，第119页。
[2] 王明：《太平经合校》，中华书局1960年版，第41页。
[3] 我们可以参看一下这段文字："人虽小，其冤愁地形状，使人昭然自知，深有过责，立可见也。今一大里有百户，有百井；一乡有千户，有千井；一县有万户，有万井；一郡有十万户，有十万井；一州有亿户，有亿井。大井一丈，中井数尺，小井三尺，今穿地下著黄泉。天下有几何哉？或一家有数井也。今但以小井计之，十井长三丈，百井长三十丈，千井三百丈，万井三千丈，十万井三万丈。天下有如此者凡几井乎？穿地皆下得水，水乃地之血脉也。今穿子身，得其血脉，宁疾不邪？"《太平经合校》，第118—119页。
[4] 王明：《太平经合校》，中华书局1960年版，第305页。
[5] 汤一介：《魏晋南北朝时期的道教》，东大图书公司1991年版，第366页。

承负诀》虽然形式上把所承之"负"概括为五种,但也有归类标准不一,彼此相近、交叉的地方,如人们传播流言、错误观点而导致"承负"。笔者对类似者予以归并,结合《太平经》整体思想,归纳为六点。第一,人先天可能具有的"承负",即如上文所说人在满足基本欲望过程中的不当行为形成"承负"。第二,后人为先人承负:"夫先人但为小小误失道,行有之耳,不足以罪也。后生人者承负之,畜积为过也。"[1] 祖先有过错,不至于当时即受社会或上天的惩处,但此过却被上天记录下来,并传衍到后世子孙身上。第三,人为天地"承负"。自然界发生灾害,本是天对生物的惩治,但作物歉收,人受饥寒,国库告急,"此过乃本在地伤物,而人反承负之。"另外还有南山有毒气,人呼吸之而致病等。[2] 第四,为他人的错误言论或者谣言"承负"。如老师把错误的言论传给弟子,弟子顺次传递,造成人们普遍的认识错误;有人传天塌地陷之类的谣言,而使社会造成恐慌等。第五,臣民为帝王"承负"。君王对百姓教导失正,政令有错误,导致百姓受到灾殃。第六,后主为先主承负。前代帝王的过失影响后代帝王,造成国家衰败:"今先王为治,不得天地心意,非一人共(失)乱天也。天大怒不悦喜,故病灾万端,后在位者复承负之。"这里明显沿用了董仲舒天人感应思想,同时也指出社会的衰败是一个逐渐发展的过程:"积久传相教,俱不得其实,天下悉邪,不能相禁止。故灾变万种兴起,不可胜纪,此所由来者积久复久。"[3] 这又何尝不是东汉中后期以来各种社会危机逐渐积累、积重难返的真实写照呢?

概言之,"承负"的原因有三类,一是人类在本性的驱使下,必然会有不当行为而承负;二是人违背自然规律所致;三是在社会中活动中承负。这与基督教的"原罪说"确实有些类似。承负可以代代相传,而且上天对每个人承负的"量"都有精确的计算,不失锱铢,这自然会使我们想起佛教的"因果报应论"。佛教在两汉之际传入中国,在东汉中后期在宫廷、上层社会、民间已经有广泛流传。《太平经》受到佛教的影响不是没有可能,但是在文献中还难以找到直接的证据。汤用彤先生指出,承负的代际流传有中国本土思想的源头:《周易·坤卦·文言》曰"积善之家必有余庆,积不善之家必有余殃"就包含承负传给后代的思想。汤先生是从研究佛教而注意到《太平经》的,他认为《太平经》

---

[1] 王明:《太平经合校》,中华书局1960年版,第515页。
[2] 王明:《太平经合校》,中华书局1960年版,第58页。
[3] 王明:《太平经合校》,中华书局1960年版,第54—55页、60页。

受到佛教的影响，并且《周易》这一思想远较《太平经》承负说为笼统，倒更像因果论，而他仍然指出"承负说"本土思想有此资源的事实，[1] 这种实事求是的态度是值得我们学习的。

指出有承负的现象，自然就要有"解负"的途径，《太平经》办法有以下五个方面。第一，行"太平之道"可以解负；第二，养气守一以解负；第三，行大功德可以解负；第四，天师为人间解负；第五，诵读《太平经》可以解负。第一、第四、第五体现了《太平经》为人间另建价值系统、以规范人类思想活动的根本宗旨，此外的思想都属于"浮华"，应该摒弃，这一点说得很清楚，《太平经》"其凡大要"就是指出承负的事实，并指导世人解负，这也是"皇天之心"。[2] 第二点为道教的修养论提供了理论基础，也是道教系统化、走向成熟的关键点之一。第三点提出了《太平经》伦理学、道德论的基础，回答了人为什么要行善的问题。

我们先看其修养论。修养的最终目的是成仙和长寿，方法分为外在和内在两方面，外在主要是规避各种戕害，内在修养是通过各种法术而解除承负，以致长生。内在修养的根本途径是守一，回归元气的本然状态：

> 以何为初，以思守一，何也？一者，数之始也；一者，生之道也；一者，元气所起也；一者，天之纲纪也。故使守思一，从上更下也。夫万物凡事过于大，末不反本者，殊迷不解，故更反本也。[3]

这段文字《经》《钞》俱见，提示了道教修养的大纲，植根于宇宙论。返本守一颇有后世道教内丹修炼方法之精神，事实上也广受重视，《白孔六帖》《太平御览》《云笈七签》都有引用。可见内丹、外丹在道教初期的经典中，其理论基础即已奠定，只是外丹率先发展起来，当外丹修炼的缺陷暴露出来之后，内丹又开始走向兴盛。

在这一思想指导下，有多种修炼法门，比如调息存心，专志精一，想象返回到胞胎状态，与呼吸吐纳有关。[4] 从尽其天年的角度，《太平经》注重各种医学手段的探讨和研究，对药物、经脉、针灸等有大量论述，保存了一些中医学的

---

[1] 汤用彤：《汤用彤全集》，河北人民出版社2000年版，第267页。
[2] 王明：《太平经合校》，中华书局1960年版，第54页。
[3] 王明：《太平经合校》，中华书局1960年版，第60页。
[4] 王明：《太平经合校》，中华书局1960年版，第469—472页。

成果。当然对当时的各种方术也进行了总结归纳，有通过符箓去病延年的法门，也有吞字消灾的方术。《太平经》庚部收录了大量"复文"，多是通行字或部首组合起来，有两字，也有三字四字组合在一起，这些看似神秘的"复文"都是作法的道具。还有一些关于男女合和的房中术，目的是保持双方健康，多求子嗣。此外，建除择吉、飞明占验、三气卜问、地支刑冲、葬宅勘选等也广为搜罗。在个人练养的同时，也可以借助神灵的力量帮助修炼。《太平经》中已经出现诸神泛在的思想，除了身体之外的神灵，身体内部也遍布神灵，五脏时时有神出没，四肢百骸无一不是神灵的居所，神就像客人一样与人密切接触，在一定的条件下，人与神可以侃侃而谈，如话家常（诸神皆呼与语言，比若今人呼客耳），在对话中助人修行，"百神皆喜，令人无所苦"。[1]

值得注意的是，在论述修养论方面，竭力驳斥食粪、饮小便可以得道的观点，[2] 应是针对流行的修炼方法而言的。《后汉书·方技传》中有大量修道成仙的记载，其中提到费长房在仙人的指导下修得高超法术，但不能越过成仙一关，因为他不敢吃蛆虫涌动的粪便。另，"甘始、东郭延年、封君达三人者，皆方士也，率能行容成御妇人术，或饮小便，或自倒悬，爱啬精气，不极视大言。"[3]《太平经》针对此种污秽的修行方法进行了矫正，这也是《太平经》成书于东汉时期的又一证据。

外在修行就是处理好各种社会关系，积德行善。仁、孝是着力强调的伦理规范。仁是天地的本质属性，"故生者象天，养者象地，施者象仁。此三者，天地人之大纲也。"[4] 施行仁德，可以去刑免祸，享其天年。

《太平经》提倡孝亲，有的地方文字与《孝经》类似："夫孝者，莫大存形，乃先人统也，扬名后世，此之谓善人谨民。天地爱之，五行功之，四时利之，百王任之，万民好之，鬼神祐之，五藏神留之。遇一得生，今且失之。离我神器，复为灰土，变化无常，复为万物矣。"[5] "扬名后世"是《孝经》原文，"莫大存形，乃先人统也"与《孝经》"身体发肤，受之父母，不敢毁伤"意思相类。"孝"也被提到本体论的高度，天地是父母，人为天地所生，孝顺父母就是孝顺天地，敬畏天神。"移孝作忠"，人间的政治秩序既被肯定，忠君自然也

---

[1] 王明：《太平经合校》，中华书局1960年版，第15页。
[2] 王明：《太平经合校》，中华书局1960年版，第660页。
[3] 范晔：《后汉书·方术传》，中华书局1965年版，第2743—2744、2750页。
[4] 王明：《太平经合校》，中华书局1960年版，第704页。
[5] 王明：《太平经合校》，中华书局1960年版，第723页。

是重要的伦理要求。此外，其他传统美德《太平经》也竭力提倡。

不少学者指出《太平经》在伦理观方面受儒家影响，或与儒家有交叉，比如提倡孝道，儒家各种为善的观点《太平经》中也多有体现，这是不争的事实。我们可以认为它受到儒家的影响，也可以说《太平经》与儒家共同分享了中华文化的伦理观，因为两种思想体本是同根的。同时，提倡"为善去恶"也是一切宗教（邪教除外）的重要组成部分。儒道两家有交叉，自不稀奇。但把伦理观纳入自己独有的宇宙论、价值观系统之内，与儒家及其他一切宗教、思想系统作了区别，显示出自己的独立性。

（三）社会政治思想

在政治思想方面，《太平经》与通行的儒家、道家思想并无实质性差别，它也认为人间的等级秩序是合理的，从一气流行的角度论述了从天仙到奴婢各阶层在世界中的地位，在世俗的层面也是级别森然：

> 王者，帝王之位也。相者，大臣之位。微气者，小吏之位也。王者之后老气者，王侯之位也。老气之后衰气者，宗室之位也。衰气之后病气者，宗室犯事失后之象也。病气之后囚气者，百姓万民之象也。囚气之后死气者，奴婢之象也。死气之后亡气者，死者丘冢也。故夫天垂象，四时五行周流，各一兴一衰，人民万物皆随象天之法，亦一兴一衰也。是故万民百姓，皆百王之后也，兴则为人君，衰则为民也。[1]

万民百姓为"百王之后"与儒家君臣比父子的关系一致，整个社会分为统治者与被统治者两大集团，统治者有其合法的特权，"阴顺于阳，臣顺于君，又得照察明彻，分别是非"[2]，如此之类的论述很多，比如火比拟帝王，其他"四行"比拟臣民，或具有独尊地位。但这种独尊的地位不是绝对的，木生火，木是火的父母，这喻示着帝王之位也是可以更替的。《太平经》中有一首"神策文"，共13句，每句7字，合91字，其中有"潜龙勿用欲为纪"一句，蕴含着新王蛰伏、待时而起的深刻意蕴。"龙者，乃东方少阳，木之精神也，故天道因木而出，以兴火行；夫物将盛者，必当开通其门户也。"当下帝王若承负过重，天怒人怨，新帝王顺天之志，"消去其承负之厄"，潜龙即化为飞龙，新旧交汇之际就是初

---

[1] 王明：《太平经合校》，中华书局1960年版，第274—275页。
[2] 王明：《太平经合校》，中华书局1960年版，第20页。

九一阳生，正当"甲子岁也""冬至之日也，天地正始起于是也"，"乃与天合，故响应也。"[1] 由此可以看出，五行尚火之外，干支尚甲子是《太平经》另外一个重要观念。黄巾起义口号"苍天已死，黄天当立，岁在甲子，天下大吉"，我们从干支配五行的角度不能很好地解释它，黄属土，苍属木，甲子也与木相配，无论从相生还是相克的角度，都说不通。按照相克序，木当代土，而不是黄代苍；按照相生序，木生火，也不能推出黄天代苍天。如果我们从甲子木为潜龙，潜龙解除天下承负，代兴而王的角度来看，则非常通顺。至于苍天、黄天的含义，像有的学者指出的那样，只是泛指，并没有五行配属的含义，则疑团迎刃而解，张角与《太平经》的直接关系在其起义口号中也有明确的体现。

帝王与臣民关系不是绝对的，帝王就应该敬畏百姓，为其谋福利，守其道德："天之格谶，少阳者畏少阴。故臣者，反主录国家王侯官属也。太阳畏太阴，是故国有道与德，而君臣贤明，则民从也。国无道德，则民叛也。是故治国之大要，以多民为富，少民为大贫困。"[2] 理想的君民关系应该像父子一样，父爱其子，子孝其父。君王要训诫官吏，及时把百姓疾苦上达，为之除患，如此"则变灾无有失也。如是皇天后土，为其大喜，爱其帝王。""吏亦畏民，民亦畏吏，两相畏恐，所上皆得实，不失铢分之间，则令帝王安坐幽室无忧矣。"[3] 这是一种理想的官民关系，但现实往往并非如此，百姓储备微薄财产，以备父母去世丧葬之用，也要妥为收藏，不能让大小官吏知悉，否则会被掠夺一空，起码的孝道也难以施行[4]，这也是当时社会现实的形象体现。

《太平经》辛部还有设"邮亭"的说法：

> 说天地上下中央八远邮亭所衣食止舍何等也？作道德而怀疑者，取决于此谶。今天上有官舍邮亭以候舍等，地上有官舍邮亭以候舍等，八表中央皆有之。天上官舍，舍神仙人。地上官舍，舍圣贤人。地下官舍，舍太阴善神善鬼。八表远近名山大川官舍，以舍天地间精神人仙未能上天者。云中风中以舍北极昆仑。官舍邮亭以候圣贤善神有功者。道为首，德为腹，仁为足而行之。天设官舍邮亭，得而居之。欲得天力者

---

[1] 王明：《太平经合校》，中华书局1960年版，第65—66页。
[2] 王明：《太平经合校》，中华书局1960年版，第264页。
[3] 王明：《太平经合校》，中华书局1960年版，第322页。
[4] 请看此段文字："父母之年，不可豫知。为作储待，减省小费，岁岁有余，藏不见之处，勿使长吏及小吏闻知。因缘征发，尽人财产，为孝心未尽，更无所有。父母年尽，无以饷送，复为不竟孝之意。"

行道，欲得地力者行德，欲得人力者行人。此三者，无穷之路；失此三者，乱之本也；不循此三者，名逆天。故圣人苞道德行仁，过此而言，属万物之行矣。[1]

显然，这应是五斗米道设"义舍"、为四方之人提供衣食制度之所本。五斗米道的观念、制度基本都能在《太平经》中找到依据。张氏所奉《老子想尔注》是节录太平经而来，此外还有《太平洞极经》，称"太上亲授天师"[2]。据李养正研究，《太平洞极经》是《太平经》的另外一个版本，或者就是《太平经》的节录[3]。笔者认为这种观点是很有道理的，因为《太平经》太过烦琐，卷帙浩繁，作为宗教领袖研究则可，作为一般信徒的学习资料，则甚为不便。而且《太平经》称终极道理为"洞极之言"，此类说法连篇累牍，这显示其与《太平洞极经》有亲缘关系，或者就是一本书的两种不同称呼。

通观《太平经》，我们可以看到，五斗米道就是《太平经》指导下的道教派别，与太平道同源而异流。除了思想、宗教组织的相似之外，人员方面也有渊源。前文已指出，汉末四川主政者刘焉为刘汉宗室，宫廷有《太平经》，刘焉有获取的可能。刘焉部下有来自南阳、三辅的流民，这成为刘焉依靠的主要力量，号"东州兵"[4]，而东郡正是太平道广为流传的地区。张陵一族来自东方沛郡，张修与太平道桴鼓相应，且益州马相等也打着"黄巾"的旗号起事，这都说明四川地方的起义力量与黄巾军本出一源。两个早期道教派别本属一脉的事实于此豁然呈露。

---

[1] 王明：《太平经合校》，中华书局1960年版，第698页。
[2] 孟安排：《道教义枢》，《道藏》（第24册），上海书店1988年版，第814页。
[3] 李养正：《试论〈太平经〉的产生与演变》，《道协会刊》1983年第2期。
[4] 范晔：《后汉书·刘焉传》，中华书局1965年版，第2432—2433页。

后　记

本书是多卷本《燕赵学术思想史》中的一卷，本卷提纲由武占江拟定，编委会邀请国内知名专家进行了讨论，武占江根据讨论意见做了修改。衣抚生博士撰写了第二、第六章，武占江撰写了第一、三、四、五、七章，并对全书进行了统稿、修改。主编魏建震研究员通读了全稿，秦进才先生对本书做了审校，秦老师细致精到的工作使我们深受教益，甚为感动。在此，对魏建震主编、秦进才教授以及参与讨论的各位专家及编委会成员表示衷心感谢。

本书于2019年初确定提纲及基本思想，下半年全面进入写作阶段。到了年底，书稿已完成过半，而新冠疫情突如其来，春节前后，人们活动大大受限，社会心理的紧张与自然气氛的安静相对相生。2020年5月之后，工作逐渐走向正常化，而上半年学生一直没有到校，教学活动都在线上进行。在此期间，我们的撰写研究工作一直未停，晨窗握笔，午夜翻书，在这特殊的时期，与两汉盛世先贤作思想精神的交流，不特获益甚多，亦是人生一段难忘的经历。书末略缀数语，以为记。

武占江

2020年10月